Pauge

Arzthaftungsrecht

RWS-Skript 137

Arzthaftungsrecht

Neue Entwicklungslinien der BGH-Rechtsprechung

13., neu bearbeitete Auflage

von

Richter am BGH Burkhard Pauge, Karlsruhe

RWS Verlag Kommunikationsforum GmbH · Köln

Die Deutsche Bibliothek verzeichnet diese Publikation in der Deutschen Nationalbibliografie; detaillierte bibliografische Daten sind im Internet über http://dnb.d-nb.de abrufbar.

© 2015 RWS Verlag Kommunikationsforum GmbH
Postfach 27 01 25, 50508 Köln
E-Mail: info@rws-verlag.de, Internet: http://www.rws-verlag.de

Satz und Datenverarbeitung: SEUME Publishing Services GmbH, Erfurt
Druck und Verarbeitung: Hundt Druck GmbH, Köln

Zu dieser Auflage

Die hier vorliegende Ausarbeitung bringt das zuletzt 2013 in 12. Auflage erschienene RWS-Skript 137 im Rahmen einer Überarbeitung auf den neuesten Stand der Rechtsprechung insbesondere des Bundesgerichtshofs und der Oberlandesgerichte zum Arzthaftungsrecht. Mit dem am 26. Februar 2013 in Kraft getretenen Gesetz zur Verbesserung der Rechte von Patientinnen und Patienten (PatRG) ist das von der Rechtsprechung im Laufe der Jahre entwickelte Behandlungs- und Arzthaftungsrecht im Bürgerlichen Gesetzbuch kodifiziert worden (§§ 630a bis h BGB). Inhaltliche Änderungen haben sich dadurch nicht ergeben und waren vom Gesetzgeber erklärtermaßen auch nicht beabsichtigt.

Die seit der Vorauflage veröffentlichten Gerichtsentscheidungen zeichnen sich durch eine stetige Verfeinerung des in den Grundlinien weitgehend verfestigten Arzthaftungsrechts aus. Rechtsprechung zu den neuen Vorschriften des Patientenrechtegesetzes ist, soweit ersichtlich, bisher noch nicht veröffentlicht.

Der Verfasser ist Richter am Bundesgerichtshof und gehört dem für das Arzthaftungsrecht zuständigen VI. Zivilsenat an. Er hat an dem von *Erich Steffen,* der bis 1995 Vorsitzender dieses Senats war, begründeten und seitdem fortwährend gepflegten Skript seit der 10. Auflage mitgewirkt und nunmehr dessen alleinige Überarbeitung übernommen.

Der Verfasser hat sich bemüht, jedenfalls die BGH-Rechtsprechung bis einschließlich September 2014 zu erfassen. Das Skript will weiterhin kein Lehrbuch des Arzthaftungsrechts sein; es soll an den entschiedenen medizinischen Sachverhalten das zunehmend dichtere Netz der Leitlinien dieser Rechtsprechung transparent machen. Dazu soll die kurze Beschreibung des jeweils zugrunde liegenden Behandlungsfalls mithelfen.

Karlsruhe, im Oktober 2014   *Burkhard Pauge*

Inhaltsverzeichnis

A. Das Behandlungsverhältnis

I. Grundlagen

Die Behandlungsbeziehungen sind rechtlich auf vertraglicher und deliktischer 1
Ebene geordnet. Keine Ordnung schließt die andere aus, so dass Haftungsansprüche insbesondere des Patienten gegen den Behandlungsträger aus der
einen wie der anderen Ordnung nebeneinander bestehen können. Vertragliche Behandlungsbeziehungen, die nunmehr in §§ 630a bis h BGB geregelt
sind, knüpfen an die im Arzt- und Krankenhausvertrag vereinbarte Behandlungsaufgabe, deliktische an die vom Behandelnden faktisch in Anspruch genommene Garantenstellung für die Steuerung der physiologischen Abläufe,
vor allem der Krankheitsrisiken in seinem Berufsfeld an. Für die Reichweite
der deliktischen Garantenstellung kann neben dem Fachgebiet und der organisatorischen Rollenverteilung auch die vertraglich übernommene Behandlungsaufgabe von Einfluss sein, wie andererseits faktische Kontrollzuständig-
keiten die vertragliche Behandlungsaufgabe mit ausgrenzen.

Dabei werden – wie bei jeder Berufshaftung – vertraglich und deliktisch Be- 2
fugnisse und Verantwortung der Behandlungsseite entscheidend durch die in
Anspruch genommene Expertenautorität bestimmt. Zusammen mit der Einwilligung des Patienten verschafft die Expertenstellung dem Arzt und der
Krankenschwester die Legitimation, in die Integrität des Patienten hinein zu
behandeln bis hin zu deren partieller Verletzung, um zu heilen. Als Korrelat
erwächst ihnen die Verantwortung dafür, dieser Expertenstellung auch gerecht zu werden. Die beanspruchte Expertenstellung legt nach Inhalt und
Umfang vertraglich wie deliktsrechtlich die Haftungsverantwortung fest.

Für die Krankenbehandlung einschließlich der Vor- und Nachsorge sind **ver-** 3
traglicher und deliktischer Schutz prinzipiell identisch.

> BGH, Urt. v. 25.6.1985 – VI ZR 270/83, NJW 1985, 2749
> = VersR 1985, 1068, 1069;
>
> BGH, Urt. v. 20.9.1988 – VI ZR 37/88, VersR 1988, 1273;
>
> BGH, Urt. v. 25.6.1991 – VI ZR 320/90, NJW 1991, 2960
> = VersR 1991, 1058.

Daran hat sich durch das am 26.2.2013 in Kraft getretene **Patientenrechte-** 4
gesetz (PatRG) nichts geändert.

Behandlung ist hier ganz der gesundheitlichen Integrität des Patienten ver- 5
bunden, deren Schutz von Hause aus Deliktsmaterie ist. Nicht- oder Schlechterfüllung des vertraglichen Heilauftrages verletzt Deliktspflichten ebenso;
vertragliche Begleitpflichten des Arztes, die wie die Patientenaufklärung und
die Schweigepflicht Persönlichkeitsrechte des Patienten sichern sollen, übernimmt der deliktische Persönlichkeitsschutz gleichermaßen. Die Sorgfaltsan-
forderungen sind gleichermaßen am medizinischen Maßstab guter ärztlicher
Qualität ausgerichtet. Dass vertraglich auch für Fremdverschulden des Ge-

hilfen (§ 278 BGB), deliktisch nur für Eigenverschulden gehaftet wird, wirkt sich in der Rechtswirklichkeit kaum aus. Auch beweisrechtlich streben BGH und PatRG möglichst Gleichstellung an. Unterschiede im Haftungsumfang und bei der Verjährung (Rz. 528 ff) sind durch die Reformen des Schuld- und Schadensrechts von 2001 und 2002 weitgehend beseitigt. Sie bestehen heute nur noch darin, dass die Vertragshaftung auch reine Vermögensinteressen des Patienten schützen kann – z. B. Aufklärung der Patienten über Zweifel am Eintritt der Krankenkasse (Rz. 383 ff) – und Deliktsschutz auch durch Fernwirkungen eines Behandlungsfehlers betroffene Außenstehende einbezieht – z. B. HIV-Ansteckung – sowie in den engen Grenzen der §§ 844, 845 BGB auch durch den Tod des Patient mittelbar Geschädigte (Rz. 153); außerdem ist das sog. Verweisungsprivileg beamteter Ärzte auf die Deliktshaftung beschränkt (Rz. 133 ff).

6 Für den vertragsspezifischen **Schutz bloßer Vermögensinteressen** lassen BGH und PatRG in der Krankenversorgung – abgesehen von der begrenzten Pflicht von Krankenhaus bzw. Arzt zur Aufklärung des Patienten bei von seiner (gesetzlichen) Krankenversicherung nicht gedeckten Maßnahmen (Rz. 383) – kaum Raum. Wo dagegen die Medizin über den Heilauftrag hinaus Aufgaben etwa soziobiologischer Steuerung übernimmt (Empfängnisverhütung, künstliche Insemination, Geschlechtsumwandlung, genetische Beratung) oder wissenschaftlich experimentiert, kann der vertragliche Schutzbereich über die Integritätsinteressen des Patienten hinaus umfassender angelegt sein als der deliktische. Hier können durch das vertragliche Behandlungsverhältnis auch reine Vermögensinteressen (Unterhaltsbelastungen) geschützt und der Kreis mitgeschützter Personen weitergezogen sein.

1. Arztvertrag; Krankenhausvertrag

Allgemeine Grundsätze

7 Das **Behandlungsverhältnis** zum Patienten ist **bürgerlich-rechtlich**, auch wenn der Behandlungsträger sich öffentlich-rechtlich konstituiert (Universitätsklinik, Städtisches Krankenhaus, Landesklinik) und auf der Behandlungsseite Beamte tätig sind. Das gilt nach Auffassung von BGH und PatRG auch für die Behandlung des Kassenpatienten,

> BGH, Urt. v. 29.6.1999 – VI ZR 24/98, BGHZ 142, 126 = NJW 1999, 2731 = VersR 1999, 1241
> – niedergelassener Arzt;
> BGH, Urt. v. 9.5.2000 – VI ZR 173/99, NJW 2000, 3425 = VersR 2000, 1240
> – Krankenhausbehandlung;
> BGH, Urt. v. 9.12.2008 – VI ZR 277/07, BGHZ 179, 115 = NJW 2009, 993 = VersR 2009, 401, 402
> – BG-Arzt,

trotz ihrer Einbettung in einen sozialrechtlichen Rahmen (näher dazu Rz. 61 ff). Auch die ärztliche Behandlung von Zivildienstleistenden durch Vertragsärzte und Krankenhäusern mit Kassenzulassung im Rahmen der gesetzlichen Heilfürsorge ist bürgerlich-rechtlich einzuordnen.

> BGH, Urt. v. 26.10 2010 – VI ZR 307/09, BGHZ 187, 194
> = VersR 2011, 264.

Nur im öffentlichen Interesse gesetzlich angeordnete Behandlungen (z. B. aufgrund der Unterbringungsgesetze der Länder), die Behandlung durch den Amtsarzt oder von Soldaten im Rahmen gesetzlicher Heilfürsorge durch den Truppenarzt, sind **hoheitsrechtlich qualifiziert**; hier folgt die Haftung Amtshaftungsgrundsätzen (Art. 34 GG) mit ihrer Konzentrierung der Passivlegitimation beim staatlichen Funktionsträger.

> BGH, Urt. v. 6.7.1989 – III ZR 79/88, BGHZ 108, 230 = NJW 1990, 760 = VersR 1989, 1015 und
> BGH, Urt. v. 9.12.2008 – VI ZR 277/07, BGHZ 179, 115 = NJW 2009, 993 = VersR 2009, 401, 402
> – Behandlung von Soldaten durch den Truppenarzt;
> BGH, Urt. v. 5.5.1994 – III ZR 78/93, NJW 1994, 2415 = VersR 1995, 531
> – Eignungsuntersuchung für Fahrgastbeförderung;
> BGH, Urt. v. 7.7.1994 – III ZR 52/93, BGHZ 126, 386 = NJW 1994, 3012 = VersR 1994, 1228
> – staatlich angeordnete Schutzimpfung;
> BGH, Urt. v. 23.2.1995 – III ZR 205/94, NJW 1995, 2412
> – psychiatrisches Gutachten im Unterbringungsverfahren;
> BGH, Urt. v. 20.7.2000 – III ZR 64/99, MedR 2001, 254 = NVwZ-RR 2000, 746
> – Anerkennung eines Impfschadens aus staatlich angeordneter Schutzimpfung;
> BGH, Urt. v. 26.10.2010 – VI ZR 307/09, BGHZ 187, 194 = VersR 2011, 264
> – Behandlung von Soldaten durch den Truppenarzt;
> BGH, Urt. v. 21.1.2014 – VI ZR 78/13, VersR 2014, 374
> – verneint bei der Notfallbehandlung einer Polizistin.

Nach bayerischem Landesrecht ist die **Unterbringung von psychisch Kranken** 8 oder psychisch Gestörten zum Schutz der öffentlichen Sicherheit und Ordnung in einem psychiatrischen Krankenhaus eine staatliche Aufgabe, die von den (neben anderen Stellen primär zuständigen) Landratsämtern als Staatsbehörden wahrgenommen wird. Für Amtspflichtverletzungen, die anlässlich der Unterbringung durch Ärzte begangen werden, die bei einem in der Rechtsform der gGmbH organisierten, aus dem Kommunalunternehmen eines Bezirks ausgegliederten psychiatrischen Krankenhaus beschäftigt sind, haftet der Freistaat Bayern und nicht der betreffende Bezirk.

> BGH, Urt. v. 22.11.2012 – III ZR 150/12, VersR 2013, 718
> – Suizidgefährdung.

Hoheitsrechtlich qualifiziert sind medizinische Versorgungseinsätze der öffent- 9 lich-rechtlichen Daseins- und Gesundheitsvorsorge, wenn sie von den Landkreisen bzw. Kommunen oder den von ihnen gebildeten Zweckverbänden selbst durchgeführt werden und damit ihrer hoheitlichen Betätigung zuzurechnen sind, wie die Versorgung des Notfallpatienten am Notfallort und sein Transport ins Krankenhaus durch den sog. „Rettungsdienst" einschließlich des „Notfallarztes" im Rettungsdiensteinsatz in Bayern und Nordrhein-Westfalen; privatrechtlich dagegen auch in diesen Bundesländern die vertragsärztliche Versorgung zu sprechstundenfreien Zeiten durch den Notfalldienst.

> BGH, Urt. v. 9.1.2003 – III ZR 217/01, BGHZ 153, 268 = NJW 2003, 1184 = VersR 2003, 732.

10 Eine Fehleinschätzung durch den **medizinischen Dienst der Krankenversicherung** im Zusammenhang mit der Wiedereingliederung zur Herbeiführung der Arbeitsfähigkeit begründet keinen Amtshaftungsanspruch des Versicherten, wenn ihm ein Schadensersatzanspruch gegen seinen Hausarzt als anderweitige Ersatzmöglichkeit zusteht.

> OLG Koblenz, Beschl. v. 16.10.2012 – 5 U 931/12, VersR 2013, 1400.

11 Der von dem Träger der gesetzlichen Unfallversicherung eingesetzte **Durchgangsarzt** übt Funktionen im Rahmen seiner öffentlich-rechtlichen Beziehungen zu seiner „Anstellungs-BG" nur hinsichtlich der nach § 34 Abs. 1 SGB VII zu treffenden Entscheidung aus, ob für den durch den Arbeitsunfall Verletzten die allgemeine Heilbehandlung ausreicht, d. h.

– ob die Versorgung der Unfallverletzung nach Art oder Schwere weder eines besonderen personellen, apparativ-technischen Aufwands noch einer besonderen unfallmedizinischen Qualifikation des Arztes bedarf (§ 10 des gem. § 34 Abs. 3 SGB VII zwischen den beteiligten Verbänden abgeschlossenen „Vertrags Ärzte/Unfallversicherungsträger 2001")

– oder ob eine besondere unfallmedizinische oder Berufskrankheitsversorgung einzuleiten ist, ggf. von wem diese durchzuführen ist.

Nur bei Verletzung dieser Pflichten über das „Ob" einer besonderen Heilbehandlung und bei den damit zusammenhängenden ärztlichen Untersuchungen und Kontrollen in der Nachschau haftet die „Anstellungs-BG" dem hierdurch verletzten Patienten nach Art. 34 GG, § 839 BGB anstelle des Durchgangsarztes (und ist die BG für einen Regress beim Durchgangsarzt auf originäre Ansprüche aus ihren Beziehungen zu ihm beschränkt).

> BGH, Urt. v. 28.6.1994 – VI ZR 153/53, BGHZ 126, 297 = NJW 1994, 2417 = VersR 1994, 1195 m. w. N.;
>
> BGH, Urt. v. 9.12.2008 – VI ZR 277/07, BGHZ 179, 115 = NJW 2009, 993 = VersR 2009, 401, 402;
>
> BGH, Urt. v. 9.3.2010 – VI ZR 131/09, VersR 2010, 768;
>
> OLG Oldenburg, Urt. v. 30.6.2010 – 5 U 15/10, VersR 2010, 1654.

Übernimmt der Durchgangsarzt selbst die Behandlung des Patienten, dann geschieht das auf der Grundlage bürgerlich-rechtlicher Beziehungen zum Patienten; für Behandlungsfehler oder Aufklärungsversäumnisse haftet er nur seinem Patienten und nur auf privatrechtlicher Grundlage.

> BGH, Urt. v. 28.6.1994 – VI ZR 153/53, BGHZ 126, 297 = NJW 1994, 2417 = VersR 1994, 1195 m. w. N.
>
> BGH, Urt. v. 9.12.2008 – VI ZR 277/07, BGHZ 179, 115 = NJW 2009, 993 = VersR 2009, 401, 402.

Gleiche Haftungsgrundsätze gelten für von den Trägern der Unfallversicherung zur Entlastung der Durchgangsärzte „zur Heilbehandlung bestellte Ärzte" („Durchgangsärzte light"). Diese dürfen aber nur in den in § 35 des „Vertrags Ärzte/Unfallversicherungsträger 2001" im Einzelnen aufgeführten Verletzungen die besondere berufsgenossenschaftliche Heilbehandlung übernehmen. In anderen Fällen müssen sie den Verletzten an den Durchgangsarzt überweisen. Bei Überschreitung dieser Kompetenz haften sie für Schädigungen des Patienten persönlich und nicht an ihrer Stelle die Berufsgenossenschaft. **12**

> BGH, Urt. v. 9.12.2008 – VI ZR 277/07, BGHZ 179, 115 = NJW 2009, 993 = VersR 2009, 401, 402.

Für ein fehlerhaftes „Wie" der Erstversorgung von Unfallverletzungen haften Durchgangsarzt und „zur Heilbehandlung bestellter Arzt" stets persönlich, nicht die Berufsgenossenschaft. **13**

> BGH, Urt. v. 28.6.1994 – VI ZR 153/53, BGHZ 126, 297 = NJW 1994, 2417 = VersR 1994, 1195 m. w. N.;
>
> BGH, Urt. v. 9.12.2008 – VI ZR 277/07, BGHZ 179, 115 = NJW 2009, 993 = VersR 2009, 401, 402.

Ob dies auch für Fehler bei der ersten Untersuchung zur Diagnosestellung oder bei der Diagnostik im Rahmen der Behandlung im Vorfeld der Entscheidung über das „Ob" einer besonderen berufsgenossenschaftlichen Behandlung gilt, hängt nicht von einer zeitlichen Zuordnung der konkreten fehlerhaften Maßnahme des Arztes sondern von ihrer inhaltlichen Zielsetzung ab. Auf nähere Abgrenzungskriterien hat der BGH bisher verzichtet, immerhin angemerkt, dass auch ein Nebeneinander der Pflichtenkreise bei der Erstbehandlung nicht auszuschließen ist.

> BGH, Beschl. v. 4 3.2008 – VI ZR 101/07, AHRS 0465/315;
>
> BGH, Urt. v. 9.12.2008 – VI ZR 277/07, BGHZ 179, 115 = NJW 2009, 993 = VersR 2009, 401, 403;
>
> BGH, Urt. v. 9.3.2010 – VI ZR 131/09, VersR 2011, 768;
>
> OLG Oldenburg, Urt. v. 30.6.2010 – 5 U 15/10, VersR 2010, 1654.

Grundlage der vertraglichen Haftungsverantwortung ist der von §§ 630a ff BGB und dem BGH primär dem **Dienstvertrag** zugeordnete **Behandlungsvertrag,** **14**

BGH, Urt. v. 25.3.1986 – VI ZR 90/85, BGHZ 95, 273 = NJW
1986, 2364 = VersR 1986, 866;

BGH, Urt. v. 29.3.2011 – VI ZR 133/10, NJW 2011, 1674
= VersR 2011, 883
– Zahnarztbehandlung; dagegen Werkvertrag die technische
Anfertigung des Zahnersatzes;

OLG Düsseldorf, Urt. v. 8.4.2004 – 1-8 U 96/03, VersR 2005, 1737
– Zahnarztvertrag über prothetische Versorgung;

OLG Oldenburg, Urt. v. 27.2.2008 – 5 U 22/07, VersR 2008, 781
– Zahnersatzbehandlung;

OLG Oldenburg, Urt. v. 21.6.2008 – 5 U 27/08, VersR 2010, 231
– Krankenhaus-Behandlung;

OLG Koblenz, Beschl. v. 18.6.2009 – 5 U 319/09, VersR 2009, 1542
– Zahnersatzbehandlung;

KG, Beschl. v. 1.7.2010 – 20 W 23/10, VersR 2011, 402
– Zahnersatzbehandlung,

mit seiner Haftung für Leistungsstörungen, insbesondere für Schlechterfüllung,
aufgrund von §§ 280 ff BGB.

Der Behandlungsvertrag kann stillschweigend abgeschlossen werden schon
dadurch, dass der Patient sich in die Behandlung begibt und der Arzt bzw.
das Krankenhaus die Behandlung übernimmt;

BGH, Urt. v. 9.5.2000 – VI ZR 173/99, NJW 2000, 3429 = VersR
2000, 999;

bei Minderjährigen im Zweifel als Vertrag mit dem gesetzlichen Vertreter
zugunsten des Patienten i. S. v. § 328 BGB, selbst wenn der Minderjährige
ohne seine Eltern zum Arzt kommt.

Die Inanspruchnahme des Arztes muss auf Beseitigung, Linderung, Vorbeugung physischen oder psychischen Leidens gerichtet sein.

OLG Köln, Beschl. v. 25.1.2010 – 5 W 39/09, VersR 2011, 884
– Inanspruchnahme des Arztes als Dolmetscher begründet kein
Behandlungsverhältnis.

Der Inhalt des Behandlungsvertrages ergibt sich aus der übernommenen Behandlungsaufgabe. Für die **Pflichtenstellung** des vertragschließenden Behandlungsträgers steht ganz im Vordergrund das Bemühen um die gesundheitliche Integrität des Patienten nach dem anerkannten und gesicherten
Stand der medizinischen Wissenschaft im Zeitpunkt der Behandlung (näher
dazu Rz. 184 ff). Damit als Junktim verbunden ist der Anspruch des Patienten
auf die Selbstbestimmungs- und die therapeutische Aufklärung (näher dazu
Rz. 374; § 630c Abs. 2 BGB). Begleitpflichten sind die ärztliche Schweigepflicht, die sich auch auf die Offenlegung der Identität des Patienten bezieht,

OLG Karlsruhe, Urt. v. 11.8.2006 – 14 U 45/04, VersR 2007, 245,

die Dokumentationspflicht (näher dazu Rz. 498; § 630f BGB), die Pflicht zur
Auskunft über Befund, Prognose und Behandlungsverlauf (dazu Rz. 376 f;

§§ 630c Abs. 2, 630e BGB) sowie zur Gewährung von Einsicht in die Krankenaufzeichnungen (näher dazu Rz. 518 ff; § 630g BGB) und im unterschiedlichen Umfang die Pflicht zur Rücksicht auf die finanziellen Belange des Patienten (näher dazu Rz. 383; § 630c Abs. 3 BGB).

Die Notfallbehandlung des bewusstlosen Patienten erfolgt, wenn sonst kein gesetzlicher Vertreter für ihn den Behandlungsvertrag schließt, nach den Regeln der erlaubten GoA auf der Grundlage seines „mutmaßlichen Willens" (vgl. Rz. 452; § 630d Abs. 1 Satz 3 BGB).

Der **Honoraranspruch des Behandlungsträgers** trifft bei der Behandlung des Privatpatienten prinzipiell diesen. Bei der Behandlung des Kassenpatienten ist er von den Behandlungsbeziehungen abgekoppelt (Rz. 61 ff), sofern der Kassenpatient nicht Kostenerstattung gewählt hat (dazu Rz. 62). **15**

Bei Krankenhausverträgen zur Durchführung einer medizinisch gebotenen Behandlung gehen Krankenhaus und Patient meistens davon aus, dass die Erfüllung der ärztlichen Pflicht nicht an eine bestimmte Person gebunden ist.

> BGH, Urt. v. 11.5.2010 – VI ZR 252/08, VersR 2010, 1038
> – totaler Krankenhausvertrag.

Anderes kann sich aber nicht nur aus einer Vereinbarung, sondern auch aus den Umständen ergeben.

> OLG Koblenz, Urt. v. 21.2.2008 – 5 U 1309/07, NJW 2008, 538
> = VersR 2008, 538
> – Chefarzt lässt kosmetische Operation von einem angestellten
> Arzt durchführen.

Ist der Chefarzt zum Eingriff vertraglich persönlich verpflichtet, steht ihm weder aus Vertrag noch aus ungerechtfertigter Bereicherung eine Vergütung zu, wenn er den Eingriff vertragswidrig von einem angestellten Arzt durchführen lässt.

> OLG Koblenz, Urt. v. 21.2.2008 – 5 U 1309/07, NJW 2008, 538
> = VersR 2008, 538
> – selbst wenn der angestellte Arzt den Eingriff sachgemäß durch-
> führt.

Behandlungsfehler des Arztes können nicht nur den Patienten zur Kündigung des Behandlungsvertrags berechtigen, sondern – nach Maßgabe von § 242 BGB – zum **Verlust des Honoraranspruchs** des Arztes führen (§ 628 Abs. 1 Satz 2 BGB).

> BGH, Urt. v. 29.3.2011 – VI ZR 133/10, NJW 2011, 1674
> = VersR 2011, 883
> – zahnärztliche Behandlung;
> OLG Koblenz, Beschl. v. 29.8.2011 – 5 U 481/11, VersR 2012, 446;
> allzu einschränkend
> OLG Koblenz, Beschl. v. 1.9.2011 – 5 U 862/11, VersR 2012, 728.

Der Honoraranspruch eines Zahnarztes entfällt bei mangelhaft erbrachter Leistung erst dann, wenn die Leistung vollständig unbrauchbar und dem Patienten ein weiterer Nachbesserungsversuch nicht zumutbar ist.

OLG Köln, Beschl. v. 27.8.2012 – 5 U 52/12, MedR 2014, 28.

Das Honorar für die ärztliche Behandlung des Privatpatienten richtet sich grundsätzlich nach GOÄ bzw. GOZ als zwingendes Preisrecht für alle beruflichen Leistungen der Ärzte, auch der medizinisch nicht indizierten.

BGH, Urt. v. 23.3.2006 – III ZR 223/05, NJW 2006, 1879 = VersR 2006, 935;

BGH, Urt. v. 12.11.2009 – III ZR 110/09, BGHZ 183, 143 = VersR 2010, 630.

Medizinisch nicht indizierte Leistungen dürfen nur berechnet werden, wenn der auch darüber aufgeklärte Patient diese Leistungen will. Demgemäß kann auch der vom Arzt mit der Blutuntersuchung beauftragte Laborarzt bei dem Patienten nur das i. S. v. § 1 Abs. 2 GOÄ medizinisch Notwendige abrechnen.

BGH, Urt. v. 14.1.2010 – III ZR 188/09, BGHZ 184, 61 = NJW 2010, 1200 = VersR 2010, 812.

Die ärztliche Leistung muss selbständig sein, d. h. es muss für sie eine eigenständige Indikation bestehen.

Ein und dieselbe Leistung, die zugleich Bestandteil einer von dem Arzt gleichfalls vorgenommenen umfasenderen Leistung ist, darf er nicht zweimal abrechnen (sog. Ziel- oder Komplexleistungsprinzip).

Dazu näher
BGH, Urt. v. 13.5.2004 – III ZR 344/03, BGHZ 159, 142 = NJW-RR 2004, 1202 = VersR 2004, 1135;

BGH, Urt. v. 16.3.2006 – III ZR 217/05, NJW-RR 2006, 310 = VersR 2006, 933;

BGH, Urt. v. 10.5.2007 – III ZR 291/06, BGHZ 172, 190 = NJW-RR 2007, 1122 = VersR 2007, 1228;

BGH, Urt. v. 5.6.2008 – III ZR 239/07, BGHZ 177, 43 = NJW-RR 2008, 1278 = VersR 2008, 1538;

BGH, Urt. v. 21.1.2010 – III ZR 147/09 = NJW-RR 2010, 1355 = VersR 2010, 1047.

Dabei ist es kein Ermessensfehler, wenn der Arzt persönlich-ärztliche und medizinisch-technische Leistungen durchschnittlicher Schwierigkeit mit dem jeweiligen Höchstsatz der Regelspann, also mit dem 2,3-fachen bzw. dem 1,8-fachen des Gebührensatzes abrechnet.

BGH, Urt. v. 8.11.2007 – III ZR 54/07, BGHZ 174, 101 = NJW-RR 2008 = VersR 2008, 406.

Die Rechnung des Arztes muss zur Fälligkeit des Honorars für den Patienten nachprüfbar sein, d. h. mindestens die Leistungsbezeichnung, die Zuordnung zu einer bestimmten Gebührennummer, den Betrag und den Steigerungssatz enthalten (§ 12 Abs. 2–4 GOÄ). Berechnungsfehler in Bezug auf das materielle Gebührenrecht stehen der Fälligkeit aber nicht entgegen.

> BGH, Urt. v. 21.12.2006 – III ZR 117/06, BGHZ 170, 252
> = NJW-RR 2007, 494 = VersR 2007, 499.

Zum Schutz des Patienten bedürfen von dem Gebührenrahmen der GOÄ oder GOZ abweichende Vereinbarungen der Schriftform. Sie dürfen keine weiteren Erklärungen enthalten und müssen vor dem Beginn der Behandlung getroffen werden (GOÄ § 2 Abs. 2 = GOZ § 2 Abs. 2).

> BGH, Urt. v. 19.12.1998 – III ZR 106/97, BGHZ 138, 100
> = NJW 1998, 1786;
>
> BGH, Urt. v. 9.3.2000 – III ZR 356/98, NJW 2000, 1794
> = VersR 2000, 856;
>
> OLG Karlsruhe, Urt. v. 15.7.1999 – 12 U 288/98, VersR 2000, 365;
>
> OLG Stuttgart, Urt. v. 9.4.2002 – 14 U 90/01, VersR 2003, 462;
>
> OLG Köln, Urt. v. 21.12.2009 – 5 U 52/09, VersR 2010, 1606.

Eine Vergütungsvereinbarung ist unwirksam, wenn sie dem Patienten unter Umständen abverlangt wird, die seine Entschließungsfreiheit unzumutbar beeinträchtigen.

> OLG Celle, Urt. v. 11.9.2008 – 11 U 88/08, VersR 2009, 224:
> nach 2-stündiger zahnärztlicher Behandlung in einer Behandlungs-
> pause Zustimmung des Patienten zu Verlangensleistungen von ca.
> 40.000 € bei Beginn mit diesen Leistungen noch am selben Tag.

Bei der stationären und teilstationären Krankenhausbehandlung ist das Honorar für die ärztliche Behandlung von Privat- und Kassenpatienten durch den allgemeinen Pflegesatz abgegolten, sofern nicht der Patient als Selbstzahler gesondert berechenbare ärztliche Leistungen als Wahlleistungen in Anspruch nimmt. Für die Inanspruchnahme von Wahlleistungen gelten entsprechende Schutzvorschriften für den Patienten (näher dazu Rz. 33).

Für die ärztliche Versorgung des Kassenpatienten im Rahmen der Gesetzlichen Krankenversicherung (GVK) richtet sich der Honoraranspruch des Vertragsarztes nach dem Vergütungssystem des SGB V (näher dazu Rz. 71 ff).

Dritte Personen können als Vertragspartner den Behandlungsvertrag im **16** eigenen Namen zugunsten des Patienten schließen, so dass allein sie Honorarschuldner sind, während der Patient selbst aus dem Vertrag nur begünstigt, nicht auch verpflichtet wird (§ 328 BGB). Solche Gestaltung kommt z. B. in Betracht, wenn Eltern ihr Kind in die Behandlung geben.

> BGH, Urt. v. 10.1.1984 – VI ZR 158/82, BGHZ 89, 263 – NJW
> 1984, 1400 = VersR 1984, 356;
>
> BGH, Urt. v. 6.12.1988 – VI ZR 132/88, BGHZ 106, 153 = NJW
> 1989, 1538.

Ferner kann nach § 1357 BGB, solange die Ehepartner zusammenleben, grundsätzlich der leistungsfähige **Ehegatte als Honorarschuldner** für die Behandlung des Ehepartners mit verpflichtet sein, wenn Art und Kosten der Behandlung sich im Lebenszuschnitt der Familie halten, wie er nach außen in Erscheinung tritt.

> BGH, Urt. v. 13.2.1985 – IV b ZR 72/83, BGHZ 94, 1 = NJW 1985, 1394 = VersR 1985, 545;
>
> BGH, Urt. v. 27.11.1991 – XII ZR 226/90, BGHZ 116, 184 = NJW 1992, 909;
>
> für BGH, Urt. v. 18.3.1980 – VI ZR 247/78, BGHZ 76, 259 = NJW 1980, 1452 = VersR 1980, 558,
> das beim Sterilisationseingriff den Ehemann nicht als Vertragspartner, sondern nur als Drittbegünstigten (§ 328 BGB) betrachtet, war die Honorarschuldnerschaft des Ehemanns kein Streitpunkt, so dass das Urteil kein Beleg gegen die Anwendung von § 1357 BGB n. F. auch in den Bereichen von Sterilisation und Schwangerschaftsabbruch ist.

Allerdings gilt das für teure Behandlungen, sofern sie in sachlicher oder zeitlicher Hinsicht nicht geboten sind, nur, wenn sich die Ehegatten hierüber ausdrücklich abgestimmt haben.

> BGH, Urt. v. 13.2.1985 – IVb ZR 72/83, BGHZ 94, 1 = NJW 1985, 1394 = VersR 1985, 545
> – kostspielige Wahlleistungen bei privater Behandlung der Ehefrau durch den Chefarzt;
>
> BGH, Urt. v. 27.11.1991 – XII ZR 226/90, BGHZ 116, 184 = NJW 1992, 909
> – anders bei medizinisch indizierter, unaufschiebbarer Chemotherapie ohne Inanspruchnahme von Wahlleistungen;
>
> weitergehend OLG Köln, Urt. v. 22.4.1998 – 5 U 144/96, VersR 1999, 374
> – Wahlleistung für sozialversicherten Ehemann; allerdings war die als sein Vertreter auftretende Ehefrau für diese Kosten privatversichert.

17 Auch sonst kann sich aus für den Arzt hinreichend deutlichen Umständen ergeben, dass eine Mitverpflichtung des Ehepartners über § 1357 BGB ausscheiden soll. Insbesondere schließt der Eintritt einer Krankenversicherung die Mitverpflichtung des anderen Ehegatten grundsätzlich aus.

> BGH, Urt. v. 27.11.1991 – XII ZR 226/90, BGHZ 116, 184 = NJW 1992, 909;
>
> OLG Köln, Urt. v. 9.3.1992 – 27 U 110/91, VersR 1993, 441.

18 Andererseits kann sich aus den vom Patienten nachzuweisenden Umständen ergeben, dass der Patient den Behandlungsvertrag nur im Namen seines Ehepartners hat abschließen wollen und dieser Honorarschuldner werden soll.

> OLG Köln, Urt. v. 19.5.1993 – 27 U 1/93, VersR 1994, 107
> – Patientin erklärt dem Zahnarzt, sie sei nicht mehr selbst, sondern nur über ihren Ehemann krankenversichert, und die Versicherungsleistungen nimmt ihr Mann entgegen;

einschränkend
OLG Hamm, Urt. v. 28.4.1997 – 3 U 239/96, VersR 1997, 1360;
vgl. auch
BGH, Urt. v. 15.5.1991 – VIII ZR 212/90, NJW 1991, 2958.

Für den Ausschluss der Eigenhaftung des Patienten sind aber sehr deutliche Umstände zu verlangen.

BGH, Urt. v. 13.2.1985 – IVb ZR 72/83, BGHZ 94, 1 = NJW 1985, 1394 = VersR 1985, 545;

OLG Hamm, Urt. v. 28.4.1997 – 3 U 239/96, VersR 1997, 1360.

Wer seinen Lebensgefährten in das Krankenhaus begleitet, wird nicht schon dadurch zum Kostenschuldner, dass er eine als Kostenzusage des Patienten konzipierte Erklärung unterzeichnet.

OLG Saarbrücken, Urt. v. 7.5.1997 – 1 U 771/96, NJW 1998, 828.

Die in einem vorformulierten Krankenhausaufnahmeantrag enthaltene Erklärung des Anmeldenden, für die Behandlungskosten gesamtschuldnerisch mit dem Patienten haften zu wollen, ist nach § 309 Nr. 11a BGB unwirksam, falls der Anmeldende den Antrag lediglich als Vertreter des zu Behandelnden unterzeichnen wollte und nach dem äußeren Bild auch nur als solcher unterzeichnet hat.

OLG Köln, Urt. v. 7.10.1998 – 5 U 174/97, VersR 2000, 68 = NJW-RR 1999, 733.

Die **Einbeziehung Dritter** in den Behandlungsvertrag auf Patientenseite als **19** Vertragspartner **erweitert die Haftung** des Arztes **nur**, wenn der Vertrag ausdrücklich auch auf den Schutz seiner Interessen mitangelegt ist (z. B. der Sterilisationseingriff zur Sicherung einer Familienplanung; vgl. Rz. 307 ff). Vor allem der auf Krankenbehandlung gerichtete Vertrag schützt dagegen prinzipiell nur den Patienten; Arzthaftung erfasst grundsätzlich nur seinen Schaden. Jedoch können die Eltern eines durch die Behandlung geschädigten Kindes, die den Vertrag im eigenen Namen abgeschlossen haben, aufgrund ergänzender Vertragsauslegung berechtigt sein, in den durch den Schaden des Kindes gezogenen Grenzen den Mehraufwand für Pflege und Versorgung als eigenen Schaden geltend zu machen, soweit sich dieser Aufwand für sie als vermehrter Unterhaltsaufwand niederschlägt.

seit BGH, Urt. v. 10.1.1984 – VI ZR 158/82, BGHZ 89, 263, 266 = NJW 1984, 1400 = VersR 1984, 356;

BGH, Urt. v. 17.12.1985 – VI ZR 178/84, BGHZ 96, 360, 368 = NJW 1986, 1542, 1544 = VersR 1986, 465, 467;

OLG Düsseldorf, Urt. v. 9.7.1992 – 8 U 196/90, VersR 1993, 883;

OLG Frankfurt/M., Urt. v. 19.5.1993 – 13 U 16/92, NA-Beschl. v. 18.1.1994 – VI ZR 188/93, VersR 1994, 942;

OLG Düsseldorf, Urt. v. 20.11.1997 – 8 U 69/96, NA-Beschl. v. 6.10.1998 – VI ZR 373/97, VersR 1999, 232.

Allgemeine Geschäftsbedingungen

20 Behandlungsverträge können durch Allgemeine Geschäftsbedingungen ausgefüllt werden, wenn diese den Vorschriften der §§ 305 ff BGB standhalten.

21 Nach § 310 Abs. 3 Nr. 2 BGB sind die Unklarheitenregel des § 305c Abs. 2 BGB und die Regeln über die Inhaltskontrolle nach §§ 307–309 BGB im Übrigen auch dann anzuwenden, wenn die vorformulierten Bedingungen nur zur einmaligen Verwendung bestimmt sind, sofern der Patient aufgrund der Vorformulierung auf ihren Inhalt keinen Einfluss nehmen konnte.

22 Der Inhaltskontrolle nach §§ 307–309 BGB unterliegen auch formularmäßige Honorarvereinbarungen, die die Vorschriften der GOÄ abändern oder ergänzen.

> BGH, Urt. v. 30.10.1991 – VIII ZR 51/91, BGHZ 115, 391
> = NJW 1992, 746 = VersR 1992, 185
> – Unzulässigkeit einer Überschreitung des Gebührenrahmens des
> § 5 Abs. 1 GOÄ durch AGB.

23 Der IX. Zivilsenat des BGH hat auf Verbandsklage nach §§ 13 ff AGBG a. F. im Rahmen der für diese bestehenden Beschränkungen in der Prüfungskompetenz (§ 13 Abs. 1 AGBG a. F.: nur Inhaltsprüfung nach §§ 9–11 AGBG a. F., keine Wirksamkeitsprüfung nach §§ 2–7 AGBG a. F. = §§ 307–309 BGB) für **zulässig** gehalten folgende Formularbedingungen:

> „Zurückgelassene Sachen gehen in das Eigentum des Krankenhauses über, wenn sie nicht innerhalb von zwölf Wochen nach Aufforderung abgeholt werden"; sofern die Vertragsbestimmungen weitere Klauseln enthalten, die geeignet sind, dem Verlust wertvoller Gegenstände vorzubeugen;

> BGH, Urt. v. 9.11.1989 – IX ZR 269/87, NJW 1990, 761
> = VersR 1990, 91;

> „Für eingebrachte Sachen, die in der Obhut des Benutzers bleiben, haftet der Krankenhausträger nur bei Vorsatz und grober Fahrlässigkeit";

> BGH, Urt. v. 9.11.1989 – IX ZR 269/87, NJW 1990, 761
> = VersR 1990, 91;

für **unzulässig** gehalten folgende Formularbedingungen:

> „Für Schäden, die bei der Reinigung, Desinfektion und Entsorgung eingebrachter Sachen entstehen, haftet der Krankenhausträger nur bei Vorsatz und grober Fahrlässigkeit"; da sie eine unangemessene Risikoverteilung für den Patienten bedeuten in den Fällen, in denen die Notwendigkeit einer Reinigung vom Krankenhauspersonal selbst verursacht wurde (Verstoß gegen § 9 Abs. 1 und 2 Nr. 2 AGBG a. F. = § 307 Abs. 1 Satz 1 und 2 Nr. 2 BGB);

> BGH, Urt. v. 9.11.1989 – IX ZR 269/87, NJW 1990, 761
> = VersR 1990, 91;

> die Belastung des Krankenhausbenutzers mit der Beweislast dafür, dass er nicht die Möglichkeit hatte, in zumutbarer Weise von dem Inhalt der AGB und den Pflegekostentarifen Kenntnis zu nehmen (Verstoß gegen § 11 Nr. 15b AGBG a. F. = § 309 Nr. 12b BGB);

BGH, Urt. v. 9.11.1989 – IX ZR 269/87, NJW 1990, 761
= VersR 1990, 91;

die Belastung des Krankenhausbenutzers mit der Beweislast dafür, dass ihm
nicht i. S. v. § 12 Satz 1 BPflV vom Krankenhaus die Pflegesätze sowie eine
allgemeine Beschreibung der damit vergüteten Leistungen des Krankenhauses
schriftlich bekannt gegeben worden sind (Verstoß gegen § 11 Nr. 15b AGBG
a. F. = § 309 Nr. 12b BGB);

BGH, Urt. v. 9.11.1989 – IX ZR 269/87, NJW 1990, 761
= VersR 1990, 91;

die Belastung des Krankenhausbenutzers mit dem Nachweis, bei Inanspruchnahme von Wahlleistungen nicht i. S. v. § 7 Abs. 2 BPflV über Entgelte und
Berechnung der beantragten Wahlleistungen unterrichtet worden zu sein (Verstoß gegen § 11 Nr. 15b AGBG a. F. = § 309 Nr. 12b BGB);

BGH, Urt. v. 9.11.1989 – IX ZR 269/87, NJW 1990, 761
= VersR 1990, 91;

OLG Düsseldorf, Urt. v. 23.4.1998 – 8 U 171/97, VersR 1999, 496.

Als unzulässig nach § 9 AGBG a. F. = § 307 BGB angesehen worden ist in **24**
einem Heimvertrag die Klausel

„Bei vorübergehender Abwesenheit (z. B. Urlaub, Wochenend- und Feiertags-
abwesenheit, Krankenhausaufenthalt) bis einschließlich drei Tagen ist das volle
Betreuungsentgelt weiterzuzahlen."

BGH, Urt. v. 5.7.2001 – III ZR 310/00, BGHZ 148, 233 = NJW
2001, 2971,

als unzulässig nach § 10 Nr. 4 AGBG a. F. = § 308 Nr. 4 BGB angesehen
worden ist in einer Wahlleistungsvereinbarung eine Vertreterklausel, die auch
Fälle einer vorhersehbaren Verhinderung des Chefarztes einschließt.

OLG Stuttgart, Urt. v. 17.1.2002 – 2 U 147/01, MedR 2002, 411
= ArztR 2003, 122.

Der IX. Zivilsenat des BGH hat ferner für **zulässig** gehalten eine **vorformu-** **25**
lierte Sektionseinwilligung im Krankenhausaufnahmevertrag. Auch hier ist
die Wirksamkeit der Klausel aber nur im Rahmen eines Verbandsprozesses
auf §§ 9–11 AGBG a. F. beschränkt untersucht worden; offen geblieben ist
insbesondere, ob die Klausel § 3 AGBG a. F. = § 305c Abs. 1 BGB (Über-
raschungsklausel) standhält. Mit einem derartigen Zugriff auf sein Persönlichkeitsrecht, zumal durch ein Verhandeln über sein Ableben, rechnet jedenfalls heute noch wohl kein Patient, der doch bei seiner Aufnahme Gesundung erwartet.

BGH, Urt. v. 31.5.1990 – IX ZR 257/89, NJW 1990, 2313,
mit abl. Anm. v. *Deutsch*, NJW 1990, 2315;
Ackmann, JZ 1990, 925 ff.

Das formularmäßige Abverlangen einer Zustimmung des Patienten zur **Über-** **26**
gabe der Abrechnungsunterlagen an eine gewerbliche Verrechnungsstelle
oder zur Weitergabe der Patienten- und Beratungskartei an den Nachfolger
nach Veräußerung der Arztpraxis dürfte schon mit § 305c Abs. 1 BGB nicht

vereinbar sein, wenn der Patient nicht besonders auf diese Klausel hingewiesen wird.

Generell dazu
BGH, Urt. v. 10.7.1991 – VIII ZR 296/90, BGHZ 115, 123
= NJW 1991, 2955 = VersR 1992, 234;
BGH, Urt. v. 11.12.1991 – VIII ZR 4/91, BGHZ 116, 268
= NJW 1992, 737 = VersR 1992, 448.

27 Eine vorformulierte **Einwilligung in die Behandlung**, durch die das Aufklärungsgespräch ausgespart und das Selbstbestimmungsrecht des Patienten unterlaufen wird, sollte schon nach § 307 BGB unzulässig sein.

28 **Haftungsausschlussklauseln** in Bezug auf leicht fahrlässige Behandlungsfehler verstoßen gegen § 309 Nr. 7a BGB.

OLG Stuttgart, Urt. v. 7.12.1977 – 1 U 46/77, NA-Beschl.
v. 10.7.1979 – VI ZR 11/78, NJW 1979, 2355 zu § 9 AGBG a. F.;
OLG Köln, Urt. v. 9.11.1988 – 27 U 77/88, VersR 1989, 372
zu § 9 AGBG a. F.

29 Zulässig erscheinen aber haftungssplittende Formularbedingungen im Rahmen eines gespaltenen Krankenhausvertrages, soweit sie den Krankenhausträger aus einer Mithaftung für die Fehler des selbstliquidierenden Chefarztes entlassen, vorausgesetzt, dass der Patient deutlich auf Existenz und Tragweite dieser Klauseln hingewiesen wird (§ 305c Abs. 1 BGB). Die Anforderungen an die Kenntnisverschaffung müssen auch der Befindlichkeit des Patienten bei der Aufnahme Rechnung tragen (§ 305 Abs. 2 Nr. 2 BGB). Der Patient muss gezielt darauf hingewiesen werden, dass der Krankenhausträger insoweit nicht nur nicht Schuldner der ärztlichen Leistungen ist, sondern dass er ihm auch nicht für etwaige ärztliche Fehlleistungen haftet. Der Hinweis muss innerhalb des noch durch die Unterschrift des Patienten gedeckten Vertragstextes stehen, nicht nur in den nur in Bezug genommenen „Aufnahmebedingungen".

BGH, Urt. v. 22.12.1992 – VI ZR 341/91, BGHZ 121, 107
= NJW 1993, 779 = VersR 1993, 481;
OLG Bamberg, Urt. v. 14.12.1992 – 4 U 60/92, NA-Beschl.
v. 8.2.1994 – VI ZR 50/93, VersR 1994, 813;
OLG Koblenz, Urt. v. 26.6.1997 – 5 U 1825/96, NJW 1998, 3425
= VersR 1998, 1283.

Stationäre Krankenhausbehandlung

30 Seit Inkrafttreten des KHG

Neufassung v. 10.4.1991 – BGBl I, 886 – i. d. F. v. 22.12.1999
– BGBl I, 2626 – gültig ab 1.1.2000, zuletzt geändert durch
Art. 16a des Gesetzes vom 21.7.2014, BGBl I, 1133,

und der BPflV in der wesentlich veränderten Fassung der

Verordnung zur Regelung der Krankenhauspflegesätze (BPflV)
v. 26.9.1994 – BGBl I, 2750 – seit dem 1.1.2005 (§ 22 Abs. 1 BPflV)

maßgebend §§ 17–19 des Krankenhausentgeltgesetzes (KHEntgG)
v. 23.4.2002 – BGBl I 1412, 1422 – gültig ab 1.1.2005;
zuletzt geändert durch Art. 16d des Gesetzes vom 21.7.2014,
BGBl I, 1133,

ist für die stationäre Behandlung **regelmäßig** der Krankenhausträger allein Vertragspartner des Patienten (sog. **totaler Krankenhausvertrag**), während Ärzte und Pflegekräfte des Krankenhauses mit dem Patienten unmittelbar nur in deliktsrechtlicher Beziehung stehen.

> BGH, Urt. v. 8.2.2000 – VI ZR 325/98, NJW 2000, 2741 = VersR 2000, 1107.

Das gilt auch für die vom Krankenhaus hinzugezogenen externen Ärzte, soweit ihre Leistungen nach § 2 Abs. 2 Satz 3 Nr. 2 KHEntgG Bestandteil der allgemeinen Krankenhausleistungen sind. Ihre Leistungen sind in diesem Fall durch das Entgelt für die allgemeinen Krankenhausleistungen mitvergütet (§ 7 Abs. 1 KHEntgG).

> BGH, Urt. v. 12.11.2009 – III ZR 110/09, BGHZ 183, 143
> = VersR 2010, 630;
> BGH, Urt. v. 11.5.2010 – VI ZR 252/08, NJW 2010, 2580
> = VersR 2010, 1038;
> BGH, Urt. v. 4.11.2010 – III ZR 323/09, BGHZ 187, 279
> = VersR 2011, 502.

Die Vertragsbeziehungen zum externen Arzt bestehen in diesem Fall nur mit dem Krankenhaus. Auf ihre Vergütungsvereinbarung ist deshalb die GÄ nicht anzuwenden.

> BGH, Urt. v. 12.11.2009 – III ZR 110/09, BGHZ 183, 143
> = VersR 2010, 630.

Zu der Einbeziehung frei praktizierender Ärzte in die Krankenbehandlung vgl. ferner Rz. 52.

Auch der Selbstzahler kann diese Behandlung zum sog. Großen Pflegesatz verlangen (§ 17 Abs. 1 KHG). Das gilt für die voll- und teilstationäre Behandlung (in Tag- und Nachtkliniken, vgl. §§ 39 Abs. 1 Satz 2, 115a Abs. 2 SGB V, § 1 Abs. 1 BPflV).

KHEntgG und KHG gelten nicht für Privatkrankenanstalten, die nicht an der Investitionsförderung nach § 8 KHG teilnehmen. Diese Krankenanstalten sind im Rahmen von §§ 134, 138 BGB in der Preisgestaltung frei.

> BGH, Urt. v. 21.4.2011 – III ZR 114/10, VersR 2011, 1187.

Beim totalen Krankenhausvertrag kann sich der Krankenhausträger grundsätzlich seines gesamten angestellten Personals bedienen und über die Heranziehung seiner Ärzte bestimmen. Zwar kann der Patient die Behandlung durch einen bestimmten Arzt verlangen. Gegebenenfalls geht er aber das Risiko ein, unbehandelt entlassen zu werden.

BGH, Urt. v. 11.5.2010 – VI ZR 252/08, NJW 2010, 2580
= VersR 2010, 1038.

31 Ein **gespaltener Krankenhausvertrag** liegt vor, wenn der Selbstzahler in der voll- oder teilstationären Behandlung als Wahlleistung die ärztliche Versorgung durch **selbstliquidierungsberechtigte Ärzte** (regelmäßig die Leitenden Abteilungsärzte) wählt, sofern das Krankenhaus das anbietet. Dann rücken **alle** (§ 22 Abs. 1 BPflV i. V. m. § 17 Abs. 3 KHEntgG) selbstliquidierenden Ärzte, die mit der Behandlung befasst werden, in die **Vertragspartnerstellung** ein und werden nicht nur honorarberechtigt, sondern dem Patienten auch verpflichtet.

BGH, Urt. v. 10.3.1981 – VI ZR 202/79, NJW 1981, 2002
= VersR 1981, 730;

OLG Stuttgart, Urt. v. 10.5.1990 – 14 U 56/89, VersR 1991, 1141
mit ausführlicher Darstellung des Meinungsstandes.

Der Wahlleistungsvertrag erstreckt sich auch auf die von Ärzten veranlassten **Leistungen außerhalb des Krankenhauses** (§ 17 Abs. 3 KHEntgG). Wenn der externe Arzt zur Einzelabrechnung berechtigt ist, hat er nach Maßgabe der GOÄ einen Honoraranspruch gegen den Patienten, sonst nicht.

BGH, Urt. v. 10.5.2007 – III ZR 291/06, BGHZ 172, 190
= NJW-RR 2007, 1122 = VersR 2007, 1228;

BGH, Urt. v. 12.11.2009 – VIII ZR 110/09, BGHZ 183, 143
= VersR 2010, 630;

vgl. auch BGH, Urt. v. 4.11.2010 – III ZR 323/09, BGHZ 187,
279 = VersR 2011, 502.

32 Allerdings sind Krankenhausträger nicht verpflichtet, Verträge über Wahlleistungen abzuschließen. Abschlusszwang besteht generell nur für die allgemeinen Krankenhausleistungen i. S. v. § 7 KHEntgG.

BGH, Urt. v. 9.11.1989 – IX ZR 269/87, NJW 1990, 701
= VersR 1990, 91.

Der Wahlleistungsvertrag verpflichtet die selbstliquidierenden Ärzte zwar nicht dazu, den Patienten in jeder Phase persönlich zu behandeln. Sie müssen aber die ihre Disziplin prägenden Kernleistungen persönlich und eigenhändig erbringen.

BGH, Urt. v. 20.12.2007 – III ZR 144/07, BGHZ 175, 76 = NJW
2008, 155 = VersR 2008, 493;

OLG Oldenburg, Urt. v. 14.12.2011 – 5 U 183/11, NJW 2012,
1597 = VersR 2012, 764.

33 **Wahlleistungen** sind **schriftlich** zu **vereinbaren**; der Patient ist vor Abschluss der Vereinbarung über die Entgelte der Wahlleistungen und deren Inhalt im Einzelnen zu unterrichten (§ 22 Abs. 2 BPflV a. F., § 17 Abs. 2 KHEntgG). Dazu müssen alle die Wahlleistungen betreffenden Erklärungen in derselben Urkunde niedergelegt und von beiden Parteien unterzeichnet sein.

BGH, Urt. v. 19.2.1998 – III ZR 169/97, BGHZ 138, 91 = NJW 1998, 1778 = VersR 1998, 728;

BGH, Urt. v. 17.10.2002 – III ZR 58/02, NJW 2002, 3772 = VersR 2002, 1545.

Auch müssen ihm jedenfalls die Vergütungssätze für die besonderen Leistungen des Krankenhauses (Ein- oder Zweibettzimmer; besondere Ausstattung mit Telefon und TV) genannt werden.

BGH, Urt. v. 19.12.1995 – III ZR 233/94, NJW 1996, 781 = VersR 1996, 1157;

BGH, Urt. v. 19.2.1998 – III ZR 169/97, BGHZ 138, 91 = NJW 1998, 1778 = VersR 1998, 1778.

Ebenso muss der Patient über die Höhe der Pflegesätze, den Wahlarztabschlag sowie über von der GOÄ abweichende Steigerungssätze unterrichtet werden. Zur vorgeschriebenen Unterrichtung über die Kosten der ärztlichen Behandlung sucht der BGH nach einer praktikablen Mittellinie: kein Kostenvoranschlag oder voraussichtlicher Endpreis; unzureichend der Hinweis auf die gesonderte Berechnung der Arztleistungen; ausreichend jedenfalls eine kurze Erläuterung von Art und Weise der Preisermittlung nach GOÄ bzw. GOZ sowie die Nennung der Gebührenziffern, die mutmaßlich in Ansatz gebracht werden, der Hinweis darauf, dass alle selbstliquidierenden Ärzte zu bezahlen sind, dass erhebliche finanzielle Mehrbelastungen bei Veränderungen möglich sind, das Angebot, GOÄ bzw. GOZ einzusehen und der Hinweis, dass der Patient auch ohne Inanspruchnahme von Wahlleistungen die notwendige Versorgung durch qualifizierte Ärzte erhält. **34**

BGH, Urt. v. 27.11.2003 – III ZR 37/01, BGHZ 157, 87 = NJW 2004, 684 = VersR 2004, 1005;

BGH, Urt. v. 8.1.2004 – III ZR 373/02, NJW 2004, 886 = VersR 2004, 1007;

BGH, Urt. v. 22.7.2004 – III ZR 355/03, VersR 2005, 120;

BGH, Urt. v. 4.11.2004 – III ZR 201/04, VersR 2005, 121;

BGH, Urt. v. 1.2.2007 – III ZR 126/06, NJW-RR 2007, 710 = VersR 2007, 950.

Klauseln in einer formularmäßigen Wahlleistungsvereinbarung, durch die die einem Wahlarzt obliegende Leistung im Fall seiner Verhinderung durch einen Vertreter erbracht werden darf, sind nur wirksam, wenn sie auf die Fälle beschränkt sind, in denen die Verhinderung im Zeitpunkt des Abschlusses der Wahlleistungsvereinbarung nicht bereits feststeht und wenn als Vertreter der namentlich benannte ständige ärztliche Vertreter i. S. d. § 4 Abs. 2 Satz 3 und 4, § 5 Abs. 5 GOÄ bestimmt ist. Wird eine Stellvertretervereinbarung im Wege der Individualabrede geschlossen, ist der Patient schriftlich über Inhalt und Bedeutung und die alternative Option, sich ohne Zuzahlung von dem jeweils diensthabenden Arzt behandeln zu lassen, besonders aufzuklären.

BGH, Urt. v. 20.12.2007 – III ZR 144/07, BGHZ 175, 76 = NJW 2008, 987 = VersR 2008, 493.

Verletzung der Schriftform oder Verstoß gegen die Unterrichtungspflicht macht die Wahlleistungsvereinbarung nichtig mit der Folge, dass der Patient nur den Pflegesatz schuldet, der dann auch die ärztlichen Leistungen abdeckt.

> BGH, Urt. v. 19.2.1998 – III ZR 169/97, BGHZ 138, 91 = NJW
> 1998, 1778 = VersR 1998, 1778;
>
> BGH, Urt. v. 20.12.2007 – III ZR 144/07, BGHZ 175, 76 = NJW
> 2008, 987 = VersR 2008, 493.

35 Das Entgelt für Wahlleistungen darf in **keinem unangemessenen Verhältnis** zu den Leistungen stehen (§ 22 Abs. 1 Satz 3 BPflV a. F., § 17 Abs. 1 Satz 2 KHEntgG). Ein Missverhältnis zwischen dem objektiven Wert der Wahlleistung und dem dafür zu entrichtenden Preis reicht dafür aus.

> BGH, Urt. v. 4.8.2000 – III ZR 158/99, BGHZ 145, 66 = NJW
> 2001, 892 = VersR 2000, 1250
> mit Ausführungen auch zu den Beurteilungskriterien;
>
> BGH, Urt. v. 31.10.2002 – III ZR 60/02, NJW 2003, 209
> = VersR 2003, 52
> – unangemessen der volle 1- oder 2-Bettzimmersatz für den Auf-
> nahme- oder Verlegungstag;
>
> vgl. dazu auch OLG Stuttgart, Urt. v. 30.11.2000 – 7 U 154/00,
> NJW-RR 2001, 673 = VersR 2001, 491
> mit. zust. Anm. von *Deutsch*, VersR 2001, 1017
> – Fallpauschale von 12.644 DM für einen Tag Krankenhausauf-
> enthalt ohne die ärztlichen Leistungen;
>
> OLG Köln, Urt. v. 25.8.2008 – 5 U 243/07, VersR 2009, 362
> – keine Abrechnung als eigene Leistungen des Wahlarztes, wenn
> er deren Durchführung vollständig auf nichtärztliches Personal
> delegiert.

36 Ob der **selbstliquidierende** Arzt bezüglich seiner ärztlichen Leistung – dem Belegarztmodell entsprechend – allein Vertragspartner des Patienten wird **(gespaltener Vertrag)** oder ob er neben dem zur Verschaffung auch seiner Leistung verpflichteten Krankenhausträger dem **Krankenhausvertrag nur hinzutritt** (sog. **Arztzusatzvertrag**), richtet sich nach der Vereinbarung, insbesondere nach den Aufnahmebedingungen des Krankenhauses und der Krankenhaussatzung. Der BGH hat sich für den Arztzusatzvertrag als dem Regelmodell ausgesprochen, so dass mangels abweichender Vereinbarung im Rahmen stationärer Behandlung der Krankenhausträger dem Patienten zur Verschaffung der ärztlichen Leistungen auch der selbstliquidierenden Chefärzte verpflichtet ist und auch für ihre Fehler vertraglich nach § 278 BGB, deliktisch nach §§ 30, 31 BGB haftet.

> BGH, Urt. v. 18.6.1985 – VI ZR 234/83, BGHZ 95, 63, 67 ff
> = NJW 1985, 2189 = VersR 1985, 1043, 1044 ff;
>
> BGH, Urt. v. 22.12.1992 – VI ZR 341/91 BGHZ 121, 107
> = NJW 1993, 779 = VersR 1993, 481;
>
> BGH, Urt. v. 19.2.1998 – III ZR 169/97, BGHZ 138, 91 = NJW
> 1998, 1778 = VersR 1998, 1778;

BGH, Urt. v. 10.5.2007 – III ZR 291/06, BGHZ 172, 190
= NJW-RR 2007, 1122 = VersR 2007, 1228.

Ausschlaggebend ist für den BGH der Gesichtspunkt, dass der Patient den   37
Krankenhausträger prinzipiell nicht aus seiner Pflichtstellung entlassen will,
wenn er sich derartige Leistungen „hinzukauft", sondern einen zusätzlichen
Haftungsschuldner erwartet.

Soll der **selbstliquidierende Arzt allein verpflichtet** werden, muss der Patient   38
hierauf beim Vertragsschluss klar und nachdrücklich hingewiesen werden.

> BGH, Urt. v. 22.12.1992 – VI ZR 341/91, BGHZ 121, 107
> = NJW 1993, 779 = VersR 1993, 481;
> BGH, Urt. v. 11.5.2010 – VI ZR 252/08, NJW 2010, 2580
> = VersR 2010, 1038;
> OLG Koblenz, Urt. v. 26.6.1997 – 5 U 1825/96, NJW 1998, 3425
> = VersR 1998, 1283.

In derartigen Fällen ist der selbstliquidierende Leitende Abteilungsarzt für
die eigene ärztliche Behandlungsaufgabe nach dem gespaltenen Vertrags-
modell als alleiniger Vertragspartner und nicht als Organ oder Gehilfe des
Krankenhausträgers anzusehen.

> BGH, Urt. v. 30.11.1982 – VI ZR 77/81, BGHZ 85, 393 = NJW
> 1983, 1374 = VersR 1983, 244;
> BGH, Urt. v. 10.1.1984 – VI ZR 158/82, BGHZ 89, 263 = NJW
> 1984, 1400 = VersR 1984, 356.

Für seine Fehler haftet der Krankenhausträger dann vertraglich oder delik-   39
tisch nicht. Soll diese Haftungsfreistellung des Krankenhausträgers nicht nur
für die vom Selbstliquidierenden selbst zu erbringenden ärztlichen Leistungen
gelten, sondern nach dem Belegarztmodell (§§ 2 Abs. 1, 23 BPflV a. F. =
§ 22 Abs. 1 BPflV n. F.; § 18 KHEntgG) auch für die von ihm veranlassten
Leistungen nachgeordneter Ärzte des Krankenhauses, dann muss auch diese
so weitgehende Trennung der Behandlungs- und Haftungsbereiche besonders
und für den Patienten deutlich genug vereinbart werden.

> Vgl. OLG Bamberg, Urt. v. 14.12.1992 – 4 U 60/92, NA-Beschl.
> v. 8.2.1994 – VI ZR 50/93, VersR 1994, 813.

Ohne ausdrücklich vereinbarte Ausgrenzung der Assistenz **nachgeordneter**   40
Ärzte werden diese jedenfalls bei stationärer Behandlung nicht nur, wie im
Bereich der Wahlleistungen stets, als Erfüllungs- bzw. Verrichtungsgehilfen
des selbstliquidierenden Arztes,

> BGH, Urt. v. 30.11.1982 – VI ZR 77/81, BGHZ 85, 393 = NJW
> 1983, 1347 = VersR 1983, 244;
> OLG Koblenz, Urt. v. 29.11.2001 – 5 U 1382/00, VersR 2003,
> 1313,

sondern wegen der Verzahnung ihrer Aufgaben mit ihrer Pflichtstellung
im Klinikbetrieb auch als Gehilfen des Krankenhausträgers anzusehen sein,
für deren Fehler deshalb auch dieser gesamtschuldnerisch neben dem selbst-

liquidierenden Arzt einstehen muss. Die **pflegerische Betreuung** dagegen gehört grundsätzlich auch für das Regelmodell des Arztzusatzvertrags nicht mehr zur Behandlungsaufgabe des selbstliquidierenden Arztes; insbesondere Grund- und Funktionspflege werden allein vom Krankenhausträger geschuldet. Jedoch hat der selbstliquidierende Arzt für die Behandlungspflege die ärztlicherseits erforderlichen Anweisungen zu geben. Für Pflegefehler, die auf diese Anweisungsversäumnisse zurückgehen, haftet er als Gesamtschuldner neben dem Krankenhausträger.

> BGH, Urt. v. 10.1.1984 – VI ZR 158/82, BGHZ 89, 263 = NJW 1984, 1400 = VersR 1984, 356;
>
> OLG München, Urt. v. 20.6.1996 – 1 U 4529/95, NA-Beschl. v. 4.2.1997 – VI ZR 309/96, VersR 1997, 977.

41 Entsprechendes gilt, wo, wie in der Operation, die Tätigkeit der Schwester derart mit derjenigen des Arztes eine Einheit bildet, dass zu allererst der Arzt die Anweisungs- und Kontrollzuständigkeit haben muss.

42 Das Selbstliquidierungsrecht gibt dem **Krankenhausarzt nicht den Status eines „Privatarztes"**. Dienstrechtlich bleibt er in das Krankenhaus und dessen Aufgaben eingebunden. Er darf also nicht etwa die Behandlung ablehnen.

> BGH, Urt. v. 24.6.1986 – VI ZR 202/85, NJW 1986, 2883 = VersR 1986, 1206;
>
> BGH, Urt. v. 30.11.1982 – VI ZR 77/81, BGHZ 85, 393 = NJW 1983, 1347 = VersR 1983, 244; dort auch Näheres zu den beamtenrechtlichen Auswirkungen des Selbstliquidierungsrechts für den beamteten Chefarzt einer Universitätsklinik.

43 Das gilt auch dann, wenn er den Patienten nicht in der eigenen Abteilung, sondern als „Gastarzt" auf einer anderen Station behandeln muss.

> BGH, Urt. v. 10.1.1984 – VI ZR 158/82, NJW 1984, 1400 = VersR 1984, 356.

44 Vertragsaufgaben des Krankenhauses gegenüber dem Patienten sind prinzipiell auch betroffen, wenn der frei praktizierende Kinderarzt die kinderärztliche Betreuung der Neugeborenen in der Klinik übernommen hat und bei der Notbehandlung auf der Station einen Fehler macht. Dann haftet der Krankenhausträger für den Fehler des **hinzugezogenen Kinderarztes** vertraglich nach § 278 BGB, der Kinderarzt dagegen dem Patienten nur nach Deliktsrecht.

> OLG Oldenburg, Urt. v. 12.10.1988 – 3 U 86/88, NA-Beschl. v. 4.7.1989 – VI ZR 318/88, VersR 1989, 1300.

Der Pflegesatz für die allgemeinen Krankenhausleistungen deckt auch die Leistungen des hinzugezogenen Arztes ab. Dies gilt auch, wenn der Patient wahlärztliche Leistungen mit dem Krankenhausträger vereinbart hat.

> BGH, Urt. v. 13.6.2002 – III ZR 186/01, BGHZ 151, 102 = NJW 2002, 2984 = VersR 2002, 1030;

BGH, Urt. v. 10.5.2007 – III ZR 291/06, BGHZ 172, 190
= NJW-RR 2007, 1122 = VersR 2007, 1228.

Dagegen übernimmt der im Belegkrankenhaus hinzugezogene niedergelassene **45**
Kinderarzt eigene Vertragsaufgaben regelmäßig unmittelbar gegenüber dem
Patienten und kann gegenüber dem Patienten selbst liquidieren.

> BGH, Urt. v. 14.7.1992 – VI ZR 214/91, NJW 1992, 2962
> = VersR 1992, 1263;
>
> OLG Brandenburg, Urt. v. 8.4.2003 – 1 U 26/00, VersR 2004, 1050.

In **Belegkrankenhäusern** können die Leistungen des Belegarztes von ihm **46**
besonders berechnet werden (§§ 2 Abs. 1, 23 BPflV; ab 2005: § 22 BPflV n. F.
i. V. m. § 18 KHEntgG i. d. F v. 17.3.2009 – BGBl I, 534; § 121 SGB V). Entsprechend der Leistungsbeschreibung in § 23 Abs. 1 BPflV, § 18 KHEntgG
schuldet das Belegkrankenhaus zum sog. Kleinen Pflegesatz die pflegerische
und die medizinische Betreuung nur begrenzt; und zwar **nicht die ärztlichen
Leistungen** des Belegarztes, des ärztlichen Bereitschaftsdienstes und der nachgeordneten Ärzte seines Fachs (Gebietsbezeichnung), sowie die von ihm
veranlassten Leistungen von Ärzten und ärztlich geleiteten Einrichtungen
außerhalb des Krankenhauses, sofern nicht zu diesen, wie allerdings in aller
Regel, eigenständige Vertragsbeziehungen des Patienten begründet werden.

> BGH, Urt. v. 14.7.1992 – VI ZR 214/91, NJW 1992, 2962
> = VersR 1992, 1263.

Für diese ausgegrenzten Leistungen ist der Belegarzt grundsätzlich allein
Vertragspartner des Patienten (sog. gespaltener Krankenhausvertrag im engeren Sinne).

> BGH, Urt. v. 14.2.1995 – VI ZR 272/93, BGHZ 129, 6 = NJW
> 1995, 1611 = VersR 1995, 706;
>
> BGH, Urt. v. 16.4.1996 – VI ZR 190/95, NJW 1996, 2429
> = VersR 1996, 976.

Sind mehrere Fächer an der Behandlung im Belegkrankenhaus beteiligt, dann
besteht in der Regel zu jedem Belegarzt ein eigener Behandlungsvertrag.

Die Vertragsbeziehungen zu dem Belegarzt, der dem Patienten schon vor der
Aufnahme in das Belegkrankenhaus behandelt hat, setzen sich im Krankenhaus fort.

> BGH, Urt. v. 16.5.2000 – VI ZR 321/98, BGHZ 144, 296 = NJW
> 2000, 2737 = VersR 2000, 1146;
>
> BGH, Urt. v. 8.11.2005 – VI ZR 319/04, NJW 2006, 437 = VersR
> 2006, 361,
>
> OLG Celle, Urt. v. 27.1.1992 – 1 U 39/90, NA-Beschl.
> v. 17.11.1992 – VI ZR 58/92, VersR 1993, 360.

Auch für den Arzt, der für ihn im Krankenhaus die Behandlung weiterführt,
und für den von ihm bestellten **Urlaubsvertreter** haftet der Belegarzt gem.
§ 278 BGB, nicht das Belegkrankenhaus.

BGH, Urt. v. 16.5.2000 – VI ZR 321/98, BGHZ 144, 296 = NJW
2000, 2741 = VersR 2000, 1146;

OLG Stuttgart, Urt. v. 19.9.2000 – 14 U 65/98, VersR 2002, 235.

Für Fehler der **Pflegekraft** haftet der Belegarzt nur, wenn er nicht für die
von ihm zu gebenden Anweisungen und ihre Überwachung gesorgt hat.

Der in das Belegkrankenhaus einweisende Belegarzt hat zu beurteilen, ob die
Ausrüstung des Belegkrankenhauses für die Behandlungsmaßnahme der von
ihm gestellten Eingangsdiagnose ausreicht.

OLG Oldenburg, Urt. v. 8.11.2010 – 5 U 89/10, VersR 2011,
1401.

Sonst aber hat für Mängel der **personellen** und **apparativen Ausstattung**
und für Fehler der **Organisation** jedenfalls der **pflegerischen Betreuung** das
Belegkrankenhaus einzustehen.

OLG Stuttgart, Urt. v. 13.4.1999 – 14 U 17/98, NA-Beschl.
v. 22.2.2000 – VI ZR 166/99, VersR 2000, 1108;

OLG Karlsruhe, Urt. v. 16.5.2001 – 7 U 46/99, NA-Beschl.
v. 18.6.2002 – VI ZR 224/01, VersR 2003, 116.

47 Eine Verzahnung der Vertragsaufgabe von Krankenhaus und Arzt kann zu einer
Gesamtschuld führen, wo sich Anweisungsfehler des Arztes und Schwestern-
fehler gemeinsam auswirken. Das Belegkrankenhaus haftet zusammen mit
dem Belegarzt, wenn sich im Schaden zusammen mit dem Fehler des Arztes
ein Organisationsverschulden des Belegkrankenhauses im pflegerischen Bereich ausgewirkt hat.

BGH, Urt. v. 16.4.1996 – VI ZR 190/95, NJW 1996, 1996, 2429
= VersR 1996, 976;

BGH, Urt. v. 16.5.2000 – VI ZR 321/98, BGHZ 144, 296 = NJW
2000, 2741 = VersR 2000, 1146.

Für den Innenausgleich zwischen den Haftenden sind nach allgemeinen Grundsätzen die Verursachungsanteile zu gewichten.

OLG Bamberg, Urt. v. 1.8.2011 – 4 U 38/09, VersR 2012, 725
mit Anm. *Steffen*, MedR 2012, 464.

Inwieweit das Belegkrankenhaus auch für die **Organisation der ärztlichen
Versorgung** neben dem Belegarzt mitverantwortlich ist, hat der BGH bisher
offengelassen.

BGH, Urt. v. 16.4.1996 – VI ZR 190/95, NJW 1996, 2429
= VersR 1996, 976.

Er tendiert dazu, zum Schutz des Patienten vor Haftungslücken in Grenzen
eine Mitverantwortung zu bejahen.

BGH, Urt. v. 8.2.2000 – VI ZR 325/98, NJW 2000, 2741 = VersR
2000, 1107.

Jedenfalls ist der Krankenhausträger mitverantwortlich, wenn er erkennen muss, dass der Belegarzt für seine Aufgabe ungeeignet ist oder sie signifikant vernachlässigt.

Ist der Belegarzt ausnahmsweise zugleich ärztlicher Direktor des Belegkrankenhauses, muss sich das Belegkrankenhaus seine Behandlungsfehler aus dem Gesichtspunkt der Organhaftung als eigene Fehler zurechnen lassen.

> OLG Köln, Urt. v. 13.1.2010 – 5 U 41/09, VersR 2010, 1454.

Für die Fehler einer bei ihm angestellten **Hebamme** haftet das Belegkranken- 48
haus nach § 278 BGB.

> BGH, Urt. v. 16.5.2000 – VI ZR 321/98, BGHZ 144, 296 = NJW 2000, 2737 = VersR 2000, 1146.

Die angestellte Hebamme wechselt als Gehilfin des Belegarztes in dessen Verantwortungsbereich, wenn der Belegarzt bei Beginn des Geburtsvorgangs die Leitung der Geburt übernimmt bzw. übernehmen müsste, oder soweit er vor diesem Zeitpunkt ihr gegenüber eine besondere Weisungskompetenz in Anspruch nimmt.

> BGH, Urt. v. 9.5.2000 – VI ZR 173/99, NJW 2000, 3429 = VersR 2000, 999;
>
> OLG Koblenz, Urt. v. 26.7.2000 – 1 U 1606/98, NA-Beschl. v. 13.3.2001 – VI ZR 298/00, VersR 2001, 897;
>
> OLG Karlsruhe, Urt. v. 16.5.2001 – 7 U 46/99, NA-Beschl. v. 18.6.2002 – VI ZR 224/01, VersR 2003, 116;
>
> OLG Düsseldorf, Urt. v. 26.4.2007 – I-8 U 37/05, VersR 2008, 534;
>
> OLG Koblenz, Urt. v. 5.2.2009 – 5 U 854/08, VersR 2010, 356.

Eine frei praktizierende **Beleghebamme** ist ebenso wie ein Belegfrauenarzt für ihre eigenständigen Betreuungsaufgaben durch eigenständige Vertragsbeziehungen mit der Kindesmutter verbunden. Hat der Frauenarzt die Schwangerschaft betreut und die Schwangere zur Entbindung aufgenommen, dann ist die Phase, in der die Hebamme die Geburt betreut, zugleich auch seine Betreuungsaufgabe, die Hebamme seine Gehilfin. Ohnehin reicht die Kompetenz der Beleghebamme zur selbständigen Betreuung der Geburt nur bis zum Beginn der Risikophase.

> BGH, Urt. v. 14.2.1995 – VI ZR 272/93, BGHZ 129, 6 = NJW 1995, 1611 = VersR 1995, 706;
>
> BGH, Urt. v. 16.4.1996 – VI ZR 190/95, NJW 1996, 2429 = VersR 1996, 976
> Dulden der Übung des Belegarztes, die CTG durch Pflegepersonal bewerten zu lassen;
>
> BGH, Urt. v. 16.5.2000 – VI ZR 321/98, BGHZ 144, 296 = NJW 2000, 2737 = VersR 2000, 1146;
>
> OLG Stuttgart, Urt. v. 19.9.2000 – 14 U 65/99, VersR 2002, 235.

Die von der frei praktizierenden Hebamme mit Belegrecht betreute Schwangere 49 tritt mit der Aufnahme in das Belegkrankenhaus nicht automatisch in Vertragsbeziehungen zu dem am Belegkrankenhaus ebenfalls tätigen Gynäkologen, sondern bleibt Patientin allein der Hebamme solange, bis der Gynäkologe wirklich hinzugezogen wird.

> OLG Hamm, Urt. v. 18.9.1989 – 3 U 233/88, NA-Beschl.
> v. 25.9.1990 – VI ZR 315/89, VersR 1991, 228.

50 Der während der Behandlung im **Belegkrankenhaus hinzugezogene niedergelassene Arzt** tritt regelmäßig in unmittelbare Vertrags- (und Honorar-)Beziehungen nicht zu Krankenhausträger oder Belegarzt, sondern zum Patienten ein.

> BGH, Urt. v. 14.7.1992 – VI ZR 214/91, NJW 1992, 2962
> = VersR 1992, 1263
> – Vorsorgeuntersuchung des Neugeborenen durch den niedergelassenen Kinderarzt.

51 Anderes kann gelten, wenn sein Honorar unmittelbar mit dem hinzuziehenden Krankenhaus bzw. Belegarzt abgerechnet wird.

> OLG Oldenburg, Urt. v. 25.4.1995 – 5 U 186/94, NA-Beschl.
> v. 13.2.1996 – VI ZR 174/95, VersR 1996, 1111:
> keine Vertragsbeziehungen des Patienten zu dem von dem
> Urologen hinzugezogenen Konsiliarius.

52 Von Hebammen betriebene „**Geburtshäuser**" unter Hinzuziehung niedergelassener Ärzte im Bedarfsfall sind keine Belegkrankenhäuser; entsprechend dem Angebot bzw. der Werbung, im Bedarfsfall für ärztliche Betreuung zu sorgen, sind die Träger auch für die ärztliche Behandlung mitverpflichtet. Insoweit haben Hebammen als Träger des „Geburtshauses" und in ihrer geburtshilflichen Tätigkeit eine Doppelfunktion, die sich in einem Mehr an Haftungsverantwortung auch für ärztliches Fehlverhalten niederschlägt.

> BGH, Urt. v. 7.12.2004 – VI ZR 212/03, BGHZ 161, 255 = NJW
> 2005, 888 = VersR 2005, 408;
> OLG Hamm, Urt. v. 16.1.2006 – 3 U 207/02, VersR 2006, 353.

Daneben bestehen die vertraglichen Behandlungsbeziehungen zu dem die Schwangerschaft betreibenden Frauenarzt fort, wenn er die Behandlung im „Geburtshaus" fortsetzt.

> OLG Hamm, Urt. v. 24.4.2002 – 3 U 8/01, VersR 2003, 1312.

Ambulante Krankenhausbehandlung

53 Für die Behandlung des **Privatpatienten** in der Krankenhausambulanz ist dafür, ob Vertragspartner der Chefarzt, der Krankenhausträger oder beide sind, die konkrete Abmachung maßgebend. Ein wichtiges Indiz ist die Handhabung der Liquidation. Im Regelfall wird der Behandlungsvertrag allein mit dem liquidierungsberechtigten Chefarzt geschlossen. Der Krankenhausträger haftet in diesem Fall für ärztliche oder pflegerische Fehler weder vertraglich noch deliktsrechtlich, weil hier die ambulante Versorgung nicht seine Aufgabe ist.

Anderes gilt nicht schon dann, wenn die Behandlung den persönlichen Einsatz des Chefarztes nicht erfordert oder der Patient außerhalb der Sprechstunde des Chefarztes in die Behandlung kommt oder in Abwesenheit des Chefarztes tatsächlich nur der diensthabende nachgeordnete Krankenhausarzt tätig wird.

> BGH, Urt. v. 20.9.1988 – VI ZR 296/87, BGHZ 105, 189 = NJW 1989, 769 = VersR 1988, 1270;
>
> BGH, Urt. v. 8.12.1992 – VI ZR 349/91, BGHZ 120, 376 = NJW 1993, 784 = VersR 1993, 357.

Dasselbe gilt für die ambulante Behandlung des **Kassenpatienten**, wenn die Ambulanz von einem an der vertragsärztlichen Versorgung „beteiligten" selbstliquidierenden leitenden Krankenhausarzt oder einem nach §§ 95, 116 SGB V zur Teilnahme an der vertragsärztlichen Versorgung „ermächtigten" Arzt geleitet wird.

> BGH, Urt. v. 16.11.1993 – VI ZR 105/92, BGHZ 124, 128 = NJW 1994, 788 = VersR 1994, 425;
>
> BGH, Urt. v. 20.12.2005 – VI ZR 180/04, NJW 2006, 767;
>
> BGH, Urt. v. 31.1.2006 – VI ZR 66/05, VersR 2006, 791;
>
> näher dazu Rz. 73 ff.

Ambulante Behandlung durch niedergelassene Ärzte im Verbund

In einer **Praxisgemeinschaft** beschränkt sich auch rechtlich der Verbund der   **54** Ärzte gleicher oder verschiedener Fächer auf die Beschaffung und Bereithaltung der räumlich-sachlichen, ggf. personellen Ausrüstung für die ärztliche Berufsausübung. Deshalb beschränken sich auch etwaige gesellschaftsrechtliche Einstandspflichten auf diesen Bereich. Jeder Arzt der Praxisgemeinschaft hat für seine Behandlung einen eigenen Vertrag mit seinem Patienten; für Fehler seiner Behandlung einschließlich seiner Assistenz ist nur er dem Patienten verantwortlich, auch wenn der Fehler in einer unzureichenden sachlichen oder personellen Ausstattung der Gemeinschaft eine Grundlage hat.

Vergleichbares gilt für den Zusammenschluss niedergelassener Ärzte in einem   **55** **Praxisnetz** im Interesse effizienterer Qualitätssicherung. Auch hier erfassen die gesellschaftsrechtlichen Beziehungen solcher Organisationsgemeinschaften die Arzt-Patienten-Beziehung nicht.

Dagegen sind **Gemeinschaftspraxen**, die auch als fachübergreifende, zumin-   **56** dest als Fächer verbindend berufsrechtlich und von der GKV als Leistungserbringer anerkannt sind,

> BSG, Urt. v. 22.4.1983 – 6 RKa 2/82, MedR 1983, 196;
>
> BSG, Urt. v. 19.8.1992 – 6 RKa 35/90, MedR 1993, 279,

Verbünde zur gemeinschaftlichen Berufsausübung regelmäßig im Sinne einer BGB-Gesellschaft. Als solche hat sie heute eine der OHG angenäherte Haftungsverfassung: zwar keine juristische Person, aber ein eigenes rechtsfähiges Zuordnungsobjekt für vertragliche und deliktsrechtliche Pflichten aus der Ge-

schäftsführung der Gesellschafter einschließlich einer Analogie zur Organhaftung aus § 31 BGB; persönliche Verpflichtung der Gesellschafter nicht
aus rechtsgeschäftlicher Vertretung, sondern aufgrund einer Akzessorietäts-
Haftung für alle – auch deliktsrechtliche – Einstandspflichten der Gesellschaft; auch der erst später eintretenden Gesellschafter.

> BGH, Urt. v. 29.9.1999 – II ZR 371/98, BGHZ 142, 315 = NJW
> 1999, 3483 = VersR 1999, 1422;
>
> BGH, Urt. v. 29.1.2001 – II ZR 331/00, BGHZ 146, 341 = NJW
> 2001, 1056;
>
> BGH, Urt. v. 24.2.2003 – II ZR 385/99, BGHZ 154, 88 = NJW
> 2003, 1445 = VersR 2003, 650;
>
> BGH, Urt. v. 7.4.2003 – II ZR 56/02, BGHZ 154, 370 = NJW
> 2003, 1803 = VersR 2003, 771.

Die Rechtsfortbildung bedeutet für die Gemeinschaftspraxis: sie wird als solche aus der Übernahme der Behandlung vertraglich und deliktsrechtlich gegenüber Patienten kraft eigener Rechtsfähigkeit verpflichtet, die zur gemeinschaftlichen Berufsausübung verbundenen Ärzte haften akzessorisch für die
vertraglichen und deliktsrechtlichen Verbindlichkeiten der Gesellschaft als
Preis für die Vorteile ihres Auftretens gegenüber dem Patienten als Anbieter
von Arztleistungen wo nicht aus einer Hand, so doch durch ein aufeinander
eingespieltes Ärzteteam. Eine Konzentrierung der persönlichen Haftungsbe-
lastung auf den handelnden Arzt kann nur durch die Vereinbarung eines In-
nenausgleichs unter den Beteiligten erreicht werden, im Außenverhältnis
zum Patienten nicht.

Wenn der Patient klar zum Ausdruck bringt, dass er keinen Wert auf das Team
legt, sondern allein von einem eher „zufällig" dem Team angehörenden Arzt
behandelt werden will, dann kommt der Behandlungsvertrag nur mit dem
betreffenden Arzt zustande.

57 Allerdings hat der VI. Zivilsenat des BGH für Gemeinschaftspraxen für Ärzte
gleicher Fachrichtung auf dem Boden der bis 2001 herrschenden Doppelver-
pflichtungslehre judiziert: Bietet die Praxis als fachliche Einheit weithin aus-
tauschbare Leistungen an, dann kommt nach dieser Rechtsprechung der Behandlungsvertrag mit allen Ärzten der Gemeinschaft zustande und haften sie
alle gesamtschuldnerisch auf Erfüllung des Arztvertrages; deliktsrechtlich dagegen haftet jeder Arzt nur für sein eigenes Verschulden; der Partner ist
nicht sein Versicherungsgehilfe.

> BGH, Urt. v. 25.3.1986 – VI ZR 90/85, BGHZ 97, 273 = NJW
> 1986, 2364 = VersR 1986, 866;
>
> BGH, Urt. v. 28.3.1989 – VI ZR 157/88, NJW 1989, 2320
> = VersR 1989, 700;
>
> BGH, Urt. v. 29.6.1999 – VI ZR 24/98, BGHZ 142, 126 = NJW
> 1999, 2731 = VersR 1999, 1241
> – Gynäkologe;

BGH, Urt. v. 16.5.2000 – VI ZR 321/98, BGHZ 144, 296 = NJW
2000, 2737 = VersR 2000, 1146
– Gynäkologe;

BGH, Urt. v. 4.12.2001 – VI ZR 213/00, VersR 2002, 233
– Gynäkologe;

OLG Köln, Urt. v. 10.4.1991 – 27 U 35/90, NA-Beschl. v.
14.4.1992 – VI ZR 175/91, VersR 1992, 1231, 1232;

OLG Stuttgart, Urt. v. 20.6.2000 – 14 U 73/98, VersR 2002, 98;

vgl. auch
BGH, Urt. v. 8.11.2005 – VI ZR 319/04, NJW 2006, 437 = VersR
2006, 361.

Indes ist diese Rechtsprechung durch die gesellschaftsrechtliche Rechtsfortbildung durch den II. Zivilsenat des BGH als überholt anzusehen.

Die Haftungszuständigkeit der Gemeinschaftspraxis besteht auch dann fort, **58**
wenn die Ärzte als Belegärzte im selben Krankenhaus tätig sind und die in
ihrer Gemeinschaftspraxis begonnene Behandlung dort fortsetzen.

BGH, Urt. v. 16.5.2000 – VI ZR 321/98, BGHZ 144, 296 = NJW
2000, 2737 = VersR 2000, 1146
– Gynäkologe;

BGH, Urt. v. 8.11.2005 – VI ZR 319/04, BGHZ 165, 36 = NJW
2006, 437 = VersR 2006, 361;

BGH, Urt. v. 8.7.2008 – VI ZR 259/06, NJW 2008, 2846 = VersR
2008, 1265;

OLG Oldenburg, Urt. v. 15.5.1990 – 5 U 114/89, NA-Beschl.
v. 19.2.1991 – VI ZR 201/90, VersR 1991, 1177;

OLG Celle, Urt. v. 27.1.1992 – 1 U 39/90, NA-Beschl.
v. 17.11.1992 – VI ZR 58/92, VersR 1993, 360;

OLG Stuttgart, Urt. v. 29.5.2007 – 1 U 28/07, VersR 2007, 1417.

Entsprechend setzen sich die in Einzelpraxen begonnenen ambulanten Behandlungsbeziehungen bei stationärer Fortsetzung im Belegkrankenhaus, für
die allein die Ärzte eine „Belegärztegemeinschaft" bilden, als solche des gesellschaftsrechtlichen Verbundes fort.

BGH, Urt. v. 8.11.2005 – VI ZR 319/04, NJW 2006, 437 = VersR
2006, 361.

Im Regelfall reichen aus das gemeinsame Praxisschild mit dem Zusatz „Fach- **59**
ärzte für …", die Benutzung von Briefbögen, Rezepten, Überweisungsscheinen
mit gemeinsamem Kopf sowie die gemeinschaftliche Abrechnung gegenüber
der KV.

Offengelassen hat der BGH, ob die Behandlung von Privatpatienten einer
Gemeinschaftspraxis auch dann zugeordnet werden kann, wenn die Ärzte
hier getrennt abzurechnen pflegen.

BGH, Urt. v. 29.6.1999 – VI ZR 24/98, BGHZ 142, 126 = NJW
1999, 2731 = VersR 1999, 1241
– Gynäkologe.

60 Eine **Ärzte-Partnerschaftsgesellschaft** ist bisher noch nicht Gegenstand der Rechtsprechung des BGH geworden. Auch in diesem 1994 für Angehörige freier Berufe geschaffenen anmeldungs- und registrierungspflichtigen Verbund haften für die Verbindlichkeiten der rechtsfähigen Gesellschaft die Partner gesamtschuldnerisch, wobei deliktsrechtliches Verhalten entsprechend § 31 BGB der Partnerschaft zugerechnet wird. Indes haften vertraglich und deliktsrechtlich nach § 8 Abs. 2 PartGG für berufliche Fehler neben dem Vermögen der Partnerschaft nur die mit der Behandlung im Schadensfall befassten Ärzte; dazu reicht allerdings die Delegation an einen ärztlichen Mitarbeiter aus.

2. Kassenpatient

61 Die vertragsärztliche (bis 1.1.1993: kassenärztliche) Versorgung und die (stationäre, vor- und nach-stationäre, ambulant-operative) Krankenhausversorgung des Kassenpatienten sind durch einen **Dualismus von Zivil- und Sozialrecht** geprägt, der keineswegs nur dogmatische Bedeutung hat, sondern ihren Inhalt und die Frage mitbestimmt, in welchem Rechtsweg (Zivil- oder Sozialgerichte) Haftungsansprüche geltend zu machen sind.

62 Die **vertragsärztliche Versorgung durch den niedergelassenen Vertragsarzt** (früher: Kassenarzt) ist rechtlich in eine Viererbeziehung eingebettet. Die Krankenkasse ist ihrem Mitglied und seinen Familienangehörigen (§ 10 SGB V) aus dem öffentlich-rechtlichen Versicherungsverhältnis nach dem **Regelmodell als Sachleistung** zur ärztlichen Versorgung auf Kosten der GKV verpflichtet (§§ 2, 27 ff SGB V), soweit diese Leistungen nicht der Eigenverantwortung der Versicherten zugerechnet werden. Das Recht, an Stelle der Sachleistung Kostenerstattung bis zur Grenze der Vergütung zu wählen, die die Krankenkasse bei Erbringung als Sachleistung zu tragen hätte (§ 13 Abs. 2 SGB V), ändert an der Rechtsnatur der Beziehung des Mitglieds zur Krankenkasse nichts, macht das Mitglied insbesondere nicht zum Privatpatienten.

Die Krankenkasse erfüllt ihre Verpflichtung durch öffentlich-rechtliche Gesamtverträge ihrer Verbände mit den Kassenärztlichen Vereinigungen (KV) (§§ 82, 83 SGB V), in denen der Leistungsrahmen näher konkretisiert und die Gesamtvergütung festgelegt ist (§ 85 SGB V). Die KV übernehmen die durch die Gesamtvergütung seitens der Krankenkassen abgegoltene **Sicherstellung der vertragsärztlichen** Versorgung des Kassenpatienten (§§ 73 Abs. 2, 75 Abs. 1 SGB V). Der von der KV zugelassene Vertragsarzt (§§ 95 ff SGB V) steht zu dieser in einem öffentlich-rechtlichen Mitgliedsverhältnis (§ 95 Abs. 3 SGB V), das ihn einerseits an den festgelegten Leistungsrahmen bindet, ihm andererseits den Honoraranspruch gegen die KV nach Maßgabe des von dieser festgelegten Verteilungsschlüssels an der Gesamtvergütung verschafft (§§ 82 Abs. 2, 85 Abs. 4 ff SGB V). Der Honoraranspruch für die Behandlung eines Mitgliedes, das Kostenerstattung gewählt hat (§ 13 Abs. 2 SGB V), nimmt natürlich nicht an der Gesamtvergütung teil, insoweit ist der Patient Selbstzahler. Das Arzthonorar wird hier nach GOÄ bzw. GOZ bemessen.

Der Kassenpatient, der den Vertragsarzt prinzipiell frei wählen kann (§ 76 SGB V), geht mit dem Vertragsarzt privatrechtlich zu beurteilende Behandlungsbeziehungen ein (§§ 69, 76 Abs. 4 SGB V), die durch Übernahme der Behandlung, nicht erst durch Übergabe des Krankenscheins zustande kommen.

> BGH, Urt. v. 29.6.1999 – VI ZR 24/98, BGHZ 142, 126 = NJW 1999, 2731 = VersR 1999, 1241.

Die **Pflichtenstellung des Vertragsarztes** gegenüber dem Kassenpatienten **63** unterscheidet sich grundsätzlich nicht von der gegenüber dem Selbstzahlers.

Die Behandlung des Kassenpatienten in der GKV durch den Vertragsarzt muss ausreichend sein, „um Krankheit zu erkennen, zu heilen, ihre Verschlimmerung zu verhüten oder Krankheitsbeschwerden zu lindern" auf einem Niveau, das nach „Qualität und Wirksamkeit dem allgemein anerkannten Stand der medizinischen Erkenntnisse zu entsprechen und den medizinischen Fortschritt zu berücksichtigen hat" und auch „Behandlungsmethoden, Arznei- und Heilmittel der besonderen Therapierichtungen nicht ausschließen darf" (§§ 2 Abs. 1, 27 Abs. 1 SGB V). Indes ist der **Leistungsrahmen der GKV** durch die allgemeinen Postulate, dass die Behandlung zwar zweckmäßig und ausreichend, aber nicht unwirtschaftlich sein und das Maß des Notwendigen nicht überschreiten darf (§§ 2, 12, 70, 106 SGB V), sowie vor allem **durch das Leistungserbringungsrecht** der §§ 69–140 SGB V näher **konkretisiert.**

> BSG, Urt. v. 16.9.1997 – 1 RK 28/95, BSGE 81, 54 = NJW 1999, 180 f.

Diese Vorschriften übertragen die Ausfüllung der Koordinaten „ausreichend, zweckmäßig, notwendig, wirtschaftlich" weitreichend auf die **Selbstverwaltungsinstitute der GKV,** insbesondere auf den Gemeinsamen Bundesausschuss (§§ 91, 92, 135 SGB V). Er entscheidet allseits verbindlich u. a. über die Verordnungsfähigkeit von Arzneimitteln und die von der GKV zu finanzierenden Untersuchungs- und Behandlungsmethoden. Außerdem sind normative Steuerungsfunktionen auch den Bewertungsausschüssen zugewiesen, die die Abrechnungsfähigkeit und den Maßstab für die Vergütung der vertragsärztlichen Leistungen einschließlich der Laborleistungen nach Punktzahlen festlegen (§ 87 SGB V in Verbindung mit Bundesmantelverträgen).

Der Vertragsarzt ist verpflichtet, die nach Maßgabe dieses Leistungsrahmens zum **Kernbereich einer Vertragsarztpraxis** gehörenden, wesentlichen **Leistungen seiner Facharztgruppe** anzubieten. Weder darf er Zuzahlungen verlangen, noch sie dem Kassenpatienten nur als privatärztliche Leistungen anbieten, noch sie wegen Unrentabilität oder Erschöpfung seines Budgets versagen.

> BSG, Urt. v. 14.3.2001 – B 6 KA 54/00 R, BSGR 88, 20 = NJW 2002, 238;

BSG, Urt. v. 14.3.2001 – B 6 KA 36/00 R, SozR 3-2500 § 81 Nr. 7
= SGB 2003, 37;

BSG, Urt. v. 16.5.2001 – B 6 KA 87/00 R, SozR 3-3533 Nr. 2449
Nr. 2.

64 Solange der Kassenpatient keine Kostenerstattung nach § 13 Abs. 2 SGB V wählt, erwächst dem Vertragsarzt **kein Honoraranspruch gegen den Patienten** oder dessen Krankenkasse, die durch Zahlung der Gesamtvergütung an die KV befreit ist.

BGH, Urt. v. 26.11.1998 – III ZR 223/97, BGHZ 140, 102
= NJW 1999, 858 = VersR 1999, 339.

Stattdessen hat der Vertragsarzt einen Vergütungsanspruch gegen die KV, der vor den Sozialgerichten, nicht vor den Zivilgerichten, einzuklagen ist (§ 51 Abs. 1 Nr. 2, 2 SGG).

Näher dazu
BSG, Urt. v. 16.12.1993 – 4 RK 5/92, BSGE 73, 271, 273 ff;

BGH, Urt. v. 10.1.1984 – VI ZR 297/81, BGHZ 89, 250 = NJW 1984, 1820 = VersR 1984, 264;

BGH, Beschl. v. 14.3.2000 – KZB 34/99, NJW 2000, 2749
= VersR 2001, 1007.

65 Auch wegen Überschreitung des Leistungsrahmens beanstandete ärztliche Leistungen kann er nicht von dem Patienten vergütet verlangen, jedenfalls, sofern er nicht den Patienten ausdrücklich auf die Rechtslage hingewiesen und dieser sein Einverständnis in die Kostenübernahme erklärt hat.

BSG, Urt. v. 19.11.1974 – 6 RKa 35/73, SozR 2200 § 368e RVO
Nr. 1;

OLG Köln, Urt. v. 4.10.1989 – 27 U 110/89, VersR 1991, 339.

66 Wählt der Kassenpatient Kostenerstattung durch seine Krankenkasse nach § 13 Abs. 2 SGB V, dann wird er zum Honorarschuldner des Vertragsarztes nach den Maßstäben der GOÄ bzw. GOZ. Er hat dann das Recht, mit Zustimmung der Krankenkasse auch nicht zur vertragsärztlichen Versorgung zugelassene Leistungserbringer in Anspruch zu nehmen (§ 13 Abs. 1 Satz 5 und 6 SGB V).

67 Haftungsansprüche hat der Kassenpatient **im Zivilrechtsweg** zu verfolgen. Seine Behandlungsbeziehungen zu dem Vertragsarzt sind zivilrechtlicher Natur (§§ 69, 76 Abs. 4 SGB V).

BGH, Urt. v. 9.12.2008 – VI ZR 277/07, VersR 2009, 401, 402;

BSozG, Urt. v. 21.8.1996 – 3 RK 2/96, SozR 3 – 2500 § 39 Nr. 4
= NJW-RR 1998, 273;

vgl. auch Rz. 7.

Das Urteil des Bundessozialgerichts, nach dem der Vertragsarzt im Sozialrechtsweg von der KV bzw. der Krankenkasse auf Ersatz der Behandlungsmehrkosten in Anspruch genommen werden könne, die der Krankenkasse durch einen Behandlungsfehler entstehen, ist vereinzelt geblieben und wohl überholt.

> BSG, Urt. v. 22.6.1983 – 6 RKa 3/81, BSGE 55, 144 = NJW 1984, 1422 = VersR 1983, 956.

Die stationäre und teilstationäre **Krankenhausbehandlung des Kassenpa-** **68** **tienten** ist auf dem Weg zur rechtlichen Viererbeziehung der vertragsärztlichen Versorgung, hat sie aber noch nicht erreicht (vgl. §§ 115 SGB V). Krankenkassen und zur Versorgung von Kassenpatienten zugelassene Krankenhäuser (§§ 108 ff SGB V) stehen nach Maßgabe von Rahmenverträgen ihrer Landesverbände über die allgemeinen Bedingungen der Krankenhauspflege (§ 112 SGB V) zueinander in öffentlich-rechtlichen Beziehungen, die u. a. die Aufnahme des Patienten und die Abrechnung der Behandlungskosten festlegen. Von diesem auch für die Abrechnungsbeziehungen maßgebenden öffentlich-rechtlichen Verhältnis zu unterscheiden ist das **Behandlungsverhältnis** zwischen Patient und Krankenhausträger. Es ist **privatrechtlich** und entspricht dem in der kassenärztlichen Versorgung.

> BGH, Urt. v. 10.1.1984 – VI ZR 297/81, BGHZ 89, 250 = NJW 1984, 1820 = VersR 1984, 264;
> BSozG, Urt. v. 21.8.1996 – 3 RK 2/96, SozR 3-2500 § 39 Nr. 4 = NJW-RR 1998, 273.

Die Rechtsprechung hat bisher angenommen, dass das Behandlungsverhältnis **69** auf einem Vertrag beruht, den die Krankenkasse in Erfüllung ihrer öffentlich-rechtlichen Pflichten aus dem Mitgliedschaftsverhältnis ihres Versicherten im eigenen Namen, aber zugunsten des Patienten (§ 328 BGB) mit dem Krankenhausträger durch Abgabe der Kostenübernahmeerklärung schließt. Von einer Mindermeinung wird aber auch ein Vertragsschluss des Patienten selbst diskutiert, der seinem Wahlrecht (§ 76 Abs. 1 SGB V), dem Umstand, dass eine Kostenübernahmeerklärung nicht Voraussetzung für das Behandlungsverhältnis ist,

> BSG, Urt. v. 21.11.1991 – 3 RK 32/89, BSGE 70, 20, 23,

und seinem Schutzinteresse eher entsprechen dürfte.

> BSG, Urt. v. 20.1.1982 – 8/8a RK 13/80, BSGE 53, 62, 65;
> BSG, Urt. v. 19.11.1985 – 6 RKa 14/83, BSGE 59, 172 = NJW 1986, 1574;
> BGH, Urt. v. 10.1.1984 – VI ZR 297/81, BGHZ 89, 250, 252 ff = NJW 1984, 1820 = VersR 1984, 264;
> BGH, Urt. v. 17.12.1985 – VI ZR 178/84, BGHZ 96, 360 = NJW 1986, 1542 = VersR 1986, 465;
> BGH, Urt. v. 18.12.1990 – VI ZR 169/90, NJW 1991, 1540 = VersR 1991, 310;
> BGH, Urt. v. 14.7.1992 – VI ZR 214/91, VersR 1992, 1263.

Der **Leistungsrahmen** der Behandlungspflichten des Krankenhauses gegen- **70** über dem Kassenpatienten richtet sich grundsätzlich nach dem **Umfang, den** die **Krankenkasse** als Krankenhausbehandlung schuldet. Die verbindliche Konkretisierung der Erstattungsfähigkeit von Untersuchungs- und Behandlungsmethoden ist dem Gemeinsamen Bundesausschuss übertragen (§ 137c SGB V).

71 Haftungsansprüche sind vom Kassenpatienten im Zivilrechtsweg zu verfolgen. Demgegenüber ist das Abrechnungsverhältnis nach dem Regelmodell des Sachleistungsprinzips von den Behandlungsbeziehungen zwischen Krankenhausträger und Patient abgekoppelt. **Honorarforderungen** bestehen insoweit prinzipiell nur gegenüber der Krankenkasse und sind **vor den Sozialgerichten** geltend zu machen.

> BGH, Urt. v. 10.1.1984 – VI ZR 297/81, BGHZ 89, 250 = NJW 1984, 1820 = VersR 1984, 264;
>
> BGH, Beschl. v. 30.1.1997 – III ZB 110/96, NJW 1997, 1636 = VersR 1997, 1552;
>
> BGH, Urt. v. 9.5.2000 – VI ZR 173/99, VersR 2000, 999;
>
> BSG, Urt. v. 21.11.1991 – 3 RK 32/89, BSGE 70, 20, 22 f;
>
> BSG, Urt. v. 21.8.1996 – 3 RK 2/96, NJW-RR 1998, 273.

Wählt der Kassenpatient Kostenerstattung nach § 13 Abs. 2 SGB V, dann ist er Honorarschuldner.

72 Krankenhausbehandlung in der GKV **verlangt eine** behandlungsbedürftige und **behandlungsfähige Krankheit.**

> BGH, Urt. v. 18.2.1998 – VI ZR 70/96, BGHZ 134, 381 = NJW 1997, 1786 = VersR 1997, 723;
>
> BGH, Urt. v. 9.5.2000 – VI ZR 173/99, NJW 2000, 3429 = VersR 2000, 999.

Diese Voraussetzung ist nicht gegeben bei Eintritt des Pflegefalls, d. h. wenn ärztliches Behandeln keine hinreichende Erfolgsaussicht hat und die Betreuung nicht mehr im Rahmen eines zielstrebigen Heilplans durchgeführt werden kann.

> BGH, Urt. v. 9.5.2000 – VI ZR 173/99, NJW 2000, 3429 = VersR 2000, 999.

Bei psychischer Dauererkrankung, die Jahrzehnte ohne nennenswerten Erfolg stationär behandelt worden ist, besteht eine Vermutung dafür, dass das Leiden keiner Krankenhausbehandlung mehr zugänglich ist. Nach Auffassung des BGH schließt ein Patient, der trotz Unterrichtung über das Ende der Kostenübernahme durch die GVK aus diesem Grund, aber unter Protest gegen die Kostenlast, im Krankenhaus verbleibt, einen Vertrag über die weitere stationäre Aufnahme und Betreuung zu den Pflegesätzen des Krankenhauses.

> BGH, Urt. v. 9.5.2000 – VI ZR 173/99, NJW 2000, 3429 = VersR 2000, 999.

73 Für die **nicht operative ambulante Behandlung im Krankenhaus** tritt auch der **Kassenpatient** regelmäßig in vertragliche Beziehungen zu dem die Am-

bulanz kraft kassenärztlicher Ermächtigung gem. §§ 95, 116 SGB V betreibenden Chefarzt, nicht zum Krankenhausträger, dies auch dann, wenn die Überweisung auf das Krankenhaus lautet und die Behandlung entgegen der Verpflichtung des „ermächtigten" Chefarztes von einem nachgeordneten Krankenhausarzt durchgeführt wird.

> BGH, Urt. v. 28.4.1987 – VI ZR 171/86, BGHZ 100, 363 = NJW 1987, 2289 = VersR 1987, 990;
>
> BGH, Urt. v. 8.12.1992 – VI ZR 349/91, BGHZ 120, 376 = NJW 1993, 784 = VersR 1993, 357;
>
> BGH, Urt. v. 16.11.1993 – VI ZR 105/92, BGHZ 124, 128 = NJW 1994, 788 = VersR 1994, 425;
>
> BGH, Urt. v. 20.12.2005 – VI ZR 180/04, BGHZ 165, 290 = NJW 2006, 767 = VersR 2006, 409;
>
> BGH, Urt. v. 31.1.2006 – VI ZR 66/05, VersR 2006, 791.

Wird ein Kassenpatient zur stationären Behandlung eingewiesen, verlässt er **74** aber das Krankenhaus sogleich wieder, weil der Chefarzt die Behandlung nicht für erforderlich hält, so kommen vertragliche Beziehungen zum Krankenhausträger, nicht zu dem Chefarzt zustande, auch wenn dieser zur ambulanten Behandlung kassenärztlich „ermächtigt" war.

> OLG Düsseldorf, Urt. v. 12.7.1990 – 8 U 128/89, NA-Beschl. v. 25.6.1991 – VI ZR 268/90, VersR 1992, 493.

Mit Wirkung vom 1.1.1993 sind bestimmte nichtstationäre Behandlungsformen, nämlich die **vor- und nachstationäre Behandlung** i. S. v. § 115a SGB V, aus dem vertragsärztlichen Sicherstellungsauftrag herausgenommen und der Krankenhausversorgung zugeordnet (§ 39 Abs. 1 Satz 1 SGB V). Vorstationäre Behandlung soll die Erforderlichkeit einer stationären Krankenhausbehandlung klären oder sie vorbereiten; sie ist auf längstens drei Behandlungstage innerhalb von fünf Tagen vor Beginn der stationären Behandlung befristet. Nachstationäre Behandlung soll den Behandlungserfolg einer stationären Krankenhausbehandlung sichern oder festigen, grundsätzlich darf sie sieben Behandlungstage innerhalb von 14 Tagen nach Beendigung der stationären Behandlung nicht überschreiten (§ 115a Abs. 1 und 2 SGB V). Zwar setzt die vor- und nachstationäre Behandlung eine Verordnung von Krankenhausbehandlung regelmäßig durch den niedergelassenen Vertragsarzt (§ 73 Abs. 2 Nr. 7, Abs. 4 SGB V) voraus. Indes hat das Krankenhaus über die Maßnahmen zu entscheiden, ohne insoweit an die Überweisung gebunden zu sein; insbesondere auch darüber, ob eine vor- oder nachstationäre Behandlung zweckmäßig ist. Dabei hat es den Grundsatz „ambulant vor stationär" zu beachten (§ 39 Abs. 1 Satz 2 SGB V). Allerdings hat es den einweisenden Arzt über eine vor- und ggf. nachstationäre Behandlung zu unterrichten (§ 115a Abs. 2 Satz 6 SGB V). **75**

Ferner hat der Gesetzgeber mit Wirkung vom 1.1.1993 unter Aufgabe seiner **76** Abneigung gegen die Institutsambulanz die Krankenhäuser nach Maßgabe eines Katalogs zum ambulanten Operieren zugelassen, d. h. zu einer operativen Behandlung, bei der der Patient die Nacht vor und nach dem Eingriff außerhalb des Krankenhauses verbringt (§ 115b SGB V). Wenn das Krankenhaus die ambulante Durchführung der Operation als „Institut" durch eine entsprechende Mitteilung an die dafür zuständigen Stellen übernimmt (§ 115b Abs. 2 SGB V), ist sie „Krankenhausbehandlung" i. S. v. § 39 SGB V; einer Überweisung durch den Vertragsarzt bedarf es dann nicht.

> BGH, Urt. v. 20.12.2005 – VI ZR 180/04, BGHZ 165, 290
> = NJW 2006, 767 = VersR 2006, 409.

77 Die Vereinbarung als ärztliche Wahlleistung ist hier nicht möglich. In den Fällen, in denen nach §§ 115a und 115b SGB V eine Institutsambulanz entsteht, werden vertragliche Beziehungen des Patienten nur zu dem Krankenhausträger begründet, dem die ärztlichen und pflegerischen Fehlleistungen nach §§ 30, 31, 278 BGB zugerechnet werden.

> BGH, Urt. v. 8.12.1992 – VI ZR 349/91, BGHZ 120, 376 = NJW 1993, 784 = VersR 1993, 357;
>
> OLG Karlsruhe, Urt. v. 25.1.1989 – 7 U 155/87, VersR 1990, 53;
>
> OLG Düsseldorf, Urt. v. 12.7.1990 – 8 U 128/89, NJW 1992, 1566 = VersR 1992, 493.

78 Der Krankenhausträger ist auch dann Vertragspartner des Patienten, wenn dieser im Krankenhaus ambulant operiert wird, ohne dass die behandelnden Ärzte eine kassenrechtliche Ermächtigung dazu besitzen.

> BGH, Urt. v. 20.12.2005 – VI ZR 180/04, BGHZ 165, 290
> = NJW 2006, 767 = VersR 2006, 409.

Es ist also für die Passivlegitimation genau zu klären, ob der Patient in einer Chefarzt- oder einer Institutsambulanz behandelt wird oder gar eine stationäre Krankenhausbehandlung, ggf. mit Arztvertrag, vorliegt.

> BGH, Urt. v. 31.1.2006 – VI ZR 66/05, VersR 2006, 791.

3. Notfälle

79 Die Behandlung des bewusstlosen oder sonst nicht ansprechbaren Patienten erfolgt, wenn nicht ein gesetzlicher Vertreter für ihn den Behandlungsvertrag schließt, nach den **Regeln der erlaubten Geschäftsführung ohne Auftrag** (GoA) (§§ 677, 683 BGB). Die Behandlung muss objektiv dem Interesse des Patienten und seinem mutmaßlich wirklichen Willen entsprechen. Der Behandlungsrahmen ist dadurch eingeengt, dass zunächst nur die vital oder absolut indizierten Maßnahmen zu treffen sind; nur relativ indizierte, mit erheblicheren Risiken verbundene Behandlungsmaßnahmen sind der Entscheidung des Patienten vorzuhalten (Rz. 452 ff).

80 Im Übrigen hat der Notarzt aber nicht nur die akuten Beschwerden zu behandeln, sondern im Rahmen seiner Möglichkeiten das **Krankheitsbild vollständig zu ermitteln** und bei Zweifeln den Patienten in ein Krankenhaus für eine Ausschlussdiagnose zu überweisen.

BGH, Urt. v. 16.10.2007 – VI ZR 229/06, NJW-RR 2008, 263
= VersR 2008, 221;
KG, Urt. v. 20.5.1986 – 9 U 2178/85, PKH versagt durch
BGH, Beschl. v. 9.12.1986 – VI ZR 196/86, VersR 1987, 992.

Er kann aber zunächst die Symptome angehen, z. B. als Zahnarzt sich auf das Herstellen von Schmerzfreiheit beschränken, und die kausale Therapie der Nachbehandlung vorbehalten.

OLG Köln, Urt. v. 16.6.1999 – 5 U 160/97, NJW-RR 2001, 91
= VersR 2000, 1150.

Die **Haftungsbeschränkungen** für den Geschäftsführer auf Vorsatz und grobe **81** Fahrlässigkeit (§ 680 BGB) passen für die Berufshaftung des Arztes nicht; der BGH hat stets den – freilich unter Umständen der Notsituation angepassten – allgemeinen ärztlichen Sorgfaltsmaßstab angelegt. Offen ist, ob § 680 BGB auf den Arzt anzuwenden ist, der zufällig an der Unglücksstelle anwesend ist und auf derartige Noteinsätze nicht vorbereitet sein muss.

So OLG München, Urt. v. 6.4.2006 – 1 U 4142/05, NJW 2006, 1883.

Natürlich kann der Patient Behandlung nur nach dem Standard des Kran- **82** kenhauses erwarten, in das ihn der Notfall gebracht hat, solange dieser vertretbar ist.

OLG Karlsruhe, Urt. v. 25.1.1989 – 7 U 155/87, NA-Beschl.
v. 10.10.1989 – VI ZR 46/89, VersR 1990, 53.

Eine **Pflicht zur Übernahme der Behandlung** – auch in Notfällen – hat der **83** BGH bisher nur bejaht:

- für den Bereitschafts- oder Notarzt in dringenden Erkrankungsfällen;

  BGH, Urt. v. 1.3.1955 – 5 StR 583/54, BGHSt 7, 211;
  zur Stellung des „Notarztes im Rettungsdiensteinsatz" vgl. Rz. 9.

- für den öffentlich-rechtlichen Krankenhausträger aufgrund einer öffentlich-rechtlichen Pflichtenstellung, soweit Aufnahmemöglichkeiten bestehen;

  BGH, Urt. v. 30.11.1982 – VI ZR 77/81, BGHZ 85, 393 = NJW 1983, 1374 = VersR 1983, 244;

- aufgrund der allgemeinen Bürgerpflicht zur Hilfe bei Unglücksfällen (§ 323c StGB).

Aus dieser Vorschrift wird eine Hilfspflicht des in erreichbarer Nähe befind- **84** lichen Arztes nicht nur bei Unfällen, sondern auch dann hergeleitet, wenn eine Krankheit in ein akutes Stadium tritt und ohne ärztliche Versorgung ein erheblicher Gesundheitsschaden droht. Jedoch braucht der Arzt den Notfall nicht einzukalkulieren und kann, wenn er wegen anderer Patienten unabkömmlich ist, auf einen anderen Arzt weiterverweisen. Entzieht er sich der Hilfe, kann er bestraft werden. Ob er auch schadensersatzpflichtig wird, hat der BGH bisher nicht entschieden. Tendenzen bestehen in Richtung Schadensersatzpflicht, jedenfalls wenn der Arzt am Unglücksort anwesend und ihm Rettung unschwer möglich ist (vgl. auch Rz. 81).

> Vgl. BGH, Urt. v. 22.4.1952 – 1 StR 516/51, BGHSt 2, 296;
>
> BGH, Urt. v. 2.3.1962 – 4 StR 355/61, BGHSt 17, 166 = NJW 1962, 1212;
>
> BGH, Urt. v. 22.3.1966 – 1 StR 567/65, BGHSt 21, 50 = NJW 1966, 1172.

85 Zu den Rechtsgrundlagen für den von den (privatrechtlich zu erfüllenden) Aufgaben des „Notarztes im Rettungsdiensteinsatz" (dazu vgl. Rz. 9) zu unterscheidenden von den Kassenärztlichen Vereinigungen eingerichteten ärztlichen Notfall- oder Bereitschaftsdiensten (§ 75 Abs. 1 Satz 2 SGB V; § 18 Abs. 1 Nr. 2 KHEntgG)

> vgl. BGH, Urt. v. 25.1.1990 – III ZR 283/88, BGHR BGB § 839 Abs. 1 Satz 1
> – Notfalldienst;
>
> BGH, Urt. v. 12.11.1992 – III ZR 178/91, BGHZ 120, 184 = NJW 1993, 1526 = VersR 1993, 316;
>
> BGH, Urt. v. 10.3.2009 – VI ZR 39/08, NJW 2009, 1740 = VersR 2009, 784.

II. Behandlungs-, Haftungsverpflichtete

1. Vertragliche Verantwortung

86 Vertragliche Haftungsverantwortung trifft den Behandlungsträger, der die **Behandlungsaufgabe vertraglich übernommen** oder zu übernehmen hat (c. i. c.): den niedergelassenen Arzt; den Chefarzt für seine Privatpraxis und die Krankenhausambulanz (ausgenommen im Rahmen der vertragsärztlichen Versorgung des Kassenpatienten durch „ermächtigte" Einrichtung sowie seit dem 1.1.1993 für das vor- und nachstationäre Behandeln i. S. v. § 115a SGB V und das ambulante Operieren bei Übernahme durch das Krankenhaus nach Maßgabe von § 115b SGB V); den Krankenhausträger (eingeschränkt für Belegkrankenhäuser) und den selbstliquidierenden Krankenhausarzt für die stationäre sowie die vor- und nachstationäre (§ 115a SGB V) Behandlung; den Krankenhausträger für das ambulante Operieren nach Übernahme gem. § 115b SGB V.

87 Die vertragliche Haftung deckt für die Behandlungsaufgabe auch fremde **Fehler der beteiligten Gehilfen** ab (§ 278 BGB) – gleichgültig, ob der Arzt bzw. Krankenhausträger ihnen gegenüber weisungsbefugt ist oder nicht –, wenn und soweit die Mitbeteiligten nicht selbst liquidierungsberechtigte Vertragspartner des Patienten sind.

Niedergelassener, frei praktizierender Arzt, Konsiliararzt:

88 Er haftet für Arzthelferin, Labor, Konsiliararzt desselben Fachbereichs, assistierenden Arzt jedenfalls desselben Fachbereichs.

BGH, Urt. v. 20.6.1989 – VI ZR 320/88, NJW 1989, 2943
= VersR 1989, 1051
– Laborleistungen des selbständigen Instituts ohne eigene
Abrechnung gegenüber dem Patienten;

BGH, Urt. v. 21.1.2014 – VI ZR 78/13, VersR 2014, 374
– Schlaganfalleinheit;

OLG Frankfurt/M., Urt. v. 28.10.1997 – 8 U 80/97, VersR 1998,
1282
– angestellter Arzt als Erfüllungsgehilfe des Praxisinhabers;

OLG Koblenz, Urt. v. 15.1.2004 – 5 U 1145/03, VersR 2004, 1323
– vom Zahnarzt hinzugezogener Anästhesist Erfüllungsgehilfe
des Zahnarztes;

OLG Naumburg, Urt. v. 14.9.2004 – 1 U 97/03, VersR 2005, 1401
– vom Chirurg hinzugezogener Anästhesist kein Erfüllungsgehilfe des Chirurgen.

Regelmäßig beschränkt **für den niedergelassenen Arzt** die **Überweisung des** 89
Patienten an das andere Fach die **eigene Behandlungsaufgabe** vertraglich,
wo sie eigene Vertrags- (und Honorar-)Beziehungen des Patienten zu dem
Kollegen eröffnet, für den Patienten also als wirkliche Überweisung in fremde
Hände offenbart wird.

Vgl. auch
BGH, Urt. v. 12.3.1987 – III ZR 31/86, VersR 1987, 1191;

BGH, Urt. v. 14.7.1992 – VI ZR 214/91, NJW 1992, 2961
= VersR 1992, 1263;

BGH, Urt. v. 17.9.1998 – III ZR 227/97, NJW 1999, 868
= VersR 1999, 367;

OLG Jena, Urt. v. 23.5.2007 – 4 U 437/05, VersR 2008, 401
– konsiliarische Hinziehung eines Onkologen durch den
Frauenarzt.

Entsprechendes gilt für die Hinziehung eines Instituts, etwa eines Groß- 90
gerätezentrums oder eines pathologischen Instituts.

BGH, Urt. v. 29.6.1999 – VI ZR 24/98, BGHZ 142, 126 = NJW
1999, 2731 = VersR 1999, 1241
– von niedergelassenem Gynäkologen hinzugezogenes pathologi-
sches Institut ist nicht Erfüllungsgehilfe des Gynäkologen.

Ein niedergelassener Pathologe haftet nicht für eine Präparatverwechslung
und eine hieraus resultierende Fehldiagnose des behandelnden Arztes, wenn
Organisationsmängel nicht festgestellt werden können und eine Verwechslung der Probeentnahmen im Krankenhaus nicht gänzlich auszuschließen ist.

LG Essen, Urt. v 12.9.2012 – 1 O 247/11, MedR 2013, 183
– Verwechslung einer Gewebeprobe.

Für Versagen in der Zusammenarbeit mit einer anderen Stelle kann den Arzt 91
bzw. Krankenhausträger eine vertragliche Haftungsverantwortung wegen
eigener **Koordinations- oder Kooperationsfehler** auch dann treffen, wenn
jene Stelle nicht als sein Erfüllungsgehilfe anzusehen ist.

BGH, Urt. v. 8.5.1990 – VI ZR 227/89, VersR 1990, 1010
= MDR 1990, 808;

BGH, Urt. v. 16.4.1996 – VI ZR 190/95, NJW 1996, 2429
= VersR 1996, 976
– Belegkrankenhaus gemeinsam mit dem Belegarzt;

BGH, Urt. v. 26.1.1999 – VI ZR 376/97, BGHZ 140, 309 = NJW
1999, 1779 = VersR 1999, 579
– Zusammenarbeit von Anästhesist und Ophtamologen bei
Schieloperation;

BGH, Urt. v. 16.5.2000 – VI ZR 321/98, BGHZ 144, 296 = NJW
2000, 2737 = VersR 2000, 1146
– Haftung des Belegkrankenhauses für Lücken in der ärztlichen
Überwachung des Geburtsvorgangs.

92 Der **Urlaubsvertreter** des **niedergelassenen Arztes** haftet dem Patienten
prinzipiell nur deliktisch, nicht vertraglich, sofern es um wirkliche Stellvertretung und nicht, wie regelmäßig, um Weiterverweisung des Patienten an
die andere Praxis geht; vertraglich trifft den vertretenen Arzt eine Gehilfenhaftung (§ 278 BGB). Geschäftsherr des Urlaubsvertreters ist er nicht.

BGH, Urt. v. 13.1.1998 – VI ZR 242/96, NJW 1998, 1780
= VersR 1998, 457;

BGH, Urt. v. 16.5.2000 – VI ZR 321/98, BGHZ 144, 296 = NJW
2000, 2737 = VersR 2000, 1146;

BGH, Urt. v. 20.3.2007 – VI ZR 158/06, BGHZ 171, 358 = NJW
2007, 1682 = VersR 2007, 847;

OLG Düsseldorf, Urt. v. 15.11.1984 – 8 U 26/84, VersR 1985, 370;

OLG Hamm, Urt. v. 29.5.1985 – 3 U 176/84, NA-Beschl.
v. 28.1.1986 – VI ZR 203/85, VersR 1987, 106;

OLG Oldenburg, Urt. v. 14.8.2001 – 5 U 36/01, VersR 2003, 375.

93 Im Ergebnis stellt der BGH dem Gehilfenversagen das **Versagen technischer
Apparate** (OP-Instrumente, Beatmungs- und Bestrahlungsgeräte, Dialyseeinrichtungen) gleich.

Anstaltskrankenhaus

94 Der **Krankenhausträger haftet** aufgrund eines **totalen Krankenhausvertrages**
oder eines Krankenhausvertrages mit Arztzusatzvertrag (vgl. Rz. 30 ff) für den
ärztlichen und nichtärztlichen Dienst einschließlich des Chefarztes als seine
Erfüllungsgehilfen.

BGH, Urt. v. 18.6.1985 – VI ZR 234/83, BGHZ 95, 63, 67 ff
= NJW 1985, 2189 = VersR 1985, 1043, 1045;

BGH, Urt. v. 19.2.1998 – III ZR 169/97, BGHZ 138, 91 = NJW
1998, 1778 = VersR 1998, 728;

BGH, Urt. v. 15.2.2000 – VI ZR 135/99, BGHZ 143, 389 = NJW
2000, 1782 = VersR 2000, 634
– für vom Krankenhaus hinzugezogenen niedergelassenen Consiliarius offengelassen;

OLG Oldenburg, Urt. v. 12.10.1988 – 3 U 86/88, NA-Beschl.
v. 4.7.1989 – VI ZR 318/88 = VersR 1989, 1300
– frei praktizierender Kinderarzt als Erfüllungsgehilfe des
Krankenhauses;

OLG Stuttgart, Urt. v. 15.3.1990 – 14 U 38/87, NA-Beschl.
v. 23.10.1990 – VI ZR 130/90, VersR 1992, 55
– frei praktizierender Augenarzt als Erfüllungsgehilfe des
Krankenhauses;

OLG Hamm, Urt. v. 1.2.2006 – 3 U 182/05, VersR 2007, 1525
– Mitarbeiter eines Transportunternehmens sind Erfüllungsgehilfen des Krankenhauses beim Transport des Patienten in ein
anderes Krankenhaus zur konsiliarischen Untersuchung;
anders bei endgültiger Verlegung des Patienten in ein anderes
Krankenhaus.

Der **selbstliquidierende Arzt** hat in der stationären Krankenhausbehandlung **95**
für die ihm nachgeordneten Ärzte einzustehen, die ihm bei der Operation
assistieren oder auf die er seine Aufgaben delegiert.

BGH, Urt. v. 30.11.1982 – VI ZR 77/81, BGHZ 85, 393 = NJW
1983, 1347 = VersR 1983, 244.

Die ärztliche Assistenz fremder Fächer dagegen erfüllt nicht die Vertragsauf- **96**
gabe des selbstliquidierenden Arztes. Sie steht im Dienst des Krankenhausträgers und/oder der regelmäßig ebenfalls selbstliquidierungsberechtigten Abteilungsärzte des jeweils betroffenen Fachs (§ 22 BPflV a. F. = § 22 BPflV
n. F. i. V. m. § 17 KHEntgG). Für die Fehler des fremden Fachs haftet er
nur, wenn sie durch eigene Fehler in der Koordination, Kommunikation, Information gesetzt worden sind, für die er mitverantwortlich ist (vgl. Rz. 284).

Der nichtärztliche **Pflegedienst** ist im Bereich der Grund- und Funktions- **97**
pflege **nicht Gehilfe** des liquidierungsberechtigten Arztes, sondern des
Krankenhausträgers. Das gilt prinzipiell auch für die Behandlungspflege; die
Durchführung seiner Anweisungen erfüllt Aufgaben des Krankenhausträgers.
Anderes sollte für Tätigkeiten gelten, die, wie diejenigen der OP-Schwester,
derart eng mit der ärztlichen Tätigkeit verzahnt sind, dass zuallererst der
Arzt die Anweisungs- und Kontrollzuständigkeit haben muss. Ebenfalls kann
die Koordination der Behandlungspflege, wo die ärztliche Behandlungsmaßnahme an sie besondere Anforderungen stellt, zur Aufgabe auch des selbstliquidierenden Arztes gehören. Ebenso haftet er für Pflegefehler, die auf
eigene Versäumnisse bei der Anweisung des Pflegedienstes zurückgehen.

BGH, Urt. v. 10.1.1984 – VI ZR 158/82, BGHZ 89, 263 = NJW
1984, 1400 = VersR 1984, 356
– Subklavia-Verweilkanüle bei Säugling;

BGH, Urt. v. 18.3.1986 – VI ZR 215/84, NJW 1986, 2365
= VersR 1986, 788
– Dekubitus;

BGH, Urt. v. 2.6.1987 – VI ZR 174/86, NJW 1988, 762 = VersR
1987, 1238;

BGH, Urt. v. 1.2.1994 – VI ZR 65/93, NJW 1994, 1594 = VersR
1994, 825
– schadhafte Wärmflasche im Inkubator;
OLG München, Urt. v. 20.6.1996 – 1 U 4529/95, NA-Beschl.
v. 4.2.1997 – VI ZR 309/96, VersR 1997, 977
– Plicht des Belegarztes zu Anweisungen an das Pflegepersonal
bei Notfällen.

98 In der **Chefarztambulanz** gehören zur Vertragsaufgabe allein des Chefarztes
auch die Tätigkeiten des nichtärztlichen Dienstes.

Vgl. BGH, Urt. v. 28.4.1987 – VI ZR 171/86, BGHZ 100, 363
= NJW 1987, 2289 = VersR 1987, 990;

BGH, Urt. v. 20.9.1988 – VI ZR 296/87, BGHZ 105, 189 = NJW
1989, 769 = VersR 1988, 1270.

Belegkrankenhaus

99 Im Rahmen des **gespaltenen Krankenhausvertrages** (Modell: **Belegkrankenhaus**) haftet der Krankenhausträger für die Bereitstellung der technischen
Apparate und Einrichtungen sowie für den nichtärztlichen Dienst einschließlich der angestellten Hebamme; jedoch bei Fehlen abweichender Vereinbarungen (vgl. Rz. 46 ff) nicht für die Fehler des Arztes bei Erbringung der
von diesem persönlich geschuldeten ärztlichen Leistungen.

BGH, Urt. v. 14.7.1992 – VI ZR 214/91, NJW 1992, 2961
= VersR 1992, 1263
– niedergelassene Kinderärztin Erfüllungsgehilfin des Gynäkologen;
OLG München, Urt. v. 20.6.1996 – 1 U 4529/95, NA-Beschl.
v. 4.2.1997 – VI ZR 309/96, VersR 1997, 977
– Pflegepersonal Erfüllungsgehilfe des Belegkrankenhauses;
OLG Zweibrücken, Urt. v. 12.9.2000 – 5 U 5/00, VersR 2002, 317
– assistierender Belegarzt Erfüllungsgehilfe des operierenden Arztes;
OLG Düsseldorf, Urt. v. 12.6.2008 – I-8 U 129/07, MedR 2009,
285.

100 Der Fehler des Belegarztes kann allerdings eigene (Organisations- oder Kon-
troll-)Fehler des Belegkrankenhauses aufdecken.

BGH, Urt. v. 16.4.1996 – VI ZR 190/95, NJW 1996, 2429
= VersR 1996, 976
– Dulden der Übung des Belegarztes, die CTG durch das Pflege-
personal bewerten zu lassen;
BGH, Urt. v. 16.5.2000 – VI ZR 321/98, BGHZ 144, 296 = NJW
2000, 2737 = VersR 2000, 1146
– Haftung des Belegkrankenhauses für Lücken in der ärztlichen
Überwachung des Geburtsvorgangs.

101 Den Umfang der Organisationspflichten des Belegkrankenhauses in Bezug
auf den ärztlichen Dienst hält der BGH offen.

BGH, Urt. v. 25.11.2003 – VI ZR 8/03, NJW 2004, 1452 = VersR
2004, 645.

Ob die Ausstattung ausreicht für die konkrete ärztliche Behandlungsaufgabe, das gehört primär zur Beurteilungsverantwortung des Belegarztes.

> OLG Karlsruhe, Urt. v. 13.10.2004 – 7 U 122/03, VersR 2005, 1587;
>
> OLG München, Urt. v. 21.9.2006 – 1 U 2161/06, VersR 2007, 797 = MedR 2007, 349
> – Belegarzt hat dafür zu sorgen, dass die erforderlichen Geräte und Apparate für die konkrete Behandlungsaufgabe vom Belegkrankenhaus beschafft und bereitgehalten werden.

102 Wegen der Regelung in § 23 Abs. 1 Nr. 3 BPflV a. F. = § 22 BPflV n. F. i. V. m. § 18 KHEntgG sind auch die **ärztlichen Mitarbeiter derselben Gebietsbezeichnung Erfüllungsgehilfen** allein des **Belegarztes**, nicht des Belegkrankenhauses. Der Belegarzt-Kollege, der für den die Geburt betreuenden Belegarzt absprachegemäß die Geburt weiterführt, ist als Vertreter des Belegarztes dessen Erfüllungsgehilfe.

> OLG Stuttgart, Urt. v. 19.9.2000 – 14 U 65/99, VersR 2002, 235.

Sonst aber gehören die Verschaffung der ärztlichen und nichtärztlichen Assistenz, auf die der Belegarzt angewiesen ist, die organisatorische Sicherstellung ausreichender Anweisung des Pflegedienstes sowie die Bereitstellung des technischen Apparates grundsätzlich zur Behandlungsaufgabe des Krankenhausträgers, sofern mit dem Patienten nichts anderes ausdrücklich vereinbart worden ist.

> BGH, Urt. v. 10.1.1984 – VI ZR 158/82, BGHZ 89, 263 = NJW 1984, 1400 = VersR 1984, 356;
>
> OLG München, Urt. v. 20.6.1996 – 1 U 4529/95, NA-Beschl. v. 4.2.1997 – VI ZR 309/96, VersR 1997, 977
> – Verlegung des Säuglings als Notfall in das Kinderkrankenhaus ohne Einschaltung des Beleggynäkologen;
>
> OLG Köln, Urt. v. 21.8.1996 – 5 U 286/94, NA-Beschl. v. 17.6.1997 – VI ZR 324/96, VersR 1997, 1404
> – Überwachung frisch Operierter bei Fehlen eines Aufwachraums; besondere Hinweispflicht des Belegkrankenhauses.

103 Zur Haftungszuständigkeit der Gemeinschaftspraxis bei Fortsetzung der Betreuung der Patientin durch ihren Frauenarzt im Belegkrankenhaus vgl. Rz. 58.

104 Die frei praktizierende **Hebamme mit Belegungsrecht** ist nicht Erfüllungsgehilfin des Belegkrankenhauses oder des dort tätigen gynäkologischen Belegarztes, sofern und solange dieser nicht die Betreuung der Geburt mitübernommen hat.

> BGH, Urt. v. 14.2.1995 – VI ZR 272/93, BGHZ 129, 6 = NJW 1995, 1611 = VersR 1995, 706;
>
> OLG Celle, Urt. v. 27.1.1992 – 1 U 39/90, NA-Beschl. v. 17.11.1992 – VI ZR 58/92, VersR 1993, 360
> – Gehilfeneigenschaft bejaht bei Erörterung des kritischen CTG mit dem Arzt;

OLG Oldenburg, Urt. v. 16.1.1996 – 5 U 17/95, NA-Beschl.
v. 12.11.1996 – VI ZR 60/96, VersR 1997, 1236
– Erkennen eines pathologischen CTG ist Aufgabe der Hebamme,
die Weiterführung der Geburt in der Risikophase ist Aufgabe des
Beleggynäkologen.

105 Die **angestellte Hebamme** ist Erfüllungsgehilfin des Belegkrankenhauses und nicht des Belegarztes, solange nicht der Belegarzt die Leitung des Geburtsvorgangs übernommen oder eine besondere Weisungskompetenz in Anspruch genommen hat.

BGH, Urt. v. 16.5.2000 – VI ZR 321/98, BGHZ 144, 296 = NJW
2000, 2737 = VersR 2000, 1146;

OLG Koblenz, Urt. v. 26.7.2000 – 1 U 1606/98, NA-Beschl.
v. 13.3.2001 – VI ZR 198/00, VersR 2001, 897.

106 Der Belegarzt haftet für Fehler der Hebamme in der Phase, in der die Geburt zu seiner Vertragsaufgabe geworden ist. Das ist anzunehmen, wenn er die Schwangerschaft betreut und Kenntnis von der stationären Aufnahme zur Entbindung hat, sowie generell für die **Risikophase**.

BGH, Urt. v. 14.2.1995 – VI ZR 272/93, BGHZ 129, 6 = NJW
1995, 1611 = VersR 1995, 706;

BGH, Urt. v. 16.5.2000 – VI ZR 321/98, BGHZ 144, 296 = NJW
2000, 2737 = VersR 2000, 1146;

OLG Frankfurt/M., Urt. v. 6.4.1990 – 24 U 18/89, NA-Beschl.
v. 18.12.1990 – VI ZR 160/90, VersR 1991, 929;

OLG Celle, Urt. v. 27.1.1992 – 1 U 39/90, NA-Beschl.
v. 17.11.1992 – VI ZR 58/92, VersR 1993, 360;

OLG Oldenburg, Urt. v. 16.1.1996 – 5 U 17/95, NA-Beschl.
v. 12.11.1996 – VI ZR 60/96, VersR 1997, 1236
– Erkennen eines pathologischen CTG ist Aufgabe der Hebamme,
die Weiterführung der Geburt in der Risikophase ist Aufgabe des
Beleggynäkologen;

OLG Koblenz, Urt. v. 26.7.2000 – 1 U 1606/98, NA-Beschl.
v. 13.3.2001 – VI ZR 198/00, VersR 2001, 897.

107 Ein von Hebammen betriebenes „**Geburtshaus**", das die Hinzuziehung niedergelassener Ärzte im Bedarfsfall anbietet, ist in der Regel kein Belegkrankenhaus (Rz. 52). Der Träger haftet für Fehler des ärztlichen und nichtärztlichen Dienstes. Insoweit wirkt sich die Doppelfunktion der das „Geburtshaus" betreibenden Hebammen haftungsrechtlich aus.

BGH, Urt. v. 7.12.2004 – VI ZR 212/03, BGHZ 161, 255 = NJW
2005, 888 = VersR 2005, 408.

Gemeinschaftspraxen

108 Vgl. Rz. 60: Entsprechend der neuen Auffassung zur Rechtsstellung der BGB-Gesellschaft sind die beteiligten Ärzte als Erfüllungsgehilfen der rechtsfähigen Gemeinschaftspraxis anzusehen, nicht dagegen als Gehilfen der Kollegen. Sie haften akzessorisch für die Gesellschaftsschulden analog §§ 128, 130 HGB.

2. Deliktische Verantwortung

Deliktsrechtlich haftet jeder an der Behandlung Beteiligte aufgrund seiner **Garantenstellung** für die übernommene Behandlungsaufgabe.

> u. a. BGH, Urt. v. 18.6.1985 – VI ZR 234/83, NJW 1985, 2189
> = VersR 1985, 1043, 1046;
>
> BGH, Urt. v. 25.6.1985 – VI ZR 270/83, NJW 1985, 2749
> = VersR 1985, 1068, 1069;
>
> BGH, Urt. v. 8.2.2000 – VI ZR 325/98, NJW 2000, 2741 = VersR 2000, 1107.

Der Garantenstellung liegt die Rechtsüberzeugung zugrunde, dass sich das Sich-Befassen der Medizin mit der Befindlichkeit des Patienten legitimieren muss durch die Übernahme der aus ärztlicher Fachkompetenz zu erwartenden Sorgfaltspflichten und Verantwortlichkeiten dafür, dass der Patient so betreut wird, wie dies von einem gewissenhaften und aufmerksamen Arzt aus berufsfachlicher Sicht seines Fachbereichs vorausgesetzt und erwartet werden muss.

> BGH, Urt. v. 29.11.1994 – VI ZR 189/93, NJW 1995, 776
> = VersR 1995, 659;
>
> BGH, Urt. v. 24.6.1997 – VI ZR 94/96, NJW 1997, 2090 = VersR 1997, 1357.

Sie knüpft demgemäß an eine entsprechende faktische Kontaktaufnahme des Arztes mit der Befindlichkeit des Patienten an; u. U. – im Ordnungsrahmen des dadurch begründeten Vertrauenstatbestandes – an der organisatorischen Zuweisung der Behandlungsaufgabe im arbeitsteiligen Behandlungsgeschehen.

Die Garantenstellung begründet die deliktische Haftung prinzipiell **nur für die Fehler im** Kontrollbereich des Garanten, nicht für Fremdverschulden Dritter.

Das Eigenverschulden kann sich aber auch auf Organisation, Auswahl, Anleitung, Überwachung und Ausstattung seiner Gehilfen beziehen; unterläuft diesen ein Fehler, wird solches Verschulden und die Ursächlichkeit für den Fehler des Gehilfen vermutet (§ 831 BGB). Für die Zuordnung des Geschäftsherrn-Status folgt die Rechtsprechung durchweg den medizinischen Zuschnitten der vertraglich übernommenen Pflichtenkreise. An den Entlastungsbeweis stellt der BGH die allgemein sehr hohen Anforderungen, so dass die Unterschiede zwischen § 278 und § 831 BGB weitgehend aufgehoben sind.

Ein zur Verwaltung der Praxis eines anderen Arztes bestellter Arzt kann Verrichtungsgehilfe sein.

> BGH, Urt. v. 16.10.1956 – VI ZR 308/55, NJW 1956, 1834, 1835
> = VersR 1956, 714;

109

110

111

> BGH, Urt. v. 20.9.1988 – VI ZR 296/87, VersR 1988, 1270,
> insoweit nicht BGHZ 105, 189;
>
> BGH, Urt. v. 10.3.2009 – VI ZR 39/08, NJW 2009, 1740 = VersR
> 2009, 784
> – Übernahme des Notfalldienstes für einen anderen Arzt.

112 Allerdings ist **Verrichtungsgehilfe** i. S. v. § 831 BGB **nur der weisungsabhängige** Gehilfe. Die Eigenschaft des Verrichtungsgehilfen entfällt nicht schon deshalb, weil wegen hoher Spezialisierung des Oberarztes dessen fachliche Überwachung dem Klinikdirektor faktisch nicht möglich erscheint. Maßgebend ist die rechtliche, nicht die faktische Weisungsabhängigkeit.

> BGH, Urt. v. 10.3.2009 – VI ZR 39/08, NJW 2009, 1740 = VersR
> 2009, 784
> – Übernahme des Notfalldienstes von einem anderen Arzt;
>
> OLG Bamberg, Urt. v. 14.12.1992 – 4 U 60/92, NA-Beschl.
> v. 8.2.1994 – VI ZR 50/93, VersR 1994, 813.

113 Es kann ein zur Haftung führender Organisationsmangel sein, wegen faktischer Schwierigkeiten das Weisungsrecht nicht auszuüben.

114 Bei Fehlern des prinzipiell weisungsunabhängigen niedergelassenen Arztes, der als Konsiliararzt vom Krankenhausträger hinzugezogen wird, haftet der Krankenhausträger zwar vertraglich nach § 278 BGB für dessen Verschulden, deliktisch indes nur bei eigenem Auswahl- oder Unterrichtungsverschulden.

> OLG Stuttgart, Urt. v. 15.3.1990 – 14 U 38/87, NA-Beschl.
> v. 23.10.1990, VersR 1992, 55;
>
> OLG Jena, Urt. v. 23.5.2007 – 4 U 437/05, VersR 2008, 401.

115 Ein Eigenverschulden kann sich ferner aus Fehlern bei der Kooperation und Koordination mit anderen Stellen ergeben, die nicht als Verrichtungsgehilfen anzusehen sind.

> Näheres zum Maßstab vgl. Rz. 184 ff – Organisationsbereich.

116 Als Trägerin der Universitätsklinik ist die Universität, nicht das Land Geschäftsherrin nach § 831 BGB, auch wenn der Verrichtungsgehilfe Landesbediensteter ist.

> BGH, Urt. v. 17.12.1985 – VI ZR 178/84, BGHZ 96, 360 = NJW
> 1986, 1542 = VersR 1986, 465.

117 Wo der Entlastungsbeweis ausnahmsweise gelingt, kann den Behandlungsträger gleichwohl eine Pflicht zur **Freistellung seines Verrichtungsgehilfen** von dessen Haftung **aus arbeitsrechtlicher Fürsorge** treffen. Die beschränkenden Voraussetzungen der „Gefahrgeneigtheit" der Tätigkeit sind von der Rechtsprechung aufgegeben.

> BAG (GS), Beschl. v. 27.9.1994 – GS 1/89, NJW 1995, 210
> i. V. m. BGH, Beschl. v. 21.9.1993 – GmS – OGB 1/93, NJW
> 1994, 856;
>
> BAG, Urt. v. 25.9.1997 – 8 AZR 288/96, NJW 1998, 1810.

Der Freistellungsanspruch entfällt, wenn und soweit der Gehilfe in den Schutz der Haftpflichtversicherung des Geschäftsherrn einbezogen ist.

> BGH, Urt. v. 3.12.1991 – VI ZR 378/90, BGHZ 116, 200 = NJW 1992, 900 = VersR 1992, 437.

Krankenhausträger

Keine Entlastung ist dem Krankenhausträger möglich im Rahmen der de- **118** liktischen **Organhaftung** für Fehler des Chefarztes bei seinen ärztlichen Organisations- und Anweisungsaufgaben, wenn dieser hierfür die weisungsunabhängige Spitze bildet. Zur Schließung sonst bestehender Haftungslücken sieht der BGH den weisungsfreien Chefarzt und auch seinen Urlaubsvertreter als „Organ" des Krankenhausträgers an, für dessen Fehler in Ausführung von ihm kraft Amts zustehenden Aufgaben dieser wie für eigene einstehen muss (§§ 30, 31, 89 BGB).

> BGH, Urt. v. 22.4.1980 – VI ZR 121/78, BGHZ 77, 74 = NJW 1980, 1901 = VersR 1980, 768
> – leitender Abteilungsarzt;
>
> BGH, Urt. v 30.6.1987 – VI ZR 257/86, BGHZ 101, 215 = NJW 1987, 2925 = VersR 1987, 1040 m. w. N.
> – Oberarzt als planmäßiger Vertreter eines leitenden Abteilungsarztes;
>
> OLG Braunschweig, Urt. v. 14.11.2001 – 1 U 12/01, VersR 2002, 313
> – leitender Abteilungsarzt;
>
> OLG Brandenburg, Urt. v. 8.4.2003 – 1 U 26/00, VersR 2004, 1050
> – Chefarzt.

Das gilt auch für Fehler des selbstliquidierenden Chefarztes in den Regelfällen **119** des Arztzusatzvertrages (Rz. 36 ff), der den Krankenhausträger auch für den Bereich der von den selbstliquidierenden Ärzten zu erbringenden Leistungen nicht aus der eigenen Behandlungsaufgabe entlässt.

> BGH, Urt. v. 18.6.1985 – VI ZR 234/83, BGHZ 95, 63, 67 ff
> = NJW 1985, 2189 = VersR 1985, 1043, 1046
> – leitender Abteilungsarzt.

Demgegenüber haftet der Krankenhausträger bei einer stationären Behand- **120** lung aufgrund **gespaltenen Krankenhausvertrags** auch deliktisch nicht für Fehler des selbstliquidierenden Arztes. Der Fehler des Arztes kann allerdings eigene (Organisations- oder Kontroll-)Fehler des Krankenhausträgers aufdecken.

> BGH, Urt. v. 16.4.1996 – VI ZR 190/95, NJW 1996, 2429
> = VersR 1996, 976
> – Dulden der Übung des Belegarztes, das CTG durch das Pflegepersonal bewerten zu lassen;
>
> BGH, Urt. v. 16.5.2000 – VI ZR 321/98, BGHZ 144, 296 = NJW 2000, 2737 = VersR 2000, 1146
> – Haftung des Belegkrankenhauses für Lücken in der ärztlichen Überwachung des Geburtsvorgangs;

OLG Köln, Urt. v. 21.8.1996 – 5 U 286/94, NA-Beschl.
v. 17.6.1997 – VI ZR 324/96, VersR 1997, 1404
– Unterlassen von Anweisungen und Schulung des Pflegepersonals in Bezug auf die Betreuung frisch operierter Patienten in dem Belegkrankenhaus, in dem ein Aufwachraum fehlt.

121 Fehlen ausdrücklich abweichende Haftungsvereinbarungen, dann haftet der Krankenhausträger dagegen auch beim gespaltenen Krankenhausvertrag deliktisch für Fehler der ärztlichen und nichtärztlichen Hilfsdienste.

OLG Hamm, Urt. v. 18.9.1989 – 3 U 233/88, NA-Beschl.
v. 25.9.1990 – VI ZR 315/89, VersR 1991, 228;

OLG München, Urt. v. 15.2.1990 – 1 U 2016/87, NA-Beschl.
v. 20.11.1990 – VI ZR 243/90, VersR 1991, 586;

OLG Frankfurt/M., Urt. v. 6.4.1990 – 24 U 18/89, NA-Beschl.
v. 18.12.1990 – VI ZR 160/90, VersR 1991, 929;

OLG Bamberg, Urt. v. 14.12.1992 – 4 U 60/92, NA-Beschl.
v. 8.2.1994 – VI ZR 50/93, VersR 1994, 813.

122 Zur Gleichbehandlung mit der vertraglichen Lösung sollte im Belegkrankenhaus der Belegarzt allein Geschäftsherr der ärztlichen Mitarbeiter derselben Gebietsbezeichnung sein, so dass auch deliktisch nur der Belegarzt, nicht das Belegkrankenhaus für Fehler dieses ärztlichen Hilfsdienstes haftet. Dasselbe muss für die vom Belegarzt hinzugezogenen, weisungsabhängigen Ärzte und ärztlichen Einrichtungen außerhalb des Krankenhauses gelten.

123 Nicht **haftet der Krankenhausträger** deliktisch für Fehler in der **Chefarztambulanz.**

BGH, Urt. v. 28.4.1987 – VI ZR 171/86, BGHZ 100, 363 = NJW 1987, 2289 = VersR 1987, 990;

BGH, Urt. v. 20.9.1988 – VI ZR 296/87, BGHZ 105, 189 = NJW 1989, 769 = VersR 1988, 1270;

BGH, Urt. v. 8.12.1992 – VI ZR 349/91, BGHZ 120, 376 = NJW 1993, 784 = VersR 1993, 481.

Leitender Abteilungsarzt, Belegarzt

124 Für Behandlungen aufgrund **totalen Krankenhausvertrags** wird in aller Regel nur der Krankenhausträger, **nicht der die Behandlung führende Arzt** als **Geschäftsherr** der ärztlichen und pflegerischen Assistenz i. S. d. § 831 BGB anzusehen sein.

So OLG Düsseldorf, Urt. v. 28.6.1984 – 8 U 37/83, VersR 1985, 291, 293;

OLG Düsseldorf, Urt. v. 10.10.1985 – 8 U 235/85, VersR 1986, 893;

OLG Oldenburg, Urt. v. 17.6.1997 – 5 U 21/97, VersR 1998, 1285;

OLG Düsseldorf, Urt. v. 10.7.1997 – 8 U 80/96, NJW 1998, 3420 = VersR 1998, 1377.

125 Indes schließt das nicht eine deliktische Haftung des Leitenden Klinikarztes für fehlerhafte Ausübung der eigenen Leitungsfunktionen in Bezug auf ärztliche und ggf. nichtärztliche Assistenz aus.

BGH, Urt. v. 1.2.1994 – VI ZR 65/93, NJW 1994, 1594 = VersR
1994, 825
– schadhafte Wärmflasche im Inkubator.

Insoweit gewinnt die Kompetenzverteilung zwischen Krankenhaus und Chef- 126
arzt hinsichtlich der Organisation an Gewicht. Ferner kann seine Mithaftung
nach § 831 Abs. 2 BGB in Betracht kommen.

Bei horizontaler Teilung der Behandlungsaufgabe auf mehrere Fächer ist § 831 127
BGB nicht auf die Hilfe des anderen Faches anwendbar, soweit nicht fächer-
übergreifende Organisationsaufgaben in Frage stehen; vgl. dazu Rz. 278 ff.

Der **Belegarzt**, nicht das Belegkrankenhaus, ist als **Geschäftsherr der ärzt-** 128
lichen Assistenz derselben Gebietsbezeichnung anzusehen.

> OLG Stuttgart, Urt. v. 19.9.2002 – 14 U 65/99, VersR 2000, 238
> – Belegarztkollege leitet absprachegemäß die Geburt weiter.

Für die **pflegerische Assistenz** ist grundsätzlich das Belegkrankenhaus Geschäftsherr; soweit der Belegarzt besondere Weisungskompetenz gegenüber
den Pflegekräften in Anspruch nimmt, tritt er in die Rolle des Geschäftsherrn ein.

> OLG Celle, Urt. v. 28.7.1997 – 1 U 19/96, NA-Beschl.
> v. 29.9.1998 – VI ZR 284/97, VersR 1999, 486.

Selbstliquidierender Arzt

Der selbstliquidierende Arzt hat prinzipiell ebenfalls für die ärztliche Assis- 129
tenz nach § 831 BGB einzustehen; für Fehler der (Behandlungs-)Pflege nur,
soweit sie auf seine Anweisungsversäumnisse zurückgehen.

> BGH, Urt. v. 30.11.1982 – VI ZR 77/81, BGHZ 85, 393 = NJW
> 1983, 1347 = VersR 1983, 244;
> BGH, Urt. v. 10.1.1984 – VI ZR 158/82, BGHZ 89, 263 = NJW
> 1984, 1400 = VersR 1984, 356;
> BGH, Urt. v. 24.6.1986 – VI ZR 202/85, NJW 1986, 2883
> = VersR 1986, 1206;
> OLG Hamm, Urt. v. 6.2.2002 – 3 U 64/01, VersR 2003, 374.

Chefarztambulanz

In der Chefarztambulanz ist der nachgeordnete ärztliche und pflegerische 130
Dienst Verrichtungsgehilfe allein des die Ambulanz führenden Arztes, nicht
des Krankenhauses (vgl. Rz. 53, 73, 98).

> BGH, Urt. v. 28.4.1987 – VI ZR 171/86, BGHZ 100, 363 = NJW
> 1987, 2289 = VersR 1987, 990;
> BGH, Urt. v. 20.9.1988 – VI ZR 296/87, BGHZ 105, 189 = NJW
> 1989, 769 = VersR 1988, 1370.

In der **Krankenhausambulanz** ist der **Krankenhausträger** Geschäftsherr 131
des ärztlichen und pflegerischen Dienstes.

132 Die Mitgesellschafter einer **Gemeinschaftspraxis** sind nicht (Erfüllungs- oder Verrichtungs-)Gehilfen der Arztkollegen. Behandlungsfehler lösen eine deliktische Haftung der rechtsfähigen BGB-Gesellschaft analog § 31 BGB aus, für die alle Mitgesellschafter akzessorisch einzustehen haben.

> OLG Koblenz, Urt. v. 17.2.2005 – 5 U 349/04, VersR 2005, 655.

Beamtete Ärzte

133 Beamtete Ärzte sind von der deliktischen Haftung, nicht aber von ihrer vertraglichen Haftung,

> BGH, Urt. v. 30.11.1982 – VI ZR 77/81, NJW 1983, 1314
> = VersR 1983, 244, 246 insoweit nicht in BGHZ 85, 393;
>
> BGH, Urt. v. 28.6.1988 – VI ZR 288/87, NJW 1988, 2946
> = VersR 1989, 145;
>
> BGH, Urt. v. 22.12.1992 – VI ZR 341/91, BGHZ 121, 107, 115
> = NJW 1993, 779 = VersR 1993, 481,

frei, wenn sie auf einen anderen vertraglichen oder deliktischen Haftungsschuldner des Patienten verweisen können (§ 839 Abs. 1 Satz 2 BGB), sofern dieser nicht ebenfalls nur subsidiär haftet. Das Selbstliquidierungsrecht des Krankenhausarztes hindert die Verweisungsbefugnis nicht; ebenso wenig, wenn ausnahmsweise ein sog. gespaltener Krankenhausvertrag mit Krankenhausträger und selbstliquidierendem Chefarzt geschlossen worden ist.

> BGH, Urt. v. 30.11.1982 – VI ZR 77/81, BGHZ 85, 393 = NJW 1983, 1374 = VersR 1983, 244;
>
> BGH, Urt. v. 10.1.1984 – VI ZR 158/82, BGHZ 89, 263 = NJW 1984, 1400 = VersR 1984, 356;
>
> BGH, Urt. v. 24.6.1986 – VI ZR 202/85, NJW 1986, 2883 = VersR 1986, 1206;
>
> BGH, Urt. v. 28.6.1988 – VI ZR 288/87, NJW 1988, 2946.

134 Voraussetzung ist aber, dass der Arzt aus seiner beamtenrechtlichen Dienststellung heraus tätig wird. Das ist für den Krankenhausarzt auch dann zu bejahen, wenn er aufgrund seines Selbstliquidationsrechts behandelt, sofern es um die stationäre Behandlung des Privatpatienten geht.

> BGH, Urt. v. 30.11.1982 – VI ZR 77/81, BGHZ 85, 393 = NJW 1983, 1374 = VersR 1983, 244;
>
> OLG Stuttgart, Urt. v. 23.12.1993 – 14 U 29/93, VersR 1994, 1476.

135 Dagegen wird er in seiner Chefarztambulanz nicht als Beamter tätig; hier haftet er nach § 823 BGB ohne Verweisungsprivileg des § 839 Abs. 1 Satz 2 BGB. Dasselbe gilt für seinen Vertreter, nicht aber für die zur Mitwirkung herangezogenen nachgeordneten Ärzte.

> BGH, Urt. v. 8.12.1992 – VI ZR 349/91, BGHZ 120, 376 = NJW 1993, 784 = VersR 1993, 357;

OLG Koblenz, Urt. v. 9.4.2010 – 5 U 154//10, VersR 2011, 79
– vom Bundeswehrkrankenhaus hinzugezogene Sanitätsoffiziere.

Indes gilt das nicht für die von dem Krankenhausträger geführte ambulante **136** Behandlung. Soweit der Krankenhausträger für die vor- und nachstationäre Behandlung i. S. v. § 115a SGB V und das ambulante Operieren nach Maßgabe von § 115b SGB V zuständig ist, wird der Chefarzt im Rahmen seiner Dienstaufgabe als Beamter tätig und kann sich auf das Verweisungsprivileg des § 839 Abs. 1 Satz 2 BGB berufen.

Sind ambulante und ihr nachfolgende stationäre Behandlung medizinisch als Einheit anzusehen, gilt in der Regel das Verweisungsprivileg.

OLG Köln, Urt. v. 23.10.2002 – 5 U 4/02, VersR 2004, 1181.

Wo ausnahmsweise das Behandlungsverhältnis hoheitlich qualifiziert ist **137** (Zwangsbehandlung; Zwangsunterbringung; Alkoholtest; Zwangsimpfung, vgl. Rz. 7 f), tritt die Anstellungskörperschaft als Haftungsschuldnerin an die Stelle des Arztes oder des Pflegers (Art. 34 GG); Beamtenstatus ist dafür hier nicht erforderlich.

BGH, Urt. v. 9.1.2003 – III ZR 217/01, BGHZ 153, 268 = NJW 2003, 1184 = VersR 2003, 732
– Notarzt im Rettungsdiensteinsatz, sofern die rettungsdienstlichen Aufgaben sowohl im Ganzen als auch im Einzelfall hoheitlich organisiert sind;
näher dazu Rz. 9.

III. Geschützter Personenkreis

1. Patient

Geschützt ist in erster Linie der Patient vor Vermögens- und (nur deliktisch) **138** Nichtvermögensschäden, die sich **über eine Verletzung seiner Integrität** (des Körpers, der biologischen und physiologischen Befindlichkeit; des Persönlichkeitsrechts; der Freiheit) verwirklichen (sog. Integritätsinteressen). **Gesundheitsverletzung** ist jedes Hervorrufen oder Steigern eines von den „normalen" körperlichen Funktionen nachteilig abweichenden Zustandes; unerheblich ist, ob Schmerzzustände auftreten oder ob bereits eine tiefgreifende Veränderung der Befindlichkeit eingetreten ist. So stellt die Übertragung des Human-Immundefizienz-Virus (HIV) auch schon vor Ausbruch der Immunschwächekrankheit Aids eine Gesundheitsverletzung dar, oder die Übertragung von Hepatitis-Erregern, selbst wenn sie medizinisch „stumm" bleiben.

BGH, Urt. v. 30.4.1991 – VI ZR 178/90, BGHZ 114, 284 = NJW 1991, 1948 = VersR 1991, 816;
OLG Celle, Urt. v. 12.6.1996 – 9 U 204/95, NA-Beschl.
v. 15.4.1997 – VI ZR 253/96, VersR 1998, 1023.

Körperverletzung ist jeder Eingriff in die Integrität der physischen oder **139** psychischen körperlichen Befindlichkeit durch Verkürzung des im Körper materialisierten Seins- und Bestimmungsfelds der Persönlichkeit.

> BGH, Urt. v. 9.11.1993 – VI ZR 62/93, BGHZ 124, 52 = NJW
> 1994, 127 = VersR 1994, 55.

Auch die Fortsetzung einer lebenserhaltenden ärztlichen Behandlung gegen den Willen des Patienten verletzt diese Integrität (vgl. Rz. 375).

> BGH, Beschl. v. 17.3.2003 – XII ZB 2/03, BGHZ 154, 205
> = NJW 2003, 1588 = VersR 2003, 861;
>
> BGH, Urt. v. 8.6.2005 – XII ZR 177/03, BGHZ 163, 195 = NJW
> 2005, 2385 = VersR 2005, 1249.

140 Die Befindlichkeit verletzen auch Einwirkungen, die sie ohne Willen des Patienten in gefährlicher Weise anders gestalten: die fehlerhafte Operation, die einen zweiten Eingriff erforderlich macht; das fehlerhafte Eingliedern von Zahnersatz;

> OLG Oldenburg, Urt. v. 14.2.1986 – 6 U 144/85, VersR 1987, 1022;

das Einbringen von Wurzel- und Zahnfüllungen;

> OLG Koblenz, Urt. v. 2.3.1999 – 3 U 328/97, NJW 1999, 3419
> = VersR 1999, 759;

das Legen einer Magensonde zur künstlichen Ernährung (PEG);

> BGH, Beschl. v. 17.3.2003 – XII ZB 2/03, BGHZ 154, 205
> = NJW 2003, 1588 = VersR 2003, 861;
>
> BGH, Urt. v. 8.6.2005 – XII ZR 177/03, BGHZ 163, 195 = NJW
> 2005, 2385 = VersR 2005, 1249;

die physiologischen Störungen bei der Mutter durch den Tod der Leibesfrucht im Mutterleib;

> OLG Koblenz, Urt. v. 28.1.1988 – 5 U 1261/85, VersR 1989, 196;

die Herbeiführung einer Schwangerschaft gegen den Willen der Frau;

> u. a. BGH, Urt. v. 18.3.1980 – VI ZR 247/78, NJW 1980, 1452
> = VersR 1980, 558, insoweit nicht in BGHZ 76, 295;
>
> BGH, Urt. v. 27.6.1995 – VI ZR 32/94, NJW 1995, 2407 = VersR
> 1995, 1099;
>
> OLG Hamm, Urt. v. 27.1.1999 – 3 U 127/97, NJW 1999, 1787
> = VersR 1999, 1111;

die Belastung der Mutter gegen ihren Willen mit einer „natürlichen" (vaginalen) Entbindung, obwohl ein Kaiserschnitt die Methode der Wahl oder wenigstens eine echte Alternative wäre;

> BGH, Urt. v. 6.12.1988 – VI ZR 132/88, BGHZ 106, 153 = NJW
> 1989, 1538;

das Opfer einer Organspende, das der Mutter vom Arzt, der ihrem Kind versehentlich die einzige Niere entfernt, aufgezwungen wird.

BGH, Urt. v. 30.6.1987 – VI ZR 257/86, BGHZ 101, 215 = NJW
1987, 2925 = VersR 1987, 1040.

Körperverletzung und nicht nur Sachbeschädigung ist auch die Beschädigung 141
oder Vernichtung dem Körper entnommener Bestandteile (Haut- und Kno-
chenbestandteile, für die Befruchtung entnommene Eizellen, Eigenblut), die
zur Bewahrung der Körperfunktion oder zu deren Verwirklichung später
wieder mit dem Körper vereinigt werden sollen.

BGH, Urt. v. 9.11.1993 – VI ZR 62/93, BGHZ 124, 52 = NJW
1994, 127 = VersR 1994, 55.

Ob **Sperma, das der Spender hat einfrieren lassen**, um sich für eine vor- 142
hersehbare Unfruchtbarkeit die Möglichkeit zu erhalten, eigene Nachkommen
zu haben, auch noch der körperlichen Funktionseinheit zuzurechnen ist, hat
der BGH auch zur Vermeidung von Kollisionen mit dem Strafrecht unent-
schieden gelassen. Seine Vernichtung kann jedenfalls wegen Persönlichkeitsverletzung, weil diese nach Art und Gewicht mit einer Körperverletzung ver-
gleichbar ist, zum Schadensersatz einschließlich Schmerzensgeld wie bei einer
Körperverletzung führen. Einer besonderen Güter- und Interessenabwägung
oder Feststellung eines schweren Eingriffs bedarf es dafür nicht.

BGH, Urt. v. 9.11.1993 – VI ZR 62/93, BGHZ 124, 52 = NJW
1994, 127 = VersR 1994, 55.

Nicht mehr zum Körper des Spenders gehören **entnommene Organe**, die 143
nach seinem Willen dazu bestimmt sind, einem anderen implantiert zu werden, oder seine fremdbestimmte Blutspende. Sein Persönlichkeitsrecht kann
aber verletzt sein, wenn die Organspende gegen den ausdrücklich oder stillschweigend erklärten Willen des Spenders verwendet oder vernichtet wird.
Das kann – hier allerdings nur unter den dafür entwickelten einschränkenden
Voraussetzungen – zu einem Anspruch auf Geldentschädigung („Schmerzensgeld") führen.

BGH, Urt. v. 9.11.1993 – VI ZR 62/93, BGHZ 124, 52 = NJW
1994, 127 = VersR 1994, 55.

Ein durch heterologe Insemination gezeugtes Kind kann aufgrund seines grund- 144
rechtlich gemäß Art. 2 Abs. 1, Art. 1 Abs. 1 GG geschützten **Persönlichkeitsrechts** gegen den behandelnden Arzt einen **Auskunftsanspruch** hinsichtlich der **Identität des Samenspenders** haben.

OLG Hamm, Urt. v. 6.2.2013 – 14 U 7/12, NJW 2013, 1167.

Als schwere Persönlichkeitsverletzung kann den Arzt die leichtfertige Diag- 145
nose im Unterbringungsverfahren zu Schadensersatz und Richtigstellung
auch dann verpflichten, wenn es nicht zur Unterbringung kommt.

BGH, Urt. v. 11.4.1989 – VI ZR 293/88, NJW 1989, 2941
= VersR 1989, 628.

Das allgemeine Persönlichkeitsrecht umfasst ein „**Recht auf Nichtwissen** 146
der eigenen genetischen Veranlagung", das den Einzelnen davor schützt,

Kenntnis über ihn betreffende genetische Informationen mit Aussagekraft für seine persönliche Zukunft zu erlangen, ohne dies zu wollen. Das Persönlichkeitsrecht wird aber nicht verletzt, wenn ein Arzt eine Frau über die bei ihrem geschiedenen Mann bestehende Erkrankung informiert, deren genetische Anlage die gemeinsamen Kinder möglicherweise geerbt haben, und diese Information mit dem Einverständnis des Mannes erfolgt. Aus einer etwaigen Verletzung des allgemeinen Persönlichkeitsrechts ihrer Kinder kann die Mutter keine Schadensersatzansprüche ableiten.

> BGH, Urt. v. 20.05.2014 – VI ZR 381/13, NJW 2014, 2190 =
> VersR 2014, 892
> – Chorea Huntington.

147 Bloße Vermögensinteressen des Patienten sind grundsätzlich nur vertraglich und nur begrenzt geschützt:

- Freistellung von Behandlungskosten für überflüssige Maßnahmen; oder wenn der private Krankenversicherer ihre Übernahme als nicht notwendig ablehnt und der Arzt über die nahe liegende Möglichkeit solcher Ablehnung nicht belehrt hat.

> BGH, Urt. v. 1.2.1983 – VI ZR 104/81, NJW 1983, 2630 = VersR
> 1983, 443;
>
> BGH, Urt. v. 27.10.1987 – VI ZR 288/86, BGHZ 102, 106
> = NJW 1988, 759 = VersR 1988, 272;
>
> BGH, Urt. v. 9.5.2000 – VI ZR 173/99, NJW 2000, 3429 = VersR
> 2000, 999;
>
> KG, Urt. v. 21.9.1999 – 6 U 261/98, NJW-RR 2000, 35 = VersR
> 2000, 89;
>
> einschränkend
> BGH, Urt. v. 19.12.1995 – III ZR 233/94, NJW 1996, 781
> = VersR 1996, 1157.

Entsprechendes ist für die Behandlung des Kassenpatienten anzunehmen (vgl. § 630c Abs. 3 BGB).

Der Vertrag kann allerdings auf Vermögensschutz mit angelegt sein:

- Freistellung von der Unterhaltsbelastung für das „unerwünschte" Kind bei Durchkreuzung der Familienplanung, der Verhinderung rechtzeitiger Schwangerschaftsunterbrechung; vgl. Rz. 314 ff.

148 Ausnahmsweise hat der BGH einem Amtsarzt die Haftung für Vermögensschäden aus der Verletzung seiner Amtspflicht auferlegt, auf die Notwendigkeit der Antragstellung zur Anerkennung eines Impfschadens hinzuweisen.

> BGH, Urt. v. 20.7.2000 – III ZR 64/99, MedR 2001, 254
> = NJW-RR 2000, 746.

Der Arzt kann für den Vermögensschaden der Erben haften, wenn es aufgrund der verzögerten Erstellung eines ärztlichen Zeugnisses nicht zum Abschluss einer Risikolebensversicherung kommt, weil der Patient inzwischen gestorben ist.

> BGH, Urt. v. 22.11.2005 – VI ZR 126/04, NJW 2006, 687
> = VersR 2006, 363.

Der Krankenhausaufnahmevertrag mit einem Patienten, der zwar pflege- **149** bedürftig, aber nicht behandlungsbedürftig ist, hinter dem kein Kostenträger steht und der selbst allenfalls über bescheidene Mittel verfügt, kann sittenwidrig sein.

> BGH, Urt. v. 27.10.1987 – VI ZR 288/86, BGHZ 102, 106
> = NJW 1988, 759 = VersR 1988, 272.

2. Dritte Personen

Die **Integrität des nasciturus** ist nicht anders als die der werdenden Mutter **150** während (jeder) ärztlichen Behandlung sowohl pränatal als auch in der Geburt vertraglich und deliktisch geschützt.

> BGH, Urt. v. 6.12.1988 – VI ZR 132/88, BGHZ 106, 153 = NJW
> 1989, 1538;
>
> BGH, Urt. v. 12.11.1991 – VI ZR 369/90, NJW 1992, 741
> = VersR 1992, 237;
>
> BGH, Urt. v. 14.7.1992 – VI ZR 214/91, VersR 1992, 1263;
>
> OLG Karlsruhe, Urt. v. 20.6.2001, NA-Beschl. v. 7.5.2002 – VI
> ZR 263/01, VersR 2002, 1426.

Dritte Personen sind nicht schon deshalb geschützt, weil sie den Behand- **151** lungsvertrag im eigenen Namen geschlossen haben. **Eltern des durch die Behandlung geschädigten Kindes** können berechtigt sein, in den durch den Schaden des Kindes gezogenen Grenzen den Mehraufwand für Pflege und Versorgung als eigenen Schaden geltend zu machen, soweit sich dieser Aufwand für sie als vermehrter Unterhaltsaufwand niederschlägt.

> seit BGH, Urt. v. 10.1.1984 – VI ZR 158/82, BGHZ 89, 263
> = NJW 1984, 1400 = VersR 1984, 356;
>
> BGH, Urt. v. 17.12.1985 – VI ZR 178/84, BGHZ 96, 360, 368
> = NJW 1986, 1542, 1544 = VersR 1986, 465, 467;
>
> BGH, Urt. v. 6.12.1988 – VI ZR 132/88, BGHZ 106, 153 = NJW
> 1989, 1538;
>
> OLG Düsseldorf, Urt. v. 9.7.1992 – 8 U 196/90, VersR 1993, 883;
>
> OLG Frankfurt/M., Urt. v. 19.5.1993 – 13 U 16/92, NA-Beschl.
> v. 18.1.1994 – VI ZR 188/93, VersR 1994, 942;
>
> OLG Düsseldorf, Urt. v. 20.11.1997 – 8 U 69/96, NA-Beschl.
> v. 6.10.1998 – VI ZR 373/97, VersR 1999, 232.

Entsprechendes gilt für den bei der Geburt noch nicht mit der Kindesmutter **152** verheirateten Kindesvater, der für das schwerbehinderte Kind die Pflege übernimmt.

OLG Frankfurt/M., Urt. v. 19.5.1993 – 13 U 16/92, NA-Beschl.
v. 18.1.1994 – VI ZR 188/93, VersR 1994, 942.

153 Im Übrigen können **Dritte ersatzberechtigt** sein:

- deliktisch, wo der Behandlungsfehler „fernwirkend" auch ihr Integritäts-
interesse verletzt (Ansteckung; Gefahr einer HIV-Infektion infolge kon-
taminierter Bluttransfusion für Ehe- und Lebenspartner; die der Mutter
infolge einer fehlerhaften Behandlung des Kindes aufgezwungene Nierenspende; der Schock des nahen Angehörigen beim schuldhaft verursachten Tod des Patienten);

  OLG Koblenz, Urt. v. 3.3.2005 – 5 U 12/05, VersR 2005, 1400;
  OLG Köln, Beschl. v. 16 9. 2010 – 5 W 30/10, VersR 2011, 674
  – auch der Schockschaden des Lebenspartners;

- deliktisch bei Tötung des Patienten die Erben für die Beerdigungskosten
(§ 844 Abs. 1 BGB); die Hinterbliebenen für entgangenen Unterhalt (§ 844
Abs. 2 BGB) und entgangene gesetzlich geschuldete Dienste (§ 845 BGB);

- vertraglich der Ehegatte bei misslungener Sterilisation oder Verhinderung
rechtzeitiger Schwangerschaftsunterbrechung wegen der Vermögensbelastung durch das „unerwünschte" Kind; vgl. Rz. 307 ff; nicht das Kind
selbst,

  BGH, Urt. v. 18.1.1983 – VI ZR 114/81, BGHZ 86, 240 = NJW
  1983, 1371 = VersR 1983, 396;
  BGH, Beschl. v. 6.11.2001 – VI ZR 38/01, VersR 2002, 192;
  OLG Düsseldorf, Urt. v. 14.7.1994, – 8 U 48/93, NA-Beschl.
  v. 4.4.1995 – VI ZR 273/94, VersR 1995, 1498 (LS);
  OLG Naumburg, Urt. v. 12.12.2000 – 1 U 72/00, NA-Beschl.
  v. 6.11.2001 – VI ZR 38/01, VersR 2001, 341, 2002, 192;
  OLG Celle, Urt. v. 2.7.2007 – 1 U 106/06, VersR 2008, 123;

- vertraglich der vom Fehlschlagen der Verhütung mit betroffene nichteheliche Partner der Schwangeren wegen der Vermögensbelastung durch das
unerwünschte Kind,

  BGH, Urt. v. 14.11.2006 – VI ZR 48/06, NJW 2007, 989 = VersR
  2007, 109;
  OLG Karlsruhe, Urt. v. 1.2.2006 – 13 U 134/04, VersR 2006, 936;

- jedenfalls vertraglich die Erben und nahen Angehörigen des verstorbenen
Patienten wegen verweigerter Einsicht in die Krankenunterlagen; vgl.
Rz. 518.

154 Wenn ein Arzt eine Frau, die **nicht** seine **Patientin** ist, über die bei ihrem geschiedenen Mann bestehende Erkrankung informiert, deren genetische Anlage
die gemeinsamen Kinder möglicherweise geerbt haben, diese Information
mit dem Einverständnis des Mannes erfolgt und bei der Frau Depressionen
auslöst, **fehlt** es für einen Schadensersatzanspruch der Frau an dem für eine

Haftung erforderlichen **Zurechnungszusammenhang** zwischen der Mitteilung des Arztes und der geltend gemachten Gesundheitsverletzung.

> BGH, Urt. v. 20.05.2014 – VI ZR 381/13, NJW 2014, 2190 =
> VersR 2014, 892
> – Chorea Huntington.

3. Versicherungs-, Versorgungsträger

Versicherungs- und Versorgungsträger können aus übergegangenem Recht   155
(§§ 116, 119 SGB X; § 67 VVG; § 87a BBG) Ansprüche des Patienten im
eigenen Namen verfolgen, soweit sie auf den Behandlungsschaden, insbesondere für eine notwendig werdende weitere Behandlung,

> BGH, Urt. v. 6.7.2004 – VI ZR 266/03, BGHZ 160, 26 = NJW
> 2004, 3324 = VersR 2004, 1180,

Leistungen erbringen.

Nicht kann der Träger der GKV in die von vertraglichen Ansprüchen der El-   156
tern auf Ersatz der Kosten für Pflege und medizinische Betreuung des infolge fehlerhafter genetischer Beratung zur Welt gebrachten schwerbehinderten Kindes nach § 116 SGB X regressieren, weil die Leistungspflicht der
GKV nur gegenüber dem Kind besteht, das selbst keinen Ersatzanspruch gegen den Arzt hat.

> BGH, NA-Beschl. v. 6.11.2001 – VI ZR 38/01, VersR 2002, 192.

Aus dem Fehler eines Durchgangsarztes können dem Unfallversicherungs-   157
träger originäre Schadensersatzansprüche erwachsen, soweit es um seine Entscheidung geht, ob für den Patienten die allgemeine Heilbehandlung ausreicht oder ob eine besondere Heilbehandlung zu erbringen, ggf. von wem
diese durchzuführen ist. Dagegen kann er aus Behandlungsfehlern des Durchgangsarztes Ersatzansprüche nur aus dem übergegangenen Recht des Patienten
erwerben (§ 116 SGB X).

> BGH, Urt. v. 28.6.1994 – VI ZR 153/93, NJW 1994, 2417
> = VersR 1994, 1195.

Ein niedergelassener, für die vertragsärztliche Versorgung zugelassener Arzt   158
handelt bei der Wahrnehmung der ihm in diesem Rahmen übertragenen Aufgaben (§ 73 Abs. 2 SGB V) wie z. B. der Verordnung von Arzneimitteln weder
als Amtsträger i. S. d. § 11 Abs. 1 Nr. 2 Buchst. c StGB noch als Beauftragter
der gesetzlichen Krankenkassen i. S. d. § 299 StGB.

> BGH, Beschl. v. 29.3.2012 – GSSt 2/11, BGHSt 57, 202 = NJW
> 2012, 2530.

B. Die Haftungstatbestände

I. Behandlungsfehler

1. Krankheitsrisiko – Behandlungsrisiko – iatrogene Risiken

Die zivilrechtliche Haftung für Behandlungsfehler – sei es aus Vertrag, Delikt oder GoA – soll dem Patienten **Schadenslasten aus Qualitätsmängeln** der medizinischen Behandlung **abnehmen**. Insoweit hat sie die Aufgabe jeder anderen Berufshaftung. Das Besondere ist, dass der Arzt einen jeweils verschieden reagierenden, regelmäßig durch die Krankheit gestörten Organismus auf das Behandlungsziel hin steuern soll, ohne dass selbst optimale Behandlung für das Erreichen des Ziels garantieren kann, weil ihr biologische und medizinische Grenzen durch die jeweils verschiedene Befindlichkeit des Patienten vorgegeben sind. Das Krankheitsrisiko wird nicht dadurch, dass der Arzt die Behandlung übernimmt, zum Arztrisiko in dem Sinne, dass er für die trotz der Behandlung verbleibenden Gesundheitsschäden zu haften hätte; auch nicht, wenn diese erst in der Behandlung gesetzt worden sind, weil Diagnose und Therapie den Patienten mit einem behandlungsspezifischen Fehlschlagrisiko belasten müssen. Insoweit setzt sich das Risiko der unbehandelten Krankheit im Austausch gegen das „Behandlungsrisiko" nur fort. **Schadenslasten** aus diesem **Tauschrisiko sind der Krankheit zuzurechnen** und vom Patienten zu tragen. **159**

Grundsätzlich schuldet der Arzt deshalb nicht den gewünschten Erfolg, **160**

> OLG Karlsruhe, Urt. v. 23.3.1994 – 7 U 193/92, NA-Beschl.
> v. 4.4.1995 – VI ZR 209/94, VersR 1996, 62
> – prothetische Versorgung nach Beinamputation;
>
> OLG Oldenburg, Urt. v. 10.3.2010 – 5 U 141/09, VersR 2010, 772
> – kein Garantieversprechen aus der Werbung der Zahnklinik mit
> „unsere 7-jährige Gewährleistung auf Zahnersatz,

sondern nur die sachgerechte Behandlung (§ 630a Abs. 2 BGB „nach den zum Zeitpunkt der Behandlung bestehenden allgemein anerkannten fachlichen Standards, soweit nicht etwas anderes vereinbart ist").

Der Arzt muss Schadenslasten nur aus einem Unterschreiten des zu fordernden **161** Qualitätsstandards (behandlungseigene „iatrogene Risiken") abnehmen. Erst wenn der Behandlungsfehler und seine Ursächlichkeit für die Schädigung des Patienten feststehen, greift seine Haftung ein. Beides hat der Patient nachzuweisen. Das Schuldrechtsmodernisierungsgesetz und das PatRG haben hieran nichts geändert. Der **Misserfolg der Behandlung** ist durchweg **kein Beweis für schlechte Behandlungsqualität**; auch die Feststellung eines Behandlungsfehlers erlaubt nur ausnahmsweise den Schluss, dass er sich in einer Schädigung des Patienten ausgewirkt hat, da jeder Organismus anders auf den Fehler reagiert.

> BGH, Urt. v. 22.1.1980 – VI ZR 263/78, NJW 1980, 1333
> = VersR 1980, 428
> – Läsion des Stimmband-Nervs bei Schilddrüsenoperation;

BGH, Urt. v. 3.2.1987 – VI ZR 56/86, BGHZ 99, 391 = NJW
1987, 1482 = VersR 1987, 1089
– allgemeine Ausführungen zum Problem;

BGH, Urt. v. 7.6.1988 – VI ZR 277/87, VersR 1988, 1031
– Fehlgehen einer intravenösen Injektion im Bereich der
Tabatière;

BGH, Urt. v. 8.1.1991 – VI ZR 102/90, NJW 1991, 1541 = VersR
1991, 467
– Infizierung der Operationsstelle während der Operation;

OLG Köln, Urt. v. 21.3.1994, NA-Beschl. v. 7.2.1995 – VI ZR
147/94, VersR 1996, 464
– Sterilität nach Uterusperforation;

OLG Köln, Urt. v. 21.11.1994 – 5 U 175/94, VersR 1995, 1235
– Perforation der Magenwand bei Magenwandbiopsie infolge
Schluckauf;

OLG Koblenz, Urt. v. 20.1.1995 – 8 U 695/90, NA-Beschl.
v. 19.9.1995 – VI ZR 58/95, VersR 1996, 855
– Krampfanfälle nach DDT-Schutzimpfung;

OLG Schleswig, Urt. v. 26.6.1996 – 4 U 143/94, NA-Beschl.
v. 18.2.1997 – VI ZR 262/96, VersR 1997, 831
– Armfraktur des Kindes in der Geburt;

OLG Köln, Urt. v. 12.3.1997 – 5 U 55/94, NA-Beschl.
v. 27.1.1998
– VI ZR 153/97, VersR 1998, 767
– schwerer Hirnschaden des Neugeborenen ohne Feststellung
besonderer Hinweise für Versorgungsstörungen des Gehirns
unter der Geburt;

OLG Celle, Urt. v. 12.6.1996 – 9 U 204/95, NA-Beschl.
v. 15.4.1997 – VI ZR 253/96, VersR 1998, 1023, und
OLG Düsseldorf, Urt. v. 19.12.1996 – 8 U 39/96, VersR 1998,
103
– HIV-Infektion oder Hepatitis C-Infektion nach Bluttransfusion ohne Feststellung, dass das Fremdblut von einem infizierten Spender stammte;

OLG Düsseldorf, Urt. v. 12.6.1997 – 8 U 143/96, VersR 1998,
1242, und OLG Köln, Urt. v. 25.2.1998 – 5 U 144/97, VersR
1998, 1026
– Spritzenabszess;

OLG Oldenburg, Urt. v. 18.3.1997 – 5 U 3/96, VersR 1998, 636
– Hüftkopfnekrose nach Osteosynthese des Oberschenkels;

OLG Hamm, Urt. v. 15.12.1997 – 3 U 50/97, NA-Beschl.
v. 13.10.1998 – VI ZR 42/98, VersR 1999, 452
– Arterienverletzung bei Harnröhrenschlitzung;

OLG Oldenburg, Urt. v. 24.3.1998 – 5 U 111/97, VersR 1999, 761
– Wiederaufleben einer zunächst abgeklungenen chronischen
Osteomyelitis nach der Entlassung aus dem Krankenhaus;

OLG Hamm, Urt. v. 27.4.1998 – 3 U 164/97, NA-Beschl.
v. 17.11.1998 – VI ZR 194/98, VersR 1999, 845
– Diszitis nach Zusammenlegen des an der Bandscheibe operierten
Patienten mit einem mit Staphylokokken infizierten Patienten;

OLG Stuttgart, Urt. v. 17.11.1998 – 14 U 69/97, VersR 1999, 1500
– Schädigung des Nervus lingualis durch Leitungsanästhesie;

OLG Oldenburg, Urt. v. 16.3.1999 – 5 U 194/98, VersR 2000, 191
– erfolgloser Versuch einer Punktion der Halsvene zur künstlichen Ernährung über einen Zentralvenenkatheter mit nachfolgender Lidheberparese;

OLG Zweibrücken, Urt. v. 12.9.2000 – 5 U 5/00, VersR 2002, 317
– Verletzung der Hüftschlagader bei der Laparotomie;

OLG München, Urt. v. 10.1.2002 – 1 U 2373/01, VersR 2002, 985
– Zurücklassen eines abgebrochenen Metallteils einer Bohrerspitze nach operativer Versorgung einer Tibiafraktur;

OLG München, Urt. v. 11.4.2002 – 24 U 442/99, VersR 2003, 600
– Stumpfinsuffizienz nach laparoskopischer Blinddarmoperation;

OLG Koblenz, Urt. v. 22.10.2007 – 5 U 1288/07, VersR 2008, 690
– Verletzung der Rectumwand beim Entfernen einer in das Peri-
neum eingelagerten Vaginalzyste;

OLG Köln, Urt. v. 8.11.2010 – 5 U 31/10, VersR 2011, 1011
– Verletzung des recurrens durch Zug bei Schilddrüsenoperation.

2. Begehungsformen

Mit der Behandlung wird von der Behandlungsseite die Verantwortung (positiv)   **162**
für die Gesundung des Patienten und (negativ) für die Vermeidung von Be-
handlungsschäden übernommen. **Untätigkeit** gegenüber der Krankheitsent-
wicklung kann deshalb – vertraglich wie deliktisch (als Körperverletzung) –
genauso zur Haftung führen wie übermäßiges Behandeln, durch das eine
Verletzung erst zugefügt, Gesundung verhindert, die Befindlichkeit überflüssig
belastet wird.

Andererseits sind Rechtsprechungsgrundsätze, nach denen der Eingriff in die   **163**
Gesundheit dessen Rechtswidrigkeit indiziert, im Behandlungsbereich unan-
nehmbar, weil Behandlung wesensmäßig die Belastung des Organismus verlangt. Auch wo das Haftungsrecht nicht nach Verschulden fragt (§ 831 BGB
für das „widerrechtliche" Verhalten des Gehilfen), ist der Nachweis eines Behandlungsfehlers erforderlich, damit die Haftungsfrage überhaupt erst auf-
geworfen werden kann.

BGH, Urt. v. 14.3.1978 – VI ZR 213/76, NJW 1978, 1681
= VersR 1978, 542.

Daher bleibt die prinzipielle Beweisbelastung des Patienten für den Haftungs-
grund im Rahmen der Arzthaftung durch die Beweislast des Schuldners für
das Nichtvertretenmüssen einer Pflichtverletzung nach § 280 Abs. 1 Satz 2
BGB n. F. unberuhrt.

3. Sorgfaltsmaßstäbe, Schulmedizin, neue Behandlungsmethode, Außenseitermethode, Heilversuch

Allgemeine Grundsätze

164 Der zivilrechtliche Sorgfaltsmaßstab setzt an der Haftungsaufgabe an, ein Unterschreiten des Standards guter ärztlicher Behandlung wenigstens finanziell auszugleichen. Darauf beruht auch § 630a Abs. 2 BGB. Den Anforderungen liegt das am Behandlungsauftrag zu messende **Urteil der Medizin** zugrunde über das, **was Standard** ist für Behandlungsfeld, Behandlungszeit und Behandlungsort. Der Sorgfaltsmaßstab ist objektiviert. Er hat keine persönliche Schuld zu ahnden wie das Strafrecht, sondern Qualitätsmängel anzumelden. Er hat anzugeben, welches Verhalten von einem gewissenhaften und aufmerksamen Arzt bzw. einem Pfleger in der betroffenen Behandlungssituation nach dem anerkannten und gesicherten Stand der medizinischen Wissenschaft im Zeitpunkt der Behandlung erwartet werden muss.

> BGH, Urt. v. 10.5.1983 – VI ZR 270/81, NJW 1983, 2080
> = VersR 1983, 729
> – Kontrollmessungen des Sauerstoffpartialdrucks bei Brutkasten-
> kindern;
>
> BGH, Urt. v. 29.1.1991 – VI ZR 206/90, BGHZ 113, 297 = NJW
> 1991, 1535 = VersR 1991, 496
> – intravenöse Gasinsufflation durch Heilpraktiker;
>
> BGH, Urt. v. 14.12.1993 – VI ZR 67/93, NJW 1994, 1596
> = VersR 1994, 480
> – personelle Ausstattung bei Entbindung von Zwillingen;
>
> BGH, Urt. v. 29.11.1994 – VI ZR 189/93, NJW 1995, 776
> = VersR 1995, 659
> – keine Antibiotika-Prophylaxe nach Blasensprung zur Vermei-
> dung einer Kontamination des Kindes;
>
> BGH, Urt. v. 2.12.1997 – VI ZR 386/96, NJW 1998, 814 = VersR
> 1998, 242
> – Anforderungen an Allgemeinmediziner bei Notfallbehandlung
> einer Psychose;
>
> BGH, Urt. v. 26.1.1999 – VI ZR 376/97, BGHZ 140, 309 = NJW
> 1999, 1779 = VersR 1999, 579
> – Anforderungen an die Koordination für Einsatz von Thermo-
> kauter bei Ketanest-Narkose für Schieloperation zur Vermeidung
> von Verbrennungen;
>
> BGH, Urt. v. 16.5.2000 – VI ZR 321/98, BGHZ 144, 296 = NJW
> 2000, 2737 = VersR 2000, 1146
> – Notwendigkeit einer sectio statt vaginaler Entbindung;
>
> BGH, Urt. v. 13.2.2001 – VI ZR 34/00, NJW 2001, 1786 = VersR
> 2001, 646
> – Anforderungen an die Entwicklung des Kindes bei Schulter-
> dystokie;
>
> KG, Urt. v. 2.12.2013 – 20 U 124/11, GesR 2014, 411
> – keine Unterschreitung des medizinischen (personellen Ausstat-
> tungs-)Standards bei einer ambulanten Varizenoperation mit einem
> Gefäßchirurgen, einem Anästhesisten und einer Hilfskraft.

Er muss deshalb gegenüber **örtlichen Schwächelagen** der Behandlungsseite weitgehend situationsfest sein: grundsätzlich kann er **keine Rücksicht** nehmen darauf, dass auch dem geschicktesten Arzt einmal ein Fehler unterlaufen kann; auf fehlende Ausbildung und Erfahrung; auf personelle oder sachliche Engpässe im betroffenen Behandlungsbereich; auf die Erschöpfung seines Budgets.

> BGH, Urt. v. 29.1.1991 – VI ZR 206/90, BGHZ 113, 297 = NJW 1991, 1535 = VersR 1991, 496
> – intravenöse Gasinsufflation durch Heilpraktiker;
>
> BGH, Urt. v. 13.2.2001 – VI ZR 34/00, NJW 2001, 1786 = VersR 2001, 646
> – fehlerhafte Entwicklung des Kindes bei Schulterdystokie durch Assistenzarzt;
>
> BGH, Urt. v. 6.5.2003 – VI ZR 259/02, NJW 2003, 2311 = VersR 2003, 1128
> – laparoskopische Entfernung eines intrauterinen Pessars ohne Hysteroskop;
>
> OLG Düsseldorf, Urt. v. 6.3.2003 – 8 U 105/02, VersR 2004, 1563
> – Nichterkennen von Symptomen einer Appendizitis;
>
> OLG Naumburg, Urt. v. 5.4.2004 – 1 U 105/03, VersR 2004, 1460
> – Kenntnisse und Fertigkeiten bzgl. der Versorgungsalternativen von Zahnersatz.

Der zivilrechtliche Standard muss das Vertrauen rechtfertigen, das die Medizin als Institution in Anspruch nimmt. Selbst Eil- und Notfälle können den Standard nur dort herabsetzen, wo eine sorgfältige Organisation und Vorbereitung für sie nicht vorsorgen kann.

Dagegen kann der rechtliche Sorgfaltsmaßstab die allgemeinen **Grenzen im System der Krankenversorgung**, selbst wenn es Grenzen der Finanzierbarkeit und der **Wirtschaftlichkeit** sind, nicht vernachlässigen. Solche Defizite eignen sich ebenso wenig wie das Krankheitsrisiko zur haftungsrechtlichen Abwälzung auf den Arzt. Anderes würde auch zum Auseinanderlaufen von zivilem Haftungsrecht und sozialrechtlichem Versorgungsanspruch des Kassenpatienten führen, der unter dem Postulat der Beitragsstabilität dem Wirtschaftlichkeitsgebot verpflichtet ist (§§ 12, 70, 72 SGB V). | 165

Deshalb kann der Patient **nicht stets optimale Behandlungsbedingungen**, nach den neuesten Methoden arbeitende Ärzte, die modernsten Apparate erwarten. Die Grenzen der je verfügbaren ärztlichen, pflegerischen, apparativen, räumlichen Potentiale verbieten es, den Maßstab für die ärztliche Behandlung und Haftung einheitlich ganz oben anzusetzen. | 166

Zwar hat auch der Kassenpatient Anspruch auf eine ausreichende Behandlung nach dem Sorgfaltsmaßstab des § 276 Abs. 2 BGB (§ 76 Abs. 4 SGB V). **Gefährdungen des Patienten** werden **durch die Berufung auf die Unwirtschaftlichkeit** der Behandlung allein **nie gerechtfertigt**. Der Vertragsarzt kann dem Kassenpatienten auch nicht unter Hinweis auf die Unrentabilität | 167

Leistungen seiner Fachgruppe verweigern, die zum Kernbereich einer Vertragsarztpraxis gehören.

> BSG, Urt. v. 14.3.2001 – B KA 54/00 R, BSGE 88, 20 = NJW 2002, 238.

Aber das Wirtschaftlichkeitsgebot erlaubt die Beschränkung auf die weniger aufwendige Alternative; den Verzicht auf Perfektion einer diagnostischen Abklärung bei nur noch minimalen therapeutischen Konsequenzen; den Verzicht auf Methoden, über die der Patient wegen ihrer zweifelhaften Indikation besonders aufgeklärt werden müsste; Verzichte auf Bequemlichkeiten, Erleichterungen, Beschleunigung, kosmetische Kaschierung, soweit sie dem Patienten auch vom Standpunkt einer aktuellen modernen Medizin zugemutet werden können. Demgemäß verletzt das Vorenthalten von Behandlungsmaßnahmen, die das Kassenarztrecht als nicht notwendig nicht honoriert, auch die ärztliche Sorgfaltspflicht nicht, sofern nicht der besondere Zustand des Patienten derartige Maßnahmen als indiziert gebietet.

168 Objektivierung des haftungsrechtlichen Sorgfaltsmaßstabs bedeutet nicht gleiche Anforderungshöhe in jeglicher Beziehung. Er kann nicht für jede Behandlungseinheit derselbe sein.

Zwar sind für die Behandlung in der Facharztpraxis und im Krankenhaus grundsätzlich die Kenntnisse und Fertigkeiten nach dem Stand des betreffenden medizinischen Fachgebiets (sog. **Facharztstandard**) zu verlangen. Haftungsrechtlich genügt für die Facharztqualität, dass der Arzt die Behandlung theoretisch wie praktisch so beherrscht, wie das von einem Facharzt dieses Fachs erwartet werden muss.

> BGH, Urt. v. 27.10.1981 – VI ZR 69/80, NJW 1982, 1049
> = VersR 1982, 147
> – Behandlung der Tbc durch Urologen.

169 Auch ein **Heilpraktiker** muss, wenn er eine invasive Behandlungsmethode anwendet, den Sorgfaltsstandard jedenfalls eines Arztes für Allgemeinmedizin garantieren.

> BGH, Urt. v. 29.1.1991 – VI ZR 206/90, BGHZ 113, 297 = NJW 1991, 1535 = VersR 1991, 469.

170 Für die Hinzuziehung eines Krankengymnasten, der die für die Behandlung notwendige Zusatzausbildung nicht besitzt, gelten die arzthaftungsrechtlichen Grundsätze der Anfängeroperation, dazu näher Rz. 291 ff.

> KG, Urt. v. 14.4.2008 – 20 U 183/06, VersR 2008, 1267.

171 Für die technisch-apparative und personelle Ausstattung und die durch sie möglichen Techniken und Methoden lassen sich Normierungen wie für den Facharztstandard indes nicht durchsetzen.

In Grenzen muss und kann oberhalb einer unverzichtbaren Basisschwelle, die aber den medizinischen Qualitätsanforderungen der Gegenwart zu entsprechen hat, der **Standard** für die personellen, räumlichen und apparativen Behandlungsbedingungen **für das Krankenhaus auf dem Land niedriger** anzusetzen sein als für die Universitätsklinik.

> Vgl. BGH, Urt. v. 8.3.1988 – VI ZR 201/87, NJW 1988, 1511
> = VersR 1988, 495;
> BGH, Urt. v. 30.5.1989 – VI ZR 200/88, NJW 1989, 2321
> = VersR 1989, 851.

Die Anforderungen müssen sich auch an den für diesen Patienten in dieser Situation **faktisch erreichbaren Gegebenheiten** ausrichten, sofern auch mit ihnen eine medizinisch noch ausreichende Behandlung erzielt werden kann. Reicht die apparative Ausstattung einer Universitätsklinik nicht aus, allen Patientinnen nach einer Brustkrebsoperation eine computergestützte Bestrahlung zu geben, müssen Strahlungsschäden, die durch den Einsatz einer solchen Bestrahlung hätten vermieden werden können, entschädigungslos hingenommen werden, wenn die Bestrahlung im Übrigen gutem Qualitätsstandard entspricht.

> OLG Köln, Urt. v. 19.8.1998 – 5 U 103/97, VersR 1999, 847.

Für die Komplikation bei einer Arteriendilation kann nicht stets ein Standup-team zur Operation erwartet werden.

> OLG Oldenburg, Urt. v. 27.7.1993 – 5 U 49/93, NA-Beschl.
> v. 12.7.1994 – VI ZR 251/93, VersR 1995, 49.

Für die Entbindung einer Zwillingsschwangerschaft im Belegkrankenhaus **172** kann und muss nicht stets ein personell ebenso besetztes Entbindungsteam bereitstehen, wie es für ein Perinatalzentrum zu verlangen ist.

> BGH, Urt. v. 14.12.1993 – VI ZR 67/93, NJW 1994, 1596
> = VersR 1994, 480.

Das Krankenhaus ist nicht gehalten, die Vorratshaltung von Hüftgelenks-**173** implantaten auf Patienten auszurichten, die auf bestimmte Materialien allergisch reagieren; es muss allerdings den Patienten rechtzeitig über das Allergierisiko aus den beschränkten Möglichkeiten der Klinik aufklären.

> OLG Oldenburg, Urt. v. 12.11.1996 – 5 U 60/96, VersR 1997, 1535.

Reichen die Instituts-Kapazitäten in der Bundesrepublik für die Amniozen-**174** tese zur Früherkennung von Mongolismus nur zur rechtzeitigen Untersuchung von Müttern ab dem 38. Lebensjahr, müssen sich jüngere Mütter damit entschädigungslos abfinden.

> BGH, Urt. v. 7.7.1987 – VI ZR 193/86, NJW 1987, 2923 = VersR
> 1988, 155.

Indes sind derartige generelle, der Rasanz des medizinischen Fortschritts **175** immanente **Vollzugsdefizite möglichst** zu **neutralisieren** durch umfassendere Pflichten zur vorausdenkenden Organisation und Koordination; durch gesteigerte Pflichten bei der Patientenaufklärung; durch wachere Selbstkritik bei der Übernahme des Patienten oder durch frühere Abgabe an die Spezial-klinik.

176 So können hygienische Defizite aus veralteten räumlichen Verhältnissen durch betrieblich-organisatorische Maßnahmen neutralisiert werden.

> OLG Saarbrücken, Urt. v. 13.6.1990 – 1 U 145/86, NA-Beschl.
> v. 12.3.1991 – VI ZR 251/90, VersR 1992, 52.

177 Das Krankenhaus kann sich bei Nichtanwendung eines teuren Medikaments nicht auf die Unwirtschaftlichkeit einer Vorratshaltung berufen, wenn das Medikament rechtzeitig von Fall zu Fall beschafft werden konnte.

> BGH, Urt. v. 11.12.1990 – VI ZR 151/90, NJW 1991, 1543
> = VersR 1991, 315.

178 Auf die beschränkte Verfügbarkeit von Keramik-Titan-Hüftgelenksprothesen ist der Patient mit einer Chromaten-Allergie rechtzeitig hinzuweisen, damit er sich eventuell für ein anderes Krankenhaus entscheiden kann.

> OLG Oldenburg, Urt. v. 12.11.1996 – 5 U 60/96, VersR 1997, 1535.

179 Die Anwendung einer herkömmlichen, bewährten Methode wird nicht stets allein schon wegen der **Verfügbarkeit einer moderneren Methode** zum Be-handlungsfehler.

> BGH, Urt. v. 22.9.1987 – VI ZR 238/86, BGHZ 102, 17 = NJW
> 1988, 763 = VersR 1988, 179.

180 Der Einsatz eines älteren Chirurgiegeräts statt eines inzwischen erprobten modernen Geräts ist jedenfalls dann kein Behandlungsfehler, wenn das alte dem modernen Gerät technisch gleichwertig ist.

> OLG Frankfurt/M., Urt. v. 21.9.1989 – 1 U 12/88, NA-Beschl.
> v. 3.7.1990 – VI ZR 302/89, VersR 1991, 185.

181 Erst dann genügt eine Behandlungsmethode, eine Operationstechnik nicht mehr dem zu fordernden Qualitätsstandard, wenn eine neue Methode, eine neue Technik an einem für Aussagen über die Nutzen-Risiko-Bilanz ausrei-chend großen Patientengut medizinisch-wissenschaftlich erprobt und im Wesentlichen unumstritten ist, in der Praxis nicht nur an wenigen Zentren verbreitet Anwendung gefunden hat, für den jeweils betroffenen Patienten risikoärmer oder weniger belastend ist und/oder bessere Heilungschancen verspricht.

> OLG Hamm, Urt. v. 15.3.2000 – 3 U 171/99, NJW 2000, 3437
> = VersR 2000, 1509 (LS)
> – Venenstripping nach Babcock im Jahr 1994.

Dann ist die bisherige Operationstechnik, die alte Methode auch haftungs-rechtlich nicht mehr medizinischer Standard, sondern sie wird zum Behand-lungsfehler, selbst wenn sie in einer nicht unwesentlichen Zahl von Kliniken noch angewendet wird. Allerdings kann noch vor Ort eine Karenzzeit für die Erprobung der Methode und die Anschaffung der Geräte zu tolerieren sein.

Zur Aufklärung des Patienten über die Alternative in diesen Fällen Näheres bei Rz. 403 ff.

Andererseits kann **ein höherer Sorgfaltsmaßstab für die Kapazität**, die z. B. **182** als Hochschullehrer über besonderes Fachwissen verfügt, gerechtfertigt sein als der „normale" Standard für einen erfahrenen Facharzt, wobei allerdings auch dieser höhere Maßstab sich am Stand der gesicherten medizinischen Erkenntnis orientieren muss,

> BGH, Urt. v. 10.2.1987 – VI ZR 68/86, NJW 1987, 1479 = VersR 1987, 686;
>
> BGH, Urt. v. 24.6.1997 – VI ZR 94/96, NJW 1997, 3090 = VersR 1997, 1357;
>
> OLG Oldenburg, Urt. v. 4.5.1988 – 3 U 89/87, NA-Beschl. v. 13.12.1988 – VI ZR 169/88, VersR 1989, 402 (Rückläufer);
>
> OLG Stuttgart, Urt. v. 13.4.1999 – 14 U 17/98, NA-Beschl. v. 22.2.2000 – VI ZR 166/99, VersR 2000, 1108,

so wie das Krankenhaus die **vorhandenen besseren Apparate einsetzen** muss, sofern das indiziert ist.

> BGH, Urt. v. 28.6.1988 – VI ZR 217/87, NJW 1988, 2949.

Den Arzt verpflichten zur Sorgfalt die Erkenntnisse auch aus solchen Unter- **183** suchungen, die medizinisch nicht verlangt waren, die er aber aus besonderer persönlicher Vorsicht veranlasst hat. Er darf vor solchen „Zufallsbefunden" nicht die Augen verschließen.

> BGH, Urt. v. 21.12.2010 – VI ZR 284/09, BGHZ 188, 29 = NJW 2011, 1672 = VersR 2011, 400;
>
> OLG Düsseldorf, Urt. v. 31.1.1991 – 8 U 119/88, VersR 1992, 494;
>
> OLG Koblenz, Beschl. v. 30.1.2012 – 5 U 857/11, VersR 2012, 1041.

Maßgebend für den Sorgfaltsmaßstab sind nach Grad und Struktur primär **184** die **Maßstäbe der Medizin**, weil er entsprechend seiner Funktion in der Berufshaftung Maßstab für die erforderliche Expertenqualität ist, deren Defizite er benennen und ausgleichen soll.

> BGH, Urt. v. 29.11.1994 – VI ZR 189/93, NJW 1995, 776 = VersR 1995, 659;
>
> BGH, Beschl. v. 9.6.2009 – VI ZR 138/08, VersR 2009, 1405 – die Feststellung eines Abweichens vom medizinischen Standard als Behandlungsfehler verlangt grundsätzlich die Bewertung durch einen medizinischen Sachverständigen.

Anzusetzen ist an dem medizinischen Standard im Sinne von in Wissenschaft und Praxis erarbeiteten, allgemein anerkannten und praktisch bewährten Richtlinien für ärztliche Entscheidungen in normierbaren Situationen. Sie müssen dem Arzt einen Beurteilungskorridor lassen für die Abstimmung auf die konkreten Behandlungsbedingungen. Nichts anderes gilt für evidenzbasierte medizinische Standards aus formalisierten Studien der höchsten Evidenzstufe.

Dazu *Steffen*, in: Festschrift Erwin Deutsch, 2009, S. 615 ff.

Zudem unterliegen medizinische Standards ständigen Fortschreibungen der Medizin.

185 **Auch Leitlinien und Empfehlungen** der Bundesärztekammer oder der Medizinischen Fachgesellschaften haben keine Bindungswirkung. Sie sind aber Wegweiser für den medizinischen Standard, von dem abzuweichen besonderer Rechtfertigung bedarf.

BGH, Urt. v. 15.2.2000 – VI ZR 48/99, BGHZ 144, 1 = NJW 2000, 1784 = VersR 2000, 725
– Impfempfehlung der Ständigen Impfkommission des Bundesgesundheitsamts;

BGH, Beschl. v. 28.3.2008 – VI ZR 57/07, GesR 2008, 361
– Schilddrüsen-Operation und Darstellung des Nervus recurrens;

OLG Hamm, Urt. v. 11.1.1999 – 3 U 131/98, NJW-RR 2000, 401 = VersR 2000, 1373
– Leitlinien der BÄK für Wiederbelebung und Notfallversorgung;

OLG Düsseldorf, Urt. v. 15.6.2000 – 8 U 99/99, NJW-RR 2001, 389 = VersR 2000, 1019
– Leitlinie der Deutschen Gesellschaft für Orthopädie und Traumatologie zur Hygiene bei Injektionen;

OLG Hamm, Urt. v. 9.5.2001 – 3 U 250/99, VersR 2002, 857
– allgemeine Ausführungen zur deklaratorischen Qualität von Richtlinien;

OLG Koblenz, Urt. v. 24.5.2007 – 5 U 1735/06, VersR 2008, 355
BGH, NZB-Beschl. v. 8.1.2008 – VI ZR 161/07
– Leitlinie der Gesellschaft für Gynäkologie und Geburtshilfe für den zeitlichen Ablauf einer Schnittentbindung;

OLG Celle, Urt. v. 22.10.2007 – 1 U 24/06, VersR 2009, 500
– Leitlinien der Gesellschaft für Gynäkologie und Geburtshilfe zur Überwachung eines Präeklampsie-Risikos bei der Schwangeren.

Handlungsanweisungen in Leitlinien ärztlicher Fachgremien oder Verbände dürfen nicht unbesehen mit dem medizinischen Standard gleichgesetzt werden. Dies gilt in besonderem Maße für **Leitlinien**, die erst nach der zu beurteilenden medizinischen Behandlung veröffentlicht worden sind. Leitlinien ersetzen kein Sachverständigengutachten. Zwar können sie im Einzelfall den medizinischen Standard für den Zeitpunkt ihres Erlasses zutreffend beschreiben; sie können aber auch **Standards** ärztlicher Behandlung **fortentwickeln** oder ihrerseits **veralten**.

BGH, Urt. v. 15.4.2014 – VI ZR 382/12, VersR 2014, 879
– Leitlinien der Gesellschaft für Gynäkologie und Geburtshilfe zur Hochrisikoschwangerschaft (hier: Verlegung der Schwangeren in ein Perinatalzentrum).

Auch die Richtlinien des Gemeinsamen Bundesausschusses nach § 92 SGB V   **186**
dienen der Sicherung einer standardmäßigen ärztlichen Betreuung.

> BGH, Urt. v. 25.11.2003 – VI ZR 8/03, NJW 2004, 1452 = VersR
> 2004, 645.

Untersuchungs- und Behandlungsmethoden, die nach der für die kassenärztliche Behandlung **verbindlichen Entscheidung des Gemeinsamen Bundesausschusses** die für die GVK maßgebenden Kriterien der diagnostischen oder
therapeutischen Nützlichkeit sowie der medizinischen Notwendigkeit und
Wirtschaftlichkeit nicht erfüllen (§§ 135, 137c SGB V), gehören auch für die
Behandlung von Privatpatienten prinzipiell nicht zum medizinischen Standard. Ihre Anwendung bedarf auch für die Behandlung der Privatpatienten
besonderer medizinischer Rechtfertigung aus einer konkreten Sonderlage
sowie der Aufklärung des Patienten über die Gründe, aus denen die Methode
von dem Bundesausschuss abgelehnt worden ist.

Das Recht muss den medizinischen Standard zwar kontrollieren und ggf.   **187**
korrigieren. Der BGH hat aber für die medizinische Qualitätsbewertung jedenfalls von diagnostischem und therapeutischem Vorgehen **nur in Einzel-
fällen** Anlass zu **Korrekturen** gesehen; meistens lassen sich diese letztlich
zurückführen auf die dem Recht eher zugänglichen organisatorischen Anforderungen, die dem BGH das Sicherheitsinteresse des Patienten auch bei
Anerkennung allgemeiner wirtschaftlicher Grenzen der Krankenversorgung
zu sehr zu vernachlässigen schienen:

- durch zu starke Orientierung an der finanziellen Unzumutbarkeit oder
  an ökonomischen Interessen,

  > BGH, Urt. v. 20.2.1979 – VI ZR 48/78, NJW 1979, 1248 = VersR
  > 1979, 376
  > – Telefondiagnose;
  > BGH, Urt. v. 10.1.1984 – VI ZR 158/82, BGHZ 89, 263 = NJW
  > 1984, 1400 = VersR 1984, 356
  > – unzureichende Überwachung einer Subclaviaverweilkanüle bei
  > einem Säugling;
  > BGH, Urt. v. 18.3.1986 – VI ZR 215/84, NJW 1986, 2365
  > = VersR 1986, 788
  > – unzureichende Dekubitus-Prophylaxe;

- oder am Fehlen ausgebildeter Fachkräfte,

  > BGH, Urt. v. 30.11.1982 – VI ZR 77/81, NJW 1983, 1374
  > = VersR 1983, 244;
  > insoweit nicht in BGHZ 85, 393 und
  > BGH, Urt. v. 18.6.1985 – VI ZR 234/83, BGHZ 95, 63, 71 ff
  > = NJW 1985, 2189 = VersR 1985, 1043, 1045 f
  > – Parallelnarkose infolge Unterversorgung der Universitätsklinik
  > mit Anästhesisten;
  > BGH, Urt. v. 27.9.1983 – VI ZR 230/81, BGHZ 88, 248 = VersR
  > 1984, 60
  > – sog. „Anfängeroperation";

BGH, Urt. v. 29.10.1985 – VI ZR 85/84, NJW 1986, 776 = VersR 1986, 295
– Einteilung des Arztes zur Operation nach anstrengendem Nachtdienst;

OLG Düsseldorf, Urt. v. 30.12.1985 – 8 U 198/84, NA-Beschl. v. 21.10.1986 – VI ZR 27/86, VersR 1987, 489
– Einsatz einer minderqualifizierten Kraft zur Überwachung der Aufwachphase;

OLG Köln, Urt. v. 4.7.1990 – 27 U 86/89, VersR 1992, 452
– statt ärztlicher Assistenz Einsatz einer Studierenden im praktischen Jahr;

- oder an einer Überbewertung von Ordnungsgesichtspunkten,

BGH, Urt. v. 30.11.1982 – VI ZR 77/81, NJW 1983, 1374 = VersR 1983, 244;
– „Anderes bringt den ganzen Operationstag durcheinander";

OLG Düsseldorf, Urt. v. 30.12.1985 – 8 U 198/84, NA-Beschl. v. 21.10.1986 – VI ZR 27/86, VersR 1987, 489
– „habe das laufende OP-Programm nicht stören wollen",

- oder am Interesse, vorhandene Diagnosegeräte auszunutzen.

188 **Selten** betreffen **juristische Korrekturen die medizinische Abwägung** von Heilungschancen und Behandlungsgefahren,

BGH, Urt. v. 18.12.1984 – VI ZR 23/83, VersR 1985, 338, 339
– Belassen des Subclavia-Katheters trotz kritischer Lage bei hämorrhagischem Schock;

BGH, Urt. v. 9.7.1985 – VI ZR 8/84, VersR 1985, 969, 970
– Vorgehen bei Adduktions-Osteotomie;

OLG Frankfurt/M., Urt. v. 22.9.1981 – 22 U 110/80, NA-Beschl. v. 9.11.1982 – VI ZR 242/81, VersR 1983, 349
– hochdosierte Penicillinbehandlung bei Kind schon auf eine Verdachtsdiagnose hin, anders bei schwerem Krankheitsbild: BGH, Urt. v. 28.5.1985 – VI ZR 264/83,VersR 1985, 886;

OLG Düsseldorf, Urt. v. 30.6.1983 – 8 U 178/80, NA-Beschl. v. 3.4.1984 – VI ZR 173/83, VersR 1984, 643
– strenge Indikationsstellung bei Hirnangiographie;

OLG Düsseldorf, Urt. v. 11.7.1991 – 8 U 20/90, VersR 1992, 1096 (LS)
– strenge Indikationsstellung für intraartikuläre Cortisoninjektion;

OLG Düsseldorf, Urt. v. 19.9.1991 – 8 U 27/90, VersR 1992, 1132
– strenge Indikationsstellung für Keuchhustenschutzimpfung bei Neugeborenen;

OLG Köln, Urt. v. 11.12.1991 – 27 U 58/91, NA-Beschl. v. 20.10.1992 – VI ZR 28/92, VersR 1993, 361
– strenge Indikationsstellung für Eltern und Kind besonders belastender Krankengymnastik bei Kleinkind;

OLG Stuttgart, Urt. v. 24.6.1993 – 14 U 1/93, VersR 1994, 1068
– Erhaltung des Arms rechtfertigt lebensbedrohendes Vorgehen nicht;

OLG Oldenburg, Urt. v. 27.7.1993 – 5 U 56/93, VersR 1994, 1196
– keine routinemäßige Arthographie in jedem Fall einer Band-
verletzung;

OLG Düsseldorf, Urt. v. 21.11.1996 – 8 U 166/95, NA-Beschl.
v. 12.8.1997 – VI ZR 400/96, VersR 1998, 55
– trotz eines frakturbedingten Ödems nach Oberschenkelbruch
ist Osteosynthese vertretbar, weil der Patient wegen schwerer
Schmerzen nicht zufriedenstellend gelagert werden kann;

OLG Hamm, Urt. v. 18.6.1997 – 3 U 173/96, NA-Beschl.
v. 5.5.1998 – VI ZR 246/97, VersR 1998, 1243
– bei Umstellungsosteotomie in Rückenlage Lagerung des
rechten Armes mit dem kleinstmöglichen Abduktionswinkel
im Blick auf bereits bestehende Plexusparese des linken Armes
(„Prinzip des letzten Auges“),

zumal auch die medizinische Indikation dem „nil nocere“ verschrieben ist. In
Grenzbereichen muss allerdings das Recht der Medizin sagen, wo im Integra-
tionsinteresse des Patienten mit Kontrolluntersuchungen fortgefahren oder
mit einer Therapie Schluss gemacht werden muss.

Der medizinische Standard gibt nur Handlungsrahmen für richtiges ärztliches **189**
Vorgehen vor. Durchweg muss der Arzt die individuellen Parameter des Patienten und seiner Befindlichkeit für ihr diagnostisches und therapeutisches
Umsetzen aus medizinischer ex-ante-Sicht mit Korrektur- und Rückzugs-
vorbehalten erst herausfinden. Ein Abweichen vom gültigen Standard bedeutet deshalb nicht notwendig einen Behandlungsfehler, wenn der Arzt plausibel begründet, dass die Befindlichkeit des Patienten so stark von der Regel
abweicht, dass eine modifizierte Strategie versucht werden musste. Insoweit
tastet der medizinische Standard Kompetenz und Verantwortung des Arztes
für die richtige Entscheidung nicht an.

Prinzipiell kann sich richtiges ärztliches Vorgehen nicht auf einen abgeschlossenen Regelkodex stützen, sondern muss für den jeweiligen Behandlungsfall die Regel erst in der Behandlung finden. Dafür muss dem Arzt ein
ausreichender **Beurteilungs- und Entscheidungsraum** für Diagnose und
Therapie gelassen werden, den auch die Haftung nicht verkürzen darf.

Diagnoseirrtümer im Sinne von Fehlinterpretation der Befunde bewertet **190**
der BGH deshalb **nur mit Zurückhaltung als Behandlungsfehler.**

BGH, Urt. v. 14.7.1981 – VI ZR 35/79, VersR 1981, 1033
– allgemeine Ausführungen;

BGH, Urt. v. 10.11.1987 – VI ZR 39/87, NJW 1988, 1513
= VersR 1988, 293
– bei Beschwerden an Bein und Hüfte nach Kaiserschnitt-
operation erster Verdacht „Lumbago“ statt richtig „Hüft-
gelenkentzündung“;

BGH, Urt. v. 14.6.1994 – VI ZR 236/93, AHRS 1815/102
– Zeckenbiss wegen überlagernder HWS-Beschwerden nicht
erkannt;

BGH, Urt. v. 16.1.2001 – VI ZR 408/99, NJW 2001, 1787
= VersR 2001, 783
– nach Schwellung des rechten Handgelenks keine Abklärung des
Verdachts einer entzündeten Schürfwunde;

BGH, Urt. v. 8.7.2003 – VI ZR 304/02, NJW 2003, 2827 = VersR
2003, 1256
– Nichterkennen des Bruchs eines Brustwirbelkörpers;

BGH, Urt. v. 9.1.2007 – VI ZR 59/06, NJW-RR 2007, 744
= VersR 2007, 541

– fehlerhafte Beurteilung eines malignen Melanoms als gutartig
ohne Einholung einer Zweitmeinung: offen ob fehlerhaft;

OLG Bamberg, Urt. v. 18.10.1990 – 1 U 133/86, NA-Beschl.
v. 9.7.1991 – VI ZR 41/91, VersR 1992, 578
– Verkennen einer Malariainfektion;

OLG Bamberg, Urt. v. 30.1.1991 – 8 U 21/90, NA-Beschl.
v. 17.3.1992 – VI ZR 176/91, VersR 1992, 831
– Herpes encephalitis;

OLG Frankfurt/M., Urt. v. 14.3.1991 – 1 U 218/89, NA-Beschl.
v. 12.11.1991 – VI ZR 196/91, VersR 1992, 578
– Sudeck;

OLG Nürnberg, Urt. v. 12.11.1991 – 3 U 2562/91, NA-Beschl.
v. 14.6.1992 – VI ZR 25/92, VersR 1993, 104
– bei eindeutigen Symptomen einer Wirbelsäulenerkrankung
keine weiterführende Diagnostik auf Rektumkarzinom;

OLG Frankfurt/M., Urt. v. 7.5.1996 – 8 U 5/96, NA-Beschl.
v. 4.3.1997 – VI ZR 231/96, VersR 1997, 1358
– bei multiplen Verletzungen der Halswirbelsäule nach Auffahr-
unfall keine diagnostische Abklärung auf Schultergelenkverletzung,
weil der Patient nicht über Beschwerden im Schulterbereich klagt;

OLG Hamm, Urt. v. 20.11.1996 – 3 U 31/96, NA-Beschl.
v. 15.7.1997 – VI ZR 406/96, VersR 1998, 104
– nach Trittverletzung des Oberschenkels mit großer Schwellung
Nichterkennen eines Gasbrandes, für den alle Symptome vor-
lagen, jedoch mit Ausnahme eines übelriechenden Wundsekrets;

OLG Oldenburg, Urt. v. 18.2.1997 – 5 U 176/96, VersR 1998, 57
– bei Beschwerden im Leistenbereich Verdachtsdiagnose auf kan-
zerierte Leistenhernie statt richtig vergrößerter Lymphknoten;

OLG Hamm, Urt. v. 28.4.1997 – 3 U 153/96, NA-Beschl.
v. 27.1.1998 – VI ZR 198/97, VersR 1998, 982
– bei Patienten mit pektanginösen Beschwerden mit Druckgefühl
und Übelkeit Verzicht auf Belastungs-EKG, weil sowohl das
Ruhe-EKG als auch Blutdruck-, Herzfrequenz, Atem- und
Lungenverhältnisse keinen Befund aufweisen, der auf die vorliegende Stenose der Koronararterie hinweist;

OLG Hamm, Urt. v. 17.2.1999 – 3 U 41/98, NA-Beschl.
v. 12.10.1999 – VI ZR 103/99, VersR 2000, 101
– Beschränkung auf Mammographie nach Tastung eines Knotens
muss kein Fehler sein;

OLG Zweibrücken, Urt. v. 22.6.1999 – 5 U 32/98, NA-Beschl.
v. 7.12.1999 – VI ZR 255/99, VersR 2000, 605
– Nichterkennen eines drohenden Herzinfarkts bei im Vordergrund stehenden Symptomen einer akuten Gastroenterokolitis jedenfalls kein grober Diagnosefehler;

OLG Hamm, Urt. v. 28.2.2001 – 3 U 17/00, VersR 2002, 613
– falsche Bewertung von Symptomen einer bakteriellen Infektion;

OLG Köln, Urt. v. 20.7.2005 – 5 U 200/04, VersR 2005, 1740
– falsche Einordnung der Malignität eines Unterleibkrebses;

OLG Koblenz, Urt. v. 20.10.2005 – 5 U 1330/04, VersR 2006, 704
– nach Glassplitterverletzung der Hand bei unauffälliger sensorischer und motorischer Prüfung Nichterkennen einer Durchtrennung des Nervus ulnaris;

OLG Koblenz, Urt. v. 14.6.2007 – 5 U 1370/06, VersR 2008, 492
– Diagnose Exophtelmus trotz Fehlens auch nur annährend typischer Symptome;

OLG Naumburg, Urt. v. 13.3.2008 – 1 U 83/07, VersR 2008, 1073
– zum Ausschluss einer tiefen Beinvenenthrombose keine Ergänzung der Duplexschall-Untersuchung durch eine Phlegographie erforderlich;

OLG Koblenz, Urt. v. 12.6.2008 – 5 U 1198/07, VersR 2009, 70
– Fehlschätzung des Geburtsgewichts bei übergroßem Kind kein Behandlungsfehler, wenn die vorgeburtlichen Parameter richtig gedeutet wurden;

OLG Köln, Beschl. v. 19.11.2012 – 5 U 102/12, MedR 2013, 532
– Anforderungen an eine Screening-Untersuchung zur Brustkrebsfrüherkennung;

OLG Hamm, Urt. v. 11.3.2013 – 3 U 162/12, GesR 2013, 409
– Nichterkennen einer aus einem Hirnschaden resultierenden Hemiparese eines Säuglings bei Vorsorgeuntersuchungen durch einen Kinderarzt;

OLG Hamm, Urt. v. 29.7.2013 – 3 U 26/13, GesR 2014, 21
– Fehldiagnose bei Schweinegrippe mit einer Lungenentzündung.

Er lastet dem Arzt Fehldiagnosen **in erster Linie** wegen **nicht erhobener** 191 **elementarer Kontrollbefunde** oder unterbliebener Überprüfung der ersten Diagnose („Arbeitsdiagnose") im weiteren Behandlungsverlauf an.

- Allgemeinmedizin, Hausarzt:

BGH, Urt. v. 26.10.1993 – VI ZR 155/92, NJW 1994, 801
= VersR 1994, 52
– keine klinische Abklärung auf Infarkt bei schweren Schmerzen im HWS-Schulter-Armbereich;

BGH, Urt. v. 12.2.2008 – VI ZR 221/06, NJW 2008, 1381
= VersR 2008, 644
– Nichterkennen einer Fraktur des Zeigefingers infolge Fehlinterpretation des Röntgenbildes;

OLG Düsseldorf, Urt. v. 13.4.1978 – 8 U 46/73, NA-Beschl.
v. 15.5.1979 – VI ZR 126/78, VersR 1979, 723
– keine Rektoskopie in monatelanger Hämorrhoiden-Behandlung;

OLG Hamm, Urt. v. 17.9.1990 – 3 U 196/89, NA-Beschl.
v. 1.10.1991 – VI ZR 317/90, VersR 1992, 752 (LS)
– kein Tine-Test und keine Probeexzision zur Abklärung des
Verdachts auf Knochen-Tbc;

OLG Köln, Urt. v. 12.6.1991 – 27 U 25/90, VersR 1992, 1003
– keine bakteriologische Untersuchung eines trüben Punktats aus
dem Kniegelenk;

OLG Saarbrücken, Urt. v. 7.8.1991 – 1 U 202/90, NA-Beschl.
v. 16.6.1992 – VI ZR 283/91, VersR 1992, 1359
– keine diagnostische Abklärung einer Wundinfektion trotz
Unfallverletzung mit hoher Infektionsgefahr, hier: Griff ins
Schlachtermesser;

OLG Köln, Urt. v. 4.12.1991 – 27 U 23/90, NA-Beschl.
v. 15.12.1992
– VI ZR 11/92, VersR 1993, 190
– keine Phlebographie trotz Wadenschmerzen nach Fußverletzung;
Diagnose „Muskelkater";

OLG Bamberg, Urt. v. 7.5.1992 – 1 U 133/86, NA-Beschl.
v. 20.4.1993 – VI ZR 178/92, VersR 1993, 1019
– keine Blutuntersuchung trotz Malariaverdachts;

OLG Stuttgart, Urt. v. 21.1.1993 – 14 U 34/91, NA-Beschl.
v. 21.12.1993 – VI ZR 57/93, VersR 1994, 313
– bei Arbeitsdiagnose „Mandelentzündung" keine diagnostische
Abklärung von auf Meningitis hindeutenden Symptomen;

OLG Nürnberg, Urt. v. 8.3.1994 – 3 U 2842/91, NA-Beschl.
v. 14.2.1995 – VI ZR 182/94, VersR 1995, 1057
– nur sonographische, keine röntgenologische Abklärung von
Schmerzen nach Polypektomie des Dickdarms;

OLG Köln, Urt. v. 16.12.1996 – 5 U 256/94, NJW 1997, 3099
= VersR 1997, 1102
– bei starkem Raucher mit Übergewicht und Diabetes mellitus
Verdacht auf Infarkt nicht durch Laborkontrolle abgeklärt;
zu späte angiologische Diagnostik nach Auftreten eines Gangräns
in der linken Großzehe;

OLG Oldenburg, Urt. v. 14.1.1997 – 5 U 139/95, VersR 1997, 1405
– nach Sturz des 3-jährigen Kindes aus 1,50 m Höhe bei Verdacht
auf Schädelbasisfraktur aufgrund von Gesichtsverletzungen keine
Computertomographie;

OLG Düsseldorf, Urt. v. 15.5.1997 – 8 U 115/96, VersR 1998,
1155
– bei Patienten mit Blähungen und Druckschmerzen im Epi-
gastrum keine Anamnese über Dauer der Blähungen und Stuhl-
gewohnheiten zur Abklärung eines Sigmakarzinom-Verdachts;

OLG Köln, Urt. v. 26.11.1997 – 5 U 226/96, VersR 1999, 366
– trotz Verdachts eines zerebralen Geschehens keine Untersuchung auf einseitig betonte Beinschwäche und Nichterkennen
eines Komplettverschlusses des Sinus sagittalis superior durch
Notarzt;

OLG Frankfurt/M., Urt. v. 30.3.1999 – 8 U 219/98, NA-Beschl.
v. 15.2.2000 – VI ZR 183/99, VersR 2000, 853
– bei Weichteilschwellung im Bereich der Bruchpforte und dauern-
dem Erbrechen keine Abklärung des Verdachts eines Leistenbruchs;

OLG Stuttgart, Urt. v. 27.7.1999 – 14 U 3/99, VersR 2000, 1545
– keine Abklärung einer seit 4 Wochen bestehenden Weichteilschwellung im Bereich der Schläfe durch Kernspintomographie
auf Fibrosarkom;

OLG Hamm, Urt. v. 6.11.2002 – 3 U 50/02, NZB-Beschl.
v. 27.4.2004 – VI ZR 420/02, VersR 2004, 1321
– keine Abklärung pathologischer Leberwerte auf Hepatitis-B;

OLG Bamberg, Urt. v. 4.7.2005 – 4 U 126/00, VersR 2005, 1292
– keine weiterführende Untersuchung trotz richtungsweisender
Veränderung der Koronarsymptomatie;

OLG Hamm, Beschl. v. 2.3.2011 – 3 U 92/10, VersR 2012, 493
– keine Abklärung des auf dem CT erkennbaren tumurösen
Geschehens in der Lunge;

- Augenheilkunde:

OLG Hamm, Urt. v. 29.11.1977 – 9 U 23/77, NA-Beschl.
v. 19.6.1979 – VI ZR 35/78, VersR 1979, 826
– keine Messung des Augeninnendruckes bei älterem Patienten
zur Früherkennung eines Glaukoms;

OLG Stuttgart, Urt. v. 26.9.1991 – 14 U 8/91, NA-Beschl.
v. 26.5.1992 – VI ZR 306/91, VersR 1992, 1361
– keine röntgenologische Darstellung der Orbita trotz Unfall mit
Möglichkeit einer Eisensplitterverletzung;

OLG Karlsruhe, Urt. v. 23.4.2004 – 7 U 1/03, NZB-Beschl.
v. 19.10.2004 – VI ZR 146/04, VersR 2005, 1246
– bei Leukokorie keine Diagnostik auf Retinoblastom;

OLG Hamm, Urt. v. 21.2.2014 – 26 U 28/13, GesR 2014, 492
– Unterlassen einer gebotenen Ultraschalluntersuchung vor einer
Laserbehandlung der Netzhaut;Chirurgie;

BGH, Urt. v. 21.9.1982 – VI ZR 302/80, BGHZ 85, 212 = NJW
1983, 333 = VersR 1982, 1193
– keine Kontrolluntersuchungen bei Darmverschluss nach
Appendektomie;

BGH, Urt. v. 27.11.1990 – VI ZR 30/90, NJW 1991, 748 = VersR
1991, 308
– keine klinische Abklärung eines Verdachts auf Drehfehler nach
Unterschenkelfraktur;

BGH, Urt. v. 27.4.2004 – VI ZR 34/03, BGHZ 159, 48 = NJW
2004, 2011 = VersR 2004, 909
– keine Beckenübersichtsaufnahme nach einem schweren
Motorradunfall;

BGH, Urt. v. 9.12.2008 – VI ZR 277/07, BGHZ 179, 115 = NJW
2009, 993 = VersR 2009, 401
– Nichterkennen einer perilunären Luxation auf dem Röntgenbild (Durchgangsarzt),

OLG Koblenz, Urt. v. 17.10.1986 – 10 U 784/84, NA-Beschl.
v. 2.6.1987 – VI ZR 269/86, VersR 1988, 41
– keine Untersuchung auf innere Blutung nach Magenoperation
trotz starken Abfalls des Hämoglobinwerts;

OLG Hamm, Urt. v. 6.3.1989 – 3 U 201/88, NA-Beschl.
v. 30.1.1990 – VI ZR 200/89, VersR 1990, 660
– keine Abklärung eines Kompartmentsyndroms nach Muskel-
faserriss in der Wade mit Schwellungen durch Phlebographie;

OLG Hamm, Urt. v. 20.11.1996 – 3 U 31/96, NA-Beschl.
v. 15.7.1997 – VI ZR 406/96, VersR 1998, 104
– nach Trittverletzung des Oberschenkels mit tagelang unverän-
derter großer Schwellung ohne Anzeichen für Stauungen im Unterschenkel Angiographie wegen Verdachtsdiagnose Gefäßruptur,
statt dem Verdacht auf ein toxisches Geschehen nachzugehen;

OLG Hamm, Urt. v. 4.2.1998 – 3 U 143/97, NA-Beschl.
v. 19.1.1999 – VI ZR 117/98, VersR 1999, 622
– bei Heparininfusion keine regelmäßige Kontrolle der
Gerinnungsparameter und kein unverzügliches Abklären
von Sehfunktionsstörungen;

OLG Hamm, Urt. v. 27.4.1998 – 3 U 164/97, NA-Beschl.
v. 17.11.1998 – VI ZR 194/98, VersR 1999, 845
– nach Bandscheibenoperation keine Keimbestimmung zur
gezielten Antibiotikabehandlung;

OLG Hamm, Urt. v. 20.5.1998 – 3 U 139/97, NA-Beschl.
v. 5.12.1998 – VI ZR 196/98, VersR 2000, 323
– keine Serologie und bakteriologische Untersuchung des Punktats trotz Anzeichen einer Infektion nach Kniegelenkspunktion;

OLG Braunschweig, Urt. v. 10.3.1999 – 1 U 54/98, NJW-RR
2000, 24 = VersR 2000, 489
– bei Gallenblasenoperation trotz Verwachsungen im Bauchraum
keine Abklärung der Gallenwege durch Cholangiographie;

OLG Koblenz, Urt. v. 31.8.2006 – 5 U 588/06, VersR 2006, 1547
– Verkennung des Röntgenbefunds einer Subluxation des Mittel-
gliedgelenks des Ringfingers nach Sturz;

- Innere Medizin:

BGH, Urt. v. 28.5.1985 – VI ZR 264/83, VersR 1985, 886
– keine Überprüfung der fragwürdigen Arbeitsdiagnose Periarthritis in einem Fall von Streptokokken-A-Sepsis, Verschleiern
der Diagnose durch Novalgingaben;

BGH, Urt. v. 3.2.1987 – VI ZR 56/86, BGHZ 99, 391 = NJW
1987, 1482 = VersR 1987, 1089
– keine Röntgenkontrollaufnahme trotz zweifelhaften Lungen-
befundes;

BGH, Urt. v. 18.4.1989 – VI ZR 221/88, NJW 1989, 2332 =
VersR 1989, 701
– Nichterkennen einer Schultereckgelenkssprengung mangels
Abklären der Fraktur durch „gehaltene" Röntgenaufnahme, bei der
der Patient Gewichte zur Belastung der Schultereckgelenke hält;

OLG Frankfurt/M., Urt. v. 11.4.1989 – 14 U 102/87, NA-Beschl.
v. 9.1.1990 – VI ZR 153/89, VersR 1990, 659
– keine Kontrolle auf Verletzung des nervus ulnaris und medianis
bei 4 cm langer Schnittwunde an der Beugeseite des Handgelenks
mit Durchtrennung des ligamentum carpipalnare;

OLG Hamm, Urt. v. 29.5.1989 – 3 U 419/88, NA-Beschl.
v. 24.4.1990 – VI ZR 256/89, VersR 1990, 1120
– keine diagnostische Weiterführung bei Thrombose;
OLG Celle, Urt. v. 26.7.1993 – 1 U 36/92, NA-Beschl.
v. 10.5.1994 – VI ZR 264/93, VersR 1994, 1237
– trotz deutlicher Anzeichen für Gefäßverschluss keine Sonographie oder Angiographie;
OLG Oldenburg, Urt. v. 25.11.1997 – 5 U 66/97, VersR 1999, 318
– keine Abklärung von Symptomen einer tiefliegenden Beinvenenthrombose;
OLG Brandenburg, Urt. v. 14.11.2001 – 1 U 12/01, VersR 2002,
313 und OLG Köln, Urt. v. 23.1.2002 – 5 U 85/01, VersR 2003, 860
– kein sofortiges Freilegen des Hodens bei Verdacht auf
Hodentorsion;
OLG Köln, Urt. v. 13.2.2002 – 5 U 95/01, VersR 2004, 1459
– vor Reanimation bei Zweifeln am Vorliegen von Kammerflimmern
oder Asystolie des Herzens keine Abklärung durch EKG;
OLG Düsseldorf, Urt. v. 10.4.2003 – I-8 U 38/02, VersR 2005, 117
– keine differentialdiagnostische Abklärung des auf mehrere
Krankheitsbilder hindeutenden ausgeprägten Schmerzbildes im
Brustbereich;

- Neurochirurgie; Neurologie:

    BGH, Urt. v. 3.11.1998 – VI ZR 253/97, NJW 1999, 23 = VersR
    1999, 496
    – bei Subarachnoidalblutung keine computertomographische
    Abklärung;
    BGH, Urt. v. 16.3.1999 – VI ZR 34/98, NJW 1999, 1778 = VersR
    1999, 716
    – bei Auftreten von „Gespenstersehen" nach Operation eines
    Hydrocephalus keine computertomographische Abklärung;
    OLG Köln, Urt. v. 20.12.2002 – 5 U 234/98, VersR 2002, 42
    – keine Abklärung des Verdachts eines arteriovenösen Angioms
    im kranialen CT durch eine Kernspintomographie;
    OLG Düsseldorf, Urt. v. 21.7.2005 I-8 U 33/05, VersR 2006, 841
    – keine diagnostische Abklärung deutlicher Anzeichen einer
    spinalen Schädigung;

- Immunologie, Rheumatologie

    OLG Nürnberg, Urt. v. 12.12.2008 – 5 U 953/07, VersR 2009, 1079
    – bei morbus Farquhar Kortison statt Knochenmarktransplantation

- Gynäkologie, Geburtshilfe, Pädiatrie:

    BGH, Urt. v. 10.11.1987 – VI ZR 39/87, NJW 1988, 1513
    = VersR 1988, 293
    – keine Überprüfung der Verdachtsdiagnose Lumbago in einem
    Fall eitriger Hüftgelenksentzündung nach Kaiserschnitt;
    BGH, Urt. v. 23.4.1991 – VI ZR 161/90, NJW 1991, 2350
    = VersR 1991, 815
    – keine Ultraschalluntersuchung in der Geburt zur Abklärung
    einer Risikoschwangerschaft;

BGH, Urt. v. 4.10.1994 – VI ZR 205/93, NJW 1995, 778 = VersR 1995, 46
– keine vaginale Untersuchung trotz Anzeichen einer Frühgeburt;
OLG Oldenburg, Urt. v. 1.6.1988 – 3 U 56/88, NA-Beschl.
v. 24.1.1989 – VI ZR 195/88, VersR 1989, 481
– kein differential-diagnostischer Ausschluss von Ureterläsion nach Beseitigung von Verwachsungen mit Adnektomie trotz auf Entzündung hinweisender Laborwerte;
OLG Oldenburg, Urt. v. 15.5.1990 – 5 U 114/89, NA-Beschl.
v. 19.2.1991 – VI ZR 201/90, VersR 1991, 1177
– keine CTG-Aufzeichnung während der Geburt;
OLG Köln, Urt. v. 5.1.1992 – 27 U 42/89, VersR 1992, 1005 (LS)
– bei Rückenschmerzen nach Adnexektomie kein Urogramm zur Abklärung eines Harnleiterverschlusses;
OLG Oldenburg, Urt. v. 18.3.1997 – 5 U 82/95, NA-Beschl.
v. 4.11.1997 – VI ZR 144/97, VersR 1997, 720
– bei 2-jährigem Kind mit Fieber, Atemnot, Speichelfluss, Verweigerung der Nahrungsaufnahme Diagnose Pseudokrupp trotz Fehlens von Husten;
keine Überweisung in das Krankenhaus zur Abklärung einer Kehlkopfentzündung;
OLG Köln, Urt. v. 23.7.1997 – 5 U 44/97, VersR 1998, 244 (LS)
– nach Geburt in Beckenend- und Querlage keine Blutdruck- und transkutane Sauerstoffmessungen bei dem Kind trotz wiederholt auftretender Zyanosen und Bradykardieanfällen;
OLG Nürnberg, Urt. v. 14.12.1998 – 5 U 2597/98, NA-Beschl.
v. 28.9.1999 – VI ZR 81/99, VersR 1999, 1545
– nach positivem HIV-Screening-Test, positiver weiterer Untersuchung derselben Blutprobe, aber negativem 2. Test Beruhigung, dass der erste positive Befund falsch gewesen ist;
OLG Stuttgart, Urt. v. 2.2.1999 – 14 U 4/98, NA-Beschl.
v. 30.11.1999 – VI ZR 87/99, VersR 2000, 362
– trotz Verdachts auf vorzeitigen Blasensprung kein Laknumtest und keine Spekulumuntersuchung;
OLG Braunschweig, Urt. v. 25.3.1999 – 1 U 61/98, NA-Beschl.
v. 9.11.1999 – VI ZR 133/99, VersR 2000, 454
– kein Scheidenabstrich, keine Untersuchung auf Keime vor Einlegen eines Cerclagepessars;
OLG Hamm, Urt. v. 14.6.2000 – 3 U 202/99, NA-Beschl.
v. 24.4.2001 – VI ZR 336/00, VersR 2002, 98 und
OLG Düsseldorf, Urt. v. 6.3.2003 – 8 U 22/02, VersR 2003, 1310
– keine Biopsie der Brust trotz Verdachts eines malignen Geschehens;
OLG Hamm, Urt. v. 6.2.2002 – 3 U 238/00, VersR 2003, 116
– sonographische Hüftuntersuchung beim Neugeborenen nicht auf alle 3 „Landmarken" des Labrum acetabulare erstreckt;
OLG Stuttgart, Urt. v. 29.5.2007 – 1 U 28/07, VersR 2007, 1417
– bei vorzeitigem Blasensprung: Unterlassen einer Sonographie kein Befunderhebungsfehler, wenn innerhalb einiger Stunden die Wehen einsetzen;

OLG Celle, Urt. v. 22.10.2007 – 1 U 24/06, VersR 2009, 500
– zu später Wiedervorstellungstermin trotz Risiko einer Prä-
eklampsie: statt spätestens nach 3 Tagen erst nach 1 Woche;

OLG München, Urt. v. 12.3.2009 – 1 U 2709/07, VersR 2009, 1408
– Nichterkennen eines Gebärmutterinfekts wegen zu langem
Festhalten an dem erfolglosen Behandlungskonzept;

OLG Köln, Urt. v. 20.7.2011 – 5 U 206/07, NZB-Beschl. v.
26.6.2012 – VI ZR 213/11, VersR 2012, 109
– Ausschabung der Gebärmutter ohne Bauchspiegelung und
Beta-HCG-Kontrolle trotz Hinweis auf eine extrauterine
Schwangerschaft;

OLG Koblenz, Beschl. v. 27.12.2011 – 5 U 698/11, NZB-Beschl.
v. 30.10.2012 – VI ZR 26/12, GesR 2013, 52
– Pflichten des Arztes bei der erstmaligen Verschreibung eines
oralen Kontrazeptivums für eine 17-jährige adipöse Raucherin
mit unerkannter Blutgerinnungsstörung;

• HNO-Heilkunde:

OLG Düsseldorf, Urt. v. 2.11.2000 – 8 U 125/99, VersR 2001, 647
– bei Vorwölbung des druckschmerzhaften Trommelfells und
äußerer Ohrentzündung keine Abklärung einer Mittelohrent-
zündung;

OLG Koblenz, Urt. v. 30.11.2006 – 5 U 209/06, VersR 2007,
1565 – – Fehldiagnose „Siebbeinentzündung" bei bösartigem
Tumor infolge Fehldeutung der Aufnahmen;

• Orthopädie:

BGH, Urt. v. 7.6.1983 – VI ZR 284/81, VersR 1983, 983
– keine manuelle Prüfung auf Gefäßverschluss in Extremitäten
bei diagnostiziertem Bandscheibenvorfall trotz Lähmungserscheinungen;

BGH, Urt. v. 29.5.2001 – VI ZR 120/00, NJW 2001, 2794
= VersR 2001, 1115
– bei Infektion nach Arthroskopie Antibiotika ohne Erreger-
bestimmung;

BGH, Beschl. v. 9.6.2009 – VI ZR 138/08, VersR 2009, 1405
– nach Einsetzen eines Hüftkopfs aus Metall trotz der Symptome
einer „Metallose" keine toxikologische Blutuntersuchung auf
Metallvergiftung;

OLG Stuttgart, Urt. v. 29.7.1997 – 14 U 20/96, NA-Beschl.
v. 24.3.1998 – VI ZR 266/97, VersR 1998, 1550
– nach Arthroskopie trotz Symptomen für eine Infektion
(Überwärmung, Rötung, Schwellung, Leukozytose, stark erhöhte
Blutkörperchensenkungsgeschwindigkeit) keine Punktion zur
Aufdeckung einer bakteriellen Infektion;

OLG Hamm, Urt. v. 24.10.2001 – 3 U 123/00, VersR 2003, 1132
– vor chirotherapeutischer Manipulation kein Ausschluss eines
Bandscheibenvorfalls durch Neurologen;

OLG Koblenz, Urt. v. 13.7.2006 – 5 U 17/06, VersR 2007, 1001;
best. durch BGH, Urt. v. 25.9.2007 – VI ZR 157/06, VersR 2007,
1697
– Nichterkennen der Fehllage eines bei Wirbelkörperverblockung
eingesetzten Spans auf dem „sehr verdächtigen" Röntgenbild;

OLG Koblenz, Urt. v. 7.5.2009 – 5 U 478/09, VersR 2010, 1184
– nach Hüftgelenksoperation Fehldeutung von Schlaganfall-
symptomen als Eingriffsfolge bei Risikopatient; Zahnmedizin:

OLG Oldenburg, Urt. v. 2.3.1999 – 5 U 176/98, NJW-RR 1999,
1329 = VersR 1999, 1499
– keine Erhaltungsdiagnostik vor Reihenextraktion bei jungem
Patienten;

OLG Brandenburg, Urt. v. 8.11.2000 – 1 U 6/99, VersR 2001, 1241
– keine röntgenologische Abklärung des Verdachts auf Übersprengung von Füllmaterial in die Kieferhöhle nach Wurzel-
füllung;

OLG Naumburg, Urt. v. 25.6.2009 – 1 U 27/09, VersR 2010, 73
– fehlerhafte Behandlung eines Zahnengstands aufgrund unzureichenden Behandlungsplans;

- Notarzt; Bereitschaftsarzt:

    BGH, Urt. v. 16.10.2007 – VI ZR 229/06, NJW-RR 2008, 263
    = VersR 2008, 221
    – bei differentialdiagnostischen Anzeichen eines akuten Herzin-
    farkts keine Einweisung in das Krankenhaus zur Ausschlussdiag-
    nostik;

- Urologie:

    BGH, Urt. v. 6.10.1998 – VI ZR 239/97, VersR 1999, 60
    – bei Schmerzen im Nieren- und Thoraxbereich nach Verkehrs-
    unfall mit Mirkohämaturie und Proteinurie keine Überprüfung
    des Kreatininwerts zur Abklärung der Nierenfunktion.

192 Diese Zurückhaltung in der Bewertung von Diagnosefehlern durch den BGH
darf aber nicht dahin missverstanden werden, dass nur aus einer ex ante-Sicht
völlig unvertretbare diagnostische Fehlleistungen zur Haftung führen können.

Vgl. den etwas missverständlichen Leitsatz zu
OLG Frankfurt/M., Urt. v. 7.5.1996 – 8 U 5/96, VersR 1997, 1358;

bedenklich auch OLG Naumburg, Urt. v. 17.12.2009 – 1 U
41/09, VersR 2010, 1041
– Unterbewertung einer Entzugssymptomatik.

Häufig ist das Unterlassen weiterführender Befunde auf eine Fehlinterpre-
tation der erhobenen Befunde zurückzuführen. Wo die Interpretation des
Arztes auf einem Mangel an Selbstkritik oder Unkenntnis der vielschichtigen
Aussagekraft der Symptome oder einer nur oberflächlichen Befassung mit
dem Patienten beruht, ist eine Haftungsfreistellung nicht gerechtfertigt. Zur
Haftung genügt vielmehr, dass ein gewissenhafter Arzt unter den gegebenen
Umständen aus der ex-ante-Sicht die Diagnose als ärztlich nicht vertretbar
bezeichnen würde; insbesondere, wenn die erhobenen Befunde bei der gebo-
tenen Sorgfalt nur den Schluss auf eine bestimmte Diagnose zulassen.

OLG Hamm, Urt. v. 23.8.2000 – 3 U 229/99, VersR 2002, 315;
OLG Köln, Urt. v. 5.6.2002 – 5 U 226/01, VersR 2004, 794.

Der Umfang der Diagnostik muss sich am Krankheitsbild orientieren. Auch **193**
Überdiagnostik, insbesondere bei invasivem Vorgehen, **kann zur Haftung**
führen.

> Zum stufenweisen Aufbau der Diagnostik (Basis-, Aufbau-, Spezial-
> diagnostik) insbesondere bei wenig erforschten Krankheitsbildern
> vgl. OLG Hamm, Urt. v. 12.6.1996 – 20 U 220/95, VersR 1997,
> 1342.

Oft sind Diagnosefehler schon auf ein **Verschulden bei der Übernahme** der **194**
Behandlung ohne die erforderliche diagnostische Ausstattung und Spezialer-
fahrung zurückzuführen,

> BGH, Urt. v. 27.6.1978 – VI ZR 183/76, BGHZ 72, 132 = VersR
> 1979, 1022;
> BGH, Urt. v. 26.10.1993 – VI ZR 155/92, NJW 1994, 801
> = VersR 1994, 52
> – keine klinische Abklärung von Infarktanzeichen durch Notarzt;
> OLG Stuttgart, Urt. v. 4.2.1993 – 14 U 51/92, VersR 1994, 106
> – keine Abklärung von Schmerzen und Beschwerden im Ohren-
> bereich (Hörsturz) durch Hinzuziehung eines HNO-Facharztes;
> OLG Oldenburg, Urt. v. 14.1.1997 – 5 U 139/95, VersR 1997, 1405
> – bei 3-jährigem Kind nach Sturz aus 1,50 m Höhe trotz Ver-
> dachts auf Schädelbasisfraktur aufgrund von Gesichtsverletzungen
> einschließlich eines Brillenhämatoms keine Hinzuziehung eines
> Augenarztes zur Abklärung der Möglichkeit von Einblutungen in
> die Netzhaut und keine Computertomographie;
> OLG Zweibrücken, Urt. v. 10.2.1998 – 5 U 65/96, VersR 1997, 590
> – bei Ohrbeschwerden nach Gallenoperation keine Hinzuziehung
> eines HNO-Facharztes;
> OLG Düsseldorf, Urt. v. 28.9.2000 – 8 U 114/99, VersR 2002, 856
> – vor operativer Behebung einer Gebärmuttersenkung bei urolo-
> gischen Problemen Verzicht des Gynäkologen auf urologische
> Diagnostik;
> OLG Celle, Urt. v. 28.5.2001 – 1 U 22/00, NA-Beschl.
> v. 12.3.2002 – VI ZR 229/01, VersR 2002, 854
> – nach Heparingabe keine Hinzuziehung eines Angiologen trotz
> hochgradig alarmierendem Krankheitsbild;
> OLG Düsseldorf, Urt. v. 6.3.2003 – 8 U 105/02, VersR 2004, 1563
> – trotz Verdachts auf akute Appendizitis Verzicht des Internisten
> auf Hinzuziehung eines Chirurgen,

oder auf das **Unterbleiben von Verhaltensanweisungen** an Patient oder Personal, das zur verspäteten Diagnosestellung führt.

> BGH, Urt. v. 25.6.1985 – VI ZR 270/83, NJW 1985, 2749
> = VersR 1985, 1068
> – keine Einbestellung der Patientin trotz neuer Befunde für Miss-
> lingen des Schwangerschaftsabbruchs;

BGH, Urt. v. 26.4.1988 – VI ZR 246/86, NJW 1988, 2304
= VersR 1988, 854
– unzureichender Informationsfluss zwischen Patient-Labor-Arzt
bei nur ambulanter Betreuung des Hochdruckpatienten mit Verdacht auf Nebennierentumor;

BGH, Urt. v. 25.4.1989 – VI ZR 175/88, BGHZ 107, 222 = NJW
1989, 2318 = VersR 1989, 702
– keine Unterrichtung des Patienten selbst, sondern nur seiner
Angehörigen, über den histologischen Befund eines Retikulumzellsarkoms mit hohem Metastasenrisiko;

OLG Oldenburg, Urt. v. 18.3.1997 – 5 U 82/95, NA-Beschl.
v. 4.11.1997 – VI ZR 144/97, VersR 1998, 720
– bei 2-jährigem Kind mit Fieber, Atemnot, Speichelfluss Verdachtsdiagnose Pseudokrupp, ohne Eltern auf die Notwendigkeit
hinzuweisen, bei Fortdauer des Zustandes sofort das Krankenhaus für eine Weiterführung der Diagnostik aufzusuchen;

OLG Köln, Urt. v. 22.10.1997 – 5 U 80/97, NA-Beschl.
v. 30.6.1998 – VI ZR 332/97, VersR 1999, 96
– trotz Verdachts auf Prostatakrebs bei über der Norm liegendem
PSA-Wert und verdächtigem digiorektalen Tastbefund, aber
negativem Befund einer transperinealten Prostatabiopsie empfiehlt
der Arzt dem Patienten eine Überprüfung des PSA-Wertes erst
nach 3 Monaten, obschon mit aggressiver Entwicklung gerechnet
werden muss.

Auffälligkeiten aus diagnostischen Untersuchungen muss den Arzt zu Maßnahmen veranlassen, auch wenn sie mit den von ihm angegangenen Beschwerden nichts zu tun haben.

BGH, Urt. v. 21.12.2010 – VI ZR 284/09, BGHZ 188, 29 = NJW
2011, 1672 = VersR 2011, 400
– Anästhesist übersieht anlässlich einer Meniskusoperation auf
dem CT tumuröses Geschehen in der Lunge des Patienten.

195 Auch die **Wahl der Therapie** muss der Arzt grundsätzlich **nach** seinem **ärztlichen Beurteilungsermessen** aufgrund der jeweils verschiedenen Gegebenheiten des konkreten Behandlungsfalles und seiner eigenen Erfahrung und
Geschicklichkeit in der Behandlungsmethode treffen können.

BGH, Urt. v. 11.5.1982 – VI ZR 171/80, NJW 1982, 2121
= VersR 1982, 771;

BGH, Urt. v. 22.9.1987 – VI ZR 238/86, BGHZ 102, 17 = NJW
1988, 763 = VersR 1988, 179
– Elektrokoagulation;

BGH, Urt. v. 23.2.1988 – VI ZR 56/87, NJW 1988, 1516 = VersR
1988, 495 – Magenoperation;

BGH, Urt. v. 6.12.1988 – VI ZR 132/88, BGHZ 106, 146 = NJW
1989, 764 = VersR 1989, 252
– vaginale Entbindung;

BGH, Urt. v. 15.3.2005 – VI ZR 313/03, NJW 2005, 1718
= VersR 2005, 836
– konservative oder operative Versorgung einer Handgelenks-
fraktur;

OLG Schleswig, Urt. v. 14.2.1988 – 4 U 87/86, NA-Beschl.
v. 10.10.1989 – VI ZR 20/89, VersR 1989, 1301
– chiropraktische Behandlung;

OLG Köln, Urt. v. 20.4.1989 – 7 U 20/88, NA-Beschl.
v. 23.1.1990 – VI ZR 164/89, VersR 1990, 856
– Resektion oder Zystektomie bei großer Leberzyste;

OLG Oldenburg, Urt. v. 30.1.1990 – 5 U 72/89, NA-Beschl.
v. 30.10.1990 – VI ZR 70/90, VersR 1991, 229
– Verzicht auf antibiotische Prophylaxe bei Schnittwunde;

OLG Hamm, Urt. v. 10.12.1990 – 3 U 39/90, NA-Beschl.
v. 15.10.1991 – VI ZR 74/91, VersR 1992, 834 (LS)
– dorsale Schiene mit Stärkebinden statt Rundgips;

OLG München, Urt. v. 14.11.1991 – 1 U 5850/90, VersR 1993, 103
– Grenzen für konservative Behandlung einer Schrägfraktur des
Schienbeins bei stark adipösem und alkoholabhängigem Patienten;

OLG München, Urt. v. 12.12.1991 – 1 U 3075/91, VersR 1993,
362 (LS)
– bei beginnender Beinvenenthrombose ist statt Thrombolyse
auch Heparinbehandlung vertretbar;

KG, Urt. v. 30.1.1992 – 20 U 2872/88, NA-Beschl. v. 20.10.1992
– VI ZR 66/92, VersR 1993, 189
– operative Behandlung von hallux valgus;

OLG München, Urt. v. 9.11.1995 – 1 U 4325/94, NA-Beschl.
v. 29.10.1996 – VI ZR 20/96, VersR 1997, 452
– Entbindung des Kindes mit der Zange oder mittels Vakuumextraktion; maßgebend kann sein, in welcher Methode der Arzt
die bessere Übung hat;

OLG Düsseldorf, Urt. v. 21.11.1996 – 8 U 166/95, NA-Beschl.
v. 12.8.1997 – VI ZR 400/96, VersR 1998, 55
– bei Fraktur Drahtextension oder Fixateur extern;

OLG Köln, Urt. v. 4.12.1996 – 5 U 68/96, NA-Beschl.
v. 24.6.1997 – VI ZR 16/97, VersR 1998, 243
– Verzicht auf Gipsverband-Ruhigstellung nach Operation einer
dislozierten Fraktur des Mittelfußknochens vertretbar wegen
eines erhöhten Thrombose- und Sudeckrisikos;

OLG Stuttgart, Urt. v. 23.9.1997 – 14 U 71/96, VersR 1999, 582
– Grenzen für Vakuumextraktion statt sectio;

OLG Celle, Urt. v. 26.10.1998 – 1 U 40/97, NA-Beschl.
v. 8.6.1999 – VI ZR 382/98, VersR 2000, 58
– Wahl der Nagellänge bei Knochennagelung;

OLG Düsseldorf, Urt. v. 17.12.1998 – 8 U 139/97, VersR 2000, 456
– Grenzen für laparoskopische Cholezystektomie;

OLG Köln, Urt. v. 3.2.1999 – 5 U 118/98, VersR 1999, 1371
– Grenzen für den Wunsch nach kosmetischer Operation der
Ohrmuschel;

OLG Oldenburg, Urt. v. 16.3.1999 – 5 U 194/98, VersR 2000, 191
– Halsvenen- statt Ellenbogenzugang für künstliche Ernährung;

OLG Düsseldorf, Urt. v. 17.8.2000 – 8 U 217/98, VersR 2001, 1515
– bei Tennisarm Kortisioninjektion mit Kristallsuspension oder
wasserlöslichem Präparat;

OLG Naumburg, Urt. v. 6.6.2005 – 1 U 7/05, VersR 2006, 979
– konservative statt operative Behandlung einer Radiustrümmerfraktur des Handgelenks;

OLG Karlsruhe, Urt. v. 31.7.2013 – 7 U 91/12, GesR 2013, 662
– keine Aufklärungspflicht über die Alternative einer vaginal-
operativen Entbindung, wenn diese Entbindungsmethode zum
Handlungszeitpunkt keine medizinisch gleichwertige Behandlungsalternative mehr darstellt.

Natürlich muss die gewählte Behandlungsmethode medizinisch indiziert sein.

196 Der Arzt ist auch **nicht stets** auf den **jeweils sichersten** therapeutischen **Weg**
festgelegt; das Patienteninteresse ist in erster Linie auf Befreiung von der
Krankheit, nicht auf größtmögliche Sicherheit ausgerichtet. Allerdings muss
ein höheres Risiko in den besonderen Sachzwängen des konkreten Falls oder
in einer günstigeren Heilungsprognose eine sachliche Rechtfertigung finden.

BGH, Urt. v. 7.7.1987 – VI ZR 146/86, NJW 1987, 2927 = VersR
1988, 82;

BGH, Urt. v. 13.6.2006 – VI ZR 323/04, BGHZ 168, 103 = NJW
2006, 2477 = VersR 2006, 1073;

BGH, Urt. v. 22.5.2007 – VI ZR 35/06, BGHZ 172, 254 = NJW
2007, 2774 = VersR 2007, 1273;

OLG Frankfurt/M., Urt. v. 22.7.1997 – 8 U 92/97, NA-Beschl.
v. 17.2.1998 – VI ZR 279/97, VersR 1998, 1378.

197 Der Arzt kann Medikamente in Abweichung vom Beipackzettel verordnen,
wenn dies in den besonderen Sachzwängen der konkreten Behandlungssituation
medizinisch gerechtfertigt werden kann.

OLG Koblenz, Urt. v. 24.8.1999 – 3 U 1078/95, NJW 2000, 3425
= VersR 2001, 111.

Der Verzicht auf solche Abweichung kann sogar ein Behandlungsfehler sein.

198 Natürlich hat der Arzt alle bekannten und medizinisch vertretbaren Sicher-
heitsmaßnahmen anzuwenden, die eine erfolgreiche und komplikationsfreie
Behandlung gewährleisten, und muss umso umsichtiger vorgehen, je ein-
schneidender ein Fehler sich für den Patienten auswirken kann.

BGH, Urt. v. 9.7.1985 – VI ZR 8/84, VersR 1985, 969, 970
– Adduktions-Osteotomie;

OLG Düsseldorf, Urt. v. 23.4.1998 – 8 U 126/97, NA-Beschl.
v. 12.1.1999 – VI ZR 155/98, NJW-RR 1998, 1348 = VersR 1999,
1152 (LS)
– Mastektomie statt brusterhaltener Resektion bei ungünstiger
Malignität und Gefahr eines multizentrischen Wachstums;

OLG Köln, Urt. v. 25.11.1998 – 5 U 132/98, NJW-RR 1999, 675
= VersR 2000, 103
– vollständige Entfernung der Schilddrüse ohne Schnellschnitt-
diagnostik bei Verdacht auf kalten Knoten;

OLG Hamm, Urt. v. 17.1.2000 – 3 U 106/99, NA-Beschl.
v. 1.8.2000 – VI ZR 94/00, VersR 2001, 723
– Entfernung des Tumors mit anhängendem Nervenfasergewebe
bei Verdacht auf Bösartigkeit;

OLG Hamm, Urt. v. 21.5.2003 – 3 U 122/02, VersR 2004, 386
– vor Notsectio Informieren des Kinderarztes zum Schutz des
Kindes;

OLG Hamm, Urt. v. 7.7.2004 – 3 U 264/03, VersR 2005, 942
– vor operativer Anhebung des Rückenmarks (Erfolgsprognose
unter 10 %) Ausschöpfen aller diagnostischer und konservativer
Möglichkeiten.

Aber in Bezug auf alternative Methoden muss der Arzt prinzipiell nur dort, **199**
wo Unterschiede in der konkreten Heilungsprognose zwischen den Behandlungsalternativen nicht ins Gewicht fallen, die sicherere Methode wählen.

Die Suche nach dem „sichersten Weg" ist häufig schon deshalb nur bedingt er- **200**
folgreich, weil jede Methode ihre Risiken hat und diese sich für jeden Patienten
in seiner individuellen Befindlichkeit und seiner derzeitigen Behandlungssituation den Gewichten nach sehr unterschiedlich darstellen können. Zudem ist
auch auf das Risiko-Nutzen-Verhältnis zu sehen.

Im Allgemeinen muss der Arzt der Sicherheit Vorrang vor der Effizienz nur **201**
bei gefährlichen Nebenwirkungen der in Aussicht genommenen Therapie
einräumen.

Zwar muss die Therapie dem Stand der Medizin entsprechen, aber geschuldet **202**
wird **nicht stets das jeweils neueste Therapiekonzept** mittels einer auf den
jeweils neuesten Stand gebrachten apparativen Ausstattung.

BGH, Urt. v. 22.9.1987 – VI ZR 238/86, BGHZ 102, 17 = NJW
1988, 763 = VersR 1988, 179;

OLG Hamm, Urt. v. 15.3.2000 – 3 U 171/99, NJW 2000, 3437
= VersR 2000, 1509 (LS)
– Venenstripping nach Babcock.

Viele **therapeutische Fehler** gehen auch hier zurück auf ein **Übernahmever-** **203**
schulden infolge unzureichender sachlicher und räumlicher Ausstattung, unzureichender Hygieneverhältnisse, fehlender Spezialkenntnisse und -erfahrung,

BGH, Urt. v. 27.6.1978 – VI ZR 183/76, BGHZ 72, 132 = VersR
1978, 1022
– fehlende apparative Ausstattung;

BGH, Urt. v. 27.9.1983 – VI ZR 230/81, BGHZ 88, 248 = VersR
1984, 60, und
BGH, Urt. v. 7.5.1985 – VI ZR 224/83, NJW 1985, 2193 = VersR
1985, 782, 783
– Lymphknotenexstirpation durch sog. „Anfänger-Arzt";

BGH, Urt. v. 26.4.1988 – VI ZR 246/86, NJW 1988, 2298
= VersR 1988, 723
– Betreuung des Hochdruckpatienten mit Verdacht auf Neben-
nierentumor in der Ambulanz durch Anfänger;

BGH, Urt. v. 30.5.1989 – VI ZR 200/88, NJW 1989, 2321
= VersR 1989, 851
– mangelhafte apparative Ausstattung für eine kontrollierte Führung
einer Strahlentherapie;

BGH, Urt. v. 10.3.1992 – VI ZR 64/91, NJW 1992, 1560 = VersR
1992, 745
– Operation einer chronisch rezidivierenden Appendizitis durch
Nichtfacharzt;

BGH, Urt. v. 12.7.1994 – VI ZR 299/93, NJW 1994, 3008
= VersR 1994, 1303
– Unterlassen der Inkubationsbeatmung des Neugeborenen und
fehlerhafte Pufferung durch Anfänger;

BGH, Urt. v. 27.9.1994 – VI ZR 284/93, VersR 1995, 195
– Zwillingsgeburt bei nur einem brauchbaren CTG-Gerät;

BGH, Urt. v. 13.2.2001 – VI ZR 34/00, NJW 2001, 1786 = VersR
2001, 646
– fehlerhafte Entwicklung des Kindes bei Schulterdystokie durch
Ziehen am Kopf;

dazu auch OLG Düsseldorf, Urt. v. 10.1.2002 – 8 U 49/01, VersR
2003, 114;

OLG Düsseldorf, Urt. v. 30.1.2003 – 8 U 49/02, NZB-Beschl.
v. 14.10.2003 – VI ZR 55/03, VersR 2005, 654;

OLG Hamm, Urt. v. 21.5.2003 – 3 U 122/03, VersR 2004, 386;

OLG Oldenburg, Urt. v. 11.6.1982 – 6 U 6/82, NA-Beschl.
v. 29.3.1983 – VI ZR 202/82, VersR 1983, 563, 888
– Nichthinzuziehung eines Gefäßspezialisten als Consiliarius;

OLG Schleswig, Urt. v. 12.7.1989 – 4 U 120/88, VersR 1990, 1121
– nur hygienische statt chirurgische Handdesinfektion bei Knie-
gelenkpunktion;

OLG Stuttgart, Urt. v. 4.2.1993 – 14 U 51/92, VersR 1994, 106
– keine Hinzuziehung eines HNO-Arztes zur Abklärung eines
Hörsturzes nach Unterleibsoperation;

OLG Stuttgart, Urt. v. 15.7.1993 – 14 U 3/93, VersR 1994, 1114
– keine Hinzuziehung eines Facharztes durch Hebamme zur
Entbindung des Kindes aus Schulterdystokie;

OLG Oldenburg, Urt. v. 14.1.1997 – 5 U 139/95, VersR 1997, 1405
– keine Hinzuziehung eines Augenarztes durch den Internisten
wegen des Brillenhämatoms bei dem 3-jährigen Kind nach Sturz
aus 1,50 m Höhe mit Verdacht auf Schädelbasisbruch zur Abklärung einer Einblutung in die Netzhaut;

OLG Zweibrücken, Urt. v. 10.2.1998 – 5 U 65/89, VersR 1998, 590
– keine Hinzuziehung eines HNO-Arztes durch den Chirurgen
bei Druckgefühl des Patienten im Ohr nach Gallenoperation
(chochlearer Hörsturz);

OLG Düsseldorf, Urt. v. 28.9.2000 – 8 U 114/99, VersR 2002, 856
– keine Hinzuziehung eines Urologen trotz urologischer Probleme vor operativer Behebung einer Gebärmuttersenkung;

OLG Celle, Urt. v. 28.5.2001 – 1 U 22/00, NA-Beschl.
v. 12.3.2002 – VI ZR 229/01, VersR 2002, 854
– keine Hinzuziehung eines Angiologen bei alarmierenden
Anzeichen für eine Heparin-Unverträglichkeit,

OLG Oldenburg, Urt. v. 6.2.2008 – 5 U 30/07, VersR 2008, 924
– Nichteinweisen der Mutter in ein für die Versorgung von Früh-
geburten spezialisiertes Perinatalzentrum, wenn mit der Geburt
eines Kindes unter 1000 gr. in der 28. Schwangerschafts-Woche
gerechnet werden muss;

OLG München, Urt. v. 8.8.2013 – 1 U 4124/12, GesR 2013, 665
– Notfallaufnahme in einem Krankenhaus nicht behandlungs-
fehlerhaft, wenn in einer Stroke Unit keine überlegenen Unter-
suchungsmethoden angewandt worden wären.

oder auf ein **Organisations- bzw. Kontrollverschulden.**

• Allgemeinmedizin, Innere Medizin:

BGH, Urt. v. 11.12.1990 – VI ZR 151/90, NJW 1991, 1543
= VersR 1991, 315
– Nichtverfügbarkeit eines Medikaments für die Gerinnungs-
fähigkeit des Bluts beim Marcumarpatienten während der
Operation eines Bruchs des Handgelenks;

BGH, Urt. v. 9.1.1996 – VI ZR 70/95, VersR 1996, 647
– Unterlassen der Anweisung an Arzthelferin, eine telefonische
Schilderung dramatischer Krankheitssymptome sofort an ihn
weiterzuleiten;

BGH, Beschl. v. 22.9.2009 – VI ZR 32/09, NJW-RR 2010, 711
= VersR 2010, 72
– keine Einweisung in das Krankenhaus mit Notarztwagen trotz
Veränderungen im EKG und Schmerzsymptomatik bei Risikopatient;

BGH, Urt. v. 5.11.2013 – VI ZR 527/12, NJW 2014, 688 = VersR
2014, 247
– Unterlassen einer medizinisch gebotenen Untersuchung des
C-reaktiven Proteins bei einer Infektion;

BGH, Urt. v. 21.1.2014 – VI ZR 78/13, VersR 2014, 374
– Verschiebung der erforderlichen Hirndiagnostik bei einem
Schlaganfallpatienten;

OLG München, Urt. v. 2.2.1989 – 1 U 4573/88, NA-Beschl.
v. 31.10.1989 – VI ZR 97/89, VersR 1990, 312 (begr.)
– Injektion von Valium in Arterie statt in Vene;

OLG Stuttgart, Urt. v. 20.7.1989 – 14 U 21/88, VersR 1990, 385
– zu kurze Einwirkungszeit des Desinfektionsmittels vor Injektion;

OLG Düsseldorf, Urt. v. 23.5.1996 – 8 U 98/94, NA-Beschl.
v. 3.6.1997 – VI ZR 212/96, VersR 1997, 1358 (LS)
– Unterlassen einer Identitätsprüfung der histologisch untersuchten
Gewebeproben durch den einsendenden Arzt führt zur falschen
Zuordnung der Befunde und zur Entfernung eines gesunden
Magens;

OLG Düsseldorf, Urt. v. 17.12.1998 – 8 U 170/97, VersR 2000, 457
– keine Überprüfung des zentralen Venenkatheters nach Entfernung auf Vollständigkeit;

OLG Koblenz, Urt. v. 25.8.2011 – 5 U 670/10, NZB-Beschl.
v. 11.9.2012 – VI ZR 253/11, VersR 2013, 111
– unzureichende Diagnostik bei einem Schlaganfall;

OLG Köln, Urt. v. 27.6.2012 – 5 U 38/10, VersR 2013, 113
– Wundspülung mit einem Flächendesinfektionsmittel statt mit
einem Wundantiseptikum;

OLG Rostock, Urt. v. 21.12.2012 – 5 U 170/11, VersR 2013, 465
– Ultraschalluntersuchung: Nichterkennung der Stauung einer
Niere;

- Chirurgie:

OLG Hamm, Urt. v. 5.11.1980 – 3 U 67/80, NA-Beschl. v.
9.11.1982 – VI ZR 35/81, VersR 1983, 564
– Kontrolle auf Nachblutung nach Mandeloperation;

OLG Stuttgart, Urt. v. 24.1.1988 – 14 U 8/87, NA-Beschl.
v. 25.10.1988 – VI ZR 59/88, VersR 1989, 199
– keine stündliche Kontrolle der operativ versorgten Fraktur mit
Durchspießungswunde auf Gasbrand;

OLG Köln, Urt. v. 2.4.1990 – 27 U 140/88, NA-Beschl.
v. 20.11.1990 – VI ZR 152/90, VersR 1991, 695
– Lagerungsschaden bei beidseitiger Bruchoperation;

OLG Stuttgart, Urt. v. 6.2.1992 – 14 U 1/91, VersR 1992, 1134
– verspätete Einstellung des Patienten in die Dringlichkeitsstufe
für eine Nierentransplantation wegen Fehler in der Planung und
Koordination;

OLG Karlsruhe, Urt. v. 8.9.1993 – 7 U 41/91, VersR 1994, 604
– nach Küntscher-Marknagelung keine Überprüfung auf Torsions-
fehlstellung;

OLG Hamm, Urt. v. 22.4.1996 – 3 U 95/95, VersR 1997, 1359
– zu tiefes Einbringen der Spongiosaschrauben in den Hüftknochen
mangels Bildwandkontrolle führt zur Dauerschädigung des Hüftgelenks;

OLG Köln, Urt. v. 21.8.1996 – 5 U 286/94, NA-Beschl.
v. 17.6.1997 – VI ZR 324/96, VersR 1997, 1404
– keine Anweisungen des Krankenhauses an das Pflegepersonal
hinsichtlich der postoperativen Betreuung frisch operierter Patienten, obwohl das Krankenhaus keinen Aufwachraum besitzt;

OLG Oldenburg, Urt. v. 2.12.1997 – 5 U 79/97, VersR 1998, 595
– nach Osteotomie des Unterschenkels keine Kontrolle des Beins
auf Entstehung eines Kompartmentsyndroms mit der Folge der
Versteifung des Sprunggelenks;

OLG Oldenburg, Urt. v. 14.10.1997 – 5 U 98/97, VersR 1999, 63
– bei Operation eines Knochenabrisses im Bereich des Ellen-
bogengelenks Übersehen einer Luxation des Radiusköpfchens
auf dem Röntgenbild;

OLG Düsseldorf, Urt. v. 12.3.1998 – 8 U 49/97, VersR 1999, 450
– nach Operation einer komplizierten Sprunggelenksfraktur
keine Korrektur auf rechtwinklige Stellung des Fußes;

OLG Zweibrücken, Urt. v. 12.5.1998 – 5 U 35/96, VersR 1999, 719
– bei Hüftgelenkserneuerung durch Sonderprothese keine Neu-
tralisierung des Inkompatibilitätsrisikos;

OLG Brandenburg, Urt. v. 10.3.1999 – 1 U 54/98, NJW-RR
2000, 24 = VersR 2000, 489
– vor laparoskopischer Entfernung der Gallenblase keine
röntgendiagnostische Abklärung der Gallenwege trotz Verwachsungen und anatomischer Anomalien;

OLG Hamm, Urt. v. 15.3.2000 – 3 U 1/99, NJW 2000, 3437
= VersR 2000, 1509
– bei Laparoskopie Verwechselung des Ductus choledochus mit
dem Ductus cysticus wegen ungenügender Präparation;

OLG Düsseldorf, Urt. v. 19.10.2000 – 8 U 116/99, VersR 2001,
1380
– keine Abklärung des Risikos psychisch-neurotischer Fehl-
haltung vor kosmetischer Nasenkorrektur;

OLG Hamm, Urt. v. 6.2.2002 – 3 U 64/01, VersR 2003, 374
– bei laparoskopischer Cholezystektomie keine Abklärung
aberrierender Gallengänge durch Präparieren;

OLG Koblenz, Urt. v. 20.7.2006 – 5 U 47/06, VersR 2007, 1698
– keine Berücksichtigung des EKG vor Bandscheibenoperation,
weil Operateur und Anästhesist sich auf seine Auswertung durch
den anderen verlassen;

OLG Koblenz, Urt. v. 10.1.2008 – 5 U 1508/07, VersR 2008, 923
– nach Bypass-Operation Nichterkennen eines durchgebrochenen
Magengeschwürs trotz deutlicher Symptome;

OLG Karlsruhe, Urt. v. 21.5.2008 – 7 U 158/07, VersR 2009, 831
– keine CTG-Kontrolle darauf, ob der Patient einen in den Schädel
gelegten Shunt sich ganz oder nur zum Teil herausgezogen hat;

OLG Köln, Urt. v. 25.5.2011 – 5 U 174/08, VersR 2012, 239
– bei in Rotationsfehlstellung verheilter Radiustrümmerfraktur
mit Subluxation der Elle und Instabilität des Ulnakomplexes
Ulnaverkürzungs-Osteotomie statt Korrektur-Osteotomie;
Anästhesie:

BGH, Urt. v. 3.10.1989 – VI ZR 319/88, NJW 1990, 759 = VersR
1989, 1296
– Sauerstoffunterversorgung nach Extubation;

BGH, Urt. v. 26.1.1999 – VI ZR 376/97, BGHZ 140, 309 = NJW
1999, 1779
– unzureichende Abstimmung des Instrumenteneinsatzes mit
Ophtamologen bei Schieloperation;

OLG Stuttgart, Urt. v. 1.12.1994 – 14 U 48/93, VersR 1995, 1353
– keine rechtzeitige anästhesiologische Behandlung eines Liquor-
verlustsyndroms nach Spinalanästhesie infolge unzureichender
organisatorischer Abstimmung zwischen Operateur und Anästhesist über die Belehrung des Patienten, sich bei Dauerkopfschmerzen zu melden;

OLG München, Urt. v. 24.10.1996 – 24 U 124/96, NJW 1997,
1642 = VersR 1997, 1491
– Sturz des Patienten von der OP-Liege infolge Angstreaktionen
angesichts der bevorstehenden Periduralanästhesie;

OLG Köln, Urt. v. 28.4.1999 – 5 U 15/99, VersR 2000, 974
– Entblutungsschock infolge Trennung der Schraubverbindung
zwischen arteriell liegendem Katheter und Infiltrationspatrone
bei Blutwäsche;

OLG Naumburg, Urt. v. 14.9.2004 – 1 U 97/03, VersR 2005, 1401
– bei Allgemeinnarkose in Kombination mit lokaler Betäubung
keine Abstimmung der Dosen auf den kindlichen Körper des
5-jährigen Patienten;

OLG Köln, Urt. v. 13.6.2012 – 5 U 18/11, VersR 2013, 1447
– Unterlassen der explorativen Revision einer Wunde; Gynäkologie;
Geburtshilfe; Pädiatrie;

BGH, Urt. v. 25.9.1990 – VI ZR 285/89, NJW 1991, 98 = VersR
1990, 1409
– toxische Desinfektion im Kreißsaal;

BGH, Urt. v. 1.2.1994 – VI ZR 65/93, NJW 1994, 1594 = VersR
1994, 562
– Brandverletzung des Frühgeborenen im Inkubator durch
schadhafte Wärmflasche;

BGH, Urt. v. 16.4.1996 – VI ZR 190/95, NJW 1996, 2429
= VersR 1996, 976
– Bewertung der CTG während der Nachtzeit durch Pflege-
personal statt durch Hebamme oder Arzt;

BGH, Urt. v. 21.7.1998 – VI ZR 15/98, NJW 1998, 3417 = VersR
1998, 1153
– verspätete Einleitung der sectio wegen Fehler bei der Geburtsleitung durch den Gynäkologen;

BGH, Beschl. v. 9.6.2009 – VI ZR 261/08, VersR 2009, 1406
– bei Misslingen der Intubation des unter Sauerstoffproblemen
leidenden Säuglings keine fachärztliche Hilfe geholt; anschlie-
ßend Hyperventilation auf der Intensivstation über 5 Stunden;

OLG Hamm, Urt. v. 18.9.1989 – 3 U 233/88, NA-Beschl.
v. 25.9.1990 – VI ZR 315/89, VersR 1991, 228
– keine Übertragung der Risikogeburt auf Oberarzt statt auf
Hebamme;

OLG München, Urt. v. 15.2.1990 – 1 U 2016/87, NA-Beschl.
v. 20.11.1990 – VI ZR 143/90, VersR 1991, 586
– Nichtverständigen des Arztes durch Hebamme bei Herzton-
abfall des Kindes in der Geburt;

OLG Stuttgart, Urt. v. 20.8.1992 – 14 U 3/92, VersR 1993, 1358
(LS)
– eigenmächtiges Höherstellen des Wehentropfs durch Krankenschwester;

OLG Düsseldorf, Urt. v. 13.6.1996 – 8 U 94/95, VersR 1997, 240
– keine sonographische Kontrolle der Nieren und der harnablei-
tenden Wege nach abdominaler Hysterektomie;

OLG Oldenburg, Urt. v. 16.1.1996 – 5 U 17/95, NA-Beschl.
v. 12.11.1996 – VI ZR 60/96, VersR 1997, 1236
– der Gynäkologe überlässt der Hebamme die Überwachung des
Geburtsverlaufs trotz hochpathologischem CTG;

OLG Köln, Urt. v. 23.7.1997 – 5 U 44/97, VersR 1998, 244 (LS)
– unzureichende Überwachung des Geburtsfortschritts bei Risikogeburt, keine Blutdruck- und transkutanten Sauerstoffmessungen
bei dem Kind trotz auftretender Zyanosen und Bradykardieanfällen;

OLG Celle, Urt. v. 28.7.1997 – 1 U 19/96, NA-Beschl.
v. 29.9.1998 – VI ZR 284/97, VersR 1999, 486
– unzureichende CTG-Kontrolle durch darin nicht ausgebildete Hebamme;

OLG Karlsruhe, Urt. v. 11.3.1998 – 7 U 214/96, NA-Beschl.
v. 17.11.1998 – VI ZR 152/98, VersR 2000, 229
– keine Messung des arteriellen Sauerstoffpartialdrucks bei Frühgeborenen;

OLG Düsseldorf, Urt. v. 6.5.1999 – 8 U 185/97, NA-Beschl.
v. 14.12.1999 – VI ZR 200/99, VersR 2000, 853 (LS)
– Verzögerung der Einweisung des 5 Wochen alten Säuglings trotz Kopfumfangs von 46 cm und Augentiefstand (Sonnenuntergangssyndrom);

OLG Stuttgart, Urt. v. 13.4.1999 – 14 U 17/98, NA-Beschl.
v. 22.2.2000 – VI ZR 166/99, VersR 2000, 1108
– Verzögerung der sectio wegen fehlender Unterrichtung der Ärzte vom Aufbewahrungsort des Schlüssels zum OP;

OLG Hamm, Urt. v. 6.12.1999 – 3 U 86/99, VersR 2001, 593
– keine Lagekontrolle des Nabelvenenkatheters;

OLG Hamm, Urt. v. 19.1.2000 – 3 U 14/99, NA-Beschl.
v. 24.10.2000 – VI ZR 78/00, VersR 2001, 189
– Fixierung auf Vakuumextraktion, ohne sectio in Notsituation in Betracht zu ziehen;

OLG Düsseldorf, Urt. v. 18.10.2000 – 8 U 183/99, VersR 2002, 1157
– nach laparoskopischer Fertilisations-Diagnostik keine regelmäßigen Kontrollen von Blutdruck und Herzfrequenz zum Erkennen von Gefäßverletzungen;

OLG Koblenz, Urt. v. 5.7.2004 – 12 U 572/97, NJW 2005, 1200 = VersR 2005, 1738
– bei mangelgeborenen Zwillingen keine regelmäßigen Blutdruckkontrollen zum Erkennen einer Hypoglämie;

OLG Celle, Urt. v. 27.2.2006 – 1 U 68/05, VersR 2007, 543
– verspätete Anordnung einer sectio trotz alarmierend niedrigem pH-Wert beim Kind;

OLG Koblenz, Urt. v. 12.10.2006 – 5 U 456/06, VersR 2007, 111, NZB-Beschl. v. 26.1.2010 – VI ZR 295/08
– Harnleiterläsion bei laparoskopischer Entfernung einer Ovarialzyste trotz Verwachsungen;

OLG Düsseldorf, Urt. v. 26.4.2007 – I-8 U 37/05, VersR 2008, 534
– bei sie und das Kind gefährdender Weigerung der Gebärenden, ärztlichen Anordnungen nachzukommen, keine laute drastische Intervention des Geburtshelfers bis hin zum Eklat;

OLG Jena, Urt. v. 23.5.2007 – 4 U 437/05, VersR 2008, 401
– keine histologische Abklärung bei auffallend schnell wachsendem Tumor;

OLG Koblenz, Urt. v. 3.5.2007 – 5 U 567/05, VersR 2008, 222
– trotz kritischer Abfälle der Herzfrequenz beim Kind keine Blutanalyse;

OLG Koblenz, Urt. v. 10.4.2008 – 5 U 1440/06, VersR 2009, 980
– nach Entfernung des Uterus trotz anschließender Oberbauch-
schmerzen mit urologisch kritischem Befund keine Kontrolluntersuchung;

OLG Koblenz, Urt. v. 30.10.2008 – 5 U 576/07, VersR 2009, 833
– Chefarzt verhindert die sofortige Verlegung des Neugeborenen
in die Kinderklinik durch seine Anweisung, das Kind der Mutter
anzulegen, um es zu beruhigen;

OLG Koblenz, Urt. v. 26.2.2009 – 5 U 1212/07, VersR 2010, 1452
– keine Not-Sectio nach Abreißen der Saugglocke;

OLG Köln, Urt. v. 22.9.2010 – 5 U 211/8, VersR 2010, 760
– keine sofortige Einweisung in das Krankenhaus bei Gefahr einer
hypertonen Dehydration des 8 Monate alten Säuglings;

OLG München, Urt. v. 8.7.2010 – 1 U 4550/08, VersR 1212, 111
– Armplexuslähmung des Neugeborenen wegen fehlerhafter
Lösung einer Schulterdystokie;

- HNO-Heilkunde:

OLG Stuttgart, Urt. v. 30.5.2000 – 14 U 71/99, NA-Beschl.
v. 30.1.2001 – VI ZR 233/00, VersR 2001, 766
– bei Lymphadnitis keine engmaschige Verlaufskontrolle wegen
Weiterentwicklung zu einer Mediastinitis;

OLG Düsseldorf, Urt. v. 2.11.2000 – 8 U 125/99, VersR 2001, 647
– bei Vorwölbung des druckschmerzhaften Trommelfells und
Entzündung des Außenohrs keine Kontrolle auf Mittelohrent-
zündung;

- Orthopädie:

BGH, Urt. v. 24.1.1984 – VI ZR 203/82, NJW 1984, 1403
= VersR 1984, 386
– Lagerungsschaden bei Bandscheibenoperation;

BGH, Urt. v. 20.3.2007 – VI ZR 158/06, BGHZ 171, 358 = NJW
2007, 1682 = VersR 2007, 847
– Spritzenabzess durch fehlerhafte Hygieneprophylaxe;

BGH, Urt. v. 8.1.2008 – VI ZR 118/06, NJW 2008, 1304 = VersR
2008, 490
– Abszess nach intraartikulärer Injektion in das Kniegelenk bei
fehlerhafter Hygiene;

OLG Hamm, Urt. v. 13.1.1988 – 3 U 338/86, NA-Beschl.
v. 6.12.1988 – VI ZR 50/88, VersR 1989, 293
– Arthrographie und Meniskusoperation trotz risikoreichen
Reizzustands am selben Tag;

OLG Hamm, Urt. v. 18.6.1997 – 3 U 173/96, NA-Beschl.
v. 5.5.1998 – VI ZR 246/97, VersR 1998, 1243
– nach Umstellungsosteotomie in Rückenlage Lagerungsschäden
am ausgelagerten Infusionsarm;

OLG Düsseldorf, Urt. v. 15.6.2000 – 8 U 99/99, NJW-RR 2001,
389 = VersR 2000, 1019
– Spritzenwechsel während Kniepunktion bei liegender Kanüle
ohne sterile Handschuhe;

OLG Stuttgart, Urt. v. 4.6.2002 – 14 U 86/01, VersR 2003, 253
– zu weite zentrale Platzierung des femoralen Bohrkanals für das
Kreuzbandimplantat;

OLG Düsseldorf, Urt. v. 21.2.2008 – I-8 U 82/06, VersR 2009, 403
– keine Thromboseprophylaxe bei einer die Muskelpumpe aus-
schaltenden Ruhigstellung des Unterschenkels durch Gipsverband;

OLG Koblenz, Urt. v. 12.2.2009 – 5 U 927/06, VersR 2009, 1077
– bei Umstellungsosteotomie keine Maßnahmen zum Schutz vor
einer Verletzung des Peroneus-Nervs;

OLG Koblenz, Urt. v. 29.10.2009 – 5 U 55/99, VersR 2010, 480
– Nichtentfernen der in den Spinalkanal eingedrungenen Band-
scheibenteile; Radiologie:

OLG Köln, Urt. v. 29.11.1989 – 27 U 111/89, NA-Beschl.
v. 23.10.1990 – VI ZR 9/90, VersR 1991, 311
– Einführen des Darmrohrs durch Arzthelferin statt durch
Radiologen;

OLG Koblenz, Beschl. v. 10.3.2011 – 5 U 1281/10, VersR 2011,
1268
– MRT bei Patient mit Herzrhythmus-Regulator;

- Urologie:

  OLG Düsseldorf, Urt. v. 5.11.1981 – 8 U 268/80, NA-Beschl.
  v. 7.12.1982 – VI ZR 265/81, VersR 1983, 878
  – Lagerungsschaden bei Eröffnung des Nierenbeckens
  (Pyelotomie);

  OLG Oldenburg, Urt. v. 28.10.1997 – 5 U 191/96, NA-Beschl.
  v. 19.5.1998 – VI ZR 341/97, VersR 1999, 1284
  – trotz Verdachts auf Hodentorsion keine Freilegung des Hodens;

  OLG Köln, Urt. v. 30.1.2002 – 5 U 106/01, VersR 2003, 1444
  – wiederholte Verwendung suprapubischer Katheter trotz mehr-
  jährigen Überschreitens des Verfallsdatums;

  dazu auch bei Rz. 191 „Innere Medizin";

- Zahnmedizin; Kieferchirurgie:

  OLG Köln, Urt. v. 3.11.1997 – 5 U 137/97, VersR 1999, 100
  – Operation im Kieferbereich auf der krankheitsfreien Seite;

  OLG Köln, Urt. v. 25.2.1998 – 5 U 157/97, VersR 1998, 1511
  – Eingliederung einer Prothese trotz der auf dem Röntgenbild
  erkennbaren ungenügenden Verankerung der Implantate wegen
  fortgeschrittenen Knochenabbaus;

  OLG Stuttgart, Urt. v. 9.1.1998 – 14 U 15/97, VersR 1999, 1017
  – bei Überkronung kein Abdecken der beschliffenen Zahnsubstanz;

  OLG Stuttgart, Urt. v. 10.11.1998 – 14 U 34/98, NJW 1999, 874
  = VersR 1999, 1018
  – bei Weisheitszahn-Extraktion Verletzung des Nervus lingualis
  durch Rosenbohrer;

  OLG Brandenburg, Urt. v. 8.11.2000 – 1 U 6/99, VersR 2001, 1241
  – trotz verdächtiger Röntgenkontrolle keine intraoperative Abklärung einer Übersprengung von Füllmaterial in die Kieferhöhle;

OLG Köln, Urt. v. 11.9.2002 – 5 U 230/00, NZB-Beschl.
v. 20.5.2003 – VI ZR 369/02, VersR 2004, 1055
– Einbringen von Implantaten trotz massiver Entzündungen der
Schleimhäute;

OLG Oldenburg, Urt. v. 28.2.2007 – 5 U 147/05, VersR 2007, 1567
– keine Verpflichtung des Zahnarztes vor Einbringen des Zahnersatzes zu einem Allergietest ohne konkrete Anhaltspunkte für
Unverträglichkeit;

OLG Oldenburg, Urt. v. 4.7.2007- 5 U 31/05, VersR 2007, 1699
= MedR 2008, 296
– trotz Kenntnis von Palladiumallergie des Patienten Einsetzen
einer Brücke aus Palladium-Legierung;

• Pflege:

OLG Köln, Urt. v. 4.8.1999 – 5 U 19/99, VersR 2000, 767
– bei präsakralem Dekubitus Anscheinsbeweis für groben
Pflegefehler auch bei Schwerstkranken.

204 Die therapeutische Sorgfalt richtet sich nach dem **Erkenntnisstand** der medizinischen Wissenschaft **zur Zeit der Behandlung** (§ 630a Abs. 2 BGB).

BGH, Urt. v. 10.5.1983 – VI ZR 270/81, NJW 1983, 2080
= VersR 1983, 729
– Brutkastenkind;

OLG Hamm, Urt. v. 28.7.1993 – 3 U 257/92, NA-Beschl.
v. 12.7.1994 – VI ZR 253/93, VersR 1994, 1476
– schon 1988 war Einsatz der PZB zur Schmerzlinderung ein
Fehler;

OLG Düsseldorf, Urt. v. 27.4.1995 – 8 U 68/93, NA-Beschl.
v. 26.3.1996 – VI ZR 175/95, VersR 1996, 755:
1990 war das Unterlassen augenärztlicher Kontrollen zur
Erkennung einer Frühgeborenen-Retinopathie bei Fehlen von
Auffälligkeiten kein Fehler, anders spätestens ab 1993;

OLG München, Urt. v. 6.11.1996 – 1 U 2733/96, NA-Beschl.
v. 11.11.1997 – VI ZR 44/97, VersR 1998, 195
– 1990 war es kein Behandlungsfehler, zur Abklärung einer
Borrelioseinfektion nach Zeckenbiss das Blut nicht nach zwei
verschiedenen Testverfahren zu untersuchen;

OLG München, Urt. v. 13.2.1997 – 1 U 2506/96, NA-Beschl.
v. 11.11.1997 – VI ZR 128/97, VersR 1998, 588
– Ende 1992 war es nicht Standard, bei sehr schwieriger Einord-
nung von Einlagerungen im Brustgewebe sonographisch nach
Veränderungen des Brustdrüsenkörpers zu suchen oder die
Einlagerungen immer histologisch abzuklären, anders heute;

OLG Frankfurt/M., Urt. v. 22.7.1997 – 8 U 92/97, NA-Beschl.
v. 17.2.1998 – VI ZR 279/97, VersR 1998, 1378
– 1991 gehörte es noch nicht zum Standard einer gastro-enterolo-
gischen Behandlung, den Patienten auf Helicobacter-Bakterien zu
untersuchen;

OLG Koblenz, Urt. v. 2.12.1998 – 1 U 1826/97, NA-Beschl.
v. 5.10.1999 – VI ZR 4/99, VersR 2000, 230
– konservative Versorgung einer Oberarmfraktur bei Kleinkind
1992 Methode der Wahl;

OLG Hamm, Urt. v. 15.3.2000 – 3 U 171/99, NJW 2000, 3437
= VersR 2000, 1509
– Venenstripping nach Babcock 1994 noch Standard.

OLG Köln, Urt. v. 28.5.2003 – 5 U 77/01, VersR 2004, 166
– Kenntnis von Zusammenhängen zwischen Vaginose, Keimas-
zension und Frühgeburt 1993 noch kein fachärztlicher Standard;

OLG Frankfurt/M., Urt. v. 14.1.2003 – 8 U 135/01, NZB-Beschl.
v. 14.10.2003 – VI ZR 35/03
– beidseitige Schilddrüsenresektion zur selben Zeit 1995 noch
kein Fehler;

OLG Naumburg, Urt. v. 13.3.2008 – 1 U 83/07, VersR 2008,
1073
– keine aszendierende Phlebographie zum Ausschluss einer tiefen
Beinvenenthrombose zusätzlich zur negativen klinischen Untersuchung; D-Dimere-Test und farbkodierte Duplex-Ultraschall-
untersuchung o.B.

An die **Fortbildungspflicht** des Arztes stellt der BGH strenge Anforderungen.   205
Der Arzt muss sich zum Ausschluss von Risiken für seinen Patienten mit der
Funktionsweise auch neuer Geräte vertraut machen, wenn er sie einsetzen
will.

OLG Saarbrücken, Urt. v. 30.5.1990 – 1 U 69/89, VersR 1991, 1289.

Er muss jedenfalls die einschlägigen Fachzeitschriften auf dem entsprechenden   206
Fachgebiet, auf dem er tätig sein will, regelmäßig lesen.

BGH, Urt. v. 29.1.1991 – VI ZR 206/90, BGHZ 113, 297 = NJW
1991, 1535 = VersR 1991, 469.

Zur Lektüre ausländischer Fachzeitschriften ist der Allgemeinmediziner nicht   207
verpflichtet; inwieweit dies auch für den Facharzt gilt, hat der BGH bisher
offengelassen. Der Arzt sollte zur Verfolgung der wissenschaftlichen Diskussion einer Methode im Ausland jedenfalls dann verpflichtet sein, wenn er
diese Methode anwenden will und sie sich noch in der medizinisch-wissen-
schaftlichen Erprobung befindet. Eine längere Karenzzeit bis zur Aufnahme
der wissenschaftlichen Diskussion durch die Praxis billigt der BGH grundsätzlich nicht zu.

OLG Düsseldorf, Urt. v. 19.12.1985 – 8 U 155/84, NA-Beschl.
v. 21.10.1986 – VI ZR 23/86, VersR 1987, 414;

OLG München, Urt. v. 1.4.1999 – 1 U 2676/95, VersR 2000, 890
– keine Pflicht des niedergelassenen Gynäkologen zum Studium
von Spezialveröffentlichungen über Kongresse und von ausländischer Fachliteratur (bedenkliche Verallgemeinerung, dass solche
Veröffentlichungen nur als wissenschaftlicher Denkanstoß einzuordnen seien).

Allerdings muss der Arzt nicht jeder Meinung in der medizinischen Wissen-   208
schaft nachgehen.

OLG Frankfurt/M., Urt. v. 22.7.1997 – 8 U 92/97, NA-Beschl.
v. 17.2.1998 – VI ZR 279/97, VersR 1998, 1378.

Verfolgen muss er aber Erkenntnisse und Methoden, wenn sie in der Medizin bereits ernsthaft, also auf breiterer Basis, diskutiert werden, auch wenn sie sich noch nicht allgemein durchgesetzt haben.

> OLG Köln, Urt. v. 21.8.1996 – 5 U 286/94, NA-Beschl.
> v. 17.6.1997 – VI ZR 324/96, VersR 1997, 1404
> – apallisches Syndrom nach HNO-Operation.

209 **Im Übrigen werden die Sorgfaltsmaßstäbe** für die Therapie **durch die Behandlungsaufgabe**, die konkreten Risikobedingungen, die zeitlichen Entscheidungsgrenzen für die Beherrschung einer dramatischen Entwicklung gesetzt, die allerdings durch Vorsorge in der ruhigeren Vorbereitungsphase möglichst zu neutralisieren sind.

> BGH, Urt. v. 18.12.1984 – VI ZR 23/83, VersR 1985, 338, 339
> – Entscheidung des Anästhesisten in Notsituation (hämorrhagischer Schock) für ein Vorgehen (Belassen des Subclavia-Katheters trotz kritischer Lage zur Infusion von Plasma), das mit schweren irreversiblen Schäden verbunden sein kann;
>
> BGH, Urt. v. 13.12.1988 – VI ZR 22/88, NJW 1989, 1541
> = VersR 1989, 289
> – Vorbedenken einer intraoperativen Konfliktsituation wegen unterentwickelter Gefäße des Kleinkindes vor Anastomosen-Operation;
>
> OLG Frankfurt/M., Urt. v. 5.6.1986 – 1 U 225/84, NA-Beschl.
> v. 24.3.1987 – VI ZR 197/86, VersR 1987, 1118
> – Anpunktieren einer Arterie in Ellenbeuge bei bewusstlosem Patienten mit CO-Vergiftung;
>
> OLG Karlsruhe, Urt. v. 25.1.1989 – 7 U 155/87, NA-Beschl.
> v. 10.10.1989 – VI ZR 46/89, VersR 1990, 53
> – nächtliche Notfallversorgung einer Schnittwunde am Ellenbogen, ohne nervus ulnaris darzustellen;
>
> OLG Hamm, Urt. v. 19.1.2000 – 3 U 14/99, NA-Beschl.
> v. 24.10.2000 – VI ZR 78/00, VersR 2001, 189
> – bei Vakuumextraktion Vorausdenken einer sectio im Notfall.

Neue Behandlungsmethoden

210 Der Arzt kann eine neue Behandlungsmethode grundsätzlich auch dann anwenden, wenn sie sich noch in der Phase der Erprobung befindet, sofern eine verantwortungsvolle Abwägung der Chancen und Risiken für den Patienten im Vergleich mit den in der konkreten Behandlungssituation auch möglichen etablierten Methoden unter medizinischen Beurteilungsparametern dieses rechtfertigt, der Arzt die Erkenntnislücken bezüglich des Potentials spezifischer Komplikationen durch entsprechend großzügige Sicherheitspolster für den Patienten neutralisiert und er den Patienten über die Neuartigkeit und die Möglichkeit unbekannter Risiken ausführlich unterrichtet.

> BGH, Urt. v. 13.6.2006 – VI ZR 323/04, BGHZ 168, 303 = NJW 2006, 2477 = VersR 2006, 1073
> – Robodoc, zementfreie Hüftgelenksendoprothese;
> September 1995;

BGH, Urt. v. 22.5.2007 – VI ZR 35/06, BGHZ 172, 254 = NJW
2007, 2774 = VersR 2007, 1278
– Behandlung eines Bandscheibenvorfalls mit dem Racz-Katheter.

In dieser Phase begeht der Arzt, wenn er auf die neue Methode verzichtet, keinen Behandlungsfehler; er ist dem Patienten auch nicht zur Aufklärung über die neuen Entwicklungen verpflichtet.

LG Koblenz, Urt. v. 3.12.1993 – 13 O 14/92, VersR 1994, 1349.

Zur aufklärungspflichtigen Alternative kann die neue Methode überhaupt **211** erst werden, wenn sie sich etabliert hat. Die Anwendung der alten Behandlungsmethode oder Operationstechnik wird erst dann zum Behandlungsfehler, wenn die neue Methode, die neue Technik an einem für Aussagen über die Nutzen-Risiko-Bilanz ausreichend großen Patientengut medizinisch erprobt und im Wesentlichen unumstritten ist, in der Praxis nicht nur an wenigen Zentren, sondern verbreitet Anwendung findet, für den jeweils betroffenen Patienten risikoärmer oder weniger belastend ist und/oder bessere Heilungschancen verspricht.

Vgl. BGH, Urt. v. 22.9.1987 – VI ZR 238/86, BGHZ 102, 17
= NJW 1988, 763 = VersR 1988, 179
– Elektrokoagulation mit monopolarem statt bipolarem Hochfrequenzstrom;

BGH, Urt. v. 26.11.1991 – VI ZR 389/90, NJW 1992, 754
= VersR 1992, 240
– Strahlentherapie in Mehrfeld- statt in Großfeldtechnik;

OLG Hamm, Urt. v. 15.3.2000 – 3 U 171/99, NJW 2000, 3437
= VersR 1999, 611 (LS)
– extrakorporale Photopherese bei Ehlers-Danlos-Syndrom.

Diagnose- und Behandlungsmöglichkeiten, die erst in wenigen Spezialkliniken **212** erprobt und durchgeführt werden, sind für den allgemeinen Qualitätsstandard nur insoweit zu berücksichtigen, als es um die Frage geht, ob der Patient wegen eines speziellen Leidens in diese Spezialklinik hätte überwiesen werden müssen.

BGH, Urt. v. 28.2.1984 – VI ZR 106/82, NJW 1984, 1810
= VersR 1984, 470, 471;

OLG Oldenburg, Urt. v. 4.5.1988 – 3 U 89/87, NA-Beschl.
v. 13.12.1988 – VI ZR 169/88, VersR 1989, 402.

Außenseitermethode

Qualitätsstandard heißt andererseits **nicht Standardbehandlung**: grund- **213** sätzlich ist der Arzt nicht auf die Schulmedizin fixiert; auch das Haftungsrecht darf den medizinischen Fortschritt nicht hindern. Im Gegenteil können Besonderheiten des Falles oder ernsthafte Kritik an der hergebrachten Methode ein Abweichen von der Standardmethode von ihm fordern.

Auch der **sozialversicherungsrechtliche und privatversicherungsrechtliche** **214** **Deckungsschutz erfassen** nicht nur schulmedizinisch-wissenschaftlich allgemein anerkannte, sondern auch im Bereich der **Alternativmedizin** anerkannte Behandlungsmethoden. Für die Privatversicherung gilt das für Methoden, deren Wirksamkeit für eine Besserung oder Verzögerung der Verschlimmerung der Krankheit zwar nicht gesichert, aber im konkreten Fall für möglich gehalten werden muss, sofern die Erfolgsaussicht im konkreten Fall nicht ganz geringfügig ist. Dies gilt insbesondere für unheilbare Krankheiten. Für die gesetzliche Krankenversicherung wird heute demgegenüber verlangt, dass die Wirksamkeit der Methode in einer statistisch relevanten Zahl von Fällen nachgewiesen ist.

> BGH, Urt. v. 10.7.1996 – IV ZR 133/95, BGHZ 133, 208 = NJW
> 1996, 3074 = VersR 1996, 1224
> – Autovakzinations-Therapie bei HIV;
>
> BSG, Urt. v. 23.3.1988 – 3/8 RK 5/87, BSGE 63, 102 = NJW
> 1989, 794
> – bei chronischer Erkrankung des Dickdarms KUF-Reihen;
>
> BSG, Urt. v. 9.2.1989 – 3 RK 19/87, BSGE 64, 255, 257 f = NJW
> 1989, 2349
> – Injektion vom Thymuextrakt bei MS;
>
> BSG, Urt. v. 21.11.1991 – 3 RK 8/90, NJW 1992, 1584
> – Ney-Tumorin-Medikation gegen Gebärmutterkrebs;
>
> BSG, Urt. v. 8.9.1993 – 14a RKa 7/92, BSGE 73, 66 = SozR
> 3-2500 § 2 Nr. 2
> – Amalgan;
>
> BSG, Urt. v. 5.7.1995 – 1 RK 6/95, SozR 3-2500 § 27 SGB V
> – Methadon-Substitutionsbehandlung zum neuen Recht.

215 Die einschränkenden Kriterien für den Deckungsschutz in der GKV finden verfassungsrechtliche Grenzen in Art. 2 Abs. 1 und 2 sowie im Sozialstaatsprinzip insbesondere dort, wo für eine lebensbedrohende und regelmäßig tödliche Erkrankung eine allgemein anerkannte Behandlung nicht zur Verfügung steht und für die vom Arzt gewählte Methode eine nicht ganz entfernt liegende Aussicht auf Heilung oder auf eine spürbare positive Einwirkung auf den Krankheitsverlauf besteht.

> BVerfG, Beschl. v. 6.12.2005 – 1 BvR 347/98, NJW 2006, 891
> – Bioresonanztherapie bei Duchenne'scher Muskeldystrophie.

216 Allerdings muss der Arzt, wenn er eine Außenseitermethode anwendet, diese nicht nur beherrschen, sondern er muss die zu erwartenden Vorteile mit den abzusehenden, zu vermutenden oder aufgetretenen Nachteilen besonders sorgfältig abwägen, sich in Bezug auf neue Erkenntnisse über Risiken und Nebenwirkungen ständig auf dem Laufenden halten und den Verlauf seiner Behandlung besonders kontrollieren. Außerdem muss er den Patienten darüber, dass seine Behandlung (noch) nicht medizinischer Standard ist sowie über das Für und Wider aufklären, und zwar umso intensiver, je zweifelhafter die Indikation ist; vgl. Rz. 408 ff.

> BGH, Urt. v. 23.9.1980 – VI ZR 189/79, NJW 1981, 633 = VersR
> 1980, 1145;

> BGH, Urt. v. 22.5.2007 – VI ZR 35/06, BGHZ 172, 254 = NJW
> 2007, 2774 = VersR 2007, 1273
> – Behandlung eines Bandscheibenvorfalls mit dem Racz-Katheter;
> OLG München, Urt. v. 1.4.1980 – 25 U 2804/79, NA-Beschl.
> v. 14.7.1981 – VI ZR 128/80;
> OLG Düsseldorf, Urt. v. 20.12.1990 – 8 U 110/89, VersR 1991,
> 1176
> – Küntscher-Marknagelung bei Oberarmschaftbruch
> OLG Celle, Urt. v. 11.2.1991 – 1 U 71/89, NA-Beschl.
> v. 28.1.1992 – VI ZR 134/91, VersR 1992, 749
> – schmerzchirurgischer Eingriff am Rückenmark nach Nashold
> statt Hinterstrangstimulation.
> OLG Stuttgart, Urt. v. 16.4.2002 – 1/14 U 71/01, VersR 2003, 992
> – Naturheilverfahren, das nur die Symptome lindert;
> OLG Saarbrücken, Urt. v. 27.2.2002 – 5 U 804/98-71, VersR
> 2002, 1015
> – hämatogene Oxidationstherapie bei peripheren arteriellen
> Verschlusskrankheiten.

Heilversuch

Selbst der Versuch einer neuen, klinisch nicht hinreichend erprobten The- **217**
rapie oder Medikation mit einem neuen, erst im Lauf der Behandlung zugelassenen Medikament kann vertretbar sein, wenn die Standardmethode im
konkreten Fall wenig Aussicht gibt, die Prognose der Alternative deutlich
günstiger ist und das in Kauf genommene Fehlschlagrisiko von den Heilungschancen deutlich überstiegen wird. Jedoch verpflichtet der Heilversuch
zur besonders sorgfältigen, verantwortlichen medizinischen Abwägung und
intensiven Kontrolle des Behandlungsverlaufs sowie zur umfassenden Aufklärung des Patienten, die auch den Versuchscharakter sowie den Chancen-
und Risikovergleich darstellen muss.

> BGH, Urt. v. 27.3.2007 – VI ZR 55/05, BGHZ 172, 1 = NJW
> 2007, 2767 = VersR 2007, 995- erst im Verlauf zugelassenes
> Arzneimittel;
> OLG Düsseldorf, Urt. v. 21.3.2002 – 8 U 117/01, VersR 2004,
> 386 und OLG Karlsruhe, Urt. v. 11.9.2002 – 7 U 102/01, VersR
> 2004, 244
> – Laserkorrektur von Weitsichtigkeit.

Nachsorge

Zur Nachsorge können den Arzt auch nach Abschluss seiner Behandlung **218**
Schutzpflichten treffen.

Überwachung des ambulant behandelten Patienten nach starker Sedierung.

> BGH, Urt. v. 8.4.2003 – VI ZR 265/02, NJW 2003, 2309 = VersR
> 2003, 1126;
> OLG Oldenburg, Beschl. v. 23.9.2010 – 5 U 111/10, VersR 2011,
> 1269.

219 • „Sicherheitsaufklärung" des Patienten, insbesondere über Kontraindikationen; vgl. dazu Rz. 376 ff;

220 • Kontrolle auf Nebenwirkung bei Verordnung risikoreicher Medikamente;

> OLG Hamm, Urt. v. 21.2.1990 – 3 U 429/88, NA-Beschl.
> v. 8.1.1991 – VI ZR 125/90, VersR 1991, 585
> – kortokoide Augentropfen;

• Kontrolle des Herzschrittmachers bei Erreichen des Ablaufdatums;

> BGH, Urt. v. 23.3.2004 – VI ZR 428/02, NJW 2004, 1871
> = VersR 2004, 790;

221 • Kontrolle des Erfolgs einer Sterilisation des Mannes durch Spermiogramm;

> BGH, Urt. v. 30.6.1992 – VI ZR 337/91, NJW 1992, 2961
> = VersR 1992, 1229;
>
> BGH, Urt. v. 27.6.1995 – VI ZR 32/94, NJW 1995, 2407 = VersR
> 1995, 1099;
>
> OLG Düsseldorf, Urt. v. 14.2.1991 – 8 U 42/90, NA-Beschl.
> v. 29.10.1991 – VI ZR 91/91, VersR 1992, 317;

222 • Unterrichtung des Hausarztes oder des die Behandlung primär führenden Facharztes über mögliche Komplikationen; über sich aus dem Entlassungsbefund ergebende besondere therapeutische Konsequenzen für die Nachbehandlung;

> vgl. BGH, Urt. v. 16.6.1981 – VI ZR 38/80, NJW 1981, 2513
> = VersR 1981, 954
> – Herzkatheter-Untersuchung;
>
> BGH, Urt. v. 7.7.1987 – VI ZR 146/86, NJW 1987, 2927 = VersR
> 1988, 82
> – nicht ausreichend stabilisierte Fraktur in Bündelungsnagelung;
>
> BGH, Urt. v. 14.7.1992 – VI ZR 214/91, NJW 1992, 2962
> = VersR 1992, 1263
> – keine Unterrichtung des gynäkologischen Belegarztes durch
> zur U 2 hinzugezogene Kinderärztin über auffallende Gelbfärbung
> des Kindes;
>
> BGH, Urt. v. 5.10.1993 – VI ZR 237/92, NJW 1994, 797 = VersR
> 1994, 102
> – keine Unterrichtung des zur wiederholten Tränenwegspülung
> überweisenden Augenarztes durch den beauftragten Augenarzt
> der Klinik über seine erfolglosen Schritte zur Abklärung eines
> Glaukoms;
>
> OLG Hamm, Urt. v. 15.11.1982 – 3 U 149/82, VersR 1984, 91
> – Mitteilung an Hausarzt von Zweifeln über Erfolg einer Hiatoplastik mittels Ventiloperation;
>
> OLG Oldenburg, Urt. v. 3.3.1993 – 5 W 20/93, VersR 1993, 1357
> – Hinweis des nachbehandelnden Arztes auf Notwendigkeit von
> Kontrolluntersuchungen nach Abbruch einer Zwillingsschwangerschaft zum Ausschluss des Fortbestandes einer Schwangerschaft;

- eindringliche Belehrung, einen Spezialisten aufzusuchen, insbesondere,   **223**
wenn der Patient die Notwendigkeit erkennbar zu leicht nimmt;

> BGH, Urt. v. 28.1.1986 – VI ZR 83/85, NJW 1986, 2367 = VersR
> 1986, 601
> – sofortiges Aufsuchen des Krankenhauses bei Symptomen für
> Gefäßverschluss;
>
> BGH, Urt. v. 25.4.1989 – VI ZR 175/88, BGHZ 107, 222 = NJW
> 1989, 2318 = VersR 1989, 702
> – Information nur der Angehörigen statt des Patienten selbst
> über den histologischen Befund eines Retikulumzellsarkoms;
>
> BGH, Urt. v. 16.11.2004 – VI ZR 328/03, NJW 2005, 427
> = VersR 2005, 228
> – Hinweis auf Notwendigkeit, bei Fortdauer von „Lichtblitzen"
> im Auge sofort einen Augenarzt zur Kontrolle auf Netzhaut-
> ablösung aufzusuchen;
>
> vgl. OLG Braunschweig, Urt. v. 9.8.1979 – 1 U 58/77,
> – Armenrecht (AR) versagt VI ZR 238/79, VersR 1980, 855;
>
> OLG Oldenburg, Urt. v. 12.4.1994 – 5 U 109/93, VersR 1994,
> 1478 (LS)
> – sofortiger Arztbesuch bei Symptomen einer Thrombose;
>
> OLG Oldenburg, Urt. v. 18.3.1997 – 5 U 82/95, NA-Beschl.
> v. 4.11.1997 – VI ZR 144/97, VersR 1998, 720
> – bei 2-jährigem Kind mit Fieber, Atemnot, Speichelfluss Entlas-
> sung mit der Diagnose Pseudokrupp, ohne Eltern auf die Not-
> wendigkeit hinzuweisen, bei Fortdauer des Zustandes mit dem
> Kind zur Weiterführung der Diagnostik sofort das
> Krankenhaus aufzusuchen;
>
> OLG Oldenburg, Urt. v. 27.5.1997 – 5 U 187/96, VersR 1998, 1110
> – Entlassung mit der Diagnose „stumme Niere infolge Harnleiter-
> stenose", ohne den Patienten auf die lebensnotwendige unverzüg-
> liche Entlastung der Niere hinzuweisen;
>
> OLG Düsseldorf, Urt. v. 6.5.1999 – 8 U 185/97, NA-Beschl.
> v. 14.12.1999 – VI ZR 200/99, VersR 2000, 853 (LS)
> – verzögerte Klinikeinweisung des 5-wöchigen Säuglings trotz
> Kopfumfangs von 46 cm und Augentiefstand (Sonnenunter-
> gangsphänomen);
>
> OLG Brandenburg, Urt. v. 8.4.2003 – 1 U 26/00, VersR 2004, 1050
> – Aufforderung der Eltern, das Neugeborene zur Abklärung einer
> Hüftfehlbildung umgehend einem Orthopäden vorzustellen.

- Aufforderung zur dringend erforderlichen erneuten Vorstellung, solange   **224**
der Patient noch auf die Behandlungsführung des Arztes vertrauen kann;

> BGH, Urt. v. 25.6.1985 – VI ZR 270/83, NJW 1985, 2749
> = VersR 1985, 1068
> – neue Befunde für Bauchhöhlenschwangerschaft nach Curettage;
>
> OLG Celle, Urt. v. 7.1.1980 – 1 U 17/79 = AR versagt VI ZA 2/80;
>
> OLG Nürnberg, Urt. v. 8.3.1994 – 3 U 2842/91, NA-Beschl.
> v. 14.2.1995 – VI ZR 182/94, VersR 1995, 1057
> – Hinwirken auf stationäre Untersuchung bei starken Schmerzen
> nach Polypektomie von Dünn- und Dickdarm zur Abklärung des
> Verdachts auf Perforation;

OLG München, Urt. v. 14.7.1994 – 24 U 571/92, VersR 1996, 372
– nachdrücklicher Hinweis auf Notwendigkeit unverzüglicher
Vorstellung bei HNO-Arzt zur Abklärung eines Tumorverdachts
bei mehrmonatiger therapieresistenter Heiserkeit;

225 • eindringliche Belehrung über Fristgebundenheit einer Nachoperation;

BGH, Urt. v. 24.6.1986 – VI ZR 21/85, VersR 1986, 1121
– operative Frakturbehandlung;

BGH, Urt. v. 29.11.1988 – VI ZR 231/87, VersR 1989, 189
– Hallux-valgus-Operation;

BGH, Urt. v. 27.11.1990 – VI ZR 30/90, NJW 1991, 748 = VersR
1991, 308
– Korrekturoperation bei Drehfehler nach Unterschenkelfraktur;

OLG Celle, Urt. v. 10.12.1984 – 1 U 15/84, NA-Beschl.
v. 8.10.1985 – VI ZR 20/85, VersR 1986, 554
– Hodentorsion;

OLG Karlsruhe, Urt. v. 15.10.1986 – 13 U 129/84, NA-Beschl.
v. 2.6.1987 – VI ZR 267/86, VersR 1987, 1247
– Spontanpneumothorax;

OLG Stuttgart, Urt. v. 1.12.1994 – 14 U 48/93, VersR 1995, 1353
– Belehrung über die Notwendigkeit anästhesiologischer Behandlung von Dauerkopfschmerzen nach Spinalanästhesie;

OLG Köln, Urt. v. 28.9.1995 – 5 U 174/94, VersR 1996, 856 (LS)
– schriftliche Belehrung der Eltern frühgeborener Zwillinge über
die Notwendigkeit augenärztlicher Kontrollen zur Erkennung
einer retrolentalen Fibroplasie;

OLG Oldenburg, Urt. v. 21.5.1996 – 5 U 7/96, VersR 1997, 193
– Hinweis auf Notwendigkeit einer Nachkontrolle nach Abbruch
einer Zwillingsschwangerschaft zum Ausschluss ihres Fortbe-
stehens.

Das Klinikpersonal kann aber darauf vertrauen, dass der Patient nach dem
Einsetzen einer Knieprothese die Anweisung befolgt, nicht selbständig auf-
zustehen.

OLG Koblenz, Beschl. v. 21.7.2010 – 5 U 761/10, VersR 2011, 225.

226 Hat der Patient in der Ambulanz des Krankenhauses eine vorgesehene Nach-
untersuchung nicht abgewartet und das Krankenhaus verlassen, ohne über
die Folgen seiner Handlungsweise belehrt zu werden, so kann, wenn die
Therapiemaßnahme dringlich ist, der **Arzt verpflichtet** sein, den **Patienten
erneut einzubestellen.**

BGH, Urt. v. 27.11.1990 – VI ZR 30/90, NJW 1991, 748 = VersR
1991, 308.

227 Bricht aber der Patient die Behandlung ab, bevor eine Diagnose gestellt worden
ist, so kann der Arzt im Allgemeinen darauf vertrauen, dass der weiterbe-
handelnde Arzt den Verdachtsmomenten für eine Krankheit von sich aus
nachgeht.

OLG Hamburg, Urt. v. 23.12.1988 – 1 U 63/88, NA-Beschl.
v. 10.10.1989 – VI ZR 16/89, VersR 1989, 1296
– Plasmozytom.

Außerdem kann es natürlich ein die Ersatzpflicht des Arztes teilweise oder **228** ganz ausschließendes Mitverschulden sein, wenn der Patient zum Untersuchungstermin nicht erscheint.

BGH, Urt. v. 30.6.1992 – VI ZR 337/91, VersR 1992, 1229.

Sonst kommt ein **Mitverschulden des Patienten** mit Rücksicht auf den Wissens- und Informationsvorsprung des Arztes **nur in Betracht**, wenn der Arzt **229** ihn über die Sachlage vollständig und für ihn verständlich unterrichtet hat.

BGH, Urt. v. 17.12.1996 – VI ZR 133/95, NJW 1997, 1635
= VersR 1997, 449;

BGH, Urt. v. 24.6.1997 – VI ZR 94/96, NJW 1997, 3090 = VersR 1997, 1357;

BGH, Urt. v. 16.6.2009 – VI ZR 157/08, NJW 2009, 2820
= VersR 2009, 1267
– mangelnde Mitwirkung des Patienten wegen unzureichender therapeutischer Aufklärung durch den Arzt;

OLG Köln, Urt. v. 16.12.1996 – 5 U 256/94, NJW 1997, 3099
= VersR 1997, 1102
– starker Raucher mit weiteren ausgeprägten Infarktrisiken lässt auch nach Belehrung durch den Arzt nicht vom Nikotinabusus; Mitverschulden von 1/4 angenommen;

OLG Köln, Urt. v. 21.8.1997 – 5 W 58/97, VersR 1998, 1510
– kein „Mitverschulden" des Patienten am Misserfolg einer zahnprothetischen Behandlung wegen Neigung zur Kapselbildung;

OLG Düsseldorf, Urt. v. 16.11.2000 – 8 U 101/99, NA-Beschl.
v. 18.9.2001 – VI ZR 419/00
– kein Mitverschulden des Patienten, wenn auf dessen ausdrücklichen Wunsch der Arzt eine Therapie anwendet, die kontraindiziert ist;

OLG Düsseldorf, Urt. v. 25.4.2003 – I-8 U 53/02, VersR 2004, 515
– kein Ersatzanspruch des Patienten, der die notwendige zahnprothetische Behandlung trotz Hinweises auf die Konsequenzen ablehnt.

Organisationsbereich

Für den Organisationsbereich stellt der BGH die allgemein **hohen Anforderungen**. **230**

Krankenhausträger und Chefarzt müssen nicht nur dafür sorgen, dass die **231** Gehilfen (Assistenzarzt, MTA, Schwester) für die Behandlungsmaßnahmen ausreichend qualifiziert sind, sondern auch die für ein selbständiges Arbeiten allgemein zu fordernde **fachliche und charakterliche Qualifikation** besitzen.

BGH, Urt. v. 14.3.1978 – VI ZR 213/76, NJW 1978, 1681
= VersR 1978, 542;

BGH, Urt. v. 8.5.1979 – VI ZR 58/78, NJW 1979, 1935 = VersR
1979, 718;

BGH, Urt. v. 7.10.1980 – VI ZR 176/79, BGHZ 78, 209 = NJW
1981, 628 = VersR 1981, 131;

BGH, Urt. v. 27.9.1983 – VI ZR 230/81, BGHZ 88, 248 = VersR
1984, 60;

BGH, Urt. v. 7.5.1985 – VI ZR 224/83, NJW 1985, 2193 = VersR
1985, 782, 783.

232 Entsprechende Organisationspflichten auch in Bezug auf die ärztliche Betreuung hat der Träger eines sog. „Geburtshauses", das die Hinzuziehung
niedergelassener Gynäkologen im Bedarfsfall anbietet, auch wenn – wie regelmäßig – das „Geburtshaus" von Hebammen betrieben wird (vgl. Rz. 52, 104).

BGH, Urt. v. 7.12.2004 – VI ZR 212/03, BGHZ 161, 255 = NJW
2005, 888 = VersR 2005, 408;

OLG Hamm, Urt. v. 16.1.2006 – 3 U 207/02, VersR 2006, 353.

233 Im Belegkrankenhaus gehört zwar die Absprache ärztlicher Aufgaben mit
Hebammen und Pflegedienst zum Aufgabenkreis der Belegärzte, nicht des
Krankenhausträgers (vgl. Rz. 100). Zur Vermeidung von Organisationslücken
aus der Verflechtung ärztlicher und pflegerischer Aufgaben kann aber auch
der Träger des Belegkrankenhauses für die Organisation etwa von Eingangs-
untersuchungen mitverantwortlich sein.

Vgl. BGH, Urt. v. 25.11.2003 – VI ZR 8/03, NJW 2004, 1452
= VersR 2004, 645.

Das Belegkrankenhaus muss sich durch Kontrollen vergewissern, dass das
Pflegepersonal nicht zu ärztlichen Entscheidungen berufen wird.

BGH, Urt. v. 16.4.1996 – VI ZR 190/95, NJW 1996, 2429
= VersR 1996, 976.

Es hat durch Anweisungen dafür zu sorgen, dass bei einem Notfall der Transport des Neugeborenen in die Kinderklinik nicht ohne Hinzuziehung eines
Arztes vom Pflegepersonal veranlasst und durchgeführt wird.

OLG München, Urt. v. 20.6.1996 – 1 U 4529/95, NA-Beschl.
v. 4.2.1997 – VI ZR 309/96, VersR 1997, 977.

Das Belegkrankenhaus ist zwar für eine ausreichende Ausstattung verantwortlich. Der Belegarzt hat aber seine Entscheidung, ob er die Patientin in
das Belegkrankenhaus überweisen kann, auch darauf abzustimmen, ob mit
der Ausstattung des Belegkrankenhauses die nach seiner Eingangsdiagnose
zu erwartenden Behandlungsmaßnahmen bewältigt werden können.

OLG Oldenburg, Beschl. v. 8.11.2010 – 5 U 89/10, VersR 2011,
1401.

234 Auch bei sorgfältiger Auswahl und optimaler Führung müssen ausreichende
Instruktion, Überwachung und Weiterbildung gewährleistet sein, und zwar

umso intensiver, je risikobelasteter und entfernter von der Routine die Behandlung ist und je weniger Zeit in ihr zur Gefahrenvorkehr bleibt.

> BGH, Urt. v. 29.5.1979 – VI ZR 137/78, VersR 1979, 844;
>
> BGH, Urt. v. 22.4.1980 – VI ZR 121/78, BGHZ 77, 74 = NJW 1980, 1901 = VersR 1980, 768;
>
> BGH, Urt. v. 10.1.1984 – VI ZR 158/82, BGHZ 89, 263 = NJW 1984, 1400 = VersR 1984, 356;
>
> BGH, Urt. v. 24.1.1984 – VI ZR 203/82, NJW 1984, 1403 = VersR 1984, 386;
>
> OLG Köln, Urt. v. 21.8.1996 – 5 U 286/94, NA-Beschl. v. 17.6.1997 – VI ZR 324/96, VersR 1997, 1404 – besondere Anweisungen und Schulung des Pflegepersonals in der Betreuung frisch operierter Patienten durch das Belegkrankenhaus, in dem ein Aufwachraum fehlt.

Angesichts der Tendenz des BGH zur Beweislastumkehr auch hinsichtlich **235** der Ursächlichkeit von Qualitätsmängeln jedenfalls des noch in der Facharztausbildung (genauer: in der Weiterbildung zum Arzt mit einer Gebietsbezeichnung) stehenden Assistenzarztes für den Behandlungsmisserfolg (vgl. Rz. 291 ff) ist die Schwelle für eine Entlastung des Behandlungsträgers in diesem organisatorischen Pflichtenkreis sehr hoch.

Der **Krankenhausträger hat** jedenfalls im Organisationsbereich der statio- **236** nären Behandlung **den Chefarzt** wenigstens hinsichtlich der **Grundzüge** der ihm übertragenen Organisationsaufgabe **zu überwachen.**

> BGH, Urt. v. 29.5.1979 – VI ZR 137/78, VersR 1979, 844.

Er hat die Chefärzte über ein wiederholtes Auftreten von Streptokokken zu informieren.

> OLG Oldenburg, Urt. v. 3.12.2002 – 5 U 100/00, VersR 2003, 1544.

Dem **Chefarzt** obliegt die **Fachaufsicht** über den **nachgeordneten ärztlichen** **237** **Dienst.**

> BGH, Urt. v. 22.4.1980 – VI ZR 121/78, BGHZ 77, 74 = NJW 1980, 1901.

Eine Überwachung der Assistenzärzte durch die regelmäßigen Visiten genügt **238** nicht, erforderlich sind gezielte Kontrollen ihrer praktischen Arbeit durch Chefarzt oder Oberarzt. Allerdings dürfen die Anforderungen hier nicht überspannt werden, wenn sich der Assistenzarzt schon bewährt hat.

> BGH, Urt. v. 20.9.1988 – VI ZR 296/87, VersR 1988, 1270;
>
> KG, Urt. v. 31.1.1985 – 20 U 6205/82, NA-Beschl. v. 8.4.1986 – VI ZR 92/85.

Für jede Behandlungsphase muss ein **qualifizierter Arzt** bereitstehen, der **239** die erforderlichen Anweisungen gibt und ihre Befolgung überwacht.

> BGH, Urt. v. 29.5.1979 – VI ZR 137/78, VersR 1979, 844;

BGH, Urt. v. 22.4.1980 – VI ZR 121/78, BGHZ 77, 74 = NJW
1980, 1901 = VersR 1980, 768;

BGH, Urt. v. 26.2.1991 – VI ZR 344/89, NJW 1991, 1539
= VersR 1991, 614.

Die Geburtsleitung muss spätestens in der Risikophase von der Hebamme
auf den Arzt übergehen.

OLG Stuttgart, Urt. v. 19.9.2000 – 14 U 65/99, VersR 2002, 235
m. w. N.

240 Eine erforderliche spezifische Intensivpflege ist durch Anweisungen des Arztes
an das Pflegepersonal und durch ärztliche Überwachung ihrer Ausführung ab-
zusichern.

Vgl. BGH, Urt. v. 18.3.1986 – VI ZR 215/84, NJW 1986, 2365
= VersR 1986, 788
– Dekubitus;

BGH, Urt. v. 29.9.1998 – VI ZR 268/97, VersR 1999, 190
– Hochlegen des Beins nach Schädigung des nervus peronaeus.

241 Die Narkose muss durch einen ausgebildeten Anästhesisten geführt werden.
Bei Unterversorgung mit Anästhesisten muss der Krankenhausträger durch
klare Anweisungen gewährleisten, dass auch in „plötzlichen" Engpässen in
jedem Fall eine ordnungsmäßige Narkose und deren Überwachung sicher-
gestellt sind.

BGH, Urt. v. 18.6.1985 – VI ZR 234/83, BGHZ 95, 63, 71 ff
= NJW 1985, 2189 = VersR 1985, 1043, 1045 ff;

BGH, Urt. v. 3.10.1989 – VI ZR 319/88, NJW 1990, 759 = VersR
1989, 1296.

242 Parallelnarkosen sind allenfalls zulässig, wenn der Anästhesist sicherstellt,
dass er bei einem Zwischenfall jederzeit einspringen kann; dazu ist Blick-
oder wenigstens Rufkontakt zu dem Assistenten erforderlich.

BGH, Urt. v. 30.11.1982 – VI ZR 77/81, BGHZ 85, 393 = NJW
1983, 1374 = VersR 1983, 244.

243 Wird die Anästhesie in dem kleinen Krankenhaus ohne eigene anästhesiologische Abteilung durch ein anderes Krankenhaus betreut, so haben beide Krankenhäuser organisatorisch sicherzustellen, dass Patienten über das therapeutisch
richtige Verhalten bei Komplikationen nach der Narkose belehrt werden.

OLG Stuttgart, Urt. v. 1.12.1994 – 14 U 48/93, VersR 1995, 1353
– anästhesiologische Behandlung von Dauerkopfschmerzen nach
Spinalanästhesie.

244 **Einsatzpläne und Vertreterregeln** müssen **klare Zuständigkeitsabgrenzungen**
in der Behandlungs- und Kontrollführung und für die Patientenaufklärung
sowie eine fachärztliche Bereitschaft im Bedarfsfalle, auch nachts und sonn-
tags, sichern.

OLG Düsseldorf, Urt. v. 2.10.1985 – 8 U 100/83, VersR 1986, 659.

Sie müssen sicherstellen, dass **kein** durch einen anstrengenden Nachtdienst   245
übermüdeter Arzt zu Operationen eingeteilt wird.

> BGH, Urt. v. 29.10.1985 – VI ZR 85/84, NJW 1986, 776 = VersR
> 1986, 295.

Der Operateur ist verpflichtet, nach dem Eingriff die **Instrumente auf Voll-**
ständigkeit und Unversehrtheit zu **überprüfen.**

> OLG Koblenz, Urt. v. 31.7.1998 – 10 U 629/97, VersR 1999, 1420;
>
> OLG Hamm, Urt. v. 26.8.1998 – 3 U 201/97, NA-Beschl.
> v. 29.6.1999 – VI ZR 336/98, VersR 2000, 325;
>
> OLG Köln, Urt. v. 16.6.1999 – 5 U 160/97, VersR 2000, 1150.

Besondere Anweisungen müssen für die ärztliche **Erstversorgung von Un-**   246
fallopfern,

> OLG Hamm, Urt. v. 19.3.1980 – 3 U 247/79, NA-Beschl.
> v. 23.3.1982 – VI ZR 138/80,

und für die Sicherung des Transplantats für eine Replantation bestehen.

> OLG Celle, Urt. v. 16.5.1983 – 1 U 53/82, VersR 1984, 90.

Der Krankenhausträger muss dafür sorgen, dass die **Behandlungsunterlagen**   247
jederzeit aufgefunden werden können.

> BGH, Urt. v. 21.11.1995 – VI ZR 341/94, NJW 1996, 779
> = VersR 1996, 330.

Das Belegkrankenhaus haftet für die Verzögerung einer sectio wegen fehlender
Unterrichtung der Ärzte über den Aufbewahrungsort des Schlüssels zum OP.

> OLG Stuttgart, Urt. v. 13.4.1999 – 14 U 17/98, NA-Beschl.
> v. 22.2.2000 – VI ZR 166/99, VersR 2000, 1108.

Der Operateur muss Aus- und Eingang sowie die rechtzeitige Aufarbeitung   248
des zur **histologischen Untersuchung entnommenen Materials** überwachen,

> OLG Frankfurt/M., Urt. v. 3.3.1995 – 24 U 311/93, VersR 1996,
> 101,

sowie die richtige Zuordnung von Gewebeproben nach Rückkehr aus der
Histologie durch Identitätsprüfung sicherstellen.

> OLG Düsseldorf, Urt. v. 23.5.1996 – 8 U 98/94, NA-Beschl.
> v. 3.6.1998 – VI ZR 212/96, VersR 1997, 1358 (LS).

Natürlich hat der Krankenhausträger in Erfüllung seiner **Verkehrssicherungs-**   249
pflicht unter Berücksichtigung der besonderen Risiken aus der beeinträchtigten
Konstitution des Patienten für möglichst unfallfreie Wege und Zugänge, Betten
und Möbel, sanitäre Einrichtungen, Geräte für den Krankentransport usw.
zu sorgen.

> BGH, Urt. v. 18.12.1990 – VI ZR 169/90, NJW 1991, 1540
> = VersR 1991, 310
> – Sturz aus dem Krankenstuhl;

BGH, Urt. v. 25.6.1991 – VI ZR 320/90, NJW 1991, 2960
= VersR 1991, 1058
– Unfall mit dem Duschstuhl;

OLG Köln, Urt. v. 21.6.1989 – 27 U 156/88, VersR 1990, 1240
– Sturz von der Untersuchungsliege;

OLG Düsseldorf, Urt. v. 11.1.1990 – 8 U 218/87, VersR 1990, 1277
– Kreislaufkollaps des Zuckerkranken auf dem Transport zur
Diagnoseuntersuchung;

OLG Köln, Urt. v. 30.10.1991 – 27 U 86/91, VersR 1992, 1517
– besondere Überwachung von psychisch Kranken im Schwimmbad;

OLG Düsseldorf, Urt. v. 21.9.2000 – 8 U 12/00, VersR 2002, 441
– Sturz in der Toilette nach leichter Vollnarkose kein pflegerisches
Versäumnis;

KG, Urt. v. 20.1.2005 – 20 U 401/01, BGH, NZB-Beschl.
v. 31.1.2006 – 69/05, VersR 2006, 1366
– mit Bauchtuch an den Leichtgewichts-Rollstuhl fixierter unru-
higer Patient fällt beim Aufstehen mit dem Rollstuhl um;

OLG Düsseldorf, Urt. v. 23.5.2005 – I-8 U 82/84, VersR 2006, 977
– Sturz des gehbehinderten Patienten bei Mobilisationsübungen
am Gehbarren;

OLG Stuttgart, Urt. v. 11.7.2006 – 1 U 3/06, VersR 2007, 548
– Sturz von einem platzenden Medizinball;

OLG Jena, Urt. v. 5.6.2012 – 4 U 488/11, GesR 2012, 500
Reichweite der Obhutspflicht für latent sturzgefährdete Patienten
und gesteigerte Überwachungspflicht bei einer akuten Gefahrenlage;

OLG Koblenz, Beschl. v. 2.1.2013 – 5 U 693/12, GesR 2013, 159
– Sturz bei einer physiotherapeutischen Übung.

250 Der Anästhesist muss durch ständige Eingriffsbereitschaft dafür sorgen, dass der Patient auch bei Angstreaktionen angesichts einer bevorstehenden Periduralanästhesie nicht von der OP-Liege stürzt.

OLG München, Urt. v. 24.10.1996 – 24 U 124/96, NJW 1997,
1642 = VersR 1997, 1491.

251 Eine Kinderklinik muss dafür sorgen, dass der stationär untergebrachte sechsjährige Patient nicht ungehindert den Klinikbereich verlassen kann.

OLG Köln, Urt. v. 22.12.1993 – 27 U 3/93, NA-Beschl.
v. 18.10.1994 – VI ZR 14/94, VersR 1994, 1425
– Haftung für Brandverletzungen, die das unbeaufsichtigte Kind
beim Spiel mit Streichhölzern erleidet.

252 Das Landeskrankenhaus muss in nicht geschlossener Abteilung als psychiatrische Patienten untergebrachte 16-jährige Jugendliche zwar nicht ständig beaufsichtigen, aber ihr Verhalten in der Freizeit stichprobenartig überwachen, um möglichst die Gefahr von Straftaten auszuschalten.

BGH, Urt. v. 19.1.1984 – III ZR 172/82, NJW 1985, 677
= VersR 1984, 460.

Besondere Probleme gibt die Überwachung **suizid- oder verletzungsgefähr-** 253
deter psychiatrischer Kranker auf, insbesondere in den Zeiträumen zwischen
den akuten Phasen einer Selbstgefährdung. Organisatorische Maßnahmen
müssen einen möglichst wirkungsvollen Schutz vor Selbstschädigung gewährleisten; indes ist dieses Gebot abzuwägen gegen Gesichtspunkte einer
Therapiegefährdung durch allzu strikte Verwahrung.

> BGH, Urt. v. 8.10.1985 – VI ZR 114/84, BGHZ 96, 98, 101 f
> = NJW 1986, 775;
>
> BGH, Urt. v. 9.4.1987 – III ZR 171/86, VersR 1987, 985;
>
> BGH, Urt. v. 23.9.1993 – III ZR 107/92, NJW 1994, 794
> = VersR 1994, 50;
>
> beispielhaft
> OLG Düsseldorf, Urt. v. 25.11.1982 – 8 U 87/80, NA-Beschl.
> v. 4.10.1983 – VI ZR 310/82, VersR 1984, 193
> – Flugversuche aus zeitweisen Wahnideen;
>
> OLG Düsseldorf, Urt. v. 14.6.1984 – 18 U 38/84, VersR 1984, 1173
> – keine Gitterverwahrung der seit Jahren unauffälligen
> Schizophrenie-Patienten;
>
> OLG Hamm, Urt. v. 26.11.1980 – 3 U 84/80, NA-Beschl.
> v. 22.6.1982 – VI ZR 10/81, VersR 1983, 43
> – häufige Überwachung bei reaktiven Depressionen reicht aus;
>
> OLG Köln, Urt. v. 24.11.1983 – 7 U 63/82, NA-Beschl.
> v. 3.7.1984
> – VI ZR 5/84, VersR 1984, 1078
> – prädeliranten Patienten nicht sich selbst überlassen;
>
> OLG Braunschweig, Urt. v. 14.2.1984 – 5 U 26/82, NA-Beschl.
> v. 8.1.1985 – VI ZR 62/84, VersR 1985, 576
> – intensive Überwachung der an Verfolgungswahn und Flucht-
> gedanken leidenden Patienten;
>
> OLG Hamm, Urt. v. 30.5.1984 – 3 U 320/83, NA-Beschl.
> v. 5.3.1985 – VI ZR 166/84, VersR 1986, 171
> – keine Maßnahme gegen Einnahme von giftigen Desinfektions-
> mitteln im Bad;
>
> OLG Stuttgart, Urt. v. 23.3.1989 – 14 U 41/87, NA-Beschl.
> v. 19.12.1989 – VI ZR 135/89 = VersR 1990, 858
> – fehlerhafte Betreuung durch noch in Weiterbildung stehende
> Ärztin in Landeskrankenhaus;
>
> OLG Hamm, Urt. v. 16.10.1989 – 3 U 440/88, NA-Beschl.
> v. 29.5.1990 – VI ZR 318/89, VersR 1990, 1240
> – keine Unterbringung von an paranoidhalluzinatorischer
> Psychose leidenden Patienten in geschlossener Abteilung;
>
> OLG Hamm, Urt. v. 7.5.1990 – 3 U 185/89, NA-Beschl.
> v. 22.1.1991 – VI ZR 203/90, VersR 1991, 1026, 1027
> – Überwachung durch Familienangehörigen kann sofortige Ein-
> weisung in Klinik entbehrlich machen;
>
> OLG Frankfurt/M., Urt. v. 6.10.1992 – 8 U 26/92, VersR 1993, 1271
> – ständige Beaufsichtigung nur in besonderen Krisensituationen
> erforderlich;

OLG Stuttgart, Urt. v. 3.12.1992 – 14 U 12/92, NA-Beschl.
v. 28.9.1993 – VI ZR 7/93, VersR 1994, 731
– keine Einengung des Selbstbewusstseins durch überzogene
Sicherungsmaßnahmen;

OLG Oldenburg, Urt. v. 19.3.1996 – 5 U 164/95, VersR 1997, 117:
Notwendigkeit einer Abstimmung der Schutzmaßnahmen gegen
autoaggressive Handlungen des Patienten mit dem Therapiekonzept und der auf Vertrauen begründeten Kooperation zwischen
Arzt und Patient;

OLG Köln, Urt. v. 26.11.1997 – 5 U 90/97, NA-Beschl.
v. 29.9.1998 – VI ZR 2/98, VersR 1999, 624
– Aufsicht im Notfallzimmer; Blockieren des Ausgangs; keine
Tische oder Stühle unter den Fenstern; Alarmanlage reicht nicht;

OLG Oldenburg, Urt. v. 10.8.2001 – 6 U 41/01, NA-Beschl.
v. 14.5.2002 – VI ZR 316/01
– kein Wegschließen des Badewannenstöpsels zum Schutz vor
Verbrühungen durch eigenmächtiges Baden;

OLG Koblenz, Urt. v. 3.3.2008 – 5 U 1343/07, VersR 2008, 1217
– Belassen des Feuerzeugs bei suizidaler Patientin;

OLG Koblenz, Urt. v. 28.5.2008 – 5 U 280/08, VersR 2009, 365
– Anbringen von Bettgittern nur unter besonderen Umständen
zulässig;

OLG Naumburg, Urt. v. 17.12.2009 – 1 U 41/09, VersR 2010, 1041
– regelmäßig keine Fixierung des Patienten mit Entzugssymptomatik ohne vegetativen Ausfällen.

254   Ohne Bestehen einer wesentlich erhöhten Gefahrenlage kann nicht verlangt
werden, dass in der offenen Station einer psychiatrischen Klinik alle Türen
und Fenster verschlossen werden oder in den höheren Stockwerken der Zugang zu einem über den Aufenthaltsraum zu erreichenden Balkon nachts geschlossen ist.

BGH, Urt. v. 20.6.2000 – VI ZR 377/99, NJW 2000, 3425 =
VersR 2000, 1240;

OLG Frankfurt/M., Urt. v. 6.5.2013 – 19 U 163/12, GesR 2013,
415.

255   Ein **Mitverschulden des** suizid- oder verletzungsgefährdeten **Patienten** an
dem Vorfall ist **nur mit größter Vorsicht** in Betracht zu ziehen.

BGH, Urt. v. 19.6.2001 – VI ZR 286/00, NJW 2001, 2794
= VersR 2001, 1115.

256   Der Behandlungsträger hat die Verantwortung für ausreichende **hygienische
Verhältnisse,**

BGH, Urt. v. 9.5.1978 – VI ZR 81/77, NJW 1978, 1683 = VersR
1978, 764;

BGH, Urt. v. 7.6.1983 – VI ZR 171/81, VersR 1983, 735,

für die **Funktionstüchtigkeit der Geräte** und Apparate und für die Unter-
weisung in ihrer Handhabung,

BGH, Urt. v. 29.5.1979 – VI ZR 137/78, VersR 1979, 844
– Narkosegerät;

BGH, Urt. v. 24.6.1980 – VI ZR 106/79, VersR 1980, 822
– Narkosegerät;

BGH, Urt. v. 3.11.1981 – VI ZR 119/80, NJW 1982, 699 = VersR
1982, 161
– unsterile Infusion;

BGH, Urt. v. 7.6.1983 – VI ZR 171/81, VersR 1983, 735
– verunreinigte Desinfektionslösung;

OLG Hamm, Urt. v. 1.10.1979 – 3 U 90/79, NA-Beschl.
v. 8.7.1980 – VI ZR 1/80, VersR 1980, 1030
– Röntgenbestrahlungsgerät;

OLG Düsseldorf, Urt. v. 31.10.1984 – 8 U 66/82, VersR 1985, 744
– Messgerät für Manschettendruck,

für den möglichen Ausschluss des Risikos der HIV-Kontaminierung bei der Gewinnung von **Spenderblut.**

BGH, Urt. v. 30.4.1991 – VI ZR 178/90, BGHZ 114, 284 = NJW
1991, 1948 = VersR 1991, 816.

4. Ambulante Operationen

Ambulante Operationen stellen **besondere Anforderungen an Anamnese** **257** **und Diagnose** für das rechtzeitige Erkennen der medizinischen und sozialen Umstände, die den Patienten vor allem auch in der arztferneren postoperativen Phase zum Risikopatienten machen. Dabei kann der Arzt für seine Indikationsstellung für ein ambulantes Operieren zwar die vom überweisenden Arzt erhobenen Vorbefunde mitberücksichtigen. Sein Vertrauen beschränkt sich aber auf die zweifelsfrei dokumentierten objektiven Befunde. Für ihre Bewertung ist er selbst verantwortlich.

Bei **endoskopischen Eingriffen** muss er wegen des Perforationsrisikos orga- **258** nisatorisch für die Möglichkeit eines unverzüglichen **Umsteigens auf eine** **offene Operation** sorgen.

OLG Düsseldorf, Urt. v. 17.12.1998 – 8 U 139/97, VersR 2000, 456
– Cholezystektomie.

Ambulantes Operieren verlangt eine **Mindestausstattung** zur Gewährleistung der Hygiene, der Beleuchtung, der Entlüftung, von Ruhemöglichkeiten in der den Patienten besonders belastenden Aufwachphase.

Für die **postoperative Phase** muss der Operateur **dem Patienten genaue** und **259** ihm verständliche **Anweisungen** für den richtigen Umgang mit der Behandlung der Operationswunde, des Katheters, für die Thromboseprophylaxe geben und es ihm ermöglichen, die Symptome einer Entwicklung rechtzeitig zu erkennen, die das Aufsuchen eines Arztes nötig macht. Erhöhte Anforderungen sind an die Dokumentation und den Arztbrief zu stellen.

Wird der Patient bei einer ambulanten Magenspiegelung so stark sediert, dass seine Tauglichkeit für den Straßenverkehr für längere Zeit erheblich eingeschränkt ist, hat der Arzt sicherzustellen, dass sich der Patient nach der Behandlung nicht unbemerkt entfernt.

> BGH, Urt. v. 8.4.2003 – VI ZR 265/02, NJW 2003, 2309 = VersR 2003, 1126.

260 Für das ambulante Operieren von Kassenpatienten haben DKG, KBV und GKV-Spitzenverband in einem sog. Dreiseitigen Vertrag nach § 115b SGB V einen abschließenden Katalog ambulant durchführbarer Operationen und sonstiger stationsersetzender Eingriffe vereinbart. Zudem haben sie bis zum Erlass von Richtlinien durch den gem. §§ 92 Abs. 1 Satz 2, 137 Abs. 1 Satz 1 Nr. 1 SGB V heute dafür zuständigen Gemeinsamen Bundesausschuss durch Qualitätssicherungsvereinbarung ambulantes Operieren vom 28.11.2011 Rahmenbedingungen zur Durchführung der Operation einschließlich der notwenigen Anästhesien im niedergelassenen Bereich und im Krankenhaus und zur Zusammenarbeit zwischen überweisendem und durchführendem Arzt vereinbart.

> DÄBl 2011, A-2678.

261 In der Vereinbarung vom 28.11.2011 haben sie zur Sicherung der Qualität und Wirtschaftlichkeit Mindestanforderungen in Bezug auf fachliche Befähigung, bauliche, apparativ-technische, hygienische und personelle Voraussetzungen des Operierens festgelegt.

> DÄBl 2003, A-2398 und Anlage.

262 Für die Betreuung auch von Privatpatienten hat die BÄK ähnliche Richtlinien zur Qualitätssicherung für ambulante Operationen und endoskopische Eingriffe erlassen.

> DÄBl 1994, 1868 ff.

263 Diese Vereinbarungen und Richtlinien können als sachverständige Äußerungen über die von der Medizin für notwendig gehaltenen Bedingungen gewürdigt werden und so den Haftungsmaßstab mittelbar beeinflussen.

264 Dem BGH haben sich die besonderen Probleme des ambulanten Operierens bisher noch nicht gestellt.

5. Vertikale und horizontale Arbeitsteilung, Teamarbeit, zeitliche Nachfolge

265 Der im arbeitsteiligen Behandlungsgeschehen benutzte **Vertrauensgrundsatz** zur Begrenzung strafrechtlicher Verantwortung,

> BGH, Urt. v. 2.10.1979 – 1 StR 440/79, NJW 1980, 649;
> BGH, Urt. v. 2.10.1979 – 1 StR 360/79, NJW 1980, 650,

ist vom BGH für die zivilrechtliche Haftung bisher nur zurückhaltend eingesetzt worden. Dem Normzweck der Berufshaftung entspricht eher die Ausgrenzung der Haftungsbereiche nach dem medizinischen Einflussbereich und den medizinischen Kontrollmöglichkeiten der beanspruchten medizinischen Expertenstellung. Über diese **primär von der Medizin festzulegenden Zuständigkeitsgrenzen** hinaus kann die Einstandspflicht für Qualitätsmängel in der medizinischen Behandlung grundsätzlich nicht gehen.

Rechtliches Korrektiv für das Haftungssplitting nach den medizinischen Belangen ist das **Postulat, dass der Patient** kompetente, d. h. **fachqualifizierte Betreuung erhält und dass diese lückenlos ist.** So kann der Behandlungsträger seine Organisationspflichten nicht ganz delegieren; der Chefarzt ist an Beschränkungen der Einwilligung des Privatpatienten in die persönliche Behandlung gebunden; ärztliche Aufgaben dürfen nicht auf nichtärztliches Personal übertragen werden. **266**

Für die **vertikale Arbeitsteilung** (Chefarzt – Assistenzarzt – Schwester – Gerät) ist die Wertung des § 831 BGB vorgegeben, nach der Gefahrabwendung Sache nicht nur des Gehilfen, sondern auch des behandlungsführenden Arztes/Krankenhauses ist (Rz. 86 ff; Rz. 109 ff). Gleichwohl bewirkt die Rollenverteilung in der Hierarchie in Grenzen eine Verteilung der Haftungszuständigkeiten. So kann die Führungsrolle des Chefarztes oder Oberarztes den Assistenzarzt von der eigenverantwortlichen Überprüfung der Indikation zur Operation **entlasten**, solange nicht besondere Umstände konkrete Zweifel an der Berechtigung des Operationsentschlusses gebieten. **267**

> OLG Düsseldorf, Urt. v. 21.3.1991 – 8 U 55/89, VersR 1991, 1412 (LS);
>
> vgl. ferner
> BGH, Urt. v. 12.7.1994 – VI ZR 299/93, NJW 1994, 3008 = VersR 1994, 1303
> – Vertrauen des Arztes in Weiterbildung zum Gynäkologen in die Vorsorge der Aufsichtsführenden für den Komplikationsfall;
> OLG München, Urt. v. 17.6.1993 – 1 U 6626/92, VersR 1993, 1400
> – Vertrauen des Arztes in Weiterbildung zum Chirurg in die vom Oberarzt gebilligte Diagnose;
> OLG Köln, Urt. v. 14.7.1993 – 27 U 13/93, VersR 1993, 1157
> – ebenso;
> OLG Zweibrücken, Urt. v. 18.2.1997 – 5 U 3/96, VersR 1997, 833
> – Vertrauen des Assistenzarztes in Weiterbildung zum Chirurgen auf die Operationsanweisungen des ihn führenden Facharztes;
> OLG Hamm, Urt. v. 20.11.1996 – 3 U 31/96, NA-Beschl. v. 15.7.1997 – VI ZR 406/96, VersR 1998, 104
> – bei massiver Schwellung des Oberschenkels nach Trittverletzung und Anzeichen für toxischen Kreislaufverfall Unterlassen einer Entlastungsinzision durch den im 3. Ausbildungsjahr zum Chirurgen befindlichen Assistenzarzt im Vertrauen auf seinen ihn überwachenden Ausbilder;
> OLG Zweibrücken, Urt. v. 20.10.1998 – 5 U 50/98, NJW-RR 1999, 611 = VersR 2000, 728
> – Vertrauen der Stationsärztin in die Geburtsleitung des Leitenden Gynäkologen;

OLG Düsseldorf, Urt. v. 25.11.1999 – 8 U 126/98, VersR 2001, 460
– trotz grob fehlerhaften Vorgehens bei Lösung einer Schulterdystokie Freistellung der Hebamme, weil eine Ärztin im Praktikum
die Geburt leitete, und Freistellung der Ärztin, weil sie mit der
Geburtsleitung überfordert war;

OLG Hamm, Urt. v. 16.1.2006 – 3 U 207/02, VersR 2006, 353
= MedR 2006, 236
– Remonstrationspflicht der Hebamme bei gravierenden Fehlern
des Arztes bei der Geburtsleitung;

OLG Düsseldorf, Urt. v. 26.4.2007 – I-8 U 37/05, VersR 2008, 534
– Ende der „Hierarchie" Arzt-Hebamme in der Geburt, wenn die
Hebamme aufgrund ihrer geburtshilflichen Ausbildung erkennen
muss, dass der Arzt vollkommen regelwidrig und unverständlich
vorgeht;

OLG Koblenz, Urt. v. 3.5.2007 – 5 U 567/05, VersR 2008, 222
– Freistellen der Hebamme von grobfehlerhaften Versäumnissen des
Arztes, wenn sie es nicht als schlechthin unvertretbar erkannt hat;

OLG Brandenburg, Urt. v. 25.2.2010 – 12 U 60/09, VersR 2010,
1601
– Vertrauen des Assistenzarztes in die Anweisungen des die
Behandlung führenden Arztes zur Behandlung einer Sauerstoffunterversorgung des Neugeborenen.

268 Der die Behandlung führende **Arzt haftet nur bis zu dem Punkt,** an dem die
Betreuung des Patienten ohne Defizite für ihn einer anderen, **nichtärztlichen Stelle** (Oberin für den Pflegedienst; technischer Ingenieur für die Ge-
rätewartung) überlassen werden kann. **Grund- und Funktionspflege** sowie
die pflegerische Ergänzung des ärztlichen Behandlungskonzepts durch die Behandlungspflege sind vorrangige Aufgaben von Krankenschwester, Krankenpfleger und Krankenpflegehilfe. Insoweit erfüllen sie nicht aus dem ärztlichen
Tätigkeitsbereich abgeleitete Aufgaben. Sie sind deshalb insoweit keine Erfüllungsgehilfen des Arztes, sondern stehen unter Weisungs- und Über-
wachungsverantwortung allein der Pflegedienstleitung und des Krankenhausträgers.

BGH, Urt. v. 10.1.1984 – VI ZR 158/82, BGHZ 89, 263, 271 f
= NJW 1984, 1400 = VersR 1984, 356.

269 Anderes gilt nur, wenn und soweit die Pflege aus besonderen Gründen die
ärztliche Beurteilung und Anordnung verlangt. Die Grenze zur originären
Behandlungspflege ist fließend und fallabhängig. Es geht um Maßnahmen,
die wegen ihres Stellenwerts im Diagnose- und Therapiekonzept oder wegen
ihrer Auswirkungen auf die körperliche oder gesundheitliche Integrität des
Patienten mehr als der „normalen" Behandlungspflege ärztlicher Legitimation
und Teilhabe bedürfen.

BGH, Urt. v. 10.1.1984 – VI ZR 158/82, BGHZ 89, 263, 271 f
= NJW 1984, 1400 = VersR 1984, 356
– Subklavia-Verweilkanüle;

BGH, Urt. v. 18.3.1986 – VI ZR 215/84, NJW 1986, 2365
= VersR 1986, 788
– Dekubitus;
BGH, Urt. v. 2.6.1987 – VI ZR 174/86, NJW 1988, 762 = VersR
1987, 1238
– Dekubitus;
BGH, Urt. v. 29.9.1998 – VI ZR 268/97, VersR 1999, 190
– Ruhigstellen des Beins nach Schädigung des Peronaeus-Nervs.

In Bezug auf spezifische diagnostische und therapeutische Anforderungen an **270**
die Pflege hat der **Arzt eine Anordnungspflicht und ein Weisungsrecht.**
Umgekehrt haben die für die Pflege Verantwortlichen den Arzt auf Grenzen
und Unvereinbarkeiten der angestrebten ärztlichen Behandlung aus der pflegerischen Situation hinzuweisen. **Diagnose und Therapie sind Sache des
Arztes.** Krankenschwester und Krankenpfleger, in geringerem Umfang auch
die Krankenpflegehilfe, sind zur Assistenz bei ärztlichen Leistungen nur unter
ärztlicher Anweisung berufen.

OLG Stuttgart, Urt. v. 20.8.1992 – 14 U 3/92, VersR 1993, 1358
(LS)
Höherstellen des Wehentropfs nicht ohne ärztliche Anweisung;
OLG Köln, Urt. v. 2.12.1992 – 27 U 103/91, NA-Beschl.
v. 5.10.1993 – VI ZR 3/93, VersR 1993, 1487
– Fixierung eines erregten Patienten grundsätzlich nicht ohne
ärztliche Anweisung;
OLG München, Urt. v. 27.1.1994 – 1 U 2040/93, VersR 1994, 1113
– Holen der Nachgeburt Sache des Arztes, nicht der Kranken-
schwester.

Die Verantwortung dafür, dass der vor dem Kreislaufkollaps stehende Patient **271**
seinem Zustand angepasst transportiert wird, trifft in erster Linie den Sta-
tionsarzt, nicht den Pfleger, jedenfalls soweit die Beurteilung ärztliche Erkenntnisse erfordert.

Vgl. OLG Düsseldorf, Urt. v. 11.1.1990 – 8 U 218/87, VersR
1990, 1277.

Dasselbe gilt für die Verlegung des Neugeborenen als Notfall vom Belegkrankenhaus in die Kinderklinik.

OLG München, Urt. v. 20.6.1996 – 1 U 4529/95, NA-Beschl.
v. 4.2.1997 – VI ZR 309/96, VersR 1997, 977.

Der Kinderarzt darf bei Erkrankung des Säuglings mit Brechdurchfall seiner
Angestellten nicht das Ausfüllen blanko unterschriebener Rezepte übertragen.

OLG Köln, Urt. v. 22.9.2010 5 U 211/08, VersR 2011, 760.

Ob und inwieweit **Krankenschwester** und Krankenpfleger bzw. Kranken- **272**
pflegehelferin und -helfer bei **ärztlichen Leistungen assistieren** dürfen, richtet
sich nicht nach den Folgen bei unsachgemäßer Ausführung, sondern nach
den Anforderungen an die Kenntnisse und Fertigkeiten im konkreten Fall.
Empfehlungen und Stellungnahmen der Berufsverbände hierzu sind Äuße-

rungen medizinischen Sachverstandes, die den Richter zwar nicht binden, ihn aber zur Begründung verpflichten, warum er ihnen nicht folgen will. Solche Stellungnahmen liegen zu Injektionen, Infusionen, Blutentnahmen und Transfusionen wegen ihres besonderen Risiko- und Haftungspotentials vor. Danach werden gegen eine Übertragung subkutaner, intramuskulärer und intravenöser Injektionen einschließlich von Injektionen in den Infusionsschlauch bei liegendem Infusionssystem und der Blutentnahme zur Gewinnung von Kapillar- und Venenblut auf Krankenschwester und Krankenpfleger, von subkutanen Injektionen auf die Krankenpflegehilfe keine prinzipiellen Einwände erhoben.

> Vgl. dazu
> BGH, Urt. v. 8.5.1979 – VI ZR 58/78, NJW 1979, 1935 = VersR 1979, 718.

273 Die Übertragung beim Anlegen von Infusionen wird von ADS und DBfK abgelehnt; ebenso die Einspritzungen in Katheter, Shunts und Ports bei zentraler Lage in herznahe Venen, in das Ventrikelsystem, das arterielle System, den Periduralraum, das Peritoneum. Einhellig wird eine Übertragung des Anlegens von Bluttransfusionen und des Wechselns von Blutkonserven abgelehnt. Ob der Bedside-Test nur vom Arzt vorgenommen werden darf, muss der medizinische Sachverständige beantworten.

274 Zur generellen Zulässigkeit der Assistenz muss die Gewähr für die fachkompetente Ausführung im konkreten Fall hinzutreten.

> BGH, Urt. v. 24.6.1975 – VI ZR 72/74, VersR 1975, 951.

275 Die **Überprüfung der personellen Eignung** ist primär Sache des Arztes. In Grenzen kann er dabei der durch Ausbildung und Prüfung ausgewiesenen Qualifikation (Spritzenschein; Weiterbildung in der Intensivpflege) vertrauen. Besondere Anforderungen können eine Übertragung „ad personam" erforderlich machen. Für die in der Intensivpflege weitergebildeten Pflegekräfte ist eine Übertragung von intravenösen Injektionen „ad personam" nicht grundsätzlich zu verlangen.

276 Auch wo eine generelle Übertragung zulässig ist, muss die Assistenz in jedem Einzelfall von einer detaillierten ärztlichen Anordnung gedeckt sein; z. B. für die Applikation von Medikamenten Art und Dosis, die Konzentration, der Zeitpunkt und die Art der Applikation. Besonderer Wert ist auf die exakte Dokumentation der Anordnung durch den Arzt zu legen. Bei fernmündlichem Auftrag empfiehlt es sich, dass die Pflegeperson die Anordnung schriftlich niederlegt, die Notiz dem Arzt zur Vermeidung von Übermittlungsfehlern vorliest, sie abzeichnet und bei nächster Gelegenheit vom Arzt abzeichnen lässt.

277 Die **Verantwortung** für die kompetente **Durchführung hat die beauftragte Pflegeperson.** Im Allgemeinen muss der Arzt weder sie beaufsichtigen, noch am Krankenbett eingriffspräsent sein. Die beauftragte Pflegeperson muss

neben dem beauftragenden Arzt selbstkritisch prüfen, ob sie nach ihren Kenntnissen und Fertigkeiten den Auftrag ausführen kann. Bedenken muss sie dem auftraggebenden Arzt mitteilen. Bei begründeten Zweifeln muss und darf sie den Auftrag ablehnen.

Für die **horizontale Arbeitsteilung** (Chirurg – Anästhesist – Röntgenologe 278 – Histologe) ist zunächst an die dem jeweiligen Haftungsschuldner zugewiesene Aufgabe anzuknüpfen **nach Maßgabe von Gebietsbezeichnung,** berufsständischen Vereinbarungen, konkreter Rollenverteilung.

> BGH, Urt. v. 22.4.1980 – VI ZR 37/79, NJW 1980, 1905 = VersR 1981, 456;
>
> BGH, Urt. v. 10.1.1984 – VI ZR 158/82, BGHZ 89, 263 = NJW 1984, 1400 = VersR 1984, 356
> – Anästhesist-Chirurg in der postoperativen Phase;
>
> BGH, Urt. v. 24.1.1984 – VI ZR 203/82, NJW 1984, 1403 = VersR 1984, 386
> – Anästhesist für Lagerungskontrolle in Operation;
>
> BGH, Urt. v. 19.5.1987 – VI ZR 167/86, NJW 1987, 2293 = VersR 1987, 1092
> – Gynäkologe statt Anästhesist für die Klärung des Verdachts einer Sepsis nach Kaiserschnitt vor operativer Revision;
>
> BGH, Urt. v. 20.6.1989 – VI ZR 320/88, NJW 1989, 2943 = VersR 1989, 1051
> – keine Haftung des Laborarztes für die Verwechslung der Blutprobe beim Gynäkologen;
>
> BGH, Urt. v. 3.10.1989 – VI ZR 319/88, NJW 1990, 759 = VersR 1989, 1296
> – Zuständigkeit des Anästhesisten auch noch in der postoperativen Phase zur Beobachtung auf Nachwirkungen einer Sauerstoffunterversorgung infolge eines Zwischenfalls während der Narkose;
>
> BGH, Urt. v. 26.2.1991 – VI ZR 344/89, NJW 1991, 1539 = VersR 1991, 694
> – Verantwortung des Anästhesisten in der prä-, intra- und postoperativen Phase für den Ausgleich des Corticoidmangels beim morbus-Addison-Patienten;
>
> BGH, Urt. v. 14.2.1995 – VI ZR 272/93, BGHZ 129, 6 = NJW 1995, 1611 = VersR 1995, 706
> – Zuständigkeit des Beleggynäkologen, nicht der Beleg-Hebamme für die Leitung der Geburt in der Risikophase;
>
> BGH, Urt. v. 3.2.1998 – VI ZR 356/96, NJW 1998, 2736 = VersR 1998, 634
> – Alleinverantwortung des bei der Geburt anwesenden Pädiaters für Fehler bei der Inkubation des stark asphyktischen Kindes offengelassen;
>
> OLG Düsseldorf, Urt. v. 19.8.1985 – 8 U 163/83, NA-Beschl. v. 8.7.1986 – VI ZR 251/85, VersR 1987, 487
> – Stationsarzt statt Anästhesist für Nachschau nach Handoperation in axillärer Plexusblockade;

OLG Hamm, Urt. v. 27.1.1982 – 3 U 199/81, NA-Beschl.
v. 29.3.1983 – VI ZR 82/82
– Röntgenologe-Anästhesist;

OLG Düsseldorf, Urt. v. 30.6.1983 – 8 U 178/80, NA-Beschl.
v. 3.4.1984 – VI ZR 173/83, VersR 1984, 643
– Vertrauen des Radiologen auf Indikationsstellung für Angiographie durch Neurologen;

OLG Düsseldorf, Urt. v. 31.7.1987 – 8 U 142/85, VersR 1989, 191
– Haftung des Röntgenologen, nicht des Operateurs für Fehlbeurteilung nach Kontrastmitteldarstellung des Darms, die zur Indikationsstellung für eine Sigmoideotomie führt;

OLG Stuttgart, Urt. v. 2.8.1990 – 14 U 45/88, VersR 1991, 1060 (LS)
– Vertrauen des Radiologen auf Indikationsprüfung der Diagnosemaßnahme durch überweisenden Facharzt;

OLG München, Urt. v. 11.6.1992 – 1 U 2395/90, NA-Beschl.
v. 15.6.1993 – VI ZR 217/92
– eilbedürftige Intubation auch durch für Intensivmedizin besonders ausgebildeten Chirurgen;

OLG Düsseldorf, Urt. v. 1.4.1993 – 8 U 260/91, VersR 1993, 885
– Beurteilung der Narkosefähigkeit Sache des Anästhesisten;

OLG Düsseldorf, Urt. v. 21.9.1995 – 8 U 43/94, NA-Beschl.
v. 4.6.1996 – VI ZR 318/95, VersR 1997, 1235
– bei rechtzeitiger Hinzuziehung des Augenarztes als Konsiliararzt haftet nur dieser, nicht auch der Kinderarzt für Fehler bei der Kontrolle des Frühgeborenen zur Vorbeugung einer retrolentalen Fibroplasie;

OLG Oldenburg, Urt. v. 16.1.1996 – 5 U 17/95, NA-Beschl.
v. 12.11.1996 – VI ZR 60/96, VersR 1997, 1236
– Aufgabenverteilung zwischen Hebamme und ärztlichem Geburtshelfer bei der Leitung und Überwachung der Geburt;

OLG Celle, Urt. v. 11.8.1997 – 1 U 92/95, NA-Beschl.
v. 7.4.1998 – VI ZR 288/97, VersR 1998, 1419
– der von dem Hausarzt hinzugezogene Urologe ist nicht zuständig für die Weiterbehandlung des dem Hausarzt von ihm im Arztbrief als „Nierenfunktionseinschränkung unklarer Genese" aufgezeigten internistischen (nephrologischen) Problemfelds;

OLG Hamm, Urt. v. 5.6.2000 – 3 U 233/99, NA-Beschl.
v. 12.6.2001 – VI ZR 283/00, VersR 2001, 1157
– keine Haftung des Internisten für das Nichterkennen einer angeborenen Refluxerkrankung der Nieren bei Hinzuziehung eines Urologen statt eines Nephrologen zur Behandlung einer Pyelonephritis;

OLG Düsseldorf, Urt. v. 19.10.2000 – 8 U 183/99, VersR 2002, 1151
– Abgrenzung der Haftung von Anästhesist und Chirurg für das Unterlassen von Blutdruck- und Herzfrequenz-Kontrollen nach ambulanter Laparoskopie;

OLG Naumburg, Urt. v. 14.9.2004 – 1 U 97/03, VersR 2005, 1401
– Alleinhaftung des Anästhesisten für Überdosierung eines Hypnotikums und unzureichende postoperative Überwachung der Vitalfunktionen,

OLG Koblenz, Urt. v. 20.7.2005 – 5 U 47/06, VersR 2007, 1698
– Haftung des Anästhesisten und Chirurgen für das Unterlassen
einer Auswertung des vom Hausarzt angefertigten EKG vor der
Operation, weil jeder sich auf den anderen verlässt;
OLG Düsseldorf, Urt. v. 12.6.2008 – I-8 U 129/07, MedR 2009, 285
– Abgrenzung der Haftung von Anästhesist und Gynäkologen
für Behandlungsfehler bei einer Tubenligatur.

Grundsätzlich ist jeder Arzt verpflichtet, sich aufdrängenden Fehlern auch **279**
des an der Behandlung mitbeteiligten Arztes einer anderen Fachrichtung entgegen zu wirken.

OLG Düsseldorf, Urt. v. 12.6.2008 – I-8 U 129/07, MedR 2009,
285.

Prinzipiell kann aber der Arzt vorbehaltlich konkreter Anhaltspunkte für
Zweifel **auf die objektiven im fremden Fach erhobenen** einschlägigen Befunde vertrauen.

OLG Celle, Urt. v. 18.12.1995 – 1 U 36/94, NA-Beschl.
v. 5.11.1996 – VI ZR 43/96, VersR 1977, 368
– Verpflichtung des Stationsarztes, dem für den Suizidpatienten
hinzugezogenen psychiatrischen Konsiliararzt fremdanamnestische Befunde hinsichtlich früherer abgebrochener Selbstmord-
versuche zuverlässig zu übermitteln;
OLG Köln, Beschl. v. 8.3.2010 – 5 U 116/09, VersR 2011, 1452
– der mit der Abklärung des Verdachts einer Lungenembolie beauftragte Radiologe ist zu therapeutischen Maßnahmen nicht
verpflichtet, sondern kann sich auf die sorgfältige Behandlung des
überweisenden Arztes verlassen;
OLG Koblenz, Beschl. v. 27.2.2013 – 5 U 76/13, VersR 2014, 711
– Vertrauen des Hausarztes auf das Ergebnis einer Ultraschalluntersuchung der Niere in einer internistischen Praxis.

In Grenzen kann der den Patienten von einem Facharzt derselben oder einer **280**
anderen Fachrichtung zur Spezialuntersuchung übernehmende Arzt darauf
vertrauen, dass der überweisende Arzt den Patienten sorgfältig untersucht
und eine zutreffende Indikation gestellt hat. Anhaltspunkten für Zweifel hat
er aber nachzugehen.

BGH, Urt. v. 14.7.1992 – VI ZR 214/91, NJW 1992, 2962
= VersR 1992, 1263;
BGH, Urt. v. 5.10.1993 – VI ZR 237/92, NJW 1994, 797 = VersR
1994, 102;
OLG Düsseldorf, Urt. v. 30.6.1983 – 8 U 178/80, NA-Beschl.
v. 3.4.1984 – VI ZR 173/83, VersR 1984, 643;
OLG Naumburg, Urt. v. 29.4.1997 – 9 U 266/96, VersR 1998, 983;
OLG Oldenburg, Urt. v. 23.12.1997 – 5 U 75/97, MedR 1999, 36
= VersR 1999, 452
– Vertrauen des Neurochirurgen in die Ausheilung einer Salmo-
nellen-Infektion in der an ihn überweisenden neurologischen
Abteilung;

OLG Stuttgart, Urt. v. 20.6.2000 – 14 U 73/98, VersR 2002, 98
– Vertrauen des Radiologen in die Beschränkung der ihm durch
den Hausarzt gestellten Kontrollaufgabe ohne Äußerung eines
bestimmten Krankheitsverdachts;

OLG Köln, Beschl. v. 3.9.2008 – 5 U 51/08, VersR 2009, 1670
– Vertrauen des mit einer Testovarektomie beauftragte Chirurg
in die Indikation des überweisenden Arztes.

Das gilt aber nicht für das hochspezialisierte Tumorzentrum, das der überweisende Arzt in seine Indikationsstellung eingebunden hat.

OLG Köln, Urt. v. 17.3.2010 – 5 U 51/09, VersR 2011, 81.

Der Operateur darf ohne Anhaltspunkte für Zweifel darauf vertrauen, dass
während seines Urlaubs der sorgfältig ausgewählte und berufserfahrene Arzt-
kollege den Patienten sachgemäß (postoperativ) betreut; er muss die von seinem
Urlaubsvertreter veranlassten Befunde und Diagnosen ohne konkreten Anlass nicht auf Plausibilität und Vollständigkeit überprüfen.

OLG Koblenz, Urt. v. 10.4.2008 – 5 U 1440/06, VersR 2009, 980.

281 Ein niedergelassener Arzt, der den Patienten zur weiteren Diagnostik in das
Krankenhaus überwiesen hat, darf die Ergebnisse der Klinik bei der Weiterbehandlung grundsätzlich zugrunde legen.

OLG Köln, Urt. v. 14.7.1993 – 27 U 13/93, VersR 1993, 1157;

OLG Düsseldorf, Urt. v. 1.6.1995 – 8 U 73/94, NJW-RR 1996, 669;

OLG Düsseldorf, Urt. v. 21.9.1995 – 8 U 43/94, NA-Beschl.
v. 4.6.1996 – VI ZR 318/95, VersR 1997, 1235;

OLG Hamm, Urt. v. 16.12.1996 – 3 U 62/96, NA-Beschl.
v. 12.8.1997 – VI ZR 36/97, VersR 1998, 323.

282 Aber es hat seine Freistellung von der Haftung für Fehler des Spezialisten
der Klinik, an den er den Patienten überwiesen hat, dort eine Grenze, wo der
Hausarzt erkennt oder trotz seiner beschränkten Einsicht in das Behandlungsgeschehen ohne Weiteres erkennen muss, dass gewichtige Bedenken
gegen dessen diagnostisches oder therapeutisches Vorgehen bestehen.

BGH, Urt. v. 8.11.1988 – VI ZR 320/87, NJW 1989, 1536
= VersR 1989, 186;

BGH, Urt. v. 28.5.2002 – VI ZR 42/01, NJW 2002, 2944 = VersR
2002, 1026
– Klinik hält die Metallentfernung, zu der der niedergelassene
Orthopäde überwiesen hat, trotz deutlicher Entzündungszeichen
nicht für erforderlich;

OLG Koblenz, Urt. v. 13.11.1990 – 3 U 1197/85, NA-Beschl.
v. 29.10.1991 – VI ZR 386/90, VersR 1992, 752
– Arzt für Allgemeinmedizin folgt fast 2 Jahre lang den Medika-
tionsempfehlungen der Fachklinik, ohne trotz zentraler Krampfanfälle, zeitweiser Bewusstlosigkeit, Seh- und Sprechstörungen
beim Patienten dem Verdacht einer Medikamentenvergiftung
nachzugehen.

Indes befreit den Arzt die **Hinzuziehung eines Konsiliararztes** eines anderen   283
Fachgebietes nicht schon von der eigenen Behandlungs- und Haftungszuständigkeit, soweit sie ihm durch sein Fach aufgegeben ist.

> OLG Köln, Urt. v. 20.9.1989 – 27 U 158/88, NA-Beschl.
> v. 19.6.1990 – VI ZR 287/89, VersR 1990, 1242
> – keine Entlastung des Operateurs vom Versäumnis der
> antibiotischen Therapie nach Tonsillektomie durch Hinzu-
> ziehung eines Internisten.

Er muss den Konsiliararzt über die bisherige Behandlung und die erhobenen
sowie bekannte fremdanamnestische Befunde unterrichten.

> OLG Celle, Urt. v. 18.12.1995 – 1 U 36/94, NA-Beschl.
> v. 5.11.1996 – VI ZR 43/96.

Zur Haftung des Krankenhausträgers für Fehler eines hinzugezogenen Konsiliararztes vgl.

> BGH, Urt. v. 21.1.2014 – VI ZR 78/13, VersR 2014, 374
> – Schlaganfalleinheit.

Zur Haftung eines Gynäkologen wegen eines von ihm nicht erkannten Darm-
karzinoms vgl.

> OLG Hamm, Urt. v. 21.05.2013 – 26 U 140/12, GesR 2013, 475.

Für **Koordinationsmängel** haften alle Beteiligten.   284

> BGH, Urt. v. 26.1.1999 – VI ZR 376/97, BGHZ 140, 309 = NJW
> 1999, 1779 = VersR 1999, 579
> – Ausschluss von Risiken aus der Unverträglichkeit der von den
> beteiligten Ophtamologen und Anästhesisten eingesetzten In-
> strumente und Methoden bei Schieloperation;
> OLG Koblenz, Urt. v. 20.7.2006 – 5 U 47/06, VersR 2007, 1698
> – keine Auswertung des vom Hausarzt erstellten EKG vor der
> Operation, weil Anästhesist und Chirurg sich darauf verlassen,
> dass der andere das EKG ausgewertet hat.

Grundsätzlich hat jeder beteiligte Arzt den spezifischen Gefahren der Spe-   285
zialisierung und der Arbeitsteilung entgegenzusteuern. Er muss der begrenzten Erkenntnis des vor ihm behandelnden Arztes,

> BGH, Urt. v. 14.7.1992 – VI ZR 214/91, NJW 1992, 2962
> = VersR 1992, 1263
> – kein Vertrauen der Kinderärztin auf Abklärung einer Gelb-
> verfärbung des Neugeborenen durch den Mutter und Kind
> betreuenden Gynäkologen;
> BGH, Urt. v. 5.10.1993 – VI ZR 237/92, NJW 1994, 797 = VersR
> 1994, 102
> – Unterrichtung des überweisenden Augenarztes durch Kliniker
> von Notwendigkeit einer Überprüfung des Augeninnendrucks;

OLG Jena, Urt. v. 23.5.2007 – 4 U 437/05, VersR 2008, 401
– Entlastung des Frauenarztes von der Haftung für das Unterbleiben der histologischen Untersuchung eines schnellwachsen-
den Tumors bei Hinzuziehung eines Onkologen nur dann, wenn
dieser über alle vom Frauenarzt erhobenen Befunde vollständig
unterrichtet wurde und der Onkologe die Weiterbehandlung vollständig übernommen hat,

den Präferenzen der beteiligten Spezialisten und ihrer fehlenden Übersicht über
das Gesamtgeschehen Rechnung tragen. Für jede Behandlungsphase ist ein be-
handlungsführender Arzt zu bestellen, der die Koordination, den Kommuni-
kationsfluss, die Entscheidung positiver Kompetenzkonflikte sichert. Kom-
petenzabgrenzungen müssen so klar sein, dass kein negativer Kompetenz-
konflikt und damit eine Haftungslücke entstehen. Für Über- oder Unterbe-
handlung aufgrund solcher Versäumnisse haften die beteiligten Fachgebiete
gesamtschuldnerisch. Wo die Schadensursache aus dem Koordinationsbe-
reich stammt, müssen sie sich von einer Verschuldensvermutung entlasten.

BGH, Urt. v. 24.1.1984 – VI ZR 203/82, NJW 1984, 1403
= VersR 1984, 386
– Lagerungsschaden bei Operation in „Häschenstellung";
BGH, Urt. v. 8.5.1990 – VI ZR 227/89, VersR 1990, 1010
– Aufklärung des Patienten bei Zusammenarbeit von Kranken-
haus und Spezialklinik im Rahmen von Herzoperationen;
BGH, Urt. v. 8.2.2000 – VI ZR 325/98, NJW 2000, 2741 = VersR
2000, 1107
– Schutz des Patienten vor Haftungslücken aufgrund der Organi-
sation der ärztlichen Versorgung im Belegkrankenhaus.

286 Bei festgestellten Koordinationsfehlern sollten die Verantwortlichen prinzipiell
auch mit einer Kausalitätsvermutung belastet sein (vgl. Rz. 554 ff).

BGH, Urt. v. 26.1.1999 – VI ZR 376/97, BGHZ 140, 309 = NJW
1999, 1779 = VersR 1999, 579.

287 Bei **Überweisung des Kassenpatienten an einen Facharzt** derselben oder
einer anderen Fachrichtung ist der **beauftragte Arzt an den Auftrag gebunden**.
Er hat ihn aber nicht nur technisch durchzuführen, sondern in eigener Verantwortung über die Art und Weise der Leistungserbringung zu bestimmen
sowie zu prüfen, ob der Auftrag richtig gestellt ist und dem Krankheitsbild
entspricht. Zweifeln an der übermittelten Diagnose muss er nachgehen und
ggf. den überweisenden Arzt zur Berichtigung oder Ergänzung des Überwei-
sungsauftrags veranlassen.

BGH, Urt. v. 5.10.1993 – VI ZR 237/92, NJW 1994, 797 = VersR
1994, 102;
OLG Stuttgart, Urt. v. 20.6.2000 – 14 U 73/98, VersR 2002, 98
– Grenzen der Untersuchungspflicht des Radiologen bei allgemein gehaltenem Untersuchungsauftrag des Hausarztes;

OLG Hamm, Urt. v. 14.6.2000 – 3 U 202/99, NA-Beschl.
v. 24.4.2001 – VI ZR 336/00, VersR 2002, 98
– bei negativem Tastbefund und negativer Mammographie keine
Pflicht des beauftragten Radiologen zum Ausschluss eines
malignen Geschehens durch eine Biopsie;
OLG Karlsruhe, Urt. v. 13.6.2001 – 7 U 123/97, NA-Beschl.
v. 5.2.2002 – VI ZR 274/01, VersR 2002, 717
– bei Weiterführung der Behandlung durch den überweisenden
Arzt keine Pflicht des beauftragten Arztes zur umfassenden Beratung und Behandlung des Patienten.

Zur Haftung für Behandlungen im Rahmen einer Gemeinschaftspraxis vgl.
oben Rz. 55.

Von den Fällen einer Arbeitsteilung zu unterscheiden sind die Fälle bloßer **288**
zeitlicher Nachfolge von Ärzten desselben Fachs. Grundsätzlich hat der nachfolgende Arzt Diagnose und Therapiewahl eigenverantwortlich zu überprüfen.

OLG Naumburg, Urt. v. 29.4.1997 – 9 U 266/96, VersR 1998, 983.

In Grenzen kann allerdings auf die Wiederholung belastender Diagnoseein-
griffe verzichtet werden, wenn zuverlässige Aufzeichnungen über frühere
Untersuchungen vorliegen. Andererseits stellt die Nachfolge den früher behandelnden Arzt nicht von der Verantwortung schlechthin frei. Insbesondere
hat er durch entsprechende Beratung des Patienten über die Dringlichkeit
der Weiterbehandlung sowie durch Hinweise im Arztbrief über den Entlassungsbefund und die daraus für die Nachbehandlung sich ergebenden besonderen therapeutischen Konsequenzen den reibungslosen Übergang auf
den nachbehandelnden Arzt mit zu verantworten (Rz. 164 ff); z. B. können
sich Pflichten zur Unterrichtung des nachbehandelnden Arztes ergeben. Die
Zurechnung seiner Fehler für die Schädigung des Patienten entfällt nur, wenn
festgestellt wird, dass sie sich auf den weiteren Krankheitsverlauf nicht mehr
ausgewirkt haben, insbesondere von dem nachbehandelnden Arzt neutralisiert
worden sind.

BGH, Urt. v. 28.1.1986 – VI ZR 83/85, NJW 1986, 2367 = VersR
1986, 601.

Die **Einstandspflicht des vorbehandelnden Arztes für** einen **Behandlungs-** **289**
fehler umfasst regelmäßig auch die **Folgen aus Fehlern des nachbehandeln-**
den Arztes, wenn die Nachbehandlung durch den Fehler des erstbehandelnden
Arztes mitveranlasst worden ist. Der Zurechnungszusammenhang fehlt nur,
wenn der Fehler des zweiten Arztes schlechterdings nicht unterlaufen durfte
oder wenn die Nachbehandlung mit der erstbehandelten Krankheit nichts zu
tun hatte.

Auch ein grober Behandlungsfehler des nachbehandelnden Arztes, der eine **290**
Beweislastumkehr rechtfertigen würde, muss nicht stets den Zurechnungszusammenhang unterbrechen, sofern der Behandlungsverlauf ausnahmsweise
dadurch keine richtunggebende Veränderung erfahren hat. Indes kann sich

der Patient hier auf eine Beweislastumkehr für den Nachweis der (haftungsausfüllenden!) Kausalität gegenüber dem vorbehandelnden Arzt nicht berufen.

BGH, Urt. v. 28.1.1986 – VI ZR 83/85, NJW 1986, 2367, 2368 = VersR 1986, 601, 602;

BGH, Urt. v. 20.9.1988 – VI ZR 37/88, VersR 1988, 1273;

BGH, Urt. v. 6.5.2003 – VI ZR 259/03, NJW 2003, 2311 = VersR 2003, 1128
– laparoskopische Entfernung eines intrauterinen Pessars ohne Hysteroskop;

OLG Hamm, Urt. v. 21.11.1988 – 3 U 74/88, VersR 1989, 1263
– Hausarzt geht Verdacht der Rötelninfektion der Schwangeren nicht nach;

OLG Hamm, Urt. v. 5.11.1990 – 3 U 179/87, NA-Beschl. v. 24.9.1991 – VI ZR 384/90, VersR 1992, 610
– Zurechnung auch eines groben Fehlers des Nachbehandelnden;

OLG Köln, Urt. v. 28.4.1993 – 27 U 144/92, NA-Beschl. v. 25.1.1994 – VI ZR 171/93, VersR 1994, 987
– Zurechnung auch eines groben Fehlers des Nachbehandelnden;

OLG Düsseldorf, Urt. v. 23.5.1996 – 8 U 98/94, NA-Beschl. v. 3.6.1997 – VI ZR 212/96, VersR 1997, 1358 (LS)
– Zuordnung der operativen Entfernung eines gesunden Magens, die der niedergelassene Arzt durch Verwechslung histologischer Befunde veranlasst hat;

OLG München, Urt. v. 23.1.1997 – 24 U 804/93, VersR 1997, 577
– Zurechnung der Hodenverletzung durch den behandelnden Arzt;

OLG Koblenz, Urt. v. 24.4.2008 – 5 U 1236/07, VersR 2008, 1071
– Zurechnung einer Fehldeutung des Röntgenbildes durch den behandelnden Arzt.

6. Anfängeroperation

291 Die Notwendigkeit, dem in der Fachausbildung, sei es zur Approbation, sei es in der Weiterbildung zum Arzt mit einer Gebietsbezeichnung, stehenden Arzt Fachkenntnisse und -erfahrung am Fall zu verschaffen, ist kein vom Patienten zu tragendes Risiko. Die damit verbundenen **höheren Gefahren** für ihn müssen **durch besondere Vorkehrungen neutralisiert** werden. Der BGH verlangt eine vorausgehende Kontrolle des theoretischen Wissens des Auszubildenden über das Behandlungsfeld, die zu erwartenden Komplikationen und ihre Begegnung; ferner vor allem die Überwachung seiner Arbeit durch einen erfahrenen Facharzt. Dazu ist – insbesondere wo der Auszubildende selbst operiert – prinzipiell Anwesenheit und eingriffsbereite Assistenz des aufsichtsführenden Arztes nötig, solange nicht feststeht, dass der Auszubildende die Operation auch praktisch beherrscht.

292 **Mit fortschreitender Erfahrung** des Auszubildenden kann die Assistenz des Aufsichtsführenden aber **gelockert** werden.

BGH, Urt. v. 27.9.1983 – VI ZR 230/81, BGHZ 88, 248 = NJW 1984, 65 = VersR 1984, 60;

BGH, Urt. v. 15.6.1993 – VI ZR 175/92, NJW 1993, 2989
= VersR 1993, 1231;

der Leitsatz zu
BGH, Urt. v. 10.3.1992 – VI ZR 64/91, NJW 1992, 1560 = VersR
1992, 745
wollte daran nichts ändern.

Wenn der Auszubildende aufgrund seiner praktischen Erfahrungen mit der **293**
Behandlungsmaßnahme Gewähr für den fachärztlichen Standard bietet, kann
auf die Anwesenheit eines aufsichtsführenden Facharztes verzichtet werden.

OLG Karlsruhe, Urt. v. 10.10.1990 – 7 U 12/89, VersR 1991, 1177
– Narkose bei der Leistenbruchoperation;

OLG Oldenburg, Urt. v. 8.6.1993 – 5 U 14/93, VersR 1994, 180
– abdominale Gebärmutterentfernung;

OLG Düsseldorf, Urt. v. 7.10.1993 – 8 U 18/92, VersR 1994, 603
– Exstirpation der Unterkieferdrüse;

OLG Zweibrücken, Urt. v. 16.1.1996 – 5 U 45/94, VersR 1997, 1103
– Kompetenz des Arztes für die Behebung einer Schulterdystokie
im 5. Weiterbildungsjahr als Geburtshelfer;

OLG Oldenburg, Urt. v. 18.9.2001 – 5 U 81/97, NA-Beschl.
v. 14.5.2002 – VI ZR 362/01, VersR 2002, 1028
– Geburtsleitung kurz vor der Anerkennung als Gynäkologe.

Für die Feststellung ausreichender Übung und Erfahrung zur selbständigen, **294**
unbeaufsichtigten Operation ist ein strenger Maßstab anzulegen.

BGH, Urt. v. 7.5.1985 – VI ZR 224/83, NJW 1985, 2193 = VersR
1985, 782, 783;

BGH, Urt. v. 10.3.1992 – VI ZR 64/91, NJW 1992, 1560 = VersR
1992, 745;

BGH, Urt. v. 15.6.1993 – VI ZR 175/92, NJW 1993, 2989
= VersR 1993, 1231.

Die **Beurteilung der Fähigkeiten** steht zwar **im pflichtgemäßen ärztlichen** **295**
Ermessen; der aufsichtführende Arzt hat aber im Haftungsfall die Kontroll-
maßnahmen und die daraus gewonnenen Erkenntnisgrundlagen zu belegen.
Er haftet, wenn er Zweifel hätte haben müssen.

BGH, Urt. v. 27.9.1983 – VI ZR 230/81, BGHZ 88, 248 = VersR
1984, 60 und

BGH, Urt. v. 7.5.1985 – VI ZR 224/83, NJW 1985, 2193 = VersR
1985, 782
– Lymphknotenexstirpation;

OLG Hamm, Urt. v. 27.4.1981 – 3 U 307/80, NA-Beschl.
v. 14.12.1982 – VI ZR 134/81
– Geburtshilfe;

OLG Düsseldorf, Urt. v. 16.9.1993 – 8 U 16/92, VersR 1994, 352
– Lymphknotenexstirpation;

OLG Düsseldorf, Urt. v. 25.11.1999 – 8 U 126/98, VersR 2001, 460
– Beaufsichtigung der geburtshilflichen Abteilung durch Ärztin
im Praktikum.

296 Der **aufsichtführende Arzt muss Facharzt** sein. Nur dieser garantiert dem Patienten die von ihm zu beanspruchende Qualität der Behandlung, und nur dieser hat die erforderliche Autorität gegenüber dem Berufsanfängcr.

> BGH, Urt. v. 10.3.1992 – VI ZR 64/91, NJW 1992, 1560 = VersR 1992, 745
> – chronisch rezidivierende Appendizitis.

297 Anderes kann in Notfällen gelten, doch sind diese grundsätzlich organisatorisch einzukalkulieren.

> OLG Karlsruhe, Urt. v. 25.1.1989 – 7 U 155/87, NA-Beschl.
> v. 10.10.1989 – VI ZR 46/88, VersR 1990, 53.

298 **Neben** dem behandlungsführenden **Facharzt haftet der Krankenhausträger** für die Organisation des Einsatzes des Auszubildenden, insbesondere für die erforderlichen Anweisungen an diesen selbst und die Fachärzte in Bezug auf Verhalten bei diagnostischen oder therapeutischen Zweifeln, in Sondersituationen, bei Abwesenheit des zur Aufsicht bestimmten Facharztes sowie hinsichtlich der Kontrolle des Auszubildenden.

> BGH, Urt. v. 26.4.1988 – VI ZR 246/86, NJW 1988, 2298
> = VersR 1988, 723;
>
> BGH, Urt. v. 10.3.1992 – VI ZR 64/91, NJW 1992, 1560 = VersR 1992, 745;
>
> BGH, Urt. v. 15.6.1993 – VI ZR 175/92, NJW 1993, 2989
> = VersR 1993, 1231
> – Narkosezwischenfall;
>
> BGH, Urt. v. 12.7.1994 – VI ZR 299/93, NJW 1994, 3008
> = VersR 1994, 1303
> – Unterlassen der Intubation des Neugeborenen;
>
> BGH, Urt. v. 3.2.1998 – VI ZR 356/96, NJW 1998, 2736 = VersR 1998, 634
> – Aufnahme der vor der Niederkunft stehenden Mutter zur Nachtzeit in der mit Ärzten im 2. Weiterbildungsjahr besetzten geburtshilflichen Abteilung ist bei Rufbereitschaft des Facharztes kein Fehler, sofern unverzügliches Erscheinen des Facharztes gewährleistet ist;
>
> OLG Stuttgart, Urt. v. 23.3.1989 – 14 U 41/87, NA-Beschl.
> v. 19.12.1989 – VI ZR 135/89, VersR 1990, 858
> – Fehldiagnose in psychiatrischer Betreuung der suizidgefährdeten Patientin;
>
> OLG Düsseldorf, Urt. v. 12.7.1990 – 8 U 235/88, NA-Beschl.
> v. 7.5.1991 – VI ZR 271/90, VersR 1991, 1138
> – Prostataresektion;
>
> OLG Koblenz, Urt. v. 13.6.1990 – 5 U 860/88, VersR 1991, 1376
> (LS);
>
> OLG Karlsruhe, Urt. v. 10.10.1990 – 7 U 12/89, VersR 1991, 1177
> – Leistenbruchoperation.

Über die Beteiligung eines Auszubildenden muss der Patient **nicht aufgeklärt** 299
werden, da die Behandlungsqualität bei richtigem Vorgehen nicht verkürzt
wird.

Unzureichende Beaufsichtigung ist ein Behandlungsfehler, der in erster Linie 300
dem behandlungsführenden Arzt, aber auch dem Chefarzt und Krankenhausträger als Organisations- und Aufsichtsverschulden zuzurechnen ist. **Grund-**
sätzlich haftet auch der Auszubildende selbst aus Übernahmeverschulden;
notfalls muss er seinem Einsatz widersprechen. In Grenzen kann er sich auf
das Urteil des aufsichtführenden Arztes verlassen.

> BGH, Urt. v. 12.7.1994 – VI ZR 299/93, NJW 1994, 3008
> = VersR 1994, 1303
> – Vertrauen in organisatorische Vorkehrungen für den Fall von
> Komplikationen, die der Auszubildende erkennbar nicht beherrscht;
> OLG Düsseldorf, Urt. v. 21.3.1991 – 8 U 55/89, VersR 1991,
> 1412 (LS)
> – Vertrauen in die vom Chefarzt gestellte Indikation zur Operation;
> OLG München, Urt. v. 17.6.1993 – 1 U 6626/92, VersR 1993, 1400
> – Vertrauen in vom Oberarzt gebilligte Diagnose;
> OLG Köln, Urt. v. 14.7.1993 – 27 U 13/93, VersR 1993, 1157
> – Vertrauen in mit dem Oberarzt abgesprochenes Vorgehen;
> OLG Zweibrücken, Urt. v. 18.2.1997 – 5 U 3/96, VersR 1997, 833
> – ebenso;
> OLG Hamm, Urt. v. 20.11.1996 – 3 U 31/96, NA-Beschl.
> v. 15.7.1997 – VI ZR 406/96, VersR 1998, 104
> – ebenso;
> OLG Zweibrücken, Urt. v. 20.10.1998 – 5 U 50/97, NJW-RR
> 1999, 611 = VersR 2000, 728
> – Vertrauen der Stationsärztin in die Geburtsleitung durch
> Leitenden Gynäkologen;
> OLG Düsseldorf, Urt. v. 13.2.2003 – 8 U 41/02, VersR 2005, 230
> – Reposition einer Radiusbasisfraktur in Vertrauen auf Anord-
> nung des Chefarztes trotz Verzichts auf Narkose und mehrfa-
> chem Misslingen.

Das gilt aber nicht, wenn ihm bewusst sein muss, dass diesem die Umstände, 301
die Zweifel an seiner Fähigkeit begründen, verborgen geblieben sind. Seine
geringeren Fachkenntnisse und -fertigkeiten hat der Auszubildende nach
Möglichkeit durch gesteigerte Selbstkritik, besondere Zurückhaltung in der
Unterdrückung von Zweifeln, rechtzeitige Beratung mit dem Ausbilder auszugleichen.

> BGH, Urt. v. 26.4.1988 – VI ZR 246/86, NJW 1988, 2298
> – VersR 1988, 723.

Ist dem Auszubildenden eine Operation selbständig übertragen worden, so ist 302
er zu **besonders genauer Dokumentation** des Operationsverlaufs verpflichtet;
das gilt auch für Routineeingriffe und auch dann, wenn der Auszubildende
Komplikationen nicht beobachtet hat.

BGH, Urt. v. 7.5.1985 – VI ZR 224/83, NJW 1985, 2193 = VersR
1985, 782, 784;

OLG Düsseldorf, Urt. v. 12.7.1990 – 8 U 235/88, NA-Beschl.
v. 7.5.1991 – VI ZR 271/90, VersR 1991, 1138.

303 Die strenge Dokumentationspflicht erleichtert dem Patienten den zunächst
von ihm zu führenden Nachweis, dass der Eingriff für seine Schädigung kausal
geworden ist.

304 Prinzipiell muss er ferner nachweisen, dass der Einsatz des Auszubildenden
ein Fehler war.

Allgemein vgl.
BGH, Urt. v. 29.1.1985 – VI ZR 69/83, VersR 1985, 343;

OLG Oldenburg, Urt. v. 16.3.1999 – 5 U 194/98, VersR 1999, 192.

305 Jedoch ergreift die für die Organisationsverantwortlichen bestehende **Verschuldensvermutung des § 831 BGB auch die Qualifikationsfrage.**

BGH, Urt. v. 14.3.1978 – VI ZR 213/76, NJW 1978, 1681
= VersR 1978, 542
– Dammschnitt.

306 Ist im konkreten Fall von fehlender Qualifikation des ohne Aufsicht durch
einen Facharzt eingesetzten Auszubildenden auszugehen, dann hat die Behandlungsseite die Vermutung zu entkräften, dass die fehlende Qualifikation
sich in der Schädigung des Patienten ausgewirkt hat.

BGH, Urt. v. 27.9.1983 – VI ZR 230/81, BGHZ 88, 248, 257
= NJW 1984, 655 = VersR 1984, 60 und

BGH, Urt. v. 7.5.1985 – VI ZR 224/83, NJW 1985, 2193 = VersR
1985, 782, 783
– Lymphknotenexstirpation;

BGH, Urt. v. 10.3.1992 – VI ZR 64/91, NJW 1992, 1560 = VersR
1992, 745
– Nahtinsuffizienz nach Appendektomie;

OLG Köln, Urt. v. 4.7.1990 – 27 U 86/89, VersR 1992, 452.

Gleiches gilt für die Übertragung der Behandlung auf einen Krankengymnasten,
der die für diese Behandlung notwendige Zusatzausbildung nicht besitzt.

KG, Urt. v. 14.4.2008 – 20 U 183/06, VersR 2008, 1267.

7. Sonderlagen: Sterilisation – Schwangerschaftsabbruch – Schwangerschaftstest

307 **Für Gesundheitsschäden** aus der Verfehlung von diagnostischen oder therapeutischen Standards in der **prä- oder perinatalen Phase** hat der Arzt sowohl
der Mutter als auch dem Kind einzustehen, dessen gesundheitliche Integrität
anders als im Strafrecht haftungsrechtlich schon in dieser Phase mitgeschützt
ist (Rz. 150 f). Zwar kann der Arzt die Behandlung der Leibesfrucht nicht

gegen den Willen der Mutter durchsetzen. Jedoch rechtfertigt das Verlangen der Mutter ein unärztliches Vorgehen zum Schaden des Kindes nicht.

Sterilisation

Bei einer Sterilisation können Arztfehler außerdem Ersatzansprüche der Frau   **308**
für ihre gesundheitliche Belastung mit der Schwangerschaft und der Geburt sowie der Eltern des ungewollten Kindes für ihre Unterhaltsbelastung auslösen.

Prinzipiell ist ein Sterilisationseingriff mit Einwilligung der Frau auch ohne besondere medizinische oder soziale Indikation **rechtlich zulässig**. Das hat auch der Beschluss des BVerfG zum Schwangeren- und Familienhilfegesetz vom 27.7.1992 – BGBl I, 1398 – nicht in Frage gestellt.

> BVerfG, Beschl. v. 28.5.1993 – 2 BvF 2/90 u. a., BVerfGE 88, 203
> = NJW 1993, 1751;
> BGH, Urt. v. 16.11.1993 – VI ZR 105/92, BGHZ 124, 128
> = NJW 1994, 788 = VersR 1994, 425.

Gewisse Grenzen des Selbstbestimmungsrechts der Frau sieht der BGH durch das Gewicht des heute noch irreversiblen Verlustes der Fortpflanzungsfähigkeit für die Persönlichkeit gezogen, das durch Abwägung der Umstände des konkreten Falles zu bestimmen ist; jedoch ist das Selbstbestimmungsrecht darin hoch anzusetzen. Das Motiv der Frau für ihre Entscheidung ist von untergeordneter Bedeutung; maßgebend ist, was der irreversible Verzicht auf Mutterschaft für **diese** Frau heißt (Lebensalter, Lebensverhältnisse, psychische Belastbarkeit). Die Frau ist **über Bedeutung und Folgen der Sterilisation aufzuklären**; die Einwilligung ihres Mannes ist rechtlich nicht erforderlich.

> BGH, Urt. v. 29.6.1976 – VI ZR 68/75, BGHZ 67, 48 = NJW
> 1976, 1790 = VersR 1976, 1088 = mit Anm. *Steffen*
> LM BGB § 823 (Dd) Nr. 15;
> BGH, Urt. v. 18.3.1980 – VI ZR 247/78, BGHZ 76, 259 = NJW
> 1980, 1452 = VersR 1980, 558;
> OLG München, Urt. v. 14.2.2002 – 1 U 3495/01, VersR 2002, 717
> – „nix Baby mehr" gegenüber Türkin reicht nicht.

Aufklärung über die **verschiedenen Methoden** der Tubensterilisation ist   **309**
grundsätzlich **nicht erforderlich**; die Wahl der Methode steht auch hier prinzipiell im ärztlichen Entscheidungsermessen.

> OLG Düsseldorf, Urt. v. 3.6.1985 – 8 U 137/84, NA-Beschl.
> v. 3.6.1986 – VI ZR 109/85, VersR 1987, 412;
> OLG Schleswig, Urt. v. 24.4.1985 – 4 U 84/82, NA-Beschl.
> v. 18.3.1986 – VI ZR 129/85, VersR 1987, 419;
> OLG Hamburg, Urt. v. 26.6.1987 – 1 U 49/86, NA-Beschl.
> v. 20.9.1988 – VI ZR 202/87, VersR 1989, 147;
> OLG Düsseldorf, Urt. v. 20.12.1990 – 8 U 206/89, VersR 1992,
> 751;

OLG Hamm, Urt. v. 5.2.1992 – 3 U 3/91, NA-Beschl.
v. 6.10.1992
– VI ZR 64/92, VersR 1993, 484;
OLG Oldenburg, Urt. v. 26.10.1993 – 5 U 70/93, NA-Beschl.
v. 5.7.1994 – VI ZR 344/93, VersR 1994, 1348.

310 Der Arzt haftet (vertraglich und deliktisch) für die schuldhafte Verletzung der Frau beim Eingriff ohne Rücksicht auf dessen Zulässigkeit.

OLG Frankfurt/M., Urt. v. 22.4.1982 – 1 U 203/81, NA-Beschl.
v. 15.3.1983 – VI ZR 172/82, VersR 1983, 879.

311 Weitere Haftungsfolgen setzen die sittliche Zulässigkeit des Eingriffs voraus.

312 Kommt es infolge eines Behandlungsfehlers oder versäumter Aufklärung über das Versagerrisiko der (zulässigen) Sterilisation zur Schwangerschaft, kann der Arzt der Kindermutter (vertraglich und deliktisch) für die **Belastung mit der Schwangerschaft ersatzpflichtig** sein, **auch** wenn diese **ohne pathologische Begleitumstände** verläuft.

BVerfG, Beschl. v. 28.5.1993 – 2 BvF 2/90 u. a., BVerfGE 88, 203
= NJW 1993, 1751, 1764 li. Sp.;

seit BGH, Urt. v. 18.3.1980 – VI ZR 247/78, VersR 1980, 558;
insoweit nicht in BGHZ 76, 259;

zuletzt:
BGH, Urt. v. 27.6.1995 – VI ZR 32/94, NJW 1995, 2407 = VersR 1995, 1099;

BGH, Urt. v. 8.7.2008 – VI ZR 259/06, NJW 2008, 2846 = VersR 2008, 1265;

OLG Köln, Urt. v. 18.3.1985 – 7 U 219/83, VersR 1987, 187;

OLG Oldenburg, Urt. v. 21.5.1996 – 5 U 7/96, VersR 1997, 193 (LS);

OLG Hamm, Urt. v. 27.1.1999 – 3 U 127/97, NJW 1999, 1787 = VersR 1999, 1111.

313 Das Freihalten der Ehefrau von diesen Belastungen liegt auch im **Schutzbereich** der Pflicht des Arztes zur Beratung des **Ehemannes bei seiner Sterilisation** über die Notwendigkeit eines Spermiogramms.

BGH, Urt. v. 27.6.1995 – VI ZR 32/94, NJW 1995, 2407 = VersR 1995, 1099.

314 Nach der Rechtsprechung des BGH können die Eltern des Kindes von ihrem ärztlichen Vertragspartner unter bestimmten Voraussetzungen und mit Einschränkungen **Schadensersatz** für ihre **Belastung mit dem Unterhalt des Kindes** verlangen. Der Zweite Senat des BVerfG hat in einem die Gerichte allerdings nicht bindenden obiter dictum seines Beschlusses vom 28.5.1993 zum Schwangeren- und Familienhilfegesetz vom 27.7.1992 erklärt, eine rechtliche Qualifikation des Daseins eines Kindes als Schadensquelle komme von Verfassungs wegen (Art. 1 Abs. 1 GG) nicht in Betracht. Die Verpflichtung aller staatlichen Gewalt, jeden Menschen in seinem Dasein um seiner selbst

willen zu achten, verbiete es, die Unterhaltspflicht für ein Kind als Schaden zu begreifen.

> BVerfG, Beschl. v. 28.5.1993 – 2 BvF 2/90 u. a., BVerfGE 88, 203
> = NJW 1993, 1751, 1764 li. Sp. und LS 14.

Entsprechend der Aufforderung des BVerfG hat der BGH seine Rechtspre- **315** chung zu diesem Punkt überprüft und sich durch die Auslegung des BVerfG zu Art. 1 GG nicht gehindert gehalten, jedenfalls in den Fällen einer aus ärztlichem Verschulden misslungenen Sterilisation sowie eines verhinderten oder fehlgeschlagenen Schwangerschaftsabbruchs aus damals gesetzlich anerkannter embryopathischer oder kriminologischer Indikation den Eltern Schadensersatz wegen ihrer Unterhaltsbelastung zuzusprechen.

> BGH, Urt. v. 16.11.1993 – VI ZR 105/92, BGHZ 124, 128
> = NJW 1994, 877 = VersR 1994, 425.

Der Erste Senat des BVerfG hat diese Rechtsauffassung jedenfalls für die Fälle **316** einer aus ärztlichem Verschulden misslungenen Sterilisation sowie der Zeugung und Geburt eines behinderten Kindes infolge fehlerhafter genetischer Beratung für verfassungsmäßig erklärt.

> BVerfG, Beschl. v. 12.11.1997 – 1 BvR 479/92 und 307/94, NJW
> 1998, 519 = VersR 1998, 190.

Dieser Beschluss zielt nicht auch auf die BGH-Rechtsprechung zu einem aus ärztlichem Verschulden fehlgeschlagenen Schwangerschaftsabbruch. Insoweit ist die Rechtslage (Stand Juli 2006) derzeit nicht gefestigt.

Nach der vom BGH auch im Folgenden bekräftigten Rechtsprechung, **317**

> BGH, Urt. v. 28.3.1995 – VI ZR 356/93, NJW 1995, 1609
> = VersR 1995, 964;
>
> BGH, Urt. v. 27.6.1995 – VI ZR 32/94, NJW 1995, 2407 = VersR
> 1995, 1099;
>
> BGH, Urt. v. 4.3.1997 – VI ZR 354/95, NJW 1997, 1638 = VersR
> 1997, 698;
>
> BGH, Urt. v. 15.2.2000 – VI ZR 135/99, BGHZ 143, 389 = NJW
> 2000, 1782 = VersR 2000, 634,

kommen bei **misslungener Sterilisation Ersatzansprüche für die Unterhaltsbelastung** der Eltern in Betracht, **wenn der Behandlungsvertrag auf diesen Vermögensschutz mitangelegt** ist. Das ist vornehmlich bei der Sterilisation aus sozialer Indikation, ferner aus genetischer Indikation dann der Fall, wenn das Kind geschädigt ist. Die Fallgruppe der medizinischen Indikation ist vom BGH noch nicht abschließend geklärt; jedoch spricht nach seiner Auffassung auch hier der vom Arzt zu entkräftende erste Anschein dafür, dass die Eltern ihr Verhalten auf die Unfruchtbarkeit der Frau eingerichtet haben und auch dieses Kind „unerwünscht" für sie ist. Das kann bereits für die (hier nur **vertraglich zu begründende**) Ersatzpflicht genügen.

Seit BGH, Urt. v. 18.3.1980 – VI ZR 105/78, BGHZ 76, 249
= NJW 1980, 1450 = VersR 1980, 555;

BGH, Urt. v. 18.3.1980 – VI ZR 247/78, BGHZ 76, 259 = NJW
1980, 1452 = VersR 1980, 558;

zuletzt:
BGH, Urt. v. 27.6.1995 – VI ZR 32/94, NJW 1995, 2407 = VersR
1995, 1099;

BGH, Urt. v. 3.6.1997 – VI ZR 133/96, NJW 1998, 155 = VersR
1997, 1422;

OLG Düsseldorf, Urt. v. 12.7.1990 – 8 U 128/89, NA-Beschl.
v. 25.6.1991 – VI ZR 268/90, VersR 1992, 493;

OLG Düsseldorf, Urt. v. 14.2.1991 – 8 U 42/90, NA-Beschl.
v. 29.10.1991 – VI ZR 91/91, VersR 1992, 317;

OLG Düsseldorf, Urt. v. 14.7.1994 – 8 U 48/93, NA-Beschl.
v. 4.4.1995 – VI ZR 273/94, VersR 1995, 1498;

OLG Zweibrücken, Urt. v. 18.2.1997 – 5 U 46/95, VersR 1997,
1009.

318 Der **Schutzzweck** der Sorgfaltspflichten des Arztes umfasst **nicht die Beerdigungskosten**, die deshalb entstanden sind, weil das nicht lebensfähige Kind ausgetragen wurde.

OLG Düsseldorf, Urt. v. 27.7.1995 – 8 U 139/94, VersR 1996, 711.

319 Auch versagt der BGH den Eltern **Ersatz ihres Verdienstausfalls**, der ihnen **durch die Betreuung** des Kindes entsteht.

BGH, Urt. v. 2.12.1980 – VI ZR 175/78, VersR 1981, 278;

BGH, Urt. v. 4.3.1997 – VI ZR 354/95, NJW 1997, 1638 = VersR
1997, 698.

320 Auf der Grundlage des bisherigen Rechts war der Unterhalt in den Grenzen des doppelten Satzes des (nur den Unterhaltsanteil des Vaters berücksichtigenden) **Regelunterhalts** für nichteheliche Kinder (§ 1615 f BGB a. F.) zu ersetzen. Mit der Vereinheitlichung des Unterhaltsrechts für eheliche und nichteheliche Kinder aufgrund des Gesetzes vom 6.4.1998 – BGBl I, 666 – wird man sich nach Maßgabe der §§ 1615, 1612a BGB n. F. an den Sätzen der **Kinderfreibeträge** gem. § 32 Abs. 6 Satz 1 EStG zu orientieren haben.

321 Anzurechnen ist das **Kindergeld**, ggf. von dem Kind später zu erbringende Dienste (§ 1619 BGB); **nicht** dagegen der kindbezogene Anteil des beamtenrechtlichen **Ortszuschlags** oder kindbezogene **Steuervorteile**.

BGH, NA-Beschl. v. 11.6.1991 – VI ZR 321/90, BGHR § 249
Unterhaltsaufwand 1.

Der **Sonderbedarf für Gesundheitsschäden** des Kindes kann den Ersatz erhöhen; der BGH hat das für vor- und geburtliche Schädigungen des Kindes bereits entschieden, für schwere schicksalhafte nachgeburtliche Schäden dürfte kaum anderes gelten. Für die Zeit nach Vollendung des 18. Lebensjahres des Kindes kann zunächst grundsätzlich nur auf Feststellung geklagt werden.

BGH, Urt. v. 18.3.1980 – VI ZR 247/78, VersR 1980, 558.

Der **Streitwert** der Unterhaltsersatzklage bemisst sich nach § 9 ZPO.   **322**

BGH, Beschl. v. 20.1.1981 – VI ZR 202/79, VersR 1981, 481.

Ersatzberechtigt sind nur **die Eltern, nicht das Kind selbst.** Beim Tode bei- **323** der Eltern erlischt deshalb die Haftung.

Keine entsprechende Anwendung finden die Haftungsgrundsätze bei fehl- **324** geschlagener Sterilisation auf die Bewirkung einer **Mehrlingsgeburt** durch Hormonbehandlung, jedenfalls solange die Medizin Garantien für eine Steuerung der Kinderzahl auf diesem Wege nicht in Anspruch nimmt.

OLG Hamm, Urt. v. 30.9.1992 – 3 U 13/92, NA-Beschl. v. 6.7.1993 – VI ZR 291/92, VersR 1993, 1273.

Die **Begriffe „Familienplanung"** und **„unerwünschtes Kind"** haben als Haf- **325** tungskriterien **nur geringe Aussagekraft;** sie sind mehr als schlagwortartige Arbeitsbegriffe zu verstehen. Zwar kann die Haftung entfallen, wenn die Eltern später ihren Plan aufgeben, auf ein Kind zu verzichten. Jedoch kann das haftungsrechtlich nur bedeutsam sein, wenn die Störung der Familienplanung aufgrund besonderer Umstände später wegfällt (plötzlicher Tod aller schon vorhandenen Kinder; entscheidende Verbesserung der wirtschaftlichen Lage). Kein haftungsrechtlich relevantes Indiz ist die Weigerung, das Kind abzutreiben; es zur Adoption freizugeben; das „Akzeptieren" des Kindes.

BGH, Urt. v. 19.6.1984 – VI ZR 76/83, NJW 1984, 2625 = VersR 1984, 864.

Grundsätzlich ohne Bedeutung ist, ob die Eltern verheiratet sind oder we- **326** nigstens in Zukunft ihre Gemeinschaft durch eine Ehe rechtlich verfestigen wollen. Den Fall einer Sterilisation zur folgenlosen Bewältigung wechselnder Männerbekanntschaften hat der BGH bisher nicht zu entscheiden gehabt.

Die **Sterilisation** ist **keine vollsichere Methode** zur Empfängnisverhütung. **327** Hierauf hat der Arzt seine Vertragspartner **hinzuweisen.** Ein Hinweis auf die Möglichkeit einer Rekanalisation kann genügen.

OLG Oldenburg, Urt. v. 26.10.1993 – 5 U 70/93, NA-Beschl. v. 5.7.1994 – VI ZR 344/93, VersR 1994, 1348;

OLG Oldenburg, Urt. v. 3.11.1998 – 5 U 67/98, NJW-RR 2000, 240 = VersR 2000, 59;

OLG Düsseldorf, Urt. v. 14.2.2000 – 8 U 5/00, NJW-RR 2001, 959 = VersR 2001, 1117.

Der Arzt hat nachzuweisen, dass er überhaupt einen Sterilisationseingriff vor- **328** genommen hat; die Eltern müssen beweisen, dass der Eingriff fehlerhaft war bzw. dass nicht über das Versagerrisiko aufgeklärt worden ist. Der Beweisantrag der Frau, die behauptete fehlerhafte Sterilisation durch einen operativen Eingriff klären zu lassen, ist unzulässig.

OLG Saarbrücken, Urt. v. 10.6.1987 – 1 U 97/85 m. N.,
NA-Beschl. v. 29.3.1988 – VI ZR 179/87, VersR 1988, 831;
OLG Düsseldorf, Urt. v. 14.2.2000 – 8 U 5/00, NJW-RR 2001,
959 = VersR 2001, 1117.

Lässt sich die Frau im Anschluss an die Entbindung erneut sterilisieren, können
die dabei getroffenen Feststellungen aber als Beweis für die Fehlerhaftigkeit
der Erststerilisation verwertet werden.

OLG Hamm, Urt. v. 27.1.1999 – 3 U 127/97, NJW 1999, 1787
= VersR 1999, 1111.

329   Steht ein fehlerhafter Eingriff fest, reicht die Aufklärung über das Versagerrisiko zur Haftungsentlastung allein nicht aus, da diese Warnung zur
Empfängnisverhütung unzureichend ist. Ist ein fehlerhafter Eingriff nicht
erwiesen, fehlte es aber an der Aufklärung über das Versagerrisiko, haben die
Eltern nachzuweisen, dass sie bei Belehrung zusätzlich empfängnisverhütende
Mittel angewendet oder sich sonst vorgesehen hätten. Mit diesem Nachweis
haben sie durchweg den Kausalitätsbeweis geführt,

BGH, Urt. v. 2.12.1980 – VI ZR 175/78, NJW 1981, 630 = VersR
1981, 278;

BGH, Urt. v. 10.3.1981 – VI ZR 202/79, NJW 1981, 2002
= VersR 1981, 730,

sofern nicht die Möglichkeit besteht, dass die Schwangerschaft im Zeitpunkt
des Eingriffs schon vorgelegen hat; auch das müssen die Eltern ausräumen.

OLG Koblenz, Urt. v. 24.6.1982 – 5 U 570/79, NA-Beschl.
v. 12.7.1983 – VI ZR 197/82, VersR 1984, 371, 372 f.

330   Der Vater des Kindes muss sich als Mitverschulden entgegenhalten lassen,
wenn er den Hinweis auf die Notwendigkeit eines Spermiogramms zur Kontrolle des Erfolgs seiner Sterilisation nicht beachtet.

BGH, Urt. v. 30.6.1992 – VI ZR 337/91, NJW 1992, 2961
= VersR 1992, 1229.

Schwangerschaftsabbruch

331   Ein Schwangerschaftsabbruch ohne Indikation i. S. v. § 218a Abs. 2 und 3
StGB allein aufgrund der Beratungslösung von § 218a Abs. 1 StGB ist zwar
straffrei, aber rechtswidrig. Behandlungsfehler können Ersatzansprüche von
Frau bzw. Kind wegen der Verletzung ihrer gesundheitlichen Integrität auslösen, nicht aber Ersatzansprüche der Eltern für die Unterhaltsbelastung durch
das Kind.

BVerfG, Beschl. v. 28.5.1993 – 2 BvF 2/90 u. a., BVerfGE 88, 203
= NJW 1993, 1751, 1764 li. Sp.;

BGH, Urt. v. 19.2.2002 – VI ZR 190/01, NJW 2002, 2944
= VersR 2002, 1026;

OLG Hamm, Urt. v. 5.9.2001 – 3 U 229/00, NA-Beschl.
v. 23.4.2002 – VI ZR 363/01, NJW 2002, 2649 = VersR 2002, 1153.

Nicht nur straffrei, sondern rechtmäßig ist der Schwangerschaftsabbruch bei Vorliegen einer medizinischen Indikation nach § 218a Abs. 2 StGB und einer kriminologischen Indikation nach § 218a Abs. 3 StGB (in den ersten zwölf Wochen).

> BVerfG, Beschl. v. 28.5.1993 – 2 BvF 2/90 u. a., BVerfGE 88, 203
> = NJW 1993, 1751, 1754 unter D I 2 c bb;
>
> BGH, Urt. v. 16.11.1993 – VI ZR 105/92, BGHZ 124, 128
> = NJW 1994, 788 = VersR 1994, 425.

In diesen Fällen sind Ansprüche auf Ersatz für die Unterhaltsbelastung durch das Kind bei fehlgeschlagenem Schwangerschaftsabbruch möglich.

Ansprüche auf Ersatz des Unterhaltsaufwands für das Kind bei fehlge- **332** schlagenem Schwangerschaftsabbruch **aus** der früher in § 218a Abs. 2 Nr. 3 StGB a. F. geregelten **Notlagenindikation** erkennt der BGH heute nur noch an, wenn die **strengeren Voraussetzungen** des Zweiten Senats des BVerfG,

> BVerfG, Beschl. v. 28.5.1993 – 2 BvF 2/90 u. a., NJW 1993, 1751,
> 1754,

für eine Rechtmäßigkeit dieser Indikation erfüllt sind. Eine aus der Durchführung des Beratungsverfahrens sich ergebende Vermutung dafür, dass die Indikation vorgelegen hat, reicht dazu nicht aus.

> BGH, Urt. v. 28.3.1995 – VI ZR 356/93, BGHZ 129, 178 = NJW 1995, 1609 = VersR 1995, 964;
>
> BGH, Urt. v. 15.2.2000 – VI ZR 135/99, BGHZ 143, 389 = NJW 2000, 1782 = VersR 2000, 634;
>
> **enger:** OLG Nürnberg, Urt. v. 14.11.2008 – 5 U 1148/08, VersR 2009, 547
> – kein Ersatz der Unterhaltslasten bei auf die Beratungsregelung des § 218 Abs. 1 StGB gestütztem fehlgeschlagenem Schwangerschaftsabbruch.

Einen eigenständigen Rechtfertigungsgrund der **embryopathischen Indikation,** **333**

> für das alte Recht:
> BGH, Urt. v. 18.1.1983 – VI ZR 114/81, BGHZ 86, 240 = NJW 1983, 1371 = VersR 1983, 396;
>
> BGH, Urt. v. 22.11.1983 – VI ZR 85/82, BGHZ 89, 95 = NJW 1984, 658 = VersR 1984, 186;
>
> BGH, Urt. v. 16.11.1993 – VI ZR 105/92, BGHZ 124, 128 = NJW 1994, 788 = VersR 1994, 425;
>
> BGH, Urt. v. 27.6.1995 – VI ZR 32/92, NJW 1995, 2407 = VersR 1995, 1099;
>
> BGH, Urt. v. 4.3.1997 – VI ZR 354/95, NJW 1997, 1638 = VersR 1997, 68;
>
> BGH, Urt. v. 4.12.2001 – VI ZR 213/00, VersR 2002, 233,

kennt die Neuregelung nicht mehr. Ein Schwangerschaftsabbruch wegen pränataler Vorschäden des Kindes kann aber bei Erfüllung der Voraussetzungen von § 218a Abs. 2 StGB (**Schutz der Mutter vor Gesundheitsschäden** durch das Austragen oder die Betreuung des Kindes) gerechtfertigt sein.

> BGH, Urt. v. 18.6.2002 – VI ZR 136/01, BGHZ 151, 133 = NJW 2002, 2636 = VersR 2002, 1148;
>
> BGH, Urt. v. 15.7.2003 – VI ZR 203/02, NJW 2003, 3411 = VersR 2003, 1541.

334 Die Prüfung der Voraussetzungen einer solchen Indikation erfordert die **Prognose**, ob **aus damaliger Sicht** von einer Gefährdung der Mutter i. S. d. § 218a Abs. 2 StGB auszugehen war und diese Gefahr nicht auf andere, für die Mutter zumutbare Weise hätte abgewendet werden können. Bei Vorliegen dieser Voraussetzungen bedarf es keiner zusätzlichen Abwägung, die an den Grad der (zu erwartenden) Behinderung des Kindes und dessen Entwicklung nach der Geburt anknüpft.

> BGH, Urt. v. 31.1.2006 – VI ZR 135/04, NJW 2006, 1660 = VersR 2006, 702.

335 Der Schutz der Leibesfrucht verlangt indes vom Arzt eine **besonders sorgfältige Indikationsstellung.** Generell muss verlangt werden, dass im konkreten Fall der Mutter wegen der festgestellten Grenzen für ihre physische oder psychische Belastungsfähigkeit angesichts der konkret zu befürchtenden Belastung durch das Austragen oder die Betreuung des Kindes ein so schwerer insbesondere auch seelischer Gesundheitsschaden droht, dass bei der gebotenen Güterabwägung das Lebensrecht des Ungeborenen dahinter zurückstehen muss.

> Generell zu der hier erforderlichen Güterabwägung
> BGH, Urt. v. 28.3.1995 – VI ZR 356/93, BGHZ 129, 178 = NJW 1995, 1609 = VersR 1995, 964;
>
> BGH, Urt. v. 18.6.2002 – VI ZR 136/01, BGHZ 151, 133 = NJW 2002, 2636 = VersR 2002, 1148;
>
> BGH, Urt. v. 15.7.2003 – VI ZR 203/02, NJW 2003, 3411 = VersR 2003, 1541;
>
> OLG Hamm, Urt. v. 6.3.2002 – 3 U 134/01, PKH versagt Beschl. v. 23.7.2002 – VI ZA 7/02, VersR 2003, 1580.

Dementsprechend ist die Pränataldiagnostik insoweit auf das Erkennen kindlicher Schwerstschäden beschränkt.

> OLG Hamm, Urt. v. 5.9.2001 – 3 U 229/00, NA-Beschl. v. 22.4.2002 – VI ZR 363/01, NJW 2002, 2649 = VersR 2002, 1153.

336 Die Indikationsstellung für den Abbruch einer **Zwillingsschwangerschaft** wegen schwerer Behinderung nur eines der Zwillinge ist im Blick auf das Gewicht des Lebensrechts der Kinder und den Umstand, dass eines von ihnen gesund zur Welt kommen kann, nur bei ganz besonders schwerwiegenden gesundheitlichen Belastungen der Mutter erwägenswert; eine selektive Abtreibung verbietet sich in diesen Fällen wegen der erheblichen Gefahren für das gesunde Kind.

BGH, Urt. v. 4.12.2001 – VI ZR 213/00, VersR 2002, 233.

Ganz allgemein **rechtfertigt die Indikation** nur die Abtreibung, **nicht die** 337
Tötung des Kindes. Das setzt selbst der nicht fristgebundenen Abtreibung
aus medizinischer Indikation eine äußere Grenze. Jedenfalls haftungsrechtlich darf das Tötungsverbot nicht durch die medizinische Möglichkeit zum
Fetozid unterlaufen werden.

> Dazu auch
> BGH, Urt. v. 18.6.2002 – VI ZR 136/01, BGHZ 151, 133 = NJW
> 2002, 2636 = VersR 2002, 1148.

Auch eine aus ärztlichem Fehler verschuldete Durchkreuzung des Abbruchs 338
aus diesen Indikationen nach neuem Recht kann den **Arzt zum Ersatz verpflichten**. **Für Gesundheitsschäden** der Mutter wird das auch vom BVerfG
nicht bezweifelt.

Nach Auffassung des BGH gilt dies auch für **Ersatzansprüche** der Eltern 339
wegen der **Belastung mit dem Unterhaltsaufwand** für das Kind bei Fehlschlagen eines Schwangerschaftsabbruchs aus medizinischer Indikation, wenn die
medizinische Indikation gerade auch aus zu befürchtenden schweren gesundheitlichen insbesondere psychischen Belastungen der Mutter durch das Haben
des Kindes zu stellen ist.

> BGH, Urt. v. 18.6.2002 – VI ZR 136/01, BGHZ 151, 133 = NJW
> 2002, 2636 = VersR 2002, 1148;
>
> BGH, Urt. v. 15.7.2003 – VI ZR 203/02, NJW 2003, 3411
> = VersR 2003, 1541;
>
> BGH, Urt. v. 31.1.2006 – VI ZR 135/04, NJW 2006, 1660 =
> VersR 2006, 702.

Nach der Rechtsprechung des BGH richtet sich in den Fällen vereitelter oder 340
fehlgeschlagener Abtreibung wegen einer **pränatalen Vorschädigung des
Kindes** die Ersatzpflicht für die **Unterhaltslasten** durch das behinderte Kind
nicht nach den Regelunterhaltssätzen,

> BGH, Urt. v. 18.1.1983 – VI ZR 114/81, BGHZ 86, 240 = NJW
> 1983, 1371 = VersR 1983, 396
> – Rötelninfektion;
>
> BGH, Urt. v. 22.11.1983 – VI ZR 85/82, BGHZ 89, 95 = NJW
> 1984, 658 = VersR 1984, 186
> – mongoloides Kind;
>
> BGH, Urt. v. 16.11.1993 – VI ZR 105/92, BGHZ 124, 128
> = NJW 1994, 788 = VersR 1994, 425
> – fehlerhafte genetische Beratung;
>
> BGH, Urt. v. 4.3.1997 – VI ZR 354/95, NJW 1997, 1638 = VersR
> 1997, 698,

weil hier der Unterhalt durch den Sonderbedarf des vorgeschädigten Kindes
geprägt ist. Der Ersatz umfasst nach Auffassung des BGH grundsätzlich den
gesamten Unterhaltsbedarf, also auch den Grundunterhalt.

BGH, Urt. v. 22.11.1983 – VI ZR 85/82, BGHZ 89, 95 = NJW
1984, 658 = VersR 1984, 186;

BGH, Urt. v. 16.11.1993 – VI ZR 105/92, BGHZ 124, 128
= NJW 1994, 788 = VersR 1994, 425;

BGH, Urt. v. 4.12.2001 – VI ZR 213/00, VersR 2002, 233.

Sie besteht aber nur in der Schutzzone des § 218a Abs. 3 StGB; letztlich **müssen
die Schäden des Kindes einen Schweregrad erreichen**, für den § 218a Abs. 3
StGB konzipiert ist; anderenfalls entfällt jeder Unterhalts- und Sonderbe-
darfsersatz.

BGH, Urt. v. 22.11.1983 – VI ZR 85/82, VersR 1984, 186,
zu § 218a Abs. 2 Nr. 1 StGB a. F.

Das bedeutet nicht, dass in derartigen Fällen auch die medizinische Indikation zum Schwangerschaftsabbruch (rückwirkend) entfällt; sie ist allein aus
der (damaligen) Sicht vor der Geburt des Kindes zu beurteilen.

BGH, Urt. v. 31.1.2006 – VI ZR 135/04, NJW 2006, 1660 =
VersR 2006, 702.

341 Kann die Schädigung des Kindes ausnahmsweise später im Wesentlichen (nicht
nur kosmetisch) behoben werden, kann die Ersatzpflicht entfallen. Die Haft-
pflichtversicherer verlangen zurzeit den Abschluss einer besonderen Versi-
cherung, die dieses Risiko abdeckt.

342 Ersatzansprüche wegen ihres Verdienstausfalls infolge der Betreuung des behinderten Kindes haben die Eltern auch in diesen Fällen nicht.

BGH, Urt. v. 4.3.1997 – VI ZR 354/95, NJW 1997, 1638 = VersR
1997, 698.

343 Ebenso wenig erstreckt sich der Schutzbereich des Arztvertrags auf den Ersatz der Beerdigungskosten, wenn das Kind infolge der Behinderung stirbt.

OLG Düsseldorf, Urt. v. 27.7.1995 – 8 U 139/94, VersR 1996,
711.

344 Der Schutzzweck der Behandlungsbeziehungen ist nicht auf Vermeidung der
Unterhaltsbelastung durch das Kind gerichtet, wenn das Krankenhaus den
Frauenarzt lediglich aus orthopädischen Gründen zur Abklärung krampfhafter
Schmerzen im Unterleib der Frau hinzuzieht.

BGH, Urt. v. 15.2.2000 – VI ZR 135/99, BGHZ 143, 389 = NJW
2000, 1782 = VersR 2000, 634.

345 Ebenso wenig umfasst in der Regel die Behandlung eines Hautausschlags der
Kindsmutter den Schutz vor wirtschaftlichen Belastungen durch ein Röteln-
kind.

BGH, Urt. v. 21.12.2004 – VI ZR 196/03, NJW 2005, 891
= VersR 2005, 411.

Früherkennungstest, Genetische Beratung

Eine entsprechende Haftungsverantwortung kann nach der Rechtsprechung **346** des BGH den Arzt treffen, wenn er durch falsche oder lückenhafte Auskunft über die Erforderlichkeit eines gebotenen **Schwangerschaftstests zur Früherkennung** pränataler Vorschäden des Kindes oder durch Fehler bei der Vornahme des Tests einen wegen dieser Vorschäden nach § 218a Abs. 2 StGB n. F. zum Schutz der Mutter vor schweren seelischen Gesundheitsschäden zugelassenen Schwangerschaftsabbruch vereitelt.

> BGH, Urt. v. 18.1.1983 – VI ZR 114/81, BGHZ 86, 240 = NJW
> 1983, 1371 = VersR 1983, 396
> – Rötelninfektion;
>
> BGH, Urt. v. 22.11.1983 – VI ZR 85/82, BGHZ 89, 95 = NJW
> 1984, 658 = VersR 1984, 186
> – mongoloides Kind;
>
> BGH, Urt. v. 7.7.1987 – VI ZR 193/86, NJW 1987, 2923 = VersR
> 1988, 155
> – mongoloides Kind;
>
> BGH, Urt. v. 15.2.2000 – VI ZR 135/99, BGHZ 143, 389 = NJW
> 2000, 1782 = VersR 2000, 634;
>
> OLG Düsseldorf, Urt. v. 19.12.1985 – 8 U 155/84, NA-Beschl.
> v. 21.10.1986, VersR 1987, 414
> – Rötelninfektion;
>
> OLG München, Urt. v. 25.9.1986 – 24 U 329/85, NA-Beschl.
> v. 22.9.1987 – VI ZR 266/86, VersR 1988, 523
> – mongoloides Kind;
>
> OLG Stuttgart, Beschl. v. 31.8.2009 – 1 W 33/09, VersR 2010, 909
> – mongoloides Kind.

Entsprechendes gilt bei **fehlerhafter genetischer Beratung,** auf deren Grund- **347** lage die Eltern ein genetisch behindertes Kind erzeugen.

> BGH, Urt. v. 16.11.1993 – VI ZR 105/92, BGHZ 124, 128
> = NJW 1994, 788 = VersR 1994, 425;
>
> BGH, Urt. v. 4.3.1997 – VI ZR 354/95, NJW 1997, 1638 = VersR
> 1997, 698.

Zu diesen Fällen hat der Erste Senat des BVerfG Ansprüche der Eltern gegen den Arzt auf Unterhaltsersatz für **verfassungsmäßig** erklärt.

> BVerfG, Beschl. v. 12.11.1997 – 1 BvR 479/92 und 307/94,
> NJW 1998, 519 = VersR 1998, 190.

Die Anforderungen an den Arzt, von sich aus auf die Möglichkeit einer Frucht- **348** wasseruntersuchung zur Früherkennung von Mongolismus hinzuweisen, steigen vor allem mit dem Alter der Mutter.

> BGH, Urt. v. 7.7.1987 – VI ZR 193/86, NJW 1987, 2923 = VersR
> 1988, 155;
>
> OLG München, Urt. v. 25.9.1986 – 24 U 329/85, NA-Beschl.
> v. 22.9.1987 – VI ZR 266/86, VersR 1988, 523.

349 Das medizinisch nicht geforderte Hinausschieben der Amniozentese mit der Folge, dass eine erforderlich werdende Wiederholung der Untersuchung mit positivem Ergebnis nicht mehr zu einem Schwangerschaftsabbruch innerhalb der Frist des § 218a Abs. 2 Nr. 1 StGB a. F. bzw. § 218a Abs. 3 StGB n. F. führen kann, ist ein ärztlicher, unter Umständen sogar grober Behandlungsfehler.

> BGH, Urt. v. 8.11.1988 – VI ZR 320/87, NJW 1989, 1536
> = VersR 1989, 186.

350 Die **Ersatzpflicht** wird **bestimmt vom Schutzziel des Schwangerschaftsabbruchs** im konkreten Fall, soweit dieses von der Indikation des § 218a StGB gedeckt ist.

> BGH, Urt. v. 4.12.2001 – VI ZR 213/00, VersR 2002, 233.

Außerdem muss der Schutz vor der Unterhaltsbelastung auch in diesen Fällen Vertragsgegenstand gewesen sein. Das ist zu verneinen für eine allgemeinen Beschwerden nachgehende frauenärztliche Untersuchung,

> OLG Naumburg, Urt. v. 26.5.1998 – 11 U 2100/97, VersR 1999, 1244,

oder bei der Fehldiagnose des niedergelassenen Gynäkologen, der zur Vorbereitung einer orthopädischen Operation hinzugezogen wird, um das Bestehen einer Schwangerschaft abzuklären,

> BGH, Urt. v. 15.2.2000 – VI ZR 135/99, BGHZ 143, 389 = NJW 2000, 1782 = VersR 2000, 634;

oder bei der Behandlung der Rötelninfektion der Kindesmutter durch den Hautarzt.

> BGH, Urt. v. 21.12.2004 – VI ZR 196/03, NJW 2005, 891
> = VersR 2005, 411.

Der Fehler eines chemischen Labors bei der Abklärung einer anlagebedingten Stoffwechselerkrankung des Neugeborenen begründet keine Einstandspflicht des Labors für die wirtschaftlichen Belastungen aus der Zeugung eines weiteren Kindes.

> OLG Karlsruhe, Urt. v. 18.3.1998 – 13 U 75/97, NA-Beschl.
> v. 3.11.1998 – VI ZR 125/98, VersR 1999, 718.

351 Ansprüche auf Freistellung von den Unterhaltsbelastungen stehen der **Mutter zu sowie dem Vater des Kindes**, sofern er in den Schutzbereich des Vertrages insoweit einbezogen ist;

> für den außerehelichen Erzeuger offengelassen in
> BGH, Urt. v. 27.11.1984 – VI ZR 43/83, NJW 1985, 671 = VersR 1985, 240, 242,

indes **nicht dem Kind** selbst.

BGH, Urt. v. 18.1.1983 – VI ZR 114/81, BGHZ 86, 240 = NJW
1983, 1371 = VersR 1983, 396;

BGH, NA-Beschl. v. 6.11.2001 – VI ZR 38/01, VersR 2002, 192.

Entsprechendes gilt bei Zeugung eines genetisch behinderten Kindes aufgrund schuldhaft fehlerhafter genetischer Beratung.

BGH, Urt. v. 16.11.1993 – VI ZR 105/92, BGHZ 124, 128
= NJW 1994, 788 = VersR 1994, 425;

vgl. auch OLG Köln, Urt. v. 3.11.1997 – 5 U 98/97, VersR 1999, 98.

Die Eltern haben die **Darlegungs- und Beweislast** für den Fehler des Arztes 352
sowie in den Fällen des unterbliebenen oder fehlerhaften Schwangerschaftstests dafür, dass ein ordnungsmäßiger Test positiv verlaufen wäre und zu
einem zulässigen Schwangerschaftsabbruch geführt hätte.

BGH, Urt. v. 7.7.1987 – VI ZR 193/86, NJW 1987, 2923 = VersR
1988, 155.

Sie haben ferner die Beweislast dafür, dass der verlangte Schadensersatz in 353
den Schutzbereich der verletzten ärztlichen Verpflichtung fällt.

Der Arzt muss nachweisen, dass sich die Mutter nicht für den Test, bei un- 354
günstigem Testergebnis nicht für den Schwangerschaftsabbruch entschieden
hätte.

BGH, Urt. v. 22.11.1983 – VI ZR 85/82, VersR 1984, 186.

Ersatzansprüche für die Belastung mit der Geburt (Behandlungskosten, 355
Schmerzensgeld) hat die Mutter prinzipiell in allen Fällen einer fehlgeschlagenen bzw. vereitelten indizierten Abtreibung. Daran wollte auch das BVerfG
nichts ändern.

BVerfG, Beschl. v. 28.5.1993 – 2 BvF 2/90 u. a., NJW 1993, 1751,
1763 unter V 6.

Jedoch gewährt der BGH Schmerzensgeld hier bisher **nur**, wenn und **soweit** 356
die Beschwerden der Mutter **diejenigen einer natürlichen, komplikations-
losen Geburt** etwa wegen der Vorschädigung der Mutter oder des Kindes
oder wegen der psychischen Belastung der Mutter durch eine drohende wirtschaftliche und soziale Notlage **übersteigen.**

BGH, Urt. v. 18.1.1983 – VI ZR 114/81, BGHZ 86, 240 = NJW
1983, 1371 = VersR 1983, 396;

BGH, Urt. v. 27.11.1984 – VI ZR 43/83, NJW 1985, 671 = VersR
1985, 240, 243;

BGH, Urt. v. 25.6.1985 – VI ZR 270/83, NJW 1985, 2749
= VersR 1985, 1068, 1071;

OLG Hamm, Urt. v. 22.4.1991 – 3 U 129/85, NA-Beschl.
v. 11.2.1992 – VI ZR 209/91, VersR 1992, 876 (LS).

Ersatzansprüche für die Belastung mit Geburt und Unterhalt können **nach** 357
§ 242 BGB zu **versagen sein,** wenn die Mutter sich einer alsbald möglichen,

medizinisch zumutbaren und rechtlich noch erlaubten Wiederholung des Eingriffs verweigert.

> OLG Braunschweig, Urt. v. 13.6.1990 – 3 U 23/90, NA-Beschl.
> v. 22.1.1991 – VI ZR 212/90, VersR 1992, 91.

358 Dies gilt aber jedenfalls dann nicht, wenn die Frist für den beabsichtigten Abbruch verstrichen ist und es um die Entscheidung für einen Abbruch aus einer Indikation geht, d. h. um eine veränderte Konfliktlage.

> BGH, Urt. v. 27.11.1984 – VI ZR 43/83, NJW 1985, 484 = VersR 1985, 240.

8. Schadensbegrenzung, Schutzzweck

359 Instrument der **Schadensbegrenzung ist das Kausalitätserfordernis**. Gehaftet wird nur für den vom Behandlungsfehler verursachten Schaden. Für den durch erhöhte Anstrengungen rechtzeitig ausgeglichenen Fehler, die fehlerunabhängige Schädigung, den vom Krankheitsverlauf überholten oder nicht zur Kenntnis genommenen Fehler wird nicht gehaftet. Konnte die auf einem Diagnosefehler beruhende Mamma-Ablation der Patientin ohnehin auf Dauer nicht erspart werden,

> OLG Koblenz, Urt. v. 24.1.1980 – 5 U 1033/78, NA-Beschl.
> v. 16.6.1981 – VI ZR 51/80, VersR 1981, 754;
> OLG Stuttgart, Urt. v. 23.9.1993 – 14 U 59/92, VersR 1994, 1306,

oder hätte wegen der Schwere der Erkrankung auch ohne den Fehler die Behandlung die Erwerbsfähigkeit nicht oder nur begrenzt wiederhergestellt,

> BGH, Urt. v. 27.1.1981 – VI ZR 138/79, VersR 1981, 462;
> OLG München, Urt. v. 19.2.1987 – 24 U 179/86, NA-Beschl.
> v. 22.9.1987 – VI ZR 118/87, VersR 1988, 746,

oder steht im Fall einer verspäteten Diagnose fest, dass der Patient bei rechtzeitiger Diagnose in die dann indizierte Behandlungsmaßnahme nicht eingewilligt hätte,

> LG Köln, Urt. v. 18.2.2009 – 5 U 101/07, VersR 2010, 117,

oder hätte die gebotene Überweisung des an chronischer Hepatitis C und Leberzirrhose erkrankten Patienten in ein Transplantationszentrum weder den Tod des Patienten verhindert noch zu einer Verlängerung seines Lebens geführt,

> OLG Köln, Urt. v. 8.8.2012 – 5 U 52/10, VersR 2013, 907,

wirkt sich das auf die Haftung aus. Kausalität und Schadensumfang hat grundsätzlich der Patient nachzuweisen; für die weiteren Auswirkungen einer Belastung seiner körperlichen Befindlichkeit mit dem Fehler greift „Schadensschätzung" nach § 287 ZPO ein.

Zur sog. haftungsbegründenden Kausalität, die nach § 286 ZPO zu beweisen 360
ist, hat der BGH die Feststellung gerechnet, dass die Belastung des Neugeborenen mit einer postpartalen Asphexie als Folge verspäteter Einleitung einer
sectio den Hirnschaden des Kindes in seiner konkreten Ausprägung verursacht hat. Erst die weiteren schädlichen Auswirkungen des Hirnschadens auf
die Entwicklung des Kindes werden danach zu der nach § 287 ZPO zu be-
weisenden sog. haftungsausfüllenden Kausalität gerechnet.

> BGH, Urt. v. 21.7.1998 – VI ZR 15/98, NJW 1998, 3417 = VersR
> 1998, 1153;
>
> LG Berlin, Urt. v. 10.1.2013 – 6 O 34/08, MedR 2014, 324.

Der Arzt hat aber die Beweislast, wenn er behauptet, die auf seinem Fehler 361
beruhende Schädigung würde sich auch bei fehlerfreiem Vorgehen in ähnlicher
Schwere infolge der Krankheit letztlich ebenso, wenn auch später, eingestellt
haben.

> BGH, Urt. v. 5.4.2005 – VI ZR 216/03, NJW 2005, 2072 = VersR
> 2005, 942.

Mitursächlichkeit genügt, solange nicht die Ursache als solche sich auf einen 362
abgrenzbaren Teil des Schadens beschränkt. Anders als im Sozialrecht braucht
der Umstand nicht die überwiegende, wesentliche, richtunggebende Ursache
zu sein; es reicht aus, dass der Umstand nicht hinweggedacht werden kann,
ohne dass der Erfolg entfiele.

> BGH, Urt. v. 5.4.2005 – VI ZR 216/03, NJW 2005, 2072 = VersR
> 2005, 942;
>
> OLG Köln, Urt. v. 27.11.1996 – 5 U 150/96, VersR 1998, 106;
>
> OLG Köln, Beschl. v. 5.5.1998 – 13 U 208/97, VersR 1998, 1249;
>
> OLG Stuttgart, Urt. v. 11.6.2002 – 14 U 83/01, VersR 2003, 376;
>
> OLG Koblenz, Urt. v. 14.4.2005 – 5 U 1610/04, VersR 2006, 123.

Hat der Arztfehler zur Verschlechterung der Befindlichkeit des Patienten im 363
Sinne einer Beeinträchtigung seiner körperlichen oder gesundheitlichen Integrität geführt (**Primärverletzung**), so **haftet** der Arzt **grundsätzlich für
alle** sich daraus (mit-)entwickelnden **Schadensfolgen**. Wird der Patient wegen
der Folgen eines Behandlungsfehlers nicht in eine private Krankenversicherung aufgenommen, so umfasst der ihm vom Arzt zu ersetzende Schaden
prinzipiell auch die Mehrkosten privatärztlicher Behandlungen abzüglich der
ersparten Versicherungsbeiträge,

> OLG Hamm, Urt. v. 15.3.2006 – 3 U 131/05, VersR 2007, 1129
> = MedR 2007, 114.

ohne Rücksicht darauf, ob an den Schadensfolgen Dritte – etwa der Fehler
eines nachbehandelnden Arztes – mitbeteiligt sind; die Berücksichtigung der
Verursachungsanteile erfolgt erst im Innenausgleich unter den beteiligten
Schädigern.

Der Arzt haftet auch für die Schadensfolgen aus einer wegen seines Behandlungsfehlers notwendigen Nachbehandlung, selbst wenn auch der nachbehandelnde Arzt fehlerhaft behandelt hat oder sich bei dem zweiten Eingriff eine durch den Ersteingriff nicht erhöhtes operationsimmanentes Risiko verwirklicht.

> BGH, Urt. v. 22.5.2012 – VI ZR 157/11, NJW 2012, 2024
> = VersR 2012, 905.

Ausnahmsweise kann der Zurechnungszusammenhang zwischen dem Fehler des erstbehandelnden und dem des nachbehandelnden Arztes **fehlen**, wenn letzterer die erforderliche Sorgfalt in außergewöhnlichem Maß verletzt hat.

> BGH, Urt. v. 28.1.1986 – VI ZR 83/85, NJW 1986, 2367 = VersR 1986, 601;
>
> BGH, Urt. v. 20.9.1988 – VI ZR 37/88, VersR 1988, 1273;
>
> BGH, Urt. v. 6.5.2003 – VI ZR 259/02, NJW 2003, 2311 = VersR 2003, 1128;
>
> OLG Hamm, Urt. v. 21.11.1988 – 3 U 74/88, VersR 1989, 1263;
>
> OLG Hamm, Urt. v. 5.11.1990 – 3 U 179/87, NA-Beschl. v. 24.9.1991 – VI ZR 384/90, VersR 1992, 610
> – Zurechnung auch eines groben Fehlers des Nachbehandelnden;
>
> OLG Köln, Urt. v. 28.4.1993 – 27 U 144/92, NA-Beschl. v. 25.1.1994 – VI ZR 171/93, VersR 1994, 987
> – Zurechnung auch eines groben Fehlers des Nachbehandelnden;
>
> OLG Oldenburg, Urt. v. 27.5.1997 – 5 U 187/96, VersR 1998, 1110,

oder wenn das Schadensrisiko aus der Erstbehandlung im Zeitpunkt der Weiterbehandlung schon gänzlich abgeklungen ist.

> BGH, Urt. v. 28.1.1986   VI ZR 83/85, NJW 1986, 2367 – VersR 1986, 601;
>
> BGH, Urt. v. 22.5.2012 – VI ZR 157/11, NJW 2012, 2024
> = VersR 2012, 905.

364 Der Arzt, der schuldhaft die einzige Niere des Kindes entfernt, haftet auch für den Schaden, der der Mutter infolge der Nierenspende entsteht.

> BGH, Urt. v. 30.6.1987 – VI ZR 257/86, BGHZ 101, 215 = NJW 1987, 2925 = VersR 1987, 1040.

365 Ausnahmsweise kann Ersatz außerhalb des Schutzzweckes der Haftung liegen, wenn der Zwischenfall nur aufgrund psychischer Fehlverarbeitung oder einer **Begehrensneurose** zum Schaden geführt hat. So ist die Zurechnung des Schadens aus der von der Patientin, einer Ärztin, nach der fehlerhaft verzögerten Diagnose eines Mammakarzinoms links zur Vorbeugung verlangten, medizinisch nicht indizierten Amputation auch der nicht befallenen rechten Brust dem Diagnosefehler nicht zugerechnet worden.

> OLG Köln, Urt. v. 26.5.2008 – 5 U 175/07, VersR 2009, 1543

Jedoch ist hier große Zurückhaltung geboten, da grundsätzlich auch für psychische Verläufe nicht anders als für physische gehaftet wird.

> BGH, Urt. v. 12.3.1991 – VI ZR 232/90, NJW 1991, 2346
> = VersR 1991, 777;
>
> BGH, Urt. v. 30.4.1996 – VI ZR 55/95, BGHZ 132, 341 = NJW
> 1996, 2425 = VersR 1996, 990.

Anderes gilt aber, wenn das schädigende Ereignis ganz geringfügig ist (**Bagatelle**) und nicht gerade speziell die Schadensanlage des Verletzten trifft, so dass die psychische Reaktion in einem groben Missverhältnis zum Anlass steht.

In Frage kommen nur Fälle, in denen auch jeder andere objektiv geringfügige **366** Anlass vom Patienten in dieser Weise aufgenommen worden wäre. Die Beweislast hat der Haftungsschuldner.

> BGH, Urt. v. 21.9.1982 – VI ZR 130/81, NJW 1983, 340 = VersR
> 1982, 1141;
>
> BGH, Urt. v. 30.4.1996 – VI ZR 55/95, BGHZ 132, 341 = NJW
> 1996, 2425 – VersR 1996, 990;
>
> BGH, Urt. v. 25.2.1997 – VI ZR 101/96, VersR 1997, 725;
>
> BGH, Urt. v. 4.3.1997 – VI ZR 243/95, VersR 1997, 751;
>
> BGH, Urt. v. 11.11.1997 – VI ZR 146/96, NJW 1998, 813
> = VersR 1998, 200.

Ob und inwieweit der wegen eines Fehlers in Anspruch genommene Un- **367** fallarzt bei dem für den Unfall und die dadurch gesetzten schwierigen Behandlungsbedingungen verantwortlichen Schädiger sich entlasten kann, hat der BGH bisher offenlassen können.

> BGH, Urt. v. 8.3.1988 – VI ZR 201/87, NJW 1988, 1511 = VersR
> 1988, 495.

Jedenfalls kann sich der Arzt nicht schon darauf berufen, dass ein Dritter **368** oder der Patient selbst den Behandlungsfall überhaupt geschaffen hat.

> BGH, Urt. v. 8.10.1985 – VI ZR 114/84, BGHZ 96, 98 = NJW
> 1986, 775 = VersR 1986, 185;
>
> OLG Stuttgart, Urt. v. 23.3.1989 – 14 U 41/87, NA-Beschl.
> v. 19.12.1989 – VI ZR 135/89, VersR 1990, 858;
>
> OLG Köln, Urt. v. 16.12.1996 – 5 U 256/94, NJW 1997, 3099
> = VersR 1997, 1102;
>
> OLG Braunschweig, Urt. v. 10.4.1997 – 1 U 21/96, NA-Beschl.
> v. 20.1.1998 – VI ZR 161/97, VersR 1998, 459.

Dass der Schaden, den der Patient wegen eines Behandlungsfehlers ersetzt **369** verlangt, in den Schutzbereich der Arzthaftung fällt, hat prinzipiell der Patient nachzuweisen, wie allgemein der Geschädigte die Adäquanz beweisen muss; das gilt grundsätzlich auch für den Ersatz wegen des Misslingens einer Sterilisation oder eines Schwangerschaftsabbruchs.

370 Natürlich kann es die Ersatzpflicht des Arztes teilweise oder ganz nach § 254 Abs. 1 BGB wegen eines Mitverschuldens des Patienten ausschließen, wenn der Patient seinen Anordnungen nicht folgt, zu einem Kontrolltermin nicht erscheint usw.

> BGH, Urt. v. 30.6.1992 – VI ZR 337/91, NJW 1992, 2961
> = VersR 1992, 1229;
>
> OLG Köln, Urt. v. 16.12.1996 – 5 U 256/94, VersR 1997, 1102;
>
> vgl. auch Rz. 228 f.

371 Den Patienten trifft nach § 254 Abs. 2 BGB eine Obliegenheit, zur Schadensminderung in eine Nachoperation einzuwilligen, nur dann, wenn die Operation einfach, gefahrlos, nicht mit besonderen Schmerzen verbunden ist und sichere Aussicht auf Heilung oder wesentliche Besserung besteht. Das hat der Arzt nachzuweisen.

> BGH, Urt. v. 4.11.1986 – VI ZR 12/86, VersR 1987, 408;
>
> BGH, Urt. v. 24.1.1989 – VI ZR 170/88, NJW 1989, 2330
> = VersR 1989, 512;
>
> BGH, Urt. v. 18.4.1989 – VI ZR 221/88, NJW 1989, 2332
> = VersR 1989, 701.

372 Der durch den Behandlungsfehler seines Zahnarztes geschädigte Kassenpatient verletzt nicht seine Schadensminderungspflicht, wenn er den Schaden wegen erheblicher Schmerzen, der Kompliziertheit der Erkrankung und des enttäuschten Vertrauens als Privatpatient beheben lässt.

> BGH, Urt. v. 6.7.2004 – VI ZR 266/03, BGHZ 160, 26 = NJW
> 2004, 3324 = VersR 2004, 1180.

373 Bei mangelhafter Unterrichtung des Patienten über die Notwendigkeit der Kontrolle kann ein Mitverschulden aber nur in Ausnahmefällen angenommen werden.

> BGH, Urt. v. 17.12.1996 – VI ZR 133/95, NJW 1997, 1635
> = VersR 1997, 449;
>
> BGH, Urt. v. 24.6.1997 – VI ZR 94/96, NJW 1997, 3090 = VersR
> 1997, 1357.

II. Aufklärungsfehler

1. Eingriffs-, Sicherheitsaufklärung, wirtschaftliche Aufklärung

374 Die Haftung aus Versäumnissen der Eingriffsaufklärung knüpft an das Postulat an, dass der Arzt den Patienten nicht ohne dessen Einwilligung behandeln darf, und die Einwilligung nur wirksam ist, wenn der Patient weiß, worin er einwilligt („informed consent"; vgl. §§ 630d Abs. 1 und 2, 630e BGB). Die herkömmliche Einordnung der Einwilligung als Rechtfertigungsgrund der im ärztlichen Eingriff gesehenen Körperverletzung wird zwar vom BGH im Prinzip geteilt. Sein Leitbild ist aber weniger das den Eingriff per se in Frage stellende Rechtswidrigkeitskonzept, als dasjenige von einer ärztlichen

Behandlung, die über das medizinische Anliegen hinaus dem personalen Anspruch des Patienten gerecht werden muss, nicht Objekt, sondern Subjekt der Behandlung zu sein. Einwilligung ist Gegengewicht zur medizinischen Autorität; **medizinische Indikation und Patienteneinwilligung** bilden ein Junktim der ärztlichen Behandlung. Die medizinische Entscheidung hat den Entschluss des Patienten als personalen Faktor einzubeziehen.

> BGH, Urt. v. 22.1.1980 – VI ZR 263/78, NJW 1980, 1333
> = VersR 1980, 428;
>
> BGH, Urt. v. 23.9.1980 – VI ZR 189/79, NJW 1981, 633 = VersR
> 1980, 1145;
>
> BGH, Urt. v. 28.2.1984 – VI ZR 70/82, NJW 1984, 1807 = VersR
> 1984, 538, 539.

Darauf beruht es, dass der BGH der Einwilligung des gesetzlichen Vertreters **375** als Fremdbestimmung eine geringere Reichweite beimisst als der Selbstbestimmung des Patienten;

> BGH, Beschl. v. 17.3.2003 – XII ZB 2/03, BGHZ 154, 205
> = NJW 2003, 1588 = VersR 2003, 861,
> – zur Bindung des Betreuers an eine „Patientenverfügung";
>
> OLG Stuttgart, Urt. v. 17.12.1985 – 12 U 9/85, NA-Beschl.
> v. 21.10.1986 – VI ZR 9/86, VersR 1987, 515;

dass ihm zur Rechtfertigung des Eingriffs auch eine vitale medizinische Indikation nicht genügt;

> BGH, Urt. v. 18.3.2003 – VI ZR 266/02, NJW 2003, 1862
> = VersR 2003, 858
> – nach versäumter Aufklärung über schonendere Alternative erweist sich die vom Arzt gewählte belastendere Methode als richtiger;
>
> OLG Koblenz, Urt. v. 13.7.2006 – 5 U 290/06, VersR 2007, 796
> – ungefragte Sterilisation der Patientin im Rahmen einer sectio,
> weil der Arzt weitere Schwangerschaften für sie für gefährlich hält;
>
> OLG Koblenz, Urt. v. 28.5.2008 – 5 U 280/08, VersR 2009, 365
> – Verzicht auf den Schutz des unruhigen Patienten vor einem Sturz
> aus dem Bett durch ein Bettgitter, weil der Patient dies ablehnt;
>
> OLG Naumburg, Urt. v. 14.8.2008 – 1 U 8/08, MedR 2009, 292
> – Dauerbehandlung mit Glukorikosteroide trotz Überschreitens der „Cushing-Schwellendosis", weil der Patient Behandlungsalternativen im Interesse höherer Lebensqualität ablehnt;

dass er den Arzt auch bei Einwilligung des Patienten grundsätzlich nicht von der Verantwortung für das medizinisch richtige Vorgehen, für die Einhaltung auch von medizinisch-ethischen Grenzen freistellt;

> BGH, Urt. v. 30.6.1987 – VI ZR 257/86, BGHZ 101, 215, 224
> = NJW 1987, 2925 = VersR 1987, 1040;
>
> OLG Karlsruhe, Urt. v. 16.7.1986 – 13 U 117/84, NA-Beschl.
> v. 24.3.1987 – VI ZR 209/86, VersR 1987, 1147
> – Extraktion sämtlicher Zähne;

OLG Nürnberg, Urt. v. 16.9.1986 – 3 U 2021/84, VersR 1988, 299
– Penisprothese;

OLG Köln, Urt. v. 21.12.1998 – 5 U 165/97, NJW-RR 1999, 968
= VersR 2000, 492
– Durchtrennung des Nervus tibalis zur Behandlung von
Schmerzen bei Tarsaltunnelsyndrom;

OLG Köln, Urt. v. 3.2.1999 – 5 U 118/98, VersR 1999, 1371
– kosmetische Korrektur der Ohrmuschel bei Psychopath;

OLG Oldenburg, Urt. v. 2.3.1999 – 5 U 176/98, NJW-RR 1999,
1329 = VersR 1999, 1499
– Reihenextraktion von 14 Zähnen bei 17-jährigem Patienten;

OLG Düsseldorf, Urt. v. 16.11.2000 – 8 U 101/99, NA-Beschl.
v. 18.9.2001 – VI ZR 19/00, VersR 2002, 611
– kontraindizierte intraartikuläre Injektion beim Marcomar-
Patienten;

dass er demgemäß den medizinisch vertretbaren Abbruch einer Operation nicht deshalb für rechtswidrig ansieht, weil der Abbruch ohne Einwilligung des Patienten erfolgt ist;

BGH, Urt. v. 10.3.1987 – VI ZR 88/86, NJW 1987, 2291 = VersR 1987, 770;

dass er eine Einwilligung der Mutter prinzipiell auch dann verlangt, wenn der Arzt sich trotz Risikogeburt gegen einen als echte Alternative gegebenen Kaiserschnitt und für eine vaginale Entbindung entscheidet;

BGH, Urt. v. 6.12.1988 – VI ZR 132/88, BGHZ 108, 153 = NJW 1989, 1538;

BGH, Urt. v. 16.2.1993 – VI ZR 300/91, NJW 1993, 2372;

OLG Hamm, Urt. v. 24.6.1996 – 3 U 179/94, NA-Beschl.
v. 11.3.1997 – VI ZR 310/96, VersR 1997, 1403;

OLG Köln, Urt. v. 11.6.1997 – 5 U 15/96, NA-Beschl.
v. 28.4.1998
– VI ZR 241/97, VersR 1998, 1156 (LS);

dass er Einwilligungsmängel beweismäßig für die Vertragshaftung nicht anders behandelt als für die Deliktshaftung,

BGH, Urt. v. 28.2.1984 – VI ZR 70/82, NJW 1984, 1807 = VersR 1984, 538, 539;

BGH, Urt. v. 8.5.1990 – VI ZR 227/89, VersR 1990, 1010,

aber auch die verstärkte Tendenz des BGH, einer Denaturierung der Einwilligung zum Haftungsinstrument gegenzusteuern, die aus einem zu schematischen Rechtswidrigkeitskonzept droht.

376 Von der Aufklärung als Grundlage für das Selbstbestimmungsrecht des Patienten (Eingriffsaufklärung) ist sein **Recht zu unterscheiden, über Befunde**, Prognosen, das tägliche Behandlungs- und Testprogramm, die voraussichtliche Verweildauer im Krankenhaus **unterrichtet zu werden (§ 630c Abs. 2 BGB).**

BGH, Urt. v. 23.11.1982 – VI ZR 222/79, BGHZ 85, 327 = NJW
1983, 328;

BGH, Urt. v. 15.3.2005 – VI ZR 313/03, NJW 2005, 1718
= VersR 2005, 836;

BVerfG, Beschl. v. 18.11.2004 – 1 BvR 2315/04, EuGRZ 2004, 805.

Diese vom BGH bisher nur als vertragliche Nebenpflicht erörterte Unter-   **377**
richtung hat auch im deliktischen Persönlichkeitsschutz eine Grundlage. Als
Haftungsfolgen einer Verletzung kommen im Wesentlichen nur etwaige
Mehrkosten für den Wechsel des Behandlungsträgers in Betracht. Dagegen
führen Versäumnisse der Eingriffsaufklärung grundsätzlich zur Unzulässig-
keit der Behandlung und zur Haftung für ihre nachteiligen Folgen, auch
wenn die Behandlung im Übrigen lege artis war.

Wesensverschieden von der Eingriffsaufklärung ist die **Aufklärung** des Pa-   **378**
tienten **für ein therapierichtiges Verhalten** zur Sicherung des Heilerfolges,
zum Schutz vor Unverträglichkeitsrisiken, vor Nachteilen einer Überschät-
zung der Therapie, oder die Unterrichtung der nachbehandelnden Ärzte
bzw. des Patienten selbst über erhobene Befunde und vorgekommene Zwischenfälle zur rechtzeitigen Einleitung bzw. Sicherung einer sachgerechten
Nachbehandlung (**Sicherheitsaufklärung; therapeutische Aufklärung; § 630c
Abs. 2 Satz 1 BGB**). Versäumnisse sind solche der Gefahrsicherung; sie sind
Behandlungsfehler.

BGH, Urt. v. 24.6.1986 – VI ZR 21/85, VersR 1986, 1121
– Aufklärung über Fristgebundenheit der operativen Behandlung
einer Fraktur bei vorzeitigem Verlassen des Krankenhauses gegen
den ärztlichen Rat;

BGH, Urt. v. 28.3.1989 – VI ZR 157/88, NJW 1989, 2320
= VersR 1989, 700
– Unterrichtung der Mutter mit positivem Rhesusfaktor nach
Geburt des Kindes mit negativem Rhesusfaktor über das Risiko
von Antikörpern trotz sofortiger Injektion von Immunglobin mit
entsprechenden Gefahren für eine nachfolgende Schwangerschaft;

BGH, Urt. v. 25.4.1989 – VI ZR 175/88, BGHZ 107, 222 = NJW
1989, 2318 = VersR 1989, 702
– Unterrichtung nur der Angehörigen statt des Patienten selbst
über den histologischen Befund eines Retikulumzellsarkoms mit
hohem Metastaserisiko;

BGH, Urt. v. 27.11.1990 – VI ZR 30/90, NJW 1991, 748 = VersR
1991, 308
– Aufklärung über gebotene Korrekturoperation bei Drehfehler
nach Unterschenkelfraktur;

BGH, Urt. v. 30.6.1992 – VI ZR 337/91, NJW 1992, 2961
= VersR 1992, 1229
– Aufklärung über Notwendigkeit eines Spermiogramms zur
Kontrolle des Sterilisationseingriffs;

BGH, Urt. v. 7.7.1994 – III ZR 52/93, BGHZ 126, 386 = NJW
1994, 3012 = VersR 1994, 1228
– bei Schluckimpfung Risiko der Ansteckung von Kontakt-
person;

BGH, Urt. v. 15.2.2000 – VI ZR 48/99, BGHZ 144, 1 = NJW 2000, 1784 = VersR 2000, 725
– ebenso;

BGH, Urt. v. 8.4.2003 – VI ZR 265/02, NJW 2003, 2309 = VersR 2003, 1126
– bei ambulanter Operation unter starker Sedierung Hinweis auf die Notwendigkeit, sich auf dem Heimweg befördern zu lassen;

BGH, Urt. v. 16.11.2004 – VI 328/03, NJW 2005, 427 = VersR 2005, 228
– bei Verdacht beginnender Glaskörperablösung Ermahnung, bei Auftreten von „Lichtblitzen" im Auge sofort einen Augenarzt aufzusuchen;

BGH, Urt. v. 14.6.2005 – VI ZR 179/04, BGHZ 163, 209 = NJW 2005, 2614 = VersR 2005, 1238
– nachträgliche Aufklärung des im Behandlungszeitraum noch nicht bekannten Lebenspartners des Patienten über die Ansteckungsgefahr aus HIV-kontaminierter Bluttransfusion;

BGH, Urt. v. 16.6.2009 – VI ZR 157/08, NJW 2009, 2820 = VersR 2009, 1267
– nach Operation eines Hyperphysentumors keine Belehrung über die Gefahren einer Dehydration und die Notwendigkeit einer stationären Behandlung beim Auftreten von Symptomen dafür;

OLG München, Urt. v. 25.9.1986 – 24 U 329/85, NA-Beschl. v. 22.9.1987 – VI ZR 266/86, VersR 1988, 523
– Aufklärung der 39-jährigen Schwangeren über das Risiko, ein mongoloides Kind zu bekommen, und über die Möglichkeit der Fruchtwasseruntersuchung (Amniozentese);

OLG Köln, Urt. v. 10.4.1991 – 27 U 35/90, NA-Beschl. v. 14.4.1992 – VI ZR 175/91, VersR 1992, 1231
– Aufklärung über Notwendigkeit vorsichtiger Lebensweise bei kardialer Erkrankung;

OLG Hamm, Urt. v. 5.2.1992 – 3 U 3/91, NA-Beschl. v. 6.10.1992 – VI ZR 64/92, VersR 1993, 484 und

OLG Oldenburg, Urt. v. 26.10.1993 – 5 U 70/93, NA-Beschl. v. 5.7.1994 – VI ZR 344/83, VersR 1994, 1348
– Aufklärung nach Vasoresektion über das Risiko einer Spätrekanalisation;

OLG Düsseldorf, Urt. v. 21.9.1995 – 8 U 43/94, NA-Beschl. v. 4.6.1996 – VI ZR 318/95, VersR 1997, 1235
– Aufklärung der Eltern über mögliche Komplikationen aus der Frühgeburt des Kindes;

OLG Frankfurt/M., Urt. v. 13.10.1998 – 8 U 70/98, NA-Beschl. v. 27.7.1999 – VI ZR 348/98, VersR 1999, 1544
– Hinweis auf Notwendigkeit der Unterstützung der Wirbelsäule durch Kissen auf der Heimfahrt mit dem Pkw nach Bandscheibenoperation im Wege der perkutanen Nukleotomie;

OLG Bremen, Urt. v. 6.4.1999 – 3 U 101/98, VersR 1999, 1151
– Unterrichtung über Notwendigkeit, das Bein nach der Operation einer Fraktur des Wadenbeinköpfchens zur Begrenzung des Thromboserisikos nicht völlig ruhigzustellen;

OLG Köln, Urt. v. 4.8.1999 – 5 U 9/98, VersR 2001, 66
– Hinweis auf Notwendigkeit einer Probeexzision bei suspekter Mammographie;

OLG Koblenz, Urt. v. 24.8.1999 – 3 U 1078/95, NJW 2000, 3435 = VersR 2001, 111
– Hinweis auf Risiko einer nachträglichen Darmperforation nach Blutungen bei einer Polypektomie und Notwendigkeit einer sofortigen Operation;

OLG Düsseldorf, Urt. v. 14.12.2000 – 8 U 5/00, NJW-RR 2001, 959 = VersR 2001, 1117
– Hinweis auf bleibendes Schwangerschaftsrisiko nach Tubenligatur;

OLG Stuttgart, Urt. v. 9.4.2002 – 1/14 U 84/01, VersR 2002, 1563
– bei Schnittverletzung im Grundgelenk des Mittelfingers Aufforderung zur Wiedervorstellung bei Fortbestehen der Schmerzen nach 14 Tagen;

OLG Brandenburg, Urt. v. 8.4.2003 – 1 U 26/00, VersR 2004, 1050
– bei Verdacht auf Hüftfehlbildung beim Neugeborenen Aufforderung der Eltern, das Kind alsbald einem Orthopäden vorzustellen;

OLG Düsseldorf, Urt. v. 6.3.2003 – 8 U 22/02, VersR 2003, 1310
– bei Verdacht auf Brustkrebs Hinweis auf Notwendigkeit einer Biopsie;

OLG Koblenz, Urt. v. 18.10.2007 – 5 U 1523/06, VersR 2008, 404
– Aufklärung über das Suchtpotential eines Medikaments bei Überschreiten der Dosis;

OLG Koblenz, Urt. v. 10.4.2008 – 5 U 1440/06, VersR 2009, 980
– Aufklärung des Patienten über die Notwendigkeit weiterer ärztlicher Kontrollen des Behandlungsverlaufs;

OLG Stuttgart, Urt. v. 20.5.2008 – 1 U 122/07, VersR 2008, 927
– Hinweis auf erhöhtes Kariesrisiko bei Verzicht auf eine besonders sorgfältige Zahnhygiene nach kieferorthopädischer Versorgung mit einer Zahnspange;

OLG München, Urt. v. 23.10.2008 – 1 U 2046/08, VersR 2009, 503
– Aufklärung des Patienten über die Funktionsweise eines implantierten medizinischen Geräts (Grazilisplastik zur Behebung einer Stuhlinkontinenz);

OLG Köln, Urt. v. 22.9.2010 – 5 U 211/08, VersR 2011, 760
– Aufklärung der Eltern über Notwendigkeit und Dringlichkeit einer Krankenhaus-Einweisung des durch Brechdurchfall dehydrierten Säuglings.

Aufklärung über die vitale oder nur relative Indikation einer Operation ist Aufklärung zur Patientenselbstbestimmung. **379**

> OLG Oldenburg, Urt. v. 18.2.1997 – 5 U 176/96, VersR 1998, 57.

Aufklärung über die Alternative vaginale Entbindung – Kaiserschnitt ist Aufklärung zur Patientenselbstbestimmung, **380**

> seit BGH, Urt. v. 6.12.1988 – VI ZR 132/88, BGHZ 106, 153 = NJW 1989, 1538;

der NA-Beschl. v. 1.12.1987 – VI ZR 34/87 zu
OLG Braunschweig, Urt. v. 19.12.1986 – 2 U 102/86, VersR
1988, 382 beruht auf anderen Gründen;
OLG München, Urt. v. 6.8.1993 – 24 U 645/90, NA-Beschl.
v. 31.5.1994 – VI ZR 294/93, VersR 1994, 1345;
OLG Hamm, Urt. v. 24.6.1996 – 3 U 179/94, NA-Beschl.
v. 11.3.1997 – VI ZR 310/96, VersR 1997, 1403;

ebenso generell die Aufklärung über aufklärungsbedürftige Behandlungsalternative.

BGH, Urt. v. 15.3.2005 – VI ZR 312/03, NJW 2005, 1718.

381 Zur Sicherheitsaufklärung zählt der BGH die Aufklärung über das Versagerrisiko einer Sterilisation (Rz. 308, 164 ff); sie soll die Bedeutung zusätzlicher Maßnahmen zur Empfängnisverhütung vor Augen führen. Unterlassene Aufklärung führt zur Haftung des Arztes, wenn die Geschädigten nachweisen können, dass sie in Kenntnis des Versagerrisikos solche zusätzlichen Vorkehrungen gemacht haben würden, die die Empfängnis mit hinreichender Sicherheit ausgeschlossen hätten. Dagegen ist Aufklärung über ein mit dem Eingriff verbundenes Verbrennungsrisiko Sache der Eingriffsaufklärung.

OLG Hamm, Urt. v. 29.9.1982 – 3 U 288/80, NA-Beschl.
v. 27.9.1983 – VI ZR 6/83, unveröffentlicht;
OLG Hamm, Urt. v. 19.12.1984 – 3 U 70/84, VersR 1986, 477.

382 Einwilligungsaufklärung ist auch die Aufklärung über die Alternative der Eigenblutspende.

BGH, Urt. v. 17.12.1991 – VI ZR 40/91, BGHZ 116, 379 = NJW
1992, 743 = VersR 1992, 314;
OLG Köln, Urt. v. 17.2.1997 – 5 U 112/96, VersR 1997, 1534.

Zur Beweislast für Fehler der Sicherheitsaufklärung vgl. Rz. 630 ff.

383 In den Schutzbereich des Arztvertrags sind auch wirtschaftliche Interessen des Patienten einbezogen, die mit seiner Behandlungsaufgabe der Sache nach eng verbunden sind. So kann er haften, wenn er aufgrund verzögerter Erstellung eines ärztlichen Zeugnisses den Abschluss einer Risikolebensversicherung vereitelt.

BGH, Urt. v. 22.11.2005 – VI ZR 126/04, NJW 2006, 687
= VersR 2006, 363;

dazu Rz. 148;

OLG Hamm, Urt. v. 15.3.2006 – 3 U 131/05, VersR 2007, 1129
– keine Pflicht des Krankenhauses, den Patienten vor einer privatärztlichen Behandlung auch auf die Möglichkeit bzw. Notwendigkeit des Abschlusses einer privaten Zusatzversicherung hinzuweisen.

Insbesondere ist der Arzt zur Aufklärung zur Wahrung der wirtschaftlichen Interessen des Patienten verpflichtet, wenn dessen Einwilligung von seiner Kenntnis über die Kosten der Behandlung mit abhängt.

Arzt und Krankenhaus müssen den Patienten deshalb darauf hinweisen, wenn sie befürchten müssen, dass die Krankenkasse die vom Patienten gewünschte oder vom Arzt vorgesehene Behandlung nicht bezahlen wird (sog. **wirtschaftliche Aufklärung**; vgl. § 630c Abs. 3 BGB, der „hinreichende Anhaltspunkte dafür verlangt, dass eine vollständige Übernahme der Behandlungskosten nicht gesichert ist).

BGH, Urt. v. 1.2.1983 – VI ZR 104/81, NJW 1983, 2630 = VersR 1983, 443;

BGH, Urt. v. 10.1.1984 – VI ZR 158/82, BGHZ 89, 263 = NJW 1984, 1400 = VersR 1984, 356;

BGH, Urt. v. 17.12.1985 – VI ZR 178/84, BGHZ 96, 360 = NJW 1986, 1542 = VersR 1986, 465;

BGH, Urt. v. 27.10.1987 – VI ZR 288/86, BGHZ 102, 106 = NJW 1988, 759 = VersR 1988, 272;

BGH, Urt. v. 6.12.1988 – VI ZR 132/88, BGHZ 106, 153 = NJW 1989, 1583 = VersR 1989, 253;

BGH, Urt. v. 14.7.1992 – VI ZR 214/91, NJW 1992, 2962 = VersR 1992, 1263;

OLG Stuttgart, Urt. v. 9.4.2002 – 14 U 90/01, VersR 2003, 462 – Schönheitsoperation;

OLG Stuttgart, Urt. v. 16.4.2002 – 1/14 U 71/01, VersR 2003, 992 – Naturheilkundliche Behandlung;

OLG Köln, Urt. v. 23.3.2005 – 5 U 144/04, VersR 2005, 1589 – Implantatbehandlung;

OLG Köln, Urt. v. 21.4.2008 – 5 U 116/07, VersR 2009, 405 – Hinweis auf Abrechnung stationärer Behandlungskosten nach Fallpauschalen statt nach tagesgleichen Pflegesätzen;

OLG Stuttgart, Urt. v. 8.1.2013 – 1 U 87/12, VersR 2013, 583 – Hinweispflicht des Krankenhauses bei vorhandener Privatklinik unter demselben Dach;

LG Wiesbaden, Urt. v. 8.3.2012 – 9 O 66/11, VersR 2013, 910 – Zahnbehandlung.

Verletzung dieser Pflicht gibt dem Patienten einen Anspruch auf Befreiung von der Kostenbelastung. Unterrichtet werden muss der Patient auch über die Höhe der Pflegesätze sowie bei Inanspruchnahme von Wahlleistungen über den Wahlarztabschlag und etwaige von der GOÄ abweichende Steigerungssätze (vgl. Rz. 33 ff). Verstoß hiergegen macht die Wahlleistungsvereinbarung nichtig; der Patient schuldet nur den allgemeinen Pflegesatz, der Arzt erwirbt auch aus dem Gesichtspunkt der ungerechtfertigten Bereicherung keine eigene Honorarforderung.

Die wirtschaftliche Aufklärung dient dem Schutz des Patienten vor finanziellen Überraschungen. Demgegenüber gehört die **Aufklärung des Kassenpatienten** über die Möglichkeit, sich als **Selbstzahler besser versorgen zu lassen**, zur Eingriffsaufklärung. Darüber, ob und inwieweit der Arzt dazu verpflichtet ist, hat der BGH bisher noch nicht entschieden. Die Forderung

384

nach Unterrichtung des Kassenpatienten begegnet Bedenken auch im Blick auf negative Auswirkungen auf das Vertrauen des Patienten in die Medizin und etwaiger Verführung des Arztes, auch ohne Notwendigkeit im eigenen wirtschaftlichen Interesse für eine privatfinanzierte Behandlungsalternative zu werben.

§ 630c Abs. 2 Satz 2 BGB verpflichtet darüber hinaus den Arzt dazu, den Patienten über die ihm oder einem anderen Arzt unterlaufenen Behandlungsfehler zu informieren. Zumindest bewirkt der Gesetzgeber, dass der Arzt nicht länger (auch ohne diese Regelung grundlos) besorgen muss, durch solche Offenheit seinen Deckungsschutz in der Haftpflichtversicherung zu verlieren.

2. Aufklärungsbedürftige Umstände, therapeutisches Privileg

385 Die Patienteneinwilligung nimmt dem Arzt nicht die medizinische Verantwortung ab; Aufklärung soll dem Patienten kein medizinisches Entscheidungswissen vermitteln, sondern ihm aufzeigen, was der Eingriff für seine persönliche Situation bedeuten kann. Er soll Art und Schwere des Eingriffs erkennen. Dazu müssen ihm die **Risiken** nicht **medizinisch exakt** und nicht in **allen denkbaren Erscheinungsformen dargestellt** werden, ein allgemeines Bild von der Schwere und Richtung des konkreten Risikospektrums genügt.

> BGH, Urt. v. 8.5.1990 – VI ZR 227/89, VersR 1990, 1010
> = MDR 1990, 808
> – Perikardektomie zur Beseitigung von Verkalkung am Herzbeutel (Panzerherz);
>
> BGH, Urt. v. 26.6.1990 – VI ZR 289/89, NJW 1990, 2928
> = VersR 1990, 1238
> – Gallengangsoperation;
>
> BGH, Urt. v. 12.3.1991 – VI ZR 232/90, NJW 1991, 2346
> = VersR 1991, 777
> – Bandscheibenoperation;
>
> BGH, Urt. v. 26.11.1991 – VI ZR 389/90, NJW 1992, 754
> = VersR 1992, 238
> – Strahlenbehandlung bei Lymphdrüsenkrebs (morbus Hodgkin);
>
> BGH, Urt. v. 7.4.1992 – VI ZR 192/91, NJW 1992, 2351 = VersR 1992, 960
> – Schilddrüsenoperation;
>
> BGH, NA-Beschl. v. 29.9.1992 – VI ZR 40/92 zu OLG Hamm, Urt. v. 20.1.1992 – 3 U 58/91, VersR 1993, 102
> – Caudasyndrom nach Bandscheibenoperation;
>
> BGH, Urt. v. 25.3.2003 – VI ZR 131/02, NJW 2003, 2012
> = VersR 2003, 1441
> – Bandscheibenoperation;
>
> BGH, Urt. v. 14.3.2006 – VI ZR 279/04, VersR 2006, 838
> – fremdnützige Blutspende;

BGH, Urt. v. 6.7.2010 – VI ZR 198/09, NJW 2010, 3230 = VersR 2010, 1220
– nach CT-gestützter periradikularer Therapie im Bereich der Nervenwurzeln (PRT) Tetraplepsie;

OLG Oldenburg, Urt. v. 31.5.1989 – 3 U 65/88, NA-Beschl. v. 30.1.1990 – VI ZR 178/89, VersR 1990, 742
– Bandscheibenoperation;

OLG Hamm, Urt. v. 5.6.1989 – 3 U 351/88, NA-Beschl. v. 16.1.1990 – VI ZR 190/89, VersR 1990, 855
– Eröffnung des Kniegelenks (Arthrotomie);

OLG Hamm, Urt. v. 14.10.1992 – 3 U 94/92, NA-Beschl. v. 22.6.1993 – VI ZR 292/92, VersR 1993, 1399
– Augenmuskellähmung (Abduzensparese)nach Myelographie;

KG, Urt. v. 8.2.1994 – 9 U 1893/93, NA-Beschl. v. 22.11.1994 – VI ZR 121/94, VersR 1995, 338
– Bypassoperation im Gebiet von Strahlenvorschäden;

OLG Nürnberg, Urt. v. 28.6.1995 – 4 U 3943/94, NA-Beschl. v. 5.3.1996 – VI ZR 287/95, VersR 1996, 1372
– vaginale Gebärmutterentfernung (Hysterektomie);

OLG Karlsruhe, Urt. v. 2.8.1995 – 13 U 44/94, NA-Beschl. v. 8.10.1996 – VI ZR 271/95, VersR 1997, 241
– Ballonvalvuloplastie;

OLG Stuttgart, Urt. v. 15.5.1997 – 14 U 21/96, VersR 1998, 1111
– Hodenatrophie nach Leistenbruch-Rezidivoperation;

OLG München, Urt. v. 14.2.2002 – 1 U 3495/01, VersR 2002, 717
– Sterilisation;

OLG Dresden, Urt. v. 28.2.2002 – 4 U 2811/00, VersR 2003, 1257
– Bandscheibenoperation;

OLG Koblenz, Urt. v. 1.4.2004 – 5 U 844/03, VersR 2004, 1564
– Korrekturoperation des Hüftgelenks.

Im Vordergrund stehen **nachhaltige Belastungen** für die künftige Lebensführung: Letalitätsrate; Funktionsbeeinträchtigung wichtiger Organe; nachhaltige Störungen des Bewegungsapparates; Dauerschmerzen; nachhaltige Entstellungen; künstlicher Darmausgang; Inkontinenz; Zwang zu langdauernder Schonung; erforderlich werdende weitere Operationen. Das Maß der Aufklärung wird nicht nur durch den konkreten Eingriff, sondern auch durch die berufliche und private Lebensführung des Patienten, seine erkennbaren Entscheidungspräferenzen bestimmt (**„patientenbezogene Aufklärung"**). Deshalb hat der BGH Vorbehalte gegen jede Art von Formularaufklärung; Aufklärung verlangt das Aufklärungsgespräch. **386**

Deshalb aber auch muss der Heilpraktiker einen Patienten, der sich ersichtlich von der Schulmedizin abwendet, nicht besonders darauf hinweisen, dass seine Therapie medizinisch-wissenschaftlich nicht allgemein anerkannt ist. **387**

BGH, Urt. v. 29.1.1991 – VI ZR 206/90, BGHZ 113, 297 = NJW 1991, 1535 = VersR 1991, 469;

OLG München, Urt. v. 26.4.1989 – 27 U 68/88, NA-Beschl. v. 26.6.1990 – VI ZR 193/89, VersR 1991, 471 (LS).

388 **Risikostatistiken** sind für das Maß der Aufklärung **von nur geringem Wert:** sie schlüsseln die Risiken meist zu eng nach medizinischen Verwirklichungsformen und -graden auf und unterscheiden nicht zwischen unvermeidbaren und vermeidbaren Risiken. Vor allem kommt es auf die Zwischenfallhäufigkeit für diese Behandlungssituation, dieses Arztes, dieses Krankenhauses an.

> BGH, Urt. v. 22.4.1980 – VI ZR 37/79, NJW 1980, 1905 = VersR 1981, 456
> – Facialislähmung nach Ohroperation;
>
> BGH, Urt. v. 15.2.2000 – VI ZR 48/99, BGHZ 144, 1 = NJW 2000, 1748 = VersR 2000, 725
> – Kinderlähmung nach Schluckimpfung;
>
> BGH, Urt. v. 17.4.2007 – VI ZR 108/06, NJW 2007, 2771 = VersR 2007, 999
> – Erprobung eines Betablockers gegen Herzarrhytmie;
>
> OLG Celle, Urt. v. 15.6.1981 – 1 U 34/80, NA-Beschl. v. 21.9.1982 – VI ZR 192/81, VersR 1981, 1184; 1982, 1142
> – Strahlenschäden;
>
> OLG Oldenburg, Urt. v. 16.3.1999 – 5 U 194/98, VersR 2000, 191
> – Nervenschädigung bei Halsvenenzugang für Zentralvenenkatheter.

389 Auch **über seltene Risiken ist aufzuklären,** wo sie, wenn sie sich verwirklichen, die Lebensführung schwer belasten und trotz ihrer Seltenheit für den **Eingriff spezifisch,** für den Laien überraschend sind:

- recurrens-Parese bei Strumektomie:

> BGH, Urt. v. 22.1.1980 – VI ZR 263/78, NJW 1980, 1333 = VersR 1980, 428;
>
> BGH, Urt. v. 7.4.1992 – VI ZR 192/91, VersR 1992, 960
> – Rezidiv-Strumektomie;
>
> OLG Oldenburg, Urt. v. 16.1.1987 – 6 U 3/86, NA-Beschl. v. 1.12.1987 – VI ZR 72/87, VersR 1988, 408;
>
> OLG Köln, Urt. v. 15.9.1997 – 5 U 43/96, VersR 1998, 1510;
>
> OLG Köln, Urt. v. 14.4.2008 – 5 U 135/07, VersR 2009, 261
> – Rezidivstrumektomie;
>
> OLG Köln, Beschl. v. 8.11.2010 – 5 U 31/10, VersR 2011, 1011;

- facialis- und trigeminus-Verletzungen bei Eingriffen im Ohr- und Kieferbereich:

> BGH, Urt. v. 22.4.1980 – VI ZR 121/78, BGHZ 77, 74 = NJW 1980, 1901 = VersR 1980, 770;
>
> BGH, Urt. v. 22.4.1980 – VI ZR 37/79, NJW 1980, 1905 = VersR 1981, 456;
>
> BGH, Urt. v. 1.10.1985 – VI ZR 19/84, VersR 1986, 183;

- accessorius-Lähmung bei Lymphknotenexstirpation:

> BGH, Urt. v. 14.4.1981 – VI ZR 39/80, VersR 1981, 677;

BGH, Urt. v. 27.9.1983 – VI ZR 230/81, BGHZ 88, 248 = NJW 1984, 655 = VersR 1984, 60;

BGH, Urt. v. 13.5.1986 – VI ZR 142/85, VersR 1986, 970;

- Recurrensparese bei einer diagnostischen Lymphknotenentfernung:

  OLG Koblenz, Urt. v. 28.11.2012 – 5 U 420/12, VersR 2013, 1446;

- Halbseitenlähmung bei der Angiographie:

  OLG Hamm, Urt. v. 19.12.1979 – 13 U 268/78, NA-Beschl. v. 28.4.1981 – VI ZR 74/80, VersR 1981, 686;

  OLG Stuttgart, Urt. v. 28.5.1980 – 1 U 38/79, NA-Beschl. v. 23.3.1982 – VI ZR 169/80, VersR 1983, 278;

  OLG München, Urt. v. 28.10.1981 – 20 U 1959/80, NA-Beschl. v. 9.11.1982 – VI ZR 279/81, VersR 1983, 930;

  OLG Stuttgart, Urt. v. 25.8.1987 – 10 U 228/85; PKH versagt der Beschl. v. 24.11.1987 – VI ZA 14/87, VersR 1988, 832
  Querschnittslähmung nach zervikaler Myelographie;

  OLG Hamm, Urt. v. 16.9.1987 – 3 U 303/86, NA-Beschl. v. 19.4.1988 – VI ZR 271/87, VersR 1988, 1133;

  OLG Hamm, Urt. v. 6.7.1988 – 3 U 326/87, NA-Beschl. v. 11.4.1989 – VI ZR 235/88, VersR 1989, 807;

  OLG Oldenburg, Urt. v. 15.5.1990 – 5 U 152/89, VersR 1991, 1242;

  OLG Hamm, Urt. v. 17.9.1990 – 3 U 338/89, NA-Beschl. v. 5.11.1991 – VI ZR 322/90, VersR 1992, 833;

- Infarktrisiko der zerebralen Angiographie

  BGH, Urt. v. 18.11.2008 – VI ZR 198/07, NJW 2009, 1209 = VersR 2009, 257;

- arterielles Verschlussrisiko der Herzkatheteruntersuchung

  OLG Koblenz, Urt. v. 12.6.2008 – 5 U 1630/07, VersR 2008, 1651;

- Querschnittslähmung bei der Myelographie:

  BGH, Urt. v. 4.4.1995 – VI ZR 95/94, NJW 1995, 2410 = VersR 1995, 1055;

  BGH, Urt. v. 14.11.1995 – VI ZR 359/94, NJW 1996, 777 = VersR 1996, 195.

- Armplexus-Lähmung; Rückgratschädigung durch Röntgen- oder Kobaltbestrahlung:

  BGH, Urt. v. 7.2.1984 – VI ZR 174/82, BGHZ 90, 103 = NJW 1984, 1397 = VersR 1984, 465;

  BGH, Urt. v. 12.12.1989 – VI ZR 83/89, NJW 1990, 1528 = VersR 1990, 522;

  OLG Celle, Urt. v. 15.6.1981 – 1 U 34/80, NA-Beschl. v. 21.9.1982 – VI ZR 192/81, VersR 1981, 1184; VersR 1982, 1142;

OLG Zweibrücken, Urt. v. 8.5.1985 – 4 U 191/81, NA-Beschl.
v. 11.3.1986 – VI ZR 143/85, VersR 1987, 108;

OLG Frankfurt/M., Urt. v. 30.10.1986 – 1 U 196/86, NA-Beschl.
v. 23.6.1987 – VI ZR 291/86, VersR 1988, 57
– künstlicher Darmausgang wegen Darmstenose nach Strahlentherapie gegen Gebärmutterkrebs;

OLG Köln, Urt. v. 22.1.1987 – 7 U 307/86, NA-Beschl.
v. 26.1.1988 – VI ZR 61/87, VersR 1988, 384
– bleibende Hautschäden im Gesichtsbereich nach Röntgen-
bestrahlung;

OLG Düsseldorf, Urt. v. 30.5.1985 – 8 U 128/82, NA-Beschl.
v. 25.3.1986 – VI ZR 168/85, VersR 1986, 1193;

OLG Frankfurt/M., Urt. v. 18.2.1988 – 12 U 82/87, NA-Beschl.
v. 8.11.1988 – VI ZR 98/88, VersR 1989, 254
– Querschnittslähmung bei Bestrahlung der Lymphogranulomatose;

OLG Koblenz, Urt. v. 9.5.1989 – 3 U 1621/89, NA-Beschl.
v. 13.2.1990 – VI ZR 222/89, VersR 1990, 489.

- entzündliche Reaktionen nach Strahlentherapie:

  BGH, Urt. v. 26.11.1991 – VI ZR 389/90, NJW 1992, 754
  = VersR 1992, 240
  – Perikarditis;

- Nervschädigung infolge besonderer Lagerung (Häschenstellung) während
  der Operation:

  BGH, Urt. v. 26.2.1985 – VI ZR 124/83, NJW 1985, 2192
  = VersR 1985, 639, 640;

- Lähmung durch Spinalanästhesie:

  OLG Oldenburg, Urt. v. 18.2.1992 – 5 U 44/90, NA-Beschl.
  13.10.1992 – VI ZR 90/92, VersR 1993, 580;

- Hygrom im Kopf nach Spinalanästhesie

  BGH, Urt. v. 19.10.2010 – VI ZR 241/09, NJW 2011, 375
  = VersR 2011, 223;

- Gehirnblutung bei Lysebehandlung mit Streptokinase nach Herzinfarkt:

  OLG Bremen, Urt. v. 16.12.1997 – 3 U 167/96, VersR 1998, 1240;

- Inkontinenz nach Operation einer ischiorektalen Fistel oder Hysterektomie:

  BGH, Urt. v. 5.2.1991 – VI ZR 108/90, NJW 1991, 2342 = VersR
  1991, 547;
  OLG Hamm, Urt. v. 26.3.1990 – 3 U 421/88, NA-Beschl.
  v. 29.1.1991 – VI ZR 200/90, VersR 1991, 667;

- dauernde Selbstkatheterisierung nach Harnröhrensuspension:

  OLG Oldenburg, Urt. v. 25.4.1995 – 5 U 186/94, NA-Beschl.
  v. 13.2.1996 – VI ZR 174/95, VersR 1996, 1111;

- Hodenatrophie nach Leistenbruchoperation:

  BGH, Urt. v. 24.6.1980 – VI ZR 7/79, NJW 1980, 2751 = VersR 1980, 940;

  OLG München, Urt. v. 23.6.1994 – 1 U 7286/93, VersR 1995, 95;

  OLG Stuttgart, Urt. v. 15.5.1997 – 14 U 21/96, VersR 1998, 1111;

- Darmverletzungen, Verbrennungen bei der Elektrokoagulation der Eileiter:

  OLG Hamm, Urt. v. 29.9.1982 – 3 U 288/80, NA-Beschl. v. 27.9.1983 – VI ZR 6/83;

  OLG Hamm, Urt. v. 19.12.1984 – 3 U 70/84, VersR 1986, 477;

- Harnleiterverletzung bei der abdominalen Hysterektomie:

  BGH, Urt. v. 28.2.1984 – VI ZR 70/82, NJW 1984, 1807 = VersR 1984, 538, 539;

  BGH, Urt. v. 8.1.1985 – VI ZR 15/83, NJW 1985, 1399 = VersR 1985, 361;

- Durchbruchsblutungen, Osteoporose bei Gestagenmedikation gegen Menstruationsbeschwerden:

  OLG Köln, Urt. v. 25.9.1996 – 5 U 63/96, VersR 1997, 1491 (LS);

- Verschluss des Uteruskaviums und Unfruchtbarkeit nach Messerkonisation bei Karzinom in situ:

  OLG Köln, Urt. v. 25.4.2007 – 5 U 180/05, BGH, NZB-Beschl. v. 6.11.2007 – VI ZR 140/07, VersR 2008, 1076;

- Nierenverlust bei Reoperation zur Behebung einer Anastomoseninsuffizienz:

  BGH, Urt. v. 9.7.1996 – VI ZR 101/95, NJW 1996, 3073 = VersR 1996, 1239;

- Entzündung der Bauchspeicheldrüse nach Gallenblasenoperation mit Letalitätsrisiko:

  BGH, Urt. v. 21.11.1995 – VI ZR 341/94, VersR 1996, 330, 331;

  OLG Celle, Urt. v. 30.9.2002 – 1 U 7/02, NZB-Beschl. v. 24.6.2003 – VI ZR 278/02, VersR 2004, 384;

- Gebärmutterperforation bei Einsetzen eines Intrauterinpessars:

  OLG München, Urt. v. 5.4.1990 – 1 U 5542/89, VersR 1990, 1398;

- Schädigung des nervus femoralis nach Scheidenplastik:

  BGH, Urt. v. 7.7.1992 – VI ZR 211/91, NJW-RR 1992, 1241 = VersR 1993, 228;

- Hüftkopfnekrose nach etwaigem Fehlschlagen einer Adduktions-Osteotomie:

  BGH, Urt. v. 9.7.1985 – VI ZR 8/84, VersR 1985, 969;

BGH, Urt. v. 13.1.1987 – VI ZR 82/86, NJW 1987, 1481 = VersR
1987, 667;

- dauerhafte Nervschädigung nach Hüftgelenksoperation:

    OLG Koblenz, Urt. v. 12.6.1991 – 1 U 1851/89, VersR 1992, 963;

    OLG Oldenburg, Urt. v. 1.10.1996 – 5 U 88/96, NJW 1997, 1642
    = VersR 1997, 1493;

- dauerhafte Schädigung der Nachbarnerven durch Sysmpathikusblockade:

    OLG Oldenburg, Urt. v. 4.8.1998 – 5 U 66/98, NJW-RR 1999,
    390 = VersR 1999, 1422;

- dauerhafte Schädigung des Nervus lingualis bei Extraktion eines Weisheitszahns im Unterkiefer durch Anästhesie:

    OLG Hamburg, Urt. v. 27.2.1998 – 1 U 131/97, MDR 1998, 906
    = VersR 1999, 316 (LS);

    OLG Köln, Urt. v. 22.4.1998 – 5 U 32/96, VersR 1999, 1284 (LS);

    OLG Koblenz, Urt. v. 13.5.2004 – 5 U 41/03, VersR 2005, 118
    mit Nachweis anderer Auffassungen;

    OLG Hamm, Urt. v. 29.9.2010 – 3 U 169/09, VersR 2011, 758;

    a. A. OLG Köln, Beschl. v. 6.10.2008 – 5 U 84/08, VersR 1009, 834
    – wegen regelmäßiger spontaner Regeneration des Nervs nach
    mehreren Monaten; so der Sachverständige;

- dauerhafte Nervschädigung bei der Implantatversorgung:

    OLG Koblenz, Beschl. v. 22.8.2012 – 5 U 496/12, VersR 2013, 61;

- dauerhafte Nervschädigung bei der Blutspende:

    BGH, Urt. v. 14.3.2006 – VI ZR 279/04, VersR 2006, 838;

- gesteigerte Blendeempfindlichkeit nach Laseroperation am Auge:

    OLG Köln, Beschl. v. 10.2.2010 – 5 U 120/09, VersR 2011, 226;

- dauerhafte Nervschädigung bei Extraktion eines Weisheitszahns in der
  Nähe des nervus mandibularis oder des nervus alveolaris:

    BGH, Urt. v. 9.11.1993 – VI ZR 248/92, NJW 1994, 799 = VersR
    1994, 682;

    OLG Düsseldorf, Urt. v. 20.10.1988 – 8 U 261/87, VersR 1989, 290;

    OLG Köln, Urt. v. 19.12.1988 – 7 U 158/87, VersR 1989, 632;

    OLG Düsseldorf, Urt. v. 13.12.2007 – I-8 U 19/07, VersR 2009,
    546;

- Erhöhung der Kieferbruchgefahr bei operativer Entfernung tief verlagerter
  Weisheitszähne:

    OLG München, Urt. v. 30.3.1995 – 1 U 3458/94, VersR 1996, 102;

    OLG Düsseldorf, Urt. v. 21.3.1996 – 8 U 153/95, VersR 1997, 620;

- Kieferknochenmarkentzündung nach Entfernung eines Weisheitszahns:

  OLG Köln, Urt. v. 12.3.2003 – 5 U 52/02, VersR 2005, 795;

- Sudeck'sche Dystrophie bei Knochenoperation, wenn die Operation gerade zur Behebung von Dauerschmerzen erfolgt:

  BGH, Urt. v. 22.12.1987 – VI ZR 32/87, NJW 1988, 1514
  = VersR 1988, 493;
  BGH, Urt. v. 14.6.1994 – VI ZR 178/93, NJW 1994, 3009
  = VersR 1994, 1235
  – Karpaltunnelsyndrom;
  OLG Hamm, Urt. v. 5.6.1989 – 3 U 351/88, NA-Beschl.
  v. 16.1.1990 – VI ZR 190/89, VersR 1990, 855;
  OLG Köln, Urt. v. 25.3.1992 – 27 U 113/91, VersR 1992, 1233 (LS)
  – Operation einer Dupuytrenschen Kontraktur;

- Infektion – Querschnittslähmung – Caudalähmung – nach Bandscheibenoperation:

  BGH, Urt. v. 3.4.1984 – VI ZR 195/82, NJW 1984, 2629 = VersR
  1984, 582;
  BGH, Urt. v. 12.3.1991 – VI ZR 232/90, NJW 1991, 2346
  = VersR 1991, 777;
  OLG Oldenburg, Urt. v. 31.5.1989 – 3 U 65/88, NA-Beschl.
  v. 30.1.1990 – VI ZR 178/89, VersR 1990, 742;
  OLG Hamm, Urt. v. 20.1.1992 – 3 U 58/91, NA-Beschl.
  v. 29.9.1992 – VI ZR 40/92, VersR 1993, 102;
  OLG Oldenburg, Urt. v. 25.6.1996 – 5 U 170/95, VersR 1997, 978;
  OLG Bremen, Urt. v. 21.12.1999 – 3 U 42/99, VersR 2001, 340;
  OLG Dresden, Urt. v. 28.2.2002 – 4 U 2811/00, VersR 2003, 1257;

- Tetraplegie mit Atemnot bei CT-gestützter periradikulärer Therapie im Bereich der Nervenwurzeln

  BGH, Urt. v. 6.7.2010 – VI ZR 198/09, NJW 2010, 3230 = VersR
  2010, 1220;

- Verletzung der Arteria Vertebralis bei chiropraktischer Lösung einer Blockade der Halswirbelsäule

  OLG Oldenburg, Urt. v. 25.6.2008 – 5 U 10/08, VersR 2008, 1496;

- Querschnittslähmung bei Operation einer Adoleszenzskoliose

  BGH, Urt. v. 10.10.2006 – VI ZR 74/05, NJW 2007, 217 = VersR
  2007, 66;

- Querschnittslähmung nach Operation einer angeborenen Aortenstenose:

  BGH, Urt. v. 13.12.1988 – VI ZR 22/88, NJW 1989, 1541
  = VersR 1989, 289;
  BGH, Urt. v. 16.4.1991 – VI ZR 176/90, NJW 1991, 2344
  = VersR 1991, 812;

OLG Stuttgart, Urt. v. 17.12.1985 – 12 U 9/85, NA-Beschl.
v. 21.10.1986 – VI ZR 9/86, VersR 1987, 515;

OLG Hamm, Urt. v. 3.2.1986 – 3 U 123/85, NA-Beschl.
v. 21.10.1986 – VI ZR 74/86, VersR 1987, 509;

OLG Schleswig, Urt. v. 13.1.1995 – 4 U 243/86, VersR 1996, 634;

- Sehnervschädigung durch aggressive Medikamente:

  BGH, Urt. v. 27.10.1981 – VI ZR 69/80, NJW 1982, 697 = VersR
  1982, 147;

  OLG Oldenburg, Urt. v. 20.1.1984 – 6 U 178/79, NA-Beschl.
  v. 11.12.1984 – VI ZR 51/84, VersR 1986, 69;

- Atem- und Herzstillstand durch Stellatumblockade:

  OLG Oldenburg, Urt. v. 4.11.1983 – 6 U 75/83, NA-Beschl.
  v. 4.12.1985 – VI ZR 254/83, VersR 1985, 274;

- Kinderlähmung nach Schluckimpfung:

  BGH, Urt. v. 15.2.2000 – VI ZR 48/99, BGHZ 144, 1 = NJW
  2000, 1784 = VersR 2000, 725;

- Infektionsrisiko mit möglicher Folge einer Gelenkversteifung bei intraartikulärer Injektion von Kortison in das Schulter- oder Kniegelenk:

  BGH, Urt. v. 14.2.1989 – VI ZR 65/88, BGHZ 106, 391 = NJW
  1989, 1533 = VersR 1989, 514;

  OLG Hamm, Urt. v. 5.11.1990 – 3 U 179/87, NA-Beschl.
  v. 24.9.1991 – VI ZR 384/90, VersR 1992, 610;

  OLG Karlsruhe, Urt. v. 3.3.1993 – 7 U 180/91, NA-Beschl.
  v. 26.10.1993 – VI ZR 105/93, VersR 1994, 860
  – Infiltration von Kortison;

  OLG Oldenburg, Urt. v. 15.3.1994 – 5 U 115/93, NA-Beschl.
  v. 14.3.1995 – VI ZR 140/94, VersR 1995, 786;

- Infektionsrisiko bei Punktion des Kniegelenks:

  BGH, Urt. v. 14.6.1994 – VI ZR 260/93, NJW 1994, 2414
  = VersR 1994, 1302;

  OLG Hamm, Urt. v. 20.5.1998 – 3 U 139/97, NA-Beschl.
  v. 5.12.1998 – VI ZR 196/98, VersR 2000, 323;

- Embolierisiko einer arthroskopischen Meniskusoperation bds.

  KG, Urt. v. 8.5.2008 – 20 U 202/06, VersR 2008, 1649;

- erhöhtes Risiko einer Knochenentzündung (Osteomyelitis) bei Knochen-
  operationen:

  OLG Hamm, Urt. v. 1.12.1993 – 3 U 24/93, NA-Beschl.
  v. 27.9.1994 – VI ZR 76/94, VersR 1995, 47;

- Infektionsrisiko mit Verlust des Fußes nach Resektion eine Hammerzehs:

  OLG Brandenburg, Urt. v. 13. 11 2008 – 12 U 104/08, VersR
  2009, 1230;

- erhöhtes Wundheilungsrisiko bei Operation in strahlengeschädigter Haut:

    KG, Urt. v. 8.2.1994 – 9 U 1893/93, NA-Beschl. v. 22.11.1994 –
    VI ZR 121/94, VersR 1995, 338;

- Fraktur des Siebbeindaches und Verletzung der Dura bei Kieferhöhlen-
operation:

    OLG Düsseldorf, Urt. v. 20.6.1985 – 8 U 38/83, VersR 1987, 161;

- Erblindungsrisiko bei endonasalem Siebbeineingriff:

    BGH, Urt. v. 2.11.1993 – VI ZR 245/92, NJW 1994, 793 = VersR
    1994, 104;

- Erblindung durch Injektion gefäßverengender Stoffe im Gesichtsbereich
vor Nasenscheidenwandoperation:

    OLG Nürnberg, Urt. v. 9.4.1991 – 3 U 2178/90, NA-Beschl.
    v. 3.12.1991 – VI ZR 217/91, VersR 1992, 754;

- Erblindung bei Tumoroperation im Bereich der Hirnanhangsdrüse:

    BGH, Urt. v. 17.3.1998 – VI ZR 74/97, NJW 1998, 2734 = VersR
    1998, 766;

- Geburtsrisiken einer paracervikalen Blockade für das Kind:

    OLG Hamm, Urt. v. 4.4.1984 – 3 U 247/82, NA-Beschl. v.
    29.1.1985 – VI ZR 92/84, VersR 1985, 598, 599;

- Aids-, Hepatitisrisiko bei Infundierung von Spenderblut:

    BGH, Urt. v. 17.12.1991 – VI ZR 40/91, NJW 1992, 743 = VersR
    1992, 314;

    OLG Köln, Urt. v. 17.2.1997 – 5 U 112/96, VersR 1997, 1534;

- Mortalitätsrisiko, Misserfolgsrisiko, Dringlichkeit einer lebensbedrohen-
den Herzoperation:

    BGH, Urt. v. 8.5.1990 – VI ZR 227/89, VersR 1990, 1010
    – Pericardektomie bei Panzerherz;

- **Misserfolgsrisiko** jedenfalls dann, wenn der Arzt eine Außenseitermethode
angewendet wird,

    OLG Stuttgart, Urt. v. 16.4.2002 – 1/14 U 71/01, VersR 2003, 992
    – Naturheilkundeverfahren,

oder wenn durch den Misserfolg der Eingriff, statt den Zustand zu ver-
bessern, geradezu ins Gegenteil einer erheblichen Verschlechterung um-
schlagen kann; selbst wenn der Eingriff „in diesem Krankenhaus noch nie
misslungen ist";

    BGH, Urt. v. 13.1.1987 – VI ZR 82/86, NJW 1987, 1481 = VersR
    1987, 667
    – Hüftkopfosteotomie;

BGH, Urt. v. 22.12.1987 – VI ZR 32/87, NJW 1988, 1514
= VersR 1988, 493
– Gelenkversteifungsoperation;

BGH, Urt. v. 26.6.1990 – VI ZR 289/89, NJW 1990, 2928
= VersR 1990, 1238
– Gallengangoperation mit Risiko der Schrumpfung der Anasto-
mose zur Bekämpfung einer Gallenblasenzyste;

BGH, Urt. v. 16.6.1992 – VI ZR 289/91, AHRS 4650/33
– Hallux-valgus-Operation;

BGH, Beschl. v. 16.11.2004 – VI ZR 28/04, VersR 2005, 1399
– Operation einer Temporal-Lappen-Epilepsie;

OLG Köln, Urt. v. 18.3.1992 – 27 U 178/89, VersR 1992, 1518 (LS)
– Risiko dauerhafter Dranginkontinenz nach Operation zur Behebung einer Stressinkontinenz;

OLG Oldenburg, Urt. v. 1.10.1996 – 5 U 88/96, NJW 1997, 1642
= VersR 1997, 1493;

OLG Oldenburg, Urt. v. 17.6.1997 – 5 U 21/97, VersR 1998, 1285
– Teilversteifung nach Hallux-valgus-Operation;

OLG Koblenz, Urt. v. 1.4.2004 – 5 U 844/03, VersR 2004, 1564
– operative Hüftgelenkskorrektur;

- nicht zu beseitigende unregelmäßige Konturen nach grobflächiger Fettabsaugung:

  OLG Stuttgart, Urt. v. 9.4.2002 – 14 U 90/01, VersR 2003, 462;

  OLG Düsseldorf, Urt. v. 20.3.2003 – 8 U 18/02, VersR 2003, 1579;

- Risiko des Umsteigenmüssens von der Laparoskopie auf die Laparotomie:

  OLG Hamm, Urt. v. 26.11.1997 – 3 U 229/96, NA-Beschl.
  v. 29.9.1998 – VI ZR 26/98, VersR 1999, 365
  – Blasenhalssuspension nach Marshall-Marchetti-Krantz;

  OLG Düsseldorf, Urt. v. 17.12.1998 – 8 U 139/97, VersR 2000, 456
  – Cholezystektomie;

  OLG Köln, Urt. v. 21.12.1998 – 5 U 121/98, VersR 2000, 493
  – Rezidiv-Leistenhernie.

390 Stellen sich bei einem **mehrstufigen Eingriff** Risiken der einen Stufe auch
für eine andere, ist auch über diese Kumulierung aufzuklären.

  OLG Koblenz, Urt. v. 29.11.2001 – 5 U 1382/00, VersR 2003, 1313
  – Halbseitenlähmung bei Angiographie-Embolisation-Okklusions-
  test vor Entfernung eines Tumors im Bereich der carotis.

391 Aufzuklären ist auch über das **Risiko einer Nachoperation** und über deren
spezifische Risiken, wenn die Notwendigkeit, sich nachoperieren zu lassen,
ein spezifisches Risiko der Operation ist.

  BGH, Urt. v. 21.11.1995 – VI ZR 341/94, VersR 1996, 330, 331;

  BGH, Urt. v. 9.7.1996 – VI ZR 101/95, NJW 1996, 3073 = VersR
  1996, 1239;

OLG Stuttgart, Urt. v. 20.2.1997 – 14 U 44/96, VersR 1998, 637
– Notwendigkeit einer Bandscheibenoperation nach chiropraktischer (nicht schon bei chirotherapeutischer!) Manipulation eines Bandscheibenvorfalls;

OLG Düsseldorf, Urt. v. 20.3.2003 – 8 U 18/02, VersR 2003, 1579
– Notwendigkeit operativer Haut- und Bauchdeckenstraffung nach Fettabsaugung.

Über ein gegenüber den Risiken der Erstoperation **deutlich erhöhtes Risiko einer Rezidivoperation** ist der Patient aufzuklären; seine Aufklärung über die Risiken der Erstoperation genügt nicht zu seiner Unterrichtung.

OLG Köln, Urt. v. 14.4.2008 – 5 U 135/07, VersR 2009, 261
– beidseitige Rezidivstrumektomie.

Aufzuklären ist auch über den **großen Umfang der Operation**, sofern der **392** Patient ihn nicht ohne Weiteres aus der Art des Eingriffs erkennen kann.

OLG Bamberg, Urt. v. 5.5.1997 – 4 U 170/96, NA-Beschl.
v. 3.2.1998 – VI ZR 226/97, VersR 1998, 1025
– Entfernung eines metastasierenden Melanoms von der Leiste bis zur Kniekehle mit Lymphknotendissektion.

Besteht die Möglichkeit, eine Operation durch eine **konservative Behand- 393 lung** zu vermeiden und ist die **Operation** deshalb **nur relativ indiziert**, so muss der Patient hierüber aufgeklärt werden.

BGH, Urt. v. 22.2.2000 – VI ZR 100/99, NJW 2000, 1788 =
VersR 2000, 766
– Teilhemilaminektomie;

BGH, Beschl. v. 17.12.2013 – VI ZR 230/12, NJW 2014, 1529
= VersR 2014, 586
– Implantation eines Spinalkatheters im Bereich der Lendenwirbelsäule.

Die **vitale oder absolute Indikation entbindet** von der Aufklärung nicht; **394** auch nicht die Befürchtung gleichartiger Risiken bei Nichtbehandlung. Diese Umstände können nur Eindringlichkeit und Genauigkeit der Aufklärung beeinflussen.

BGH, Urt. v. 7.2.1984 – VI ZR 174/82, BGHZ 90, 103 = NJW
1984, 1397 = VersR 1984, 465;

BGH, Urt. v. 6.11.1990 – VI ZR 8/90, NJW 1991, 2349 = VersR
1991, 227
– Kosmetikoperation;

OLG Köln, Urt. v. 9.12.1998 – 5 U 147/97, VersR 2000, 361
– Schilddrüsenoperation.

Über Operationsrisiken, für deren Vermeidung Ärzte einer speziellen Fach- **395** richtung besonders ausgebildet sind, ist der Patient aufzuklären, um ihm die Entscheidungsgrundlage für seine **Wahl des Operateurs** zu geben.

OLG Köln, Urt. v. 28.4.2008 – 5 U 192/07, VersR 2009, 1119
– Neurochirurg statt Urologe für die Operation eines Tumors
mit auffälliger Verbindung zur Austrittsöffnung des Nervus
Femoralis aus dem Wirbelkanal.

Dagegen ist **nicht aufzuklären über** Risiken, die nur durch eine **fehlerhafte
Behandlung** entstehen. Insoweit ist der Patient hinreichend durch die Verpflichtung des Arztes zu fehlerfreier Behandlung geschützt.

BGH, Urt. v. 19.3.1985 – VI ZR 227/83, NJW 1985, 2193
= VersR 1985, 736;

BGH, Urt. v. 3.12.1991 – VI ZR 48/91, NJW 1992, 108 = VersR
1992, 358;

OLG München, Urt. v. 25.4.1996 – 24 U 742/95, NA-Beschl.
v. 18.3.1997 – VI ZR 211/96, VersR 1997, 1281.

396 Jedoch ist **aufzuklären** auch **über Risiken eines** von dem Arzt oder dem Patienten für richtig gehaltenen **Abbruchs der Therapie** bzw. ihrer Weiterführung bei einem veränderten Nutzen-Risiko-Verhältnis.

OLG Hamburg, Urt. v. 27.11.1998 – 1 U 182/97, NA-Beschl.
v. 27.7.1999 – VI ZR 28/99, VersR 2000, 190
– Absetzen der Antikoagulations-Medikation nach Bypassoperation wegen Magenblutens.

Aufzuklären ist der Patient deutlich darüber, dass die von ihm gewünschte
Behandlung medizinisch nicht notwendig ist.

OLG Koblenz, Urt. v. 15.1.2009 – 5 U 674/08, VersR 2010, 1040
– zahnmedizinisch nicht erforderliche Neuversorgung einer 19
Monate vorher eingebrachten Zahnprothese.

397 Die **Wahl der richtigen Behandlungsmethode** ist grundsätzlich allein **Sache
des Arztes.**

BGH, Urt. v. 11.5.1982 – VI ZR 171/80, NJW 1982, 2121
= VersR 1982, 771
– Versorgung des Oberschenkeltrümmerbruchs mit Küntscher-
nagelung statt Verplattung;

BGH, Urt. v. 22.9.1987 – VI ZR 238/86, BGHZ 102, 17 = NJW
1988, 763 = VersR 1988, 179
– Elektrokoagulation;

BGH, Urt. v. 22.12.1987 – VI ZR 32/87, NJW 1988, 1514
= VersR 1988, 493
– Versteifungsosteotomie;

BGH, Urt. v. 23.2.1988 – VI ZR 56/87, NJW 1988, 1516 = VersR
1988, 495
– Magenoperation;

BGH, Urt. v. 6.12.1988 – VI ZR 132/88, BGHZ 106, 153 = NJW
1989, 1538
– Entbindung aus Beckenendlage;

BGH, Urt. v. 17.3.1998 – VI ZR 74/97, VersR 1998, 766
– Wahl des Zugangswegs bei Entfernung eines Tumors im
Bereich der Hirnanhangsdrüse;

OLG Hamm, Urt. v. 16.11.1987 – 3 U 221/85, NA-Beschl.
v. 29.11.1988 – VI ZR 55/88, VersR 1989, 255
– Schnittentbindung bei Beckenendlage;
OLG Stuttgart, Urt. v. 19.5.1988 – 14 U 34/87, NA-Beschl.
v. 13.12.1988 – VI ZR 179/88, VersR 1989, 519 und
OLG Hamm, Urt. v. 30.1.1989 – 3 U 28/88, NA-Beschl.
v. 3.10.1989 – VI ZR 87/89, VersR 1990, 52
– vaginale Entbindung bei großem Kind;
OLG Düsseldorf, Urt. v. 20.12.1990 – 8 U 206/89, VersR 1992, 751
– Sterilisationsmethode;
KG, Urt. v. 30.1.1992 – 20 U 2872/88, NA-Beschl. v. 20.10.1992
– VI ZR 66/92, VersR 1993, 189
– Hallux-valgus-Operation;
OLG München, Urt. v. 9.11.1995 – 1 U 4325/94, NA-Beschl.
v. 29.10.1996 – VI ZR 20/96, VersR 1997, 452
– Geburt mit der Zange statt mit der Saugglocke;
OLG Oldenburg, Urt. v. 25.6.1996 – 5 U 170/95, VersR 1997, 978
– Zugang dorsal statt transthorakal bei Bandscheibenoperation;
OLG Köln, Urt. v. 4.12.1996 – 5 U 68/96, NA-Beschl.
v. 24.6.1997 – VI ZR 16/97, VersR 1998, 243
– Verzicht auf Gipsverband nach operativer Einrichtung einer
dislozierten Fraktur des Mittelfußknochens wegen eines erhöhten
Thromboserisikos;
OLG Oldenburg, Urt. v. 17.6.1998 – 5 U 21/97, VersR 1998, 1285
– Verfahren bei Hallux-valgus-Operation;
OLG Koblenz, Urt. v. 2.12.1998 – 1 U 1826/97, NA-Beschl.
v. 5.10.1999 – VI ZR 4/99, VersR 2000, 230
– konservative Versorgung einer Oberarmfraktur in der Nähe der
Wachstumsfuge bei Kleinkind;
OLG Düsseldorf, Urt. v. 17.12.1998 – 8 U 139/97, VersR 2000, 456
– laparoskopische Cholezystektomie;
OLG Köln, Urt. v. 21.12.1998 – 5 U 121/98, VersR 2000, 493
– Laparoskopie einer Rezidiv-Leistenhernie;
OLG Oldenburg, Urt. v. 16.2.1999 – 5 U 133/98, VersR 2000, 61
– gleichzeitige oder zweizeitige Krampfaderoperation beider Beine;
OLG Koblenz, Urt. v. 2.3.1999 – 3 U 328/97, NJW 1999, 3419
= VersR 1999, 759
– Zahnfüllung aus Amalgam;
OLG Oldenburg, Urt. v. 16.3.1999 – 5 U 194/98, VersR 2000, 191
– Wahl des Halsvenenzugangs für künstliche Ernährung über
Zentralvenenkatheter;
OLG Hamm, Urt. v. 26.4.1999 – 3 U 207/98, NJW 1999, 3421
= VersR 2000, 767
– Verzicht auch Bioverträglichkeitsprüfung bei Zahnfüllung mit
Kupfer-Palladium-Legierung;
OLG Hamm, Urt. v. 20.10.1999 – 3 U 158/98, NA-Beschl.
v. 17.10.2000 – VI ZR 1/00, VersR 2001, 247
– natürliche Entwicklung bei Geburtsgewicht von 4000 gr.;

OLG Schleswig, Urt. v. 12.1.2000 – 4 U 71/97, NA-Beschl.
v. 1.8.2000 – VI ZR 99/00, VersR 2000, 1544
– ebenso;

OLG Dresden, Urt. v. 17.5.2001 – 4 U 1012/99, NA-Beschl.
v. 18.12.2001 – VI ZR 212/01, VersR 2002, 440
– beim Verkürzen des Endglieds des verletzten Mittelfingers
„Nahlappen- statt Fernlappenmethode";

OLG Oldenburg, Urt. v. 30.3.2005 – 5 U 66/03, NZB-Beschl.
v. 31.3.2006 – VI ZR 87/05, VersR 2006, 517
– Implantation einer Knieendoprothese statt Arthrodese;

OLG Naumburg, Urt. v. 6.6.2005 – 1 U 7/05, VersR 2006, 979
– konservative statt operative Behandlung einer Radiustrümmerfraktur des Handgelenks;

OLG Stuttgart, Urt. v. 29.5.2007 – 1 U 28/07, VersR 2007, 1417
– keine Aufklärung über Alternative einer sectio bei zu erwartendem
Geburtsgewicht von 3900 gr, weil mit einer Schulterdystokie bei
vaginaler Entbindung des Kindes nicht gerechnet werden musste;

OLG Koblenz, Urt. v. 12.6.2008 – 5 U 1198/07, VersR 2009, 70
– ebenso bei vertretbarer Deutung der vorgeburtlichen Parameter;

OLG Naumburg, Urt. v. 28.2.2008 – 1 U 53/07, VersR 2008, 1494
– TVT-Implantation bei Stressharninkontinenz statt offener
Kolposuspension im Jahr 2003;

OLG Köln, Urt. v. 6.10.2008 – 5 U 84/08, VersR 2009, 834
– keine Aufklärung über Wurzelspitzenresektion statt Extraktion
bei akuter und schmerzhafter Entzündung im Wurzelspitzen-
bereich;

OLG Koblenz, Beschl. v. 6.1.2010 – 5 U 949/09, VersR 2010, 908
– bei Knorpel-/Knochentransplantion vom Knie- in das Sprung-
gelenk keine Aufklärung darüber, an welcher Stelle des Kniegelenks der Arzt Knorpel entnimmt;

OLG Köln, Urt. v. 4.4.2012 – 5 U 99/11, GesR 2012, 507
– Wahl zwischen Keramik-Hüftkopfprothese und einer Hüftprothese mit einem Metallkugelkopf;

KG, Urt. v. 17.12.2012 – 20 U 290/10, GesR 2013, 229
– alternative Behandlungsmethode bei einer Hallux-Valgus
Operation.

398 Gegen ihren ausdrücklich erklärten Willen darf der Gynäkologe aber der
Mutter keine **vaginale Entbindung statt einer Sectio** (Kaiserschnittgeburt)
und umgekehrt aufzwingen. Er muss ihr jedoch die Risiken ihrer Entscheidung
bewusst machen.

BGH, Urt. v. 12.11.1991 – VI ZR 369/90, NJW 1992, 741
= VersR 1992, 237;

OLG Celle, Urt. v. 8.4.2013 – 1 U 49/12, GesR 2013, 407.

399 Ebenso wenig darf er ohne Zustimmung der Mutter sich für eine vaginale
Entbindung entscheiden, wenn zuvor mit ihr ein Kaiserschnitt ausdrücklich
verabredet worden war.

BGH, Urt. v. 6.12.1988 – VI ZR 132/88, BGHZ 106, 153, 156 ff
= NJW 1989, 1538 = VersR 1989, 253 (LS);

OLG Stuttgart, Urt. v. 10.5.1990 – 14 U 56/89, VersR 1991, 1141, 1144.

Ferner hat der Gynäkologe aufzuklären, wenn eine Kaiserschnittentbindung **400** wegen ernstzunehmender Gefahren für das Kind bei vaginaler Entwicklung zur echten Alternative geworden ist.

> BGH, Urt. v. 16.2.1993 – VI ZR 300/91, NJW 1993, 2372 = VersR 1993, 703;
>
> BGH, Urt. v. 14.9.2004 – VI ZR 186/03, NJW 2004, 3703 = VersR 2005, 227;
>
> OLG Oldenburg, Urt. v. 28.1.1992 – 5 U 85/91, NA-Beschl. v. 8.12.1992 – VI ZR 69/92, VersR 1993, 362;
>
> OLG Düsseldorf, Urt. v. 1.12.1994 – 8 U 141/93, VersR 1995, 1317 – Steißfußlage; Riesenkind;
>
> OLG Köln, Urt. v. 26.1.1995 – 5 U 40/94, NA-Beschl. v. 24.10.1995 – VI ZR 55/95, VersR 1996, 586 – Beckenendlage und Fußlage;
>
> OLG Hamm, Urt. v. 24.6.1996 – 3 U 179/94, NA-Beschl. v. 11.3.1997 – VI ZR 310/96, VersR 1997, 1403 Riesenkind mit Risiko einer Schulterdystokie;
>
> dazu einschränkend OLG Zweibrücken, Urt. v. 16.1.1996 – 5 U 45/94, VersR 1997, 1103;
>
> OLG Düsseldorf, Urt. v. 19.12.1996 – 8 U 86/96, NJW 1997, 2457 = VersR 1998, 364 – Beckenendlage;
>
> OLG Köln, Urt. v. 16.11.1997 – 5 U 15/96, NA-Beschl. v. 28.4.1998 – VI ZR 241/97, VersR 1998, 1156 – Riesenkind mit Risiko einer Schulterdystokie.

Ist die Entfernung der Brust oder eine Uterusentfernung **nur relativ indi- 401 ziert,** weil ihre Erforderlichkeit vom **Sicherheitsbedürfnis der Patientin** abhängt, so muss ihr Sicherheitsbedürfnis von dem Arzt ermittelt und die durch den Eingriff erzielbare Verbesserung der Sicherheit mit ihr besonders besprochen werden.

> BGH, Urt. v. 7.4.1992 – VI ZR 216/91, NJW 1992, 2354 = VersR 1992, 747;
>
> BGH, Urt. v. 14.1.1997 – VI ZR 30/96, NJW 1997, 1637 = VersR 1997, 451;
>
> BGH, Urt. v. 17.2.1998 – VI ZR 42/97, NJW 1998, 1784 = VersR 1998, 716;
>
> OLG Köln, Urt. v. 17.3.2010 – 5 U 51/09, VersR 2011, 81.

Bei echter Behandlungsalternative ist auch über solche Risiken aufzuklären, **402** die sich noch **in der wissenschaftlichen Diskussion** befinden.

> BGH, Urt. v. 21.11.1995 – VI ZR 329/94, NJW 1996, 776 = VersR 1996, 233;
>
> OLG Koblenz, Urt. v. 2.3.1999 – 3 U 328/97, VersR 1999, 759.

403 Über **Behandlungsalternativen** ist – zur Wahrung des Selbstbestimmungs-rechts des Patienten, nicht nur in seinem Sicherheitsinteresse –,

> BGH, Urt. v. 15.3.2005 – VI ZR 313/03, NJW 2005, 1718
> = VersR 2005, 836,

aufzuklären, wenn die Methode des Arztes nicht die der Wahl ist oder **konkret eine echte Alternative** mit gleichwertigen Chancen, aber andersartigen Risiken besteht (konservativ statt operativ; Intubationsnarkose statt Peridu-ralanästhesie). Selbstverständlich kann der Arzt Empfehlungen geben.

> BGH, Urt. v. 23.9.1980 – VI ZR 189/79, NJW 1981, 633 = VersR 1980, 1145
> – operative statt konservative Behandlung einer Hornschwielen-bildung an der Ferse;
> BGH, Urt. v. 24.2.1981 – VI ZR 168/79,NJW 1981, 1319
> = VersR 1981, 532
> – Verkürzungsosteotomie des Oberschenkels statt konservative Ausgleichshilfe;
> BGH, Urt. v. 11.5.1982 – VI ZR 171/80, NJW 1982, 2121
> = VersR 1982, 771
> – Trochantesnagelung des Oberschenkeltrümmerbruchs statt Verplattung, keine Aufklärung über Alternative;
> BGH, Urt. v. 28.2.1984 – VI ZR 106/82, NJW 1984, 1810
> = VersR 1984, 470
> – Pneumencephalographie (Lumbalpunktion) statt Computer-tomographie zur Abklärung eines Anfallleidens;
> BGH, Urt. v. 24.11.1987 – VI ZR 65/87, VersR 1988, 190
> – operative statt konservative Behandlung einer Knorpelverände-rung der Kniescheibe (Chondropathia patellae);
> BGH, Urt. v. 14.2.1989 – VI ZR 65/88, BGHZ 106, 391 = NJW 1989, 1533 = VersR 1989, 514
> – Aufklärung über Wahl zwischen intraartikulärer Injektion in Schultergelenk und Medikation zur Schmerzbekämpfung;
> BGH, Urt. v. 17.12.1991 – VI ZR 40/91, BGHZ 116, 379 = NJW 1992, 743 = VersR 1992, 314
> – Aufklärung über Möglichkeit der Eigenblutspende, wenn für den Arzt ernsthaft die Möglichkeit einer Bluttransfusion in Betracht kommt;
> BGH, Urt. v. 7.4.1992 – VI ZR 216/91, NJW 1992, 2354 = VersR 1992, 747
> – Aufklärung über Möglichkeit des Abwartens mit der Operation bei Brustkarzinom;
> BGH, Urt. v. 14.1.1997 – VI ZR 30/96, NJW 1997, 1637 = VersR 1997, 451
> – Aufklärung über Möglichkeit des Abwartens mit der Hysterek-tomie bei zystischem Ovarialtumor;
> BGH, Urt. v. 17.2.1998 – VI ZR 42/97, NJW 1998, 1784 = VersR 1998, 716
> – Aufklärung über Möglichkeit des kontrollierten Abwartens statt Amputation der Brust bei Auftreten einer Zyste nach Carcinoma lobulare in situ der Brust;

BGH, Urt. v. 22.2.2000 – VI ZR 100/99, NJW 2000, 1788
= VersR 2000, 766
– konservative statt operative Behandlung bei Bandscheibenprolaps;

BGH, Urt. v. 22.5.2001 – VI ZR 268/00, VersR 2002, 120 und
BGH, Urt. v. 18.3.2003 – VI ZR 266/02, NJW 2003, 1862
= VersR 2003, 858
– Konisation statt Hysterektomie bei Gebärmutterkrebs;

BGH, Urt. v. 13.6.2006 – VI ZR 323/04, BGHZ 168, 303 = NJW
2006, 2477 = VersR 2006, 1073
– Neulandmethode; vgl. Rz. 410;

BGH, Urt. v. 17.5.2011 – VI ZR 69/10, NJW-RR 2011, 1173
= VersR 2011, 1143
– keine Aufklärung über sectio statt vaginaler Entbindung;

BGH, Beschl. v. 19.7.2011 – VI ZR 179/10, VersR 2011, 1450
– bei Spinalkanalstenose Laminektomie ohne Laminoplastik;

BGH, Urt. v. 7.2.2012 – VI ZR 63/11, BGHZ 192, 298 = NJW
2012, 850 = VersR 2012, 491
– in der 25. Schwangerschaftswoche bei Frühgeburtsymptomen
keine Aufklärung der Mutter über die Alternative Cerclage statt
konservativer Behandlung;

OLG Hamm, Urt. v. 10.12.1990 – 3 U 39/90, NA-Beschl.
v. 15.10.1991 – VI ZR 74/91, VersR 1992, 834 (LS)
– keine Aufklärung über Wahl zwischen dorsaler Schiene und
Rundgips bei Radiusfraktur;

OLG Hamm, Urt. v. 20.1.1992 – 3 U 58/91, NA-Beschl.
v. 29.9.1992 – VI ZR 40/92, VersR 1993, 102
– konservative oder operative Behandlung eines Bandscheibenvorfalls;

OLG Düsseldorf, Urt. v. 8.7.1993 – 8 U 302/91, VersR 1994, 218
– konservatives oder chiropraktisches Vorgehen im Schulter-/
Nackenbereich;

OLG München, Urt. v. 30.9.1993 – 24 U 566/90, VersR 1993, 1529
– Vor- und Nachteile verschiedener Implantate für kosmetische
Operation einer Trichterbrust;

OLG Bremen, Urt. v. 16.12.1997 – 3 U 167/96, VersR 1998, 1240
– Aufklärung bei Lysebehandlung nach Herzinfarkt über die
Alternative einer weniger aggressiven Behandlung mit Aspirin
und Heparin;

OLG Hamm, Urt. v. 19.1.1998 – 3 U 162/97, VersR 1998, 1548
– Aufklärung über alternative Medikation statt intramuskulärer
Injektion, mit kritischer Anm. von *Wemböner;*

OLG Köln, Urt. v. 30.9.1998 – 5 U 122/97, VersR 1999, 1498
– teleskopierende bügelfreie Brückenprothese statt Gaumenplatte
zur prothetischen Versorgung der Oberkieferbezahnung;

OLG Köln, Urt. v. 16.6.1999 – 5 U 24/99, VersR 2000, 1509
– Subokzipitalpunktion statt Lumbalpunktion;

OLG Bremen, Urt. v. 21.12.1999 – 3 U 42/99, NJW-RR 2001, 671
= VersR 2001, 340
– konservative statt operative Behandlung eines Bandscheibenvorfalls;

OLG Hamm, Urt. v. 14.6.2000 – 3 U 244/99, VersR 2001, 461
– sofortige vaginale Hysterektomie statt Ausschabung;

OLG Stuttgart, Urt. v. 17.4.2001 – 14 U 74/00, VersR 2002, 1286
– subperiostales statt enossales Implantat;

OLG Köln, Urt. v. 23.10.2002 – 5 U 4/02, VersR 2004, 1181
– Operatives statt medikamentöses Behandeln einer Reflux-
Ösaphagitis;

OLG Frankfurt/M., Urt. v. 14.1.2003 – 8 U 135/01, NZB-Beschl.
v. 14.10.2003 – VI ZR 35/03, VersR 2004, 1053
– gleichzeitige statt zweizeitige beidseitige Rezidiv-
Schilddrüsenoperation;

OLG Köln, Urt. v. 1.6.2005 – 5 U 91/03, VersR 2006, 124
– bei nur überwiegend wahrscheinlicher Diagnose der Malignität
eines Tumors Radikaloperation oder weitere intraoperative Abklärung,

OLG Koblenz, Urt. v. 20.7.2006 – 5 U 180/06, VersR 2007, 651
– Befestigung einer ausgedehnten Zahnprothese über Klammern
oder Teleskopkrone;

OLG Koblenz, Urt. v. 12.10.2006 – 5 U 456/06, VersR 2007, 111
= MedR 2007, 175
– Entfernung einer Ovarialzyste laporoskopisch oder durch
Bauchschnitt;

OLG Celle, Urt. v. 2.7.2007 – 1 U 106/06, VersR 2008, 123
– Legen einer Cerclage oder: Bein hochlagern-Tokolyse-
prophylaktische Antibiose zur Schwangerschaftsverlängerung;

OLG Naumburg, Urt. v. 20.12.2007 – 1 U 95/06, MedR 2008, 442
– bei Blasensprung in der 31. Schwangerschafts-Woche Alternative einer bewusst eingeleiteten Frühgeburt oder Hinauszögern
der Geburtseinleitung unter Förderung der Lungenreife;

OLG Nürnberg, Urt. v. 15.3.2008 – 5 U 103/06, VersR 2009, 71
– vaginale Entwicklung oder sectio bei Beckenendlage;

OLG Bamberg, Urt. v. 28.7.2008 – 4 U 115/07, VersR 2009, 259
– Aufklärung über eine sectio als Alternative erst bei sich ab-
zeichnender Gefahrenlage für das Kind;

OLG Koblenz, Urt. v. 9.4.2009 – 5 U 621/08, VersR 2010, 770
– Mastektomie statt konservative Behandlung;

OLG Hamm, Urt. v. 12.5.2010 – 3 U 134/09, VersR 2011, 625
– bei Bewegungseinschränkungen der Schulter Operation statt
konservative Behandlung;

OLG Koblenz, Urt. v. 10.6.2010 – 5 U 1461/08, VersR 2011, 1149
– Hinweis, dass der Eingriff nur „relativiert" ist, genügt nicht als
Aufklärung über echte Behandlungsalternativen;

OLG Brandenburg, Urt. v. 15.7.2010 – 12 U 232/09, VersR 2011,
267
– bei Leistenbruchoperation aufzuklären über Laparotomie statt
Laparoskopie;

OLG Köln, Urt. v. 25.5.2011 – 5 U 174/08.VersR 2012, 239
– Korrektur-Osteotomie statt Ulnaverkürzung zur Behebung in
Rotationsfehlstellung verheilter Radiustrümmerfraktur;

OLG Koblenz, Urt. v. 20.6.2012 – 5 U 1450/11, VersR 2012, 1304
– Wahl des Narkosemittels;

OLG Köln, Urt. v. 21.9.2011 – 5 U 188/10, NZB-Beschl. v.
13.11.2012 – VI ZR 267/11
– instrumentierte Stabilisierung statt alleiniger Verwendung eines
Beckenkammspans zur Stabilisierung von Wirbeln;

OLG Naumburg, Urt. v. 15.3.2012 – 1 U 83/11, VersR 2012,
1568k – keine Gleichwertigkeit einer Punktion gegenüber der
Exzision eines Ganglions;

OLG Koblenz, Urt. v. 19.12.2012 – 5 U 710/12, VersR 2013, 236
– irreführende Risikoaufklärung durch Aushändigung eines unzu-
treffenden Aufklärungsbogens vor einer Bandscheibenoperation;

OLG Naumburg, Urt. v. 6.6.2013 – 1 U 108/12, NZB-Beschl. v.
10.12.2013 – VI ZR 326/13, VersR 2014, 70
– inhaltliche Anforderungen an die Selbstbestimmungsaufklärung
hinsichtlich Behandlungsalternativen durch einen Kieferchirurgen;

OLG Hamm, Urt. v. 17.12.2013 – 26 U 54/13, GesR 2014, 234
– prothetische Versorgung mittels Einzelkronen oder einer
Verblockung im Oberkiefer.

In eng begrenzten Fällenkann eine Aufklärungspflicht bestehen, wenn das
Risiko durch Wahl **optimaler Behandlungsbedingungen** signifikant kleiner
gehalten werden kann.

BGH, Urt. v. 27.6.1978 – VI ZR 183/76, BGHZ 72, 132 = NJW
1978, 2337 = VersR 1978, 1022;

BGH, Urt. v. 27.9.1983 – VI ZR 230/81, BGHZ 88, 248 = VersR
1984, 60;

OLG Oldenburg, Urt. v. 12.11.1996 – 5 U 60/96, VersR 1997, 1535.

Das gilt auch dann, wenn die apparative Ausstattung für die kontrollierte **404**
Führung der Therapie sich „in der untersten Bandbreite der von Wissenschaft und Praxis akzeptierten Norm" bewegt.

BGH, Urt. v. 30.5.1989 – VI ZR 200/88, NJW 1989, 2312
= VersR 1989, 851.

Nicht aufzuklären ist aber darüber, dass im Krankenhaus auf dem Lande die **405**
Behandlungsbedingungen schlechter sind als in der Universitätsklinik; dass
mangels optimaler Ausstattung nicht die modernsten Methoden angewendet
werden können; dass das Nachbarkrankenhaus die moderneren Apparate hat.

BGH, Urt. v. 22.9.1987 – VI ZR 238/86, BGHZ 102, 17 = NJW
1988, 763 = VersR 1988, 179;

BGH, Urt. v. 31.5.1988 – VI ZR 261/87, NJW 1988, 2302
= VersR 1988, 914.

Auch sonst sucht der BGH die Aufklärung über medizinische Fragen und **406**
Qualitätsprobleme in Grenzen zu halten; meistens ist der Patient schon
durch die Haftung für Behandlungsfehler geschützt. Deshalb ist **nicht aufzuklären** über das Risiko einer Fehldiagnose; die **Beteiligung eines Anfängers,**

BGH, Urt. v. 27.9.1983 – VI ZR 230/81, BGHZ 88, 248 = VersR 1984, 60,

die Absicht, keinen Consiliarius hinzuzuziehen,

OLG Oldenburg, Urt. v. 11.6.1982 – 6 U 6/82, NA-Beschl.
v. 29.3.1983 – VI ZR 202/82, VersR 1983, 563, 888,

oder wo zur gewählten Methode keine echte Alternative besteht,

BGH, Urt. v. 11.5.1982 – VI ZR 171/80, NJW 1982, 2121
= VersR 1982, 771
– Nagelung einer Oberschenkelfraktur;

BGH, Urt. v. 28.2.1984 – VI ZR 106/82, NJW 1984, 1810
= VersR 1984, 470
– Pneumencephalographie (Lumbalpunktion) statt Computertomographie, weil diese sich 1975 noch in der Erprobungsphase
befand;

BGH, Urt. v. 22.9.1987 – VI ZR 238/86, BGHZ 102, 17 = NJW
1988, 763 = VersR 1988, 179
– Elektrokoagulation nach älterer monopolarer Methode;

BGH, Urt. v. 22.12.1987 – VI ZR 32/87, NJW 1988, 1514
= VersR 1988, 493
– Versteifungsosteotomie;

BGH, Urt. v. 23.2.1988 – VI ZR 56/87, NJW 1988, 1516 = VersR
1988, 495
– Magenoperation nach Billroth statt Vagotomie;

BGH, Urt. v. 7.4.1992 – VI ZR 224/91, VersR 1992, 831;

BGH, Urt. v. 7.4.1992 – VI ZR 192/91, VersR 1992, 960
– konservative statt operative Behandlung einer Subluxation des
Schultereckgelenks;

OLG Köln, Urt. v. 4.12.1996 – 5 U 68/96, NA-Beschl.
v. 24.6.1997 – VI ZR 16/97, VersR 1998, 243
– Verzicht auf Gipsverband nach operativer Versorgung der
dislozierten Fraktur des Mittelfußknochens wegen erhöhter
Thrombosegefahr;

OLG Koblenz, Urt. v. 2.12.1998 – 1 U 1826/97, NA-Beschl.
v. 5.10.1999 – VI ZR 4/99, VersR 2000, 230
– konservative Versorgung einer Oberarmfraktur in der Nähe der
Wachstumsfuge bei Kleinkind,

OLG Köln, Urt. v. 6.10.2008 – 5 U 84/08, VersR 2009, 834
– introligamentäre Anästhesie keine echte Alternative zur
Leitungsanästhesie bei der Zahnbehandlung;

OLG Köln, Beschl. v. 8.11.2010 – 5 U 31/10, VersR 2011, 1011
– Radiotherapie keine echte Alternative zur Strumektomie

oder über schlechte Behandlungsbedingungen, deren Defizite weitgehend neutralisiert werden können.

OLG Saarbrücken, Urt. v. 13.6.1990 – 1 U 145/86, NA-Beschl.
v. 12.3.1991 – VI ZR 251/90, VersR 1992, 52
– Hygiene im Operationssaal.

Ob der **Kassenpatient** über eine Behandlungsalternative aufzuklären ist, die **407** ihm **nur als Selbstzahler** zur Verfügung steht, weil die gesetzliche Krankenversicherung sie aus ihrem Leistungskatalog ausklammert, hat der BGH bisher nicht entschieden. Unseres Erachtens besteht insoweit keine Aufklärungspflicht, allenfalls ein Aufklärungsrecht des Arztes, mit dem er aber verständnisvoll umgehen sollte.

> a. A. OLG Oldenburg, Urt. v. 14.11.2007 – 5 U 61/07, GesR
> 2008, 539
> – wegen besserer Erfolgschancen der Teleskopprothese statt einer
> Modellgussprothese.

Solange bewährte und mit vergleichsweise geringem Risiko behaftete Diag- **408** nose- und Behandlungsmethoden zur Verfügung stehen, braucht der Arzt den Patienten **nicht von** sich aus **über** andere **neuartige Verfahren** zu unterrichten, sofern nicht der Arzt wissen muss, dass der Patient wegen eines speziellen Leidens zweckmäßiger und besser in derartigen Spezialkliniken untersucht und behandelt wird.

> BGH, Urt. v. 28.2.1984 – VI ZR 106/82, NJW 1984, 1810
> = VersR 1984, 470, 471;
> BGH, Urt. v 10.3.1987 – VI ZR 88/86, NJW 1987, 2291 = VersR
> 1987, 770;
> BGH, Urt. v. 22.9.1987 – VI ZR 238/86, BGHZ 102, 17 = NJW
> 1988, 763 = VersR 1988, 179.

Andererseits muss er, wenn er eine Methode anwenden will, die nicht medi- **409** zinischer Standard ist, den Patienten auch darauf hinweisen.

> OLG Brandenburg, Urt. v. 13.11.2008 – 12 U 104/08, VersR
> 2009, 1230.

Will der Arzt eine **Neulandmethode** anwenden, die sich noch **in der Phase** **410** **der Erprobung** befindet, so hat er den Patienten auch darüber aufzuklären und darauf hinzuweisen, dass unbekannte Risiken derzeit nicht auszuschließen sind.

> BGH, Urt. v. 13.6.2006 – VI ZR 323/04, BGHZ 168, 103 = NJW
> 2006, 2477 = VersR 2006, 1073;
> BGH, Urt. v. 27.3.2007 – VI ZR 55/05, BGHZ 172, 1 = NJW
> 2007, 2767 = VersR 2007, 995
> – Anwendung eines erst im Lauf der Behandlung zugelassenes
> Medikament gegen Epilepsie;
> BGH, Urt. v. 17.4.2007 – VI ZR 108/06, NJW 2007, 2771
> = VersR 2007, 999
> – Erprobung eines Betablockers gegen Herzrhythmusstörungen
> mit 35 % Nebenwirkungen;
> BGH, Urt. v. 20.2.2013 – 1 StR 320/12, NJW 2013, 1688
> – Leberzelltransplantation;
> OLG Oldenburg, Urt. v. 6.2.1996 – 5 U 113/95, VersR 1997, 491
> – endoskopische Blinddarmoperation;

OLG Düsseldorf, Urt. v. 21.3.2002 – 8 U 117/01, VersR 2004, 386 und
OLG Karlsruhe, Urt. v. 11.9.2002 – 7 U 102/01, VersR 2004, 244 und
OLG Bremen, Urt. v. 4.3.2003 – 3 U 65/02, VersR 2004, 911
– Laserkorrektur von Fehlsichtigkeit (Photorefraktive Keratektomie);

OLG Köln, Beschl. v. 10.2.2010 – 5 U 120/09, VersR 2011, 226
– erhöhte Blendwirkung nach Laseroperation des Auges;

OLG Köln, Beschl. v. 19.11.2012 – 5 U 114/12, VersR 2013, 1177
– Versorgung mit einer Hüftprothese über anterolateralen OCM-Zugang;

OLG Frankfurt/M., Urt. v. 8.11.2013 – 25 U 79/12, NZB-Beschl. v. 30.9.2014 – VI ZR 521/13, GesR 2014, 230
– CASPAR-Operationsmethode der robotergesteuerten Fräsung des Oberschenkelknochens zur Einbringung des Prothesenschaftes.

Die Grundsätze zur Aufklärung bei einer Neulandmethode sind nicht anzuwenden auf Methoden, die sich im Zeitpunkt der Behandlung in der Praxis neben anderen Verfahren bereits durchgesetzt haben.

OLG Köln, Urt. v. 21.12.1998 – 5 U 121/98, VersR 2000, 493
– Laparoskopie einer Rezidiv-Leistenhernie seit Juli 1996.

411 Andererseits muss der Arzt bei Anwendung der bewährten Methode den Patienten prinzipiell nicht auf alternative Behandlungsverfahren hinweisen, die sich noch in der Erprobung befinden.

BGH, Urt. v. 28.2.1984 – VI ZR 106/82, NJW 1984, 1810
= VersR 1984, 470.

412 Wird indes für eine Krankheit mit infauster Prognose eine neue Therapie mit einigen Heilungserfolgen ernsthaft wissenschaftlich diskutiert, ist über sie als Alternative zu der den Tod nur zeitlich hinauszögernden etablierten Methode aufzuklären.

OLG Nürnberg, Urt. v. 27.5.2002 – 5 U 4225/00, NZB-Beschl. v. 5.11.2002 – VI ZR 212/02, VersR 2003, 1444.

413 Aufklärungsbefreiung aus therapeutischen Rücksichten ist zwar möglich, bisher vom BGH aber noch nicht anerkannt worden. Keinesfalls gibt es ein „**therapeutisches Privileg**". Zudem verlangt Aufklärung **nicht schonungslose Darstellung** auch des zu behandelnden Leidens; diese kann im Gegenteil geradezu ein Behandlungsfehler sein,

BGH, Urt. v. 10.3.1981 – VI ZR 202/79, NJW 1981, 2002
= VersR 1981, 730;

BGH, Urt. v. 14.4.1981 – VI ZR 39/80, VersR 1981, 677;

BGH, Urt. v. 7.2.1984 – VI ZR 174/82, BGHZ 90, 103 = NJW 1984, 1397 = VersR 1984, 465, und es ist ein Aufklärungsfehler, wenn der Arzt durch die ungesicherte Angabe, es bestehe höchste Lebensgefahr, das Selbstbestimmungsrecht des Patienten verkürzt.

> BGH, NA-Beschl. v. 29.11.1988 – VI ZR 140/88, VersR 1989, 478
> zu OLG Stuttgart, Urt. v. 14.4.1988 – 14 U 16/87, VersR 1988, 695.

Aufklärung entfällt grundsätzlich nur, wenn der **Patient** auf sie unmissverständlich **verzichtet.** Sie ist nicht nötig, wenn und soweit der Patient schon aufgeklärt ist (Rz. 467). **414**

Haftungsfrei bleibt der Arzt **mangels eines Verschuldens,** wenn er nach dem Stand der medizinischen Erkenntnis im Zeitpunkt der Behandlung das Risiko nicht kennen musste, weil es in der medizinischen Wissenschaft noch nicht ernsthaft diskutiert worden war. **415**

> BGH, Urt. v. 12.12.1989 – VI ZR 83/89, NJW 1990, 1528
> = VersR 1990, 522;
>
> BGH, Urt. v. 21.11.1995 – VI ZR 329/94, NJW 1996, 776
> = VersR 1996, 233;
>
> BGH, Urt. v. 6.7.2010 – VI ZR 198/09, NJW 2010, 3230 = VersR
> 2010, 12
> – keine Haftung, wenn es bis dahin nur in anderen Spezialgebieten, nicht aber in dem Spezialgebiet des betroffenen Arztes diskutiert worden ist;
> BGH, Urt. v. 19.10.2010 – VI ZR 241/09, NJW 2011, 375
> = VersR 2011, 223;
> OLG Düsseldorf, Urt. v. 14.7.1994 – 8 U 109/90, begr.
> NA-Beschl. v. 26.9.1995 – VI ZR 295/94, VersR 1996, 377
> – HIV-Risiko von Bluttransfusionen;
> OLG Düsseldorf, Urt. v. 19.2.1996 – 8 U 39/96, NJW 1997, 2457
> = VersR 1998, 103
> – keine Aufklärung über Möglichkeit der Eigenblutspende bei Entfernung einer Ovarialzyste 1985;
> OLG Frankfurt/M., Urt. v. 22.7.1997 – 8 U 92/97, NA-Beschl.
> v. 17.2.1998
> – keine Aufklärung über Möglichkeit einer Untersuchung auf Helicobacterbakterien zur Bekämpfung von Magengeschwüren und Magenkrebs 1991;
> OLG Koblenz, Urt. v. 2.3.1999 – 3 U 328/97, NJW 1999, 3419
> = VersR 1999, 759
> – keine Aufklärung über etwaige Gesundheitsgefahren einer Amalgamfüllung;
> OLG Hamm, Urt. v. 29.9.2010 – I-3 U 169/09, VersR 2011, 758
> – 2007 keine Aufklärung durch niedergelassenen Zahnarzt über abgestufte alternative Injektionstechniken zur Vermeidung einer Leitungsanästhesie

Entsprechendes gilt, wenn das Aufklärungsversäumnis auf einem unverschuldeten Diagnoseirrtum des Arztes beruht. **416**

OLG Köln, Urt. v. 3.11.1997 – 5 U 98/97, NJW 1998, 3422
= VersR 1999, 98
– keine Aufklärung über die „Alternative" eines Verzichts auf die
sectio infolge irrtümlicher Annahme einer Sauerstoffmangelversorgung der Leibesfrucht.

417 Bei Anwendung einer Neulandmethode hat indes der Arzt auch über nur
vermutete Risiken aufzuklären, selbst wenn sie bisher wissenschaftlich nicht
ernsthaft diskutiert worden sind, aber für einen gewissenhaften Arzt disku-
tierwürdig sind.

BGH, Urt. v. 13.6.2006 – VI ZR 323/04, BGHZ 168, 303 = NJW
2006, 2477 = VersR 2006, 1073.

418 Will ein Patient abweichend von den Grundsätzen des totalen Krankenhaus-
aufnahmevertrags seine Einwilligung in einen ärztlichen Eingriff auf einen
bestimmten Arzt beschränken, muss er seinen entsprechenden Willen ein-
deutig zum Ausdruck bringen. Ist ausdrücklich oder nach den konkreten
Umständen konkludent eine Operation durch den **Chefarzt persönlich oder
einen bestimmten Oberarzt** zugesagt, dann muss der Patient von einer **Sub-
stitution** rechtzeitig unterrichtet werden. Nur bei Fehlen einer derartigen
Zusage erstreckt sich die Einwilligung auch auf einen anderen Arzt.

BGH, Urt. v. 11.5.2010 – VI ZR 252/08, VersR 2010, 1038
– totaler Krankenhausvertrag;

OLG Celle, Urt. v. 2.3.1981 – 1 U 22/80, NJW 1982, 706, 707
= VersR 1982, 46, 47;

OLG München, Urt. v. 28.7.1983 – 1 U 1459/83, NJW 1984, 1412;

OLG Düsseldorf, Urt. v. 2.2.1984 – 8 U 201/81, VersR 1985,
1049, 1050;

OLG Oldenburg, Urt. v. 11.05.2005 – 5 U 163/04, MedR 2008, 295;

OLG Köln, Urt. v. 25.8.2008 – 5 U 28/08, VersR 2009, 785;

OLG Koblenz, Beschl. v. 19.3.2012 – 5 U 1260/11, NZB-Beschl.
v. 6.11.2012 – VI ZR 177/12, VersR 2013, 462;

OLG Braunschweig, Urt. v. 25.9.2013 – 1 U 24/12, GesR 2014, 155.

419 Kann der Patient aufgrund der Umstände auf die Behandlung durch Ärzte
einer bestimmten Fachrichtung vertrauen, ist er darüber aufzuklären, dass
der ihn behandelnde Arzt diese Fachqualifikation nicht besitzt.

OLG Nürnberg, Urt. v. 25.7.2008 – 5 U 124/08, VersR 2009, 786
– Brustvergrößerung durch Facharzt für Gynäkologie statt wie
angekündigt durch Facharzt für plastische Chirurgie.

3. Art und Weise der Aufklärung

420 Das „Wie" der Aufklärung überlässt der BGH prinzipiell dem **pflichtgemäßen
Beurteilungsermessen des Arztes.**

BGH, Urt. v. 7.2.1984 – VI ZR 174/82, BGHZ 90, 103 = NJW
1984, 1397 = VersR 1984, 465;

BGH, Urt. v. 3.4.1984 – VI ZR 195/82, NJW 1984, 2629 = VersR
1984, 582, 583;

BGH, Urt. v. 26.6.1990 – VI ZR 289/89, NJW 1990, 2928
= VersR 1990, 1238.

Er hat nur „im Großen und Ganzen" aufzuklären. Er braucht das Risiko **421**
nicht medizinisch exakt zu bezeichnen; es genügt die Verdeutlichung seiner
Stoßrichtung.

> BGH, Urt. v. 12.3.1991 – VI ZR 232/90, NJW 1991, 2346
> = VersR 1991, 777
> – Hinweis auf Risiko schwerwiegender dauerhafter Lähmungen
> nach Bandscheibenoperation umfasst Risiko einer Caudalähmung;
>
> BGH, Urt. v. 26.11.1991 – VI ZR 389/90, NJW 1992, 754
> = VersR 1992, 238
> – Hinweis auf Risiko von Haut- und Organveränderungen nach
> Bestrahlung wegen Lymphdrüsenkrebs (morbus Hodgkin)
> umfasst Risiko einer Herzbeutelentzündung (Perikarditis);
>
> BGH, NA-Beschl. v. 29.9.1992 – VI ZR 40/82
> zu OLG Hamm, Urt. v. 20.1.1992 – 3 U 58/91, VersR 1993, 102
> – Hinweis auf Symptome einer Caudalähmung nach Bandschei-
> benoperation umfasst Risiko einer Mastdarmlähmung;
>
> BGH, Urt. v. 14.6.1994 – VI ZR 178/93, NJW 1994, 3009
> = VersR 1994, 1235
> – Hinweis darauf, dass sich Schmerzen nach Operation eines
> Karpaltunnelsyndroms verstärken können, umfasst das Risiko
> eines Sudeck;
>
> BGH, Urt. v. 15.2.2000 – VI ZR 48/99, BGHZ 144, 1 = NJW
> 2000, 1784 = VersR 2000, 725
> – Risiken der Schluckimpfung für Frühgeborene;
>
> BGH, Urt. v. 18.11.2008 – VI ZR 198/07, NJW 2009, 1209
> = VersR 2009, 257
> – Hinweis auf konkret erhöhtes Schlaganfallrisiko einer zerebralen
> Angiographie; allgemeine Grundsätze zur Aufklärung;
>
> KG, Urt. v. 8.2.1994 – 9 U 1893/93, NA-Beschl. v. 22.11.1994 –
> VI ZR 121/94, VersR 1995, 338
> – Hinweis auf erhöhtes Wundheilungsrisiko nach Bypassoperation
> in durch Bestrahlungen vorgeschädigtem Bereich deckt Ent-
> stehung einer sezernierenden Wundhöhle mit langdauernder
> Behandlungsbedürftigkeit ab;
>
> OLG Nürnberg, Urt. v. 28.6.1995 – 4 U 3943/94, NA-Beschl.
> v. 5.3.1996 – VI ZR 287/95, VersR 1996, 1372
> – Hinweis auf Risiko einer Blasen- und Darmverletzung bei
> vaginaler Hysterektomie umfasst Fistelbildung mit Austreten
> von Kot und Urin aus der Scheide;
>
> OLG Karlsruhe, Urt. v. 2.8.1995 – 13 U 44/94, NA-Beschl.
> v. 8.10.1996 – VI ZR 271/95, VersR 1997, 241
> – perkutane Sprengung der Mitralklappe mittels Ballonval-
> vuloplastie;

OLG Stuttgart, Urt. v. 15.5.1997 – 14 U 21/96, VersR 1998, 1111
– Hinweis auf „Hodenschwellung; Durchblutungsstörung" als
Risiken einer Leistenbruchrezidivoperation umfasst nicht das
Risiko einer Hodenatrophie;

OLG Hamm, Urt. v. 26.11.1997 – 3 U 229/96, NA-Beschl.
v. 29.9.1998 – VI ZR 26/98, VersR 1999, 365
– Darstellung des Infektionsrisikos bei Blasenhalssuspension
verlangt nicht den Hinweis auf Gefahren einer Ausweitung zur
Osteomyelitis;

OLG Hamm, Urt. v. 15.12.1997 – 3 U 50/97, NA-Beschl.
v. 13.10.1998 – VI ZR 42/98, VersR 1999, 452
– Gefahr von Blutungen bei Harnröhrenschlitzung umfasst
Risiko der Arterienverletzung;

OLG Dresden, Urt. v. 28.2.2002 – 4 U 2811/00, VersR 2003, 1257
– allgemeiner Hinweis auf Infektionsrisiko bei Bandscheibenoperation umfasst nicht Infektionsrisiken mit letalen oder
Querschnitts-Folgen;

OLG Koblenz, Urt. v. 1.4.2004 – 5 U 844/03, VersR 2004, 1564
– Prozentzahlen für ein Misserfolgsrisiko nicht erforderlich;

OLG Köln, Urt. v. 29.10.2008 – 5 U 88/08, VersR 2009, 1269
– keine Aufklärung über Risiken einer MS bei Hepatitis-A-
Impfung;

OLG Naumburg, Urt. v. 12.11.2009 – 1 U 59/09, NJW 2010,
1758 = VersR 2010, 1185
– Angaben zur Fehlschlagstatistik nicht erforderlich;

OLG Koblenz, Urt. v. 7.4.2011 – 5 U 1190/10, VersR 2012, 238
– keine Aufklärung darüber, dass die Tonsillektomie in Vollnarkose 15 Minuten schneller durchgeführt werden kann als in
Lokalanästhesie.

422 Die Risiken sind **aber konkret, objektiv und deutlich** anzusprechen.

OLG Nürnberg, Urt. v. 15.2.2008 – 5 U 103/06, VersR 2009, 71.

Es genügt nicht, **nur über das schwerste Risiko aufzuklären**, wenn damit dem
Patienten kein hinreichend realistisches Bild von den sonstigen Folgen für
seine künftige Lebensgestaltung gegeben wird.

BGH, Urt. v. 10.10.2006 – VI ZR 74/05, NJW 2007, 217 = VersR
2007, 66
– Bei Operation einer Adoleszenzskoliose Hinweis auf Möglichkeit einer Querschnittslähmung unzureichend für Aufklärung
über Risiken einer Falschgelenkbildung und über den operativen
Zugangsweg von vorn durch die Brust.

423 Dem Patienten müssen **Indikation und Dringlichkeit** der Maßnahme sowie
ihre Chancen **zutreffend** dargestellt werden.

OLG Köln, Urt. v. 9.12.1998 – 5 U 147/97, VersR 2000, 361
– operative Entfernung eines zystischen Knotens an der Schilddrüse;

OLG Hamm, Urt. v. 14.3.2001 – 3 U 197/00, VersR 2001, 895
– Krebstherapie im fortgeschrittenen Stadium;

OLG München, Urt. v. 31.5.2012 – 1 U 3884/11, MedR 2013, 604
– digitale Subtraktionsangiographie bei superfizieller Siderose.

Dafür, mit welcher Genauigkeit der Arzt die Risiken ansprechen muss, ist **424**
die Erfahrung mit maßgebend, dass ungünstige **Nebenwirkungen für die**
Entscheidung des Patienten umso weniger gravierend sind, **je schwerer** die
Folgen einer Nichtbehandlung für ihn wären; er andererseits das Für und
Wider umso genauer abwägen wird, je weniger dringlich der Eingriff, je frag-
würdiger die Prognose ist.

> BGH, Urt. v. 15.5.1979 – VI ZR 70/77, NJW 1979, 1933 = VersR
> 1979, 720;
> BGH, Urt. v. 7.2.1984 – VI ZR 174/82, BGHZ 90, 103 = NJW
> 1984, 1397 = VersR 1984, 465;
> BGH, Urt. v. 8.5.1990 – VI ZR 227/89, VersR 1990, 1010;
> BGH, Urt. v. 6.11.1990 – VI ZR 8/90, NJW 1991, 2349 = VersR
> 1991, 227.

Letzteres gilt vor allem, wenn der Erfolg des Eingriffs nicht nur zweifelhaft **425**
ist, sondern er günstigstenfalls zu einem nur vorübergehenden Heilerfolg führt.

> OLG Hamm, Urt. v. 5.6.1989 – 3 U 351/88, NA-Beschl.
> v. 16.1.1990 – VI ZR 190/89, VersR 1990, 855
> – Arthrotomie bei Chondropathia patellae.

Hinzuweisen ist der Patient, der sich auf eine Behinderung eingerichtet hat, auf
das Risiko, dass eine operative Korrektur zu einer Beschwerdenverschlimme-
rung führen kann.

> OLG Naumburg, Urt. v. 9.11.2010 – 1 U 44/10, VersR 2011, 1014.

Besonders umfassend – ggf. bis drastisch – ist bei **kosmetischen Operationen** **426**
aufzuklären.

> OLG München, Urt. v. 30.9.1993 – 24 U 566/90, VersR 1993, 1529;
> OLG Oldenburg, Urt. v. 25.3.1997 – 5 U 186/96, VersR 1998, 854;
> OLG Düsseldorf, Urt. v. 13.10.1997 – 8 U 102/96, VersR 1999, 61
> – bei Entfernung von Fettpolstern aus kosmetischen Gründen
> Aufklärung auch darüber, dass die Operation aus medizinischer
> Sicht unnötig ist;
> OLG Düsseldorf, Urt. v. 11.11.1999 – 8 U 184/98, NJW 2001,
> 900 = VersR 2001, 374
> – Hyperopienkorrektur mit Excimer-Laser, Risiko der Horn-
> hautschädigung;
> OLG Oldenburg, Urt. v. 30.5.2000 – 5 U 218/99, NA-Beschl.
> v. 12.12.2000 – VI ZR 237/00, VersR 2001, 1381 und
> OLG Düsseldorf, Urt. v. 20.3.2003 – 8 U 18/02, VersR 2003, 1579
> – operative Beseitigung von Adipositas aus kosmetischen Gründen;
> OLG Stuttgart, Urt. v. 9.4.2002 – 14 U 90/01, VersR 2003, 462
> – Entfernung einer Kaiserschnittnarbe;
> OLG Hamm, Urt. v. 29.3.2006 – 3 U 263/05, VersR 2006, 1511
> – Vergrößerung und Straffung der Brust;

OLG Köln, Urt. v. 21.12.2009 – 5 U 32/09, VersR 2010, 1606
– Bauchfaltenbildung nach Bauchfettabsaugung;
OLG Hamm, Urt. v. 30.5.2011 – I-3 U 205/10, VersR 2011, 1451
– Einsatz von Keramikverblendschalen im Frontzahnbereich mit
dem Risiko einer chronischen Pulpitis.

427 Kann das von einer Patientin ins Auge gefasste Ergebnis einer Brustoperation objektiv nicht erreicht werden, so ist darüber deutlich und unmissverständlich aufzuklären. Die Beschreibung der zur Vermeidung weiterer Narben gewählten Implantatsgröße durch Angabe des Volumens in Milliliter reicht dafür regelmäßig nicht aus.

LG München I, Urt. v. 31.7.2013 – 9 O 25313/11, VersR 2013, 1314
– Brustoperation.

428 Entsprechendes gilt für die Risiken eines „fremdnützigen" Eingriffs, z. B. einer Organ- oder einer Blutspende.

BGH, Urt. v. 14.3.2006 – VI ZR 279/04, VersR 2006, 838
– „fremdnützige" Blutspende.

429 Auch auf den **Stellenwert des Risikos gegenüber den Folgen einer Nichtbehandlung,** das Verhältnis irreversibler gegenüber reversiblen Folgen können die Formulierungen des Arztes Rücksicht nehmen; nur darf er die **Risiken nicht verharmlosen,**

BGH, Urt. v. 23.9.1980 – VI ZR 189/79,VersR 1980, 1145
– bei zweifelhafter Operationsindikation mit hohem Misserfolgsrisiko deutliches Ansprechen der Schwere der Verschlechte-
rungsmöglichkeiten;
BGH, Urt. v. 24.2.1981 – VI ZR 168/79, NJW 1981, 1319
= VersR 1981, 532
– bei Verkürzungsosteotomie mit hohem Fehlschlagrisiko ist
Hinweis unzureichend, dass Operation „schiefgehen könne";
BGH, Urt. v. 7.2.1984 – VI ZR 174/82, NJW 1984, 1397 = VersR
1984, 465
– zur Darstellung des Risikos einer Querschnittslähmung bei
einer Bestrahlung des Rückgrats wegen Lymphogranulomatose
(morbus Hodgkin) reicht nicht aus: der Hinweis auf „Mattigkeit,
Kopfschmerzen, Appetitmangel, Übelkeit, Hautreaktionen, Veränderungen der Haut, der Harnblase, des Harnleiters, des Darms,
der Nieren, des Skeletts, die aber zur Wiedererlangung der Gesundheit ebenso in Kauf genommen werden müssen wie der
Hautschnitt einer Operation";
BGH, Urt. v. 7.4.1992 – VI ZR 192/91, NJW 1992, 2351 = VersR
1992, 960
– gesteigertes Stimmband-Lähmungsrisiko einer Rezidiv-
Strumektomie als „gelegentlich auftretende Heiserkeit, Sprach-
und Atemstörungen, die sich meist zurückbilden";
BGH, Urt. v. 4.4.1995 – VI ZR 95/94, NJW 1995, 2410 = VersR
1995, 1055;

BGH, Urt. v. 14.11.1995 – VI ZR 359/94, VersR 1996, 195
– bei der Myelographie ist das Risiko der Querschnittslähmung
ausdrücklich anzusprechen; z. B. als „Risiko von Lähmungserscheinungen bis hin zur Querschnittslähmung";

BGH, Urt. v. 6.7.2010- VI ZR 198/09, NJW 2010, 3230 = VersR
2010, 1220
– Querschnittsrisiko (Tetraplegie) unzureichend dargestellt
durch „Risiko langfristiger Lähmungen, die sich jedoch vollständig
zurückbilden";

OLG Stuttgart, Urt. v. 25.8.1987 – 10 U 228/85, PKH versagt der
Beschl. v. 24.11.1987 – VI ZA 14/87, VersR 1988, 832
– Lähmungsrisiko als „Schlägle, das man medikamentös beherrschen
könne" irreführend bezeichnet;

OLG Hamm, Urt. v. 16.9.1987 – 3 U 303/86, NA-Beschl.
v. 19.4.1988 – VI ZR 271/87, VersR 1988, 1133
– Querschnittslähmungsrisiko beschrieben mit „vorübergehender
Verschlechterung des Leidens";

OLG Köln, Urt. v. 10.3.1994 – 5 U 21/94, NA-Beschl
v. 6.12.1994 – VI ZR 136/94, VersR 1995, 543
– bei großen Eingriffen in das Kniegelenk mit hochgradig steno-
sierenden Gefäßprozessen genügt nicht der Hinweis auf „Infektionen, Nerv- und Gefäßverletzungen, Thrombosen, Embolien",

OLG Stuttgart, Urt. v. 14.11.1996 – 14 U 6/96, VersR 1997, 1537
– Erweiterung der Mandeloperation auf plastische Septumskor-
rektur ohne deutlichen Hinweis auf die nur relative Indikation;
Bezeichnung der Operation als „Klacks";

OLG Stuttgart, Urt. v. 15.5.1997 – 14 U 21/96, VersR 1998, 1111
– Hinweis auf „Hodenschwellung, Durchblutungsstörungen im
Hoden" reicht zur Darstellung des Risikos einer Hodenatrophie
nach Leistenbruchrezidivoperation nicht aus, weil darin die Dauer-
haftigkeit der Belastung nicht zum Ausdruck kommt;

OLG Koblenz, Urt. v. 29.11.2001 – 5 U 1382/00, VersR 2003, 1313
– bei 3-stufigem Eingriff Aufklärung darüber, dass sich ein Risiko
auf allen 3 Stufen neu stellen kann;

OLG Dresden, Urt. v. 28.2.2002 – 4 U 2811/00, VersR 2003, 1257
– Hinweis auf Infektionsrisiko bei Bandscheibenoperation um-
fasst nicht Infektionsrisiken mit Querschnitts- oder tödlichen
Folgen;

OLG Köln, Urt. v. 21.12.2009 – 5 U 52/09, VersR 2010, 1606
– Risiko der Hautfaltenbildung nach Bauchfettabsaugung nur mit
2 % angegeben;

BGH, Urt. v. 6.7.2010 – VI ZR 198/09, NJW 2010, 3230 = VersR
2010, 1220
– Querschnittsrisiko (Tetraplegie) unzureichend dargestellt
durch „Risiko langfristiger Lähmungen, die sich jedoch vollständig zurückbilden";

oder durch **Verschweigen der beschränkten Erfolgsaussichten** des Eingriffs
oder **Dramatisieren seiner Dringlichkeit** die Bedeutung der Risiken für die
Entscheidung des Patienten in ein falsches Rangverhältnis rücken.

BGH, Urt. v. 3.4.1984 – VI ZR 195/82, NJW 1984, 2629 = VersR
1984, 582, 583
– Querschnittsrisiko bei Bandscheibenoperation;

BGH, Urt. v. 23.10.1984 – VI ZR 24/83, NJW 1985, 676 = VersR
1985, 60
– beschränkte Erfolgschance einer Kniegelenksoperation;

BGH, Urt. v. 26.6.1990 – VI ZR 289/89, NJW 1990, 2928
= VersR 1990, 1238
– Dringlichkeit einer Gallengangoperation: „ohne Operation nur
noch Lebenserwartung von 3 Wochen";

OLG Düsseldorf, Urt. v. 30.6.1983 – 8 U 178/80, NA-Beschl.
v. 3.4.1984 – VI ZR 173/83, VersR 1984, 643
– beschränkte Chance der Hirnangiographie zur Abklärung eines
Tumorverdachts;

OLG Hamm, Urt. v. 25.11.1984 – 3 U 20/83, NA-Beschl.
v. 26.2.1985 – VI ZR 77/84, VersR 1985, 577
– Dringlichkeit einer Bandscheibenoperation;

OLG Köln, Urt. v. 9.12.1998 – 5 U 147/97, VersR 2000, 361
– Dringlichkeit einer Schilddrüsenoperation;

OLG Hamm, Urt. v. 14.3.2001 – 3 U 197/00, VersR 2001, 695
– beschränkte Chancen einer Krebstherapie;

OLG Bamberg, Urt. v. 24.3.2003 – 4 U 172/02, VersR 2004, 198
– falsche Diagnose „Hodenkrebs", verfälschende Darstellung der
gesamten Befundlage.

430 Muss der Arzt erkennen, dass der Entschluss der Patientin zu einer Brustamputation von einer falschen Einschätzung des Krebsrisikos mitbestimmt
sein kann, so hat er ihre Vorstellungen richtigzustellen.

BGH, Urt. v. 7.4.1992 – VI ZR 216/91, NJW 1992, 2354 = VersR
1992, 747;

BGH, Urt. v. 17.2.1998 – VI ZR 42/97, NJW 1998, 1784 = VersR
1998, 716.

431 Grundsätzlich verlangt die Aufklärung das Aufklärungsgespräch, jedoch ist
eine ergänzende Verwendung von Merkblättern nicht ausgeschlossen.

BGH, Urt. v. 15.2.2000 – VI ZR 48/99, BGHZ 144, 1 = NJW
2000, 1784 = VersR 2000, 725
– Schluckimpfung;

BGH, Urt. v. 25.3.2003 – VI ZR 131/02, NJW 2003, 2012
= VersR 2003, 1441
– Bandscheibenoperation;

BGH, Urt. v. 14.3.2006 – VI ZR 279/04, VersR 2006, 838
– „fremdnützige" Blutspende;

BGH, Urt. v. 7.11.2006 – VI ZR 206/05, BGHZ 169, 364
= NJW-RR 2007, 310 = VersR 2007, 209
– Divertikeloperation am Zwölffingerdarm;

OLG Hamm, Urt. v. 11.9.2000 – 3 U 109/99, NA-Beschl.
v. 18.9.2001 – VI ZR 389/00, VersR 2002, 192 und
OLG Hamm, Urt. v. 9.5.2001 – 3 U 250/99, VersR 2002, 857
– Aufklärung ausländischer Patienten durch Merkblatt in ihrer
Sprache;

OLG Oldenburg, Urt. v. 27.5.2009 – 5 U 43/08, VersR 2010, 1221
– 4 Monate vor der Koloskopie ausgehändigter Aufklärungs-
bogen ersetzt nicht das Aufklärungsgespräch;

LG Essen, Urt. v. 1.10.2012 – 1 O 154/11, MedR 2013, 112
– Hämatombildung nach Blutspende.

In einfach gelagerten Fällen kann eine telefonische Aufklärung genügen.

BGH, Urt. v. 15.6.2010 – VI ZR 204/09, NJW 2010, 2430
= VersR 2010, 1183
– bei Leistenoperation eines 3-Wochen alten Kindes nach umfassender Aufklärung der Mutter telefonische Aufklärung des
Vaters über das Anästhesie-Risiko.

Verwendet er für die Aufklärung ein **Merkblatt, in dem das Risiko verharm-
lost** ist, dann muss er diesen Eindruck bei seinem Patienten korrigieren.

BGH, Urt. v. 7.4.1992 – VI ZR 192/91, VersR 1992, 960;

OLG Hamm, Urt. v. 28.10.1991 – 3 U 198/90, NA-Beschl.
v. 30.6.1992 – VI ZR 335/91, VersR 1992, 1473;

OLG Koblenz, Urt. v. 22.10.2007 – 5 U 1288/07, VersR 2008, 690
– die Unterzeichnung eines ganz allgemein gehaltenen Ein-
willigungsformulars beweist nicht eine ausreichende Aufklärung;

OLG Köln, Urt. v. 12.1.2011 – 5 U 37/10, NZB-Beschl.
v. 9.7.2011, VersR 2012. 1565
– CT-gesteuerte periradikuläre Lumbalinfiltration.

Der Hinweis auf den **Beipackzettel** ersetzt die patientenbezogene Aufklärung 432
durch den Arzt jedenfalls über schwerwiegende Nebenwirkungen der von ihm
verordneten Medikamente nicht.

BGH, Urt. v. 15.3.2005 – VI ZR 289/03, VersR 2005, 834;

OLG Koblenz, Urt. v. 18.10.2007 – 5 U 1523/06, VersR 2008, 404
– Aufklärung über das Suchtpotential eines Schmerzmittels bei
Überschreiten der Dosis;

vgl. auch
BGH, Urt. v. 27.10.1981 – VI ZR 69/80, NJW 82, 697 = VersR
1982, 147;

a. A. LG Dortmund, Urt. v. 6.10.1999 – 17 O 110/98, AHRS
5100/116.

Der Arzt verletzt nicht seine Aufklärungspflicht dadurch, dass er die seiner 433
Operationsempfehlung zugrunde gelegte Diagnose nicht ausdrücklich als Verdachtsdiagnose bezeichnet.

BGH, NA-Beschl. v. 29.11.1988 – VI ZR 140/88 zu
OLG Stuttgart, Urt. v. 14.4.1988 – 14 U 16/87, VersR 1989, 478.

434 Unter Umständen kann der Patient schon **aus der Art des Eingriffs auf seine Schwere schließen,**

> BGH, Urt. v. 21.9.1982 – VI ZR 302/80, NJW 1983, 333 = VersR 1982, 1193;
> insoweit nicht in BGHZ 85, 212
> – Appendektomie,

oder von einer umfangreichen Operation auf ein bestimmtes Risikospektrum;

> BGH, Urt. v. 10.11.1981 – VI ZR 92/80, VersR 1982, 168;
> BGH, Urt. v. 28.2.1984 – VI ZR 70/82, NJW 1984, 1807 = VersR 1984, 538, 539
> – Bauchoperation.

435 In Grenzen kann der Arzt erwarten, dass der Patient, der über das Wesentliche aufgeklärt ist, Details von ihm erfragt.

> Näher dazu *Steffen*, MedR 1983, 88 ff.

436 Auch kann der Arzt, sofern der Patient nicht offenbar den Eingriff für ganz ungefährlich hält, **das Wissen voraussetzen, dass mit jeder größeren,** unter Narkose vorgenommenen **Operation allgemein Risiken verbunden** sind, wie z. B. Wundinfektionen, Narbenbrüche, Embolien, die im unglücklichen Fall zu schweren Schäden oder zum Tod führen können.

> BGH, Urt. v. 12.2.1974 – VI ZR 141/72, NJW 1974, 1422, 1423 = VersR 1974, 602;
> BGH, Urt. v. 23.10.1979 – VI ZR 197/78, NJW 1980, 633, 635 = VersR 1980, 68;
> BGH, Urt. v. 19.11.1985 – VI ZR 134/84, NJW 1986, 780 = VersR 1986, 342;
> BGH, Urt. v. 14.2.1989 – VI ZR 65/88, BGHZ 106, 391 = NJW 1989, 1533 = VersR 1989, 514;
> OLG Hamm, Urt. v. 19.1.1998 – 3 U 162/97, VersR 1998, 1548
> – keine Aufklärung über Risiko eines Spritzenabszesses;
> OLG Düsseldorf, Urt. v. 18.6.1998 – 8 U 161/97, VersR 1999, 1371
> – keine Aufklärung über Unverträglichkeitsrisiko bei Antithromboseprophylaxe mit Heparin nach gefährlichem Eingriff;
> OLG Stuttgart, Urt. v. 17.11.1998 – 14 U 69/97, VersR 1999, 1500
> – keine Aufklärung über vorübergehende Schädigung des Nervus lingualis durch Leitungsanästhesie bei zahnärztlicher Behandlung; anders für das Risiko dauerhafter Nervschädigung bei Extraktion eines Weisheitszahns;
> vgl. Rz. 389;
> OLG Köln, Beschl. v. 18.7.2011 – 5 U 56/11, VersR 2012, 494
> – keine Aufklärung über das mit jedem Eingriff verbundene Risiko der Verletzung oberflächlicher Hautnerven;
> OLG Karlsruhe, Urt. v. 9.4.2014 – 7 U 124/12, GesR 2014, 494
> – keine Aufklärungspflicht über das außergewöhnliche und fernliegende Risiko einer tödlichen Sepsis als Folge einer Hämorrhoidenbehandlung.

Indes ist, wenn die Gefährlichkeit der Operation bzw. des Risikos für den Patienten nicht ohne Weiteres auf der Hand liegt, u. U. auch über das Risiko einer Embolie oder einer Infektion aufzuklären.

> KG, Urt. v. 8.5.2008 – 20 U 202/06,VersR 2008, 1649 = MedR 2009, 47
> – Embolie nach beidseitiger arhtroskopischen Meniskusoperation;
> OLG Brandenburg, Urt. v. 13.11.2008 – 12 U 104/08, VersR 2009, 1230
> – Amputation des Fußes als Folge einer Infektion nach Resektion eines Hammerzehs.

Wer selbst als Arzt langjährig im operativen Fach tätig ist, muss als Patient nicht über das Risiko eines Lagerungsschadens aufgeklärt werden.

> OLG Koblenz, Urt. v. 22.10.2009 – 5 U 662/08, NJW 2010, 1759 = VersR 2010, 629.

Bei klarer Fallgestaltung kann der Arzt erwarten, dass der Patient aus einer **437** kürzlichen vergleichbaren Behandlung über Art und Risiken des Eingriffs bereits aufgeklärt ist. Wird ein Patient vor einer Zahnextraktion über das Risiko einer Nervläsion aufgeklärt, muss er nicht erneut aufgeklärt werden, wenn innerhalb von zwei Monaten ein Nachbarzahn extrahiert wird. Jedoch muss das Fehlen eines Aufklärungsbedürfnisses des Patienten aufgrund der konkreten Umstände auf der Hand liegen.

> OLG Düsseldorf, Urt. v. 13.12.2007 – I-8 U 19/07, VersR 2009, 546.

Bei **ausländischen Patienten** muss der Arzt zum Aufklärungsgespräch sprach- **438** kundige Personen hinzuziehen, wenn nicht ohne Weiteres sicher ist, dass der Patient die deutschen Erklärungen versteht; die Beweislast dafür liegt beim Arzt.

> OLG Düsseldorf, Urt. v. 12.10.1989 – 8 U 60/88, VersR 1990, 852;
> OLG München, Urt. v. 26.11.1992 – 1 U 6976/91, VersR 1993, 1488;
> OLG Karlsruhe, Urt. v. 19.3.1997 – 13 U 42/96, NA-Beschl. v. 9.12.1997 – VI ZR 133/97, VersR 1998, 718;
> OLG Hamm, Urt. v. 11.9.2000 – 3 U 109/99, NA-Beschl. v. 18.9.2001 – VI ZR 389/00, VersR 2002, 192;
> OLG München, Urt. v. 14.2.2002 – 1 U 3495/01, VersR 2002, 717
> – „nix Baby mehr" keine Aufklärung der Türkin über die psychischen und sozialen Risiken einer Sterilisation;
> KG, Urt. v. 8.5.2008 – 20 U 202/06, VersR 2008, 1649 = MedR 2009, 47.

Steht ein Dolmetscher nicht zur Verfügung, so kann eine Aufklärung durch **439** Zeichensprache und Zeichnungen genügen.

> OLG Nürnberg, Urt. v. 28.6.1995 – 4 U 3943/94, NA-Beschl. v. 5.3.1996 – VI ZR 287/95, VersR 1996, 1372.

440 Die Aufklärung muss – außer in Notfällen – so **rechtzeitig** gegeben werden, dass der Patient das Für und Wider abwägen kann. Das richtet sich vor allem nach der Befindlichkeit des Patienten und nach Art und Häufigkeitsgrad der Risiken des Eingriffs. Regelmäßig wird der im Krankenhaus stationär untergebrachte Patient überfordert, wenn er erstmals am Vorabend der Operation von gravierenden Risiken erfährt, die seine Lebensführung entscheidend beeinträchtigen können. Für normale Narkoserisiken oder diagnostische Eingriffe zur Abklärung der Operationswürdigkeit kann dieser Zeitpunkt noch genügen.

> BGH, Urt. v. 7.4.1992 – VI ZR 192/91, NJW 1992, 2351 = VersR 1992, 960;
>
> BGH, Urt. v. 4.4.1995 – VI ZR 95/94, NJW 1995, 2410 = VersR 1995, 1055
> – Aufklärung am Tag der Myelographie kann genügen;
>
> BGH, Urt. v. 17.3.1998 – VI ZR 74/97, NJW 1998, 2734 = VersR 1998, 766
> – Aufklärung am Vortag der Operation kann genügen;
>
> BGH, Urt. v. 25.3.2003 – VI ZR 131/02, NJW 2003, 2309
> = VersR 2003, 1126;
>
> BGH, Urt. v. 10.10.2006 – VI ZR 74/05, NJW 2007, 217 = VersR 2007, 66
> – Aufklärung am Tag vor der Operation einer Adoleszenzskoliose verspätet;
>
> OLG Hamm, Urt. v. 22.2.1995 – 3 U 197/94, VersR 1995, 1440;
>
> OLG Bamberg, Urt. v. 5.5.1997 – 4 U 170/96, NA-Beschl. v. 3.2.1998 – VI ZR 226/97, VersR 1998, 1025;
>
> OLG Stuttgart, Urt. v. 15.5.1997 – 14 U 21/96, VersR 1998, 1111
> – Aufklärung am Vortag der Operation kann genügen;
>
> OLG Frankfurt/M., Urt. v. 7.4.1998 – 8 U 206/97, NA-Beschl. v. 9.2.1999 – VI ZR 189/98, VersR 1999, 758
> – bei Hüftendoprothese genügt Aufklärung am Vortag;
>
> OLG Bremen, Urt. v. 21.12.1999 – 3 U 42/99, NJW-RR 2001, 671 = VersR 2001, 340
> – Aufklärung am Vorabend der Bandscheibenoperation ist zu spät;
>
> OLG Stuttgart, Urt. v. 8.1.2002 – 14 U 70/01, VersR 2002, 1428
> – bei Bandscheibenoperation spätestens Aufklärung am Vortag;
>
> OLG Köln, Beschl. v. 13.11.2013 – 5 U 74/13, VersR 2014, 751
> – bei einer Gebärmutterhalsentfernung kann eine erst am Vorabend erfolgende Risikoaufklärung ausnahmsweise ausreichend sein, wenn die Operationsnotwendigkeit vorher besprochen war und die Richtung der aufzuklärenden Risiken der Patientin aufgrund einer drei Jahre zuvor erfolgten vergleichbaren Operation bekannt war.

441 Von Bedeutung kann auch sein, dass **der Patient schon** seit längerer Zeit **mit der Art des Eingriffs vertraut** gemacht worden ist und, wenn auch nicht alle, so doch signifikante Risiken mit ihm bereits besprochen worden sind.

OLG Oldenburg, Urt. v. 15.6.1993 – 5 U 10/93, VersR 1994, 221;
zweifelhaft, weil hier jede frühere Risikoaufklärung fehlte;

OLG Bremen, Urt. v. 28.7.1998 – 3 U 5/98, VersR 1999, 1370
– bei ambulantem Schwangerschaftsabbruch nach Sterilisierung
und vorgeschriebener Beratung ist Aufklärung am Tag des Eingriffs rechtzeitig;

OLG Celle, Urt. v. 30.9.2002 1 U 7/02, NZB-Beschl.
v. 24.6.2003 – VI ZR 278/02, VersR 2004, 384
– Gallengangsspiegelung;

OLG Köln, Beschl. v. 30.4.2012 – 5 U 246/11, GesR 2012, 684
– intraarteriellen Angiographie mit Stent-Einlage.

Jedenfalls darf die Aufklärung des **stationär untergebrachten Patienten** grund- **442**
sätzlich **nicht später als am Tage vor dem Eingriff** erfolgen. Auch eine solche
Aufklärung muss zu einem Zeitpunkt stattfinden, zu dem sie dem Patienten
die Wahrung seines Selbstbestimmungsrechts erlaubt.

OLG Köln, Beschl. v. 4.10.2011 – 5 U 184/10, VersR 2012, 863
– für eine für den frühen Morgen des nächsten Tages geplante
minimal-invasive Herzoperation mit der Möglichkeit eines Umsteuern-Müssens zu einer Operation am offenen Brustkorb ist
eine Aufklärung am Vorabend nicht rechtzeitig.

Organisatorische Schwierigkeiten können die „Aufklärung auf der Bahre" nicht
entschuldigen.

Seit BGH, Urt. v. 8.1.1985 – VI ZR 15/83, NJW 1985, 1399
= VersR 1985, 361, 362;

BGH, Urt. v. 10.3.1987 – VI ZR 88/86, NJW 1987, 2291 = VersR
1987, 770;

OLG Koblenz, Urt. v. 29.11.2001 – 5 U 1382/00, VersR 2003, 1313
– Aufklärung auf dem OP-Tisch unter Androhung einer Verschiebung des Eingriffs;

OLG Düsseldorf, Urt. v. 10.10.2002 – 8 U 13/02, VersR 2004, 912
– Aufklärung nach Verabreichung der Prämedikation;

OLG Brandenburg, Urt. v. 15.7.2010 – 12 U 232/0, VersR 2011, 267
– zu späte Aufklärung des schon sedierten Patienten über Wechsel
zur Laparoskopie bei der Leistenbruchoperation.

Aber die Aufklärung muss zeitnah erfolgen. Die Aushändigung eines Merkblatts 4 Monate vor dem Eingriff ersetzt nicht das Aufklärungsgespräch.

OLG Oldenburg, Urt. v. 27.5.2009 – R U 43/08, VersR 2010, 1221.

Bei der Entbindung müssen die Ärzte berücksichtigen, dass die Mutter über **443**
die **Alternative einer Schnittentbindung** sinnvoll nicht aufgeklärt werden
kann, nachdem heftige Presswehen eingesetzt haben oder starke Schmerzmittel eine freie Entscheidung nicht mehr zulassen. Es muss deshalb zwar
nicht schon bei der Verlegung in den Kreißsaal bei einer zunächst nur theoretischen Entscheidungssituation prophylaktisch aufgeklärt werden, aber
dann, wenn deutliche Anzeichen dafür hervortreten, dass sich der Geburtsvorgang in Richtung auf eine echte Alternative entwickeln kann.

BGH, Urt. v. 16.2.1993 – VI ZR 300/91, NJW 1993. 2372
= VersR 1993, 703;

BGH, Urt. v. 14.9.2004 – VI ZR 186/03, NJW 2004, 3703
= VersR 2005, 227;

OLG München, Urt. v. 6.8.1993 – 24 U 645/90, NA-Beschl.
v. 31.5.1994 – VI ZR 294/93, VersR 1994, 1345;

OLG München, Urt. v. 14.2.2002 – 1 U 3495/01, VersR 2002, 717;

OLG Bamberg, Urt. v. 28.7.2008 – 4 U 115/07, VersR 2009, 259.

444 Entsprechend muss ein Chirurg bei der Aufklärung des Patienten rechtzeitig vor der Operation die konkrete **Notwendigkeit einer intraoperativen Erweiterung** einkalkulieren, die er mit dem narkotisierten Patienten nicht mehr besprechen kann.

BGH, Urt. v. 16.2.1993 – VI ZR 300/91, NJW 1993, 2372
= VersR 1993, 703;

BGH, Urt. v. 5.4.2005 – VI ZR 216/03, NJW 2005, 2072 = VersR
2005, 942
– intraoperativer Übergang von der Teil- zur Totalresektion der
Schilddrüsen.

445 Bei normalen **ambulanten Eingriffen** oder diagnostischen Eingriffen beim stationär untergebrachten Patienten kann eine **Aufklärung erst am Tag des Eingriffs** noch rechtzeitig sein.

OLG Bremen, Urt. v. 28.7.1998 – 3 U 5/98, VersR 1999, 1370
bei ambulantem Schwangerschaftsabbruch nach Sterilisierung ist
Aufklärung am Tag des Eingriffs rechtzeitig im Blick auf das vorgeschriebene Beratungsverfahren.

Anderes gilt für größere ambulante Operationen mit beträchtlichen Risiken; auch in diesem Fall muss der Patient die Möglichkeit haben, sich vor einer Entscheidung mit einer Person seines Vertrauens zu besprechen.

446 Ausreichen sollte es auch in diesen Fällen, dass der Arzt dem Patienten durch einen aufrichtig artikulierten Hinweis, dass er nicht unter Zeitdruck stehe, die freie Entscheidung für die Möglichkeit lässt, auf eine Bedenkzeit zu verzichten.

OLG Oldenburg, Urt. v. 25.3.1997 – 5 U 184/96, VersR 1998, 769.

447 Auch wo eine Aufklärung am selben Tag rechtzeitig sein kann, muss sie dem Patienten die Vorstellung vermitteln, dass ihm die **Kompetenz zur freien Entscheidung belassen** ist. Das ist nicht der Fall, wenn ihm durch Aufklärung erst vor dem Operationssaal der Eindruck vermittelt wird, Aufklärung sei innerhalb eines vom Arzt in Gang gesetzten Geschehensablaufs eine bloße Formalie.

BGH, Urt. v. 14.6.1994 – VI ZR 178/93, NJW 1994, 3309
= VersR 1994, 1235;

BGH, Urt. v. 4.4.1995 – VI ZR 95/94, NJW 1995, 2410 = VersR 1995, 1055
– Myelographie;

BGH, Urt. v. 14.11.1995 – VI ZR 359/94, NJW 1996, 777 = VersR 1996, 195
– Myelographie;

BGH, Urt. v. 17.2.1998 – VI ZR 42/97, NJW 1998, 1784 = VersR 1998, 716;

BGH, Urt. v. 25.3.2003 – VI ZR 131/02, NJW 2003, 2012 = VersR 2003, 1441.

Verlangt der Arzt von dem Patienten aus Gründen der Organisation und **448** Terminplanung die **Entscheidung zur Operation schon zu einem früheren Zeitpunkt**, dann schuldet er die Aufklärung schon in diesem Zeitpunkt. Unterlässt er sie, so kann sie zwar unter Umständen noch nachgeholt werden; der Arzt ist aber mitverantwortlich, wenn die Aufklärung auch später unterbleibt oder erst so spät erfolgt, dass die Entscheidungsfreiheit des Patienten selbst in den diesem zumutbaren Grenzen nicht mehr gewahrt ist.

BGH, Urt. v. 7.4.1992 – VI ZR 192/91, NJW 1992, 2354 = VersR 1992, 960;

BGH, Urt. v. 25.3.2003 – VI ZR 131/02, NJW 2003, 2012 = VersR 2003, 1441;

OLG Hamm, Urt. v. 12.3.2010 – I-3 U 134/09, VersR 2011, 625.

Das gilt jedenfalls dann, wenn die ärztliche Entscheidung für die Operation **449** nicht mehr von grundlegenden Untersuchungen abhängt.

Vgl. OLG Oldenburg, Urt. v. 15.6.1993 – 5 U 10/93, VersR 1994, 221.

Die uneingeschränkte **Operationsempfehlung eines Konsiliararztes** begründet **450** allein nicht seine Pflicht zur Aufklärung des Patienten.

OLG Oldenburg, Urt. v. 25.4.1995 – 5 U 186/94, NA-Beschl. v. 13.2.1996 – VI ZR 174/95, VersR 1996, 1111.

Die Einwilligung des Patienten ist zwar nur jederzeit widerruflicher Realakt, **451** keine rechtsgeschäftliche Erklärung; für ihre Auslegung gelten jedoch die **Auslegungsregeln für Willenserklärungen** entsprechend.

BGH, Urt. v. 3.12.1991 – VI ZR 48/91, NJW 1992, 108 = VersR 1992, 358;

OLG Oldenburg, Urt. v. 23.11.1993 – 5 U 111/93, VersR 1994, 1325.

4. „Mutmaßliche" Einwilligung, intraoperative Aufklärung

Kann der Arzt den Patienten nicht aufklären, weil dieser bei der Aufnahme **452** bewusstlos ist und der gesetzliche Vertreter nicht befragt werden kann oder sich das Aufklärungsbedürfnis erst intraoperativ herausstellt, darf er ohne Einwilligung behandeln, wenn er annehmen kann, dass der Kranke bei entsprechender Aufklärung in den Eingriff eingewilligt haben würde (vgl. § 630d Abs. 1 Satz 3 BGB). Er haftet gleichwohl, **wenn er diese Zwangslage herbeigeführt hat** (mangelnde Diagnostik oder Operationsplanung).

> BGH, Urt. v. 17.9.1985 – VI ZR 12/84, VersR 1985, 1187;
>
> BGH, Urt. v. 13.12.1988 – VI ZR 22/88, NJW 1989, 1541
> = VersR 1989, 289;
>
> BGH, Urt. v. 5.2.1991 – VI ZR 108/90, NJW 1991, 2342 = VersR
> 1991, 547;
>
> OLG Bamberg, Urt. v. 5.12.2011 – 4 U 72/11, VersR 2012, 1440
> – medikamentöse Ruhigstellung und mechanische Fixierung eines
> als Notfall eingelieferten Patienten.

453 Für die Beurteilung hat er **frühere Äußerungen des Patienten**, die für oder gegen das Vorgehen des Arztes sprechen, besonders zu beachten. In erster Linie gilt das für „antizipative" Willensbekundungen in Gestalt einer sog. „Patientenverfügung", die vom Arzt und gesetzlichen Vertreter (Betreuer) gleichermaßen zu respektieren ist.

> BGH, Beschl. v. 17.3.2003 – XII ZB 2/03, BGHZ 154, 205
> = NJW 2003, 1588 = VersR 2003, 861.

Sind solche persönlichen Äußerungen des Patienten nicht ersichtlich und auch nicht über die Angehörigen rechtzeitig zu erlangen, dann kann sich der Arzt am **Bild des verständigen Patienten** orientieren. Hier ist dann in erster Linie die Indikation maßgebend; sie ist mit der Verkürzung des Selbstbestimmungsrechts abzuwägen. Je gravierender der Eingriff die Lebensführung des Patienten belasten kann, umso dringlicher muss er medizinisch geboten sein. Nicht gerechtfertigt war deshalb das Vorgehen des Arztes in dem vom BGH nur unter strafrechtlichen Vorsatzgesichtspunkten entschiedenen Fall

> BGH, Beschl. v. 25.3.1988 – 2 StR 93/88, BGHSt 35, 246 = NJW
> 1988, 2310;
>
> BGH, Urt. v. 4.10.1999 – 5 StR 712/98, BGHSt 45, 219 = NJW
> 2000, 885 = VersR 2000, 603
> – keine mutmaßliche Einwilligung in die Sterilisation bei intra-
> operativen Blutungen nach sectio;
>
> OLG Zweibrücken, Urt. v. 12.1.1999 – 5 U 30/96, NA-Beschl.
> v. 27.7.1999 – VI ZR 65/99, NJW-RR 2000, 27 = VersR 1999, 1546
> – mutmaßliche Einwilligung in Hysterektomie wegen schwerer
> intraoperativer Blutungen bei operativer Entfernung eines Eier-
> stocktumors;
>
> OLG Köln, Urt. v. 1.12.2008 – 5 U 86/08, VersR 2009, 982
> – keine mutmaßliche Einwilligung in die Beseitigung einer dop-
> pelten Nierenanlage anlässlich einer Antirefluxplastik;
>
> OLG Naumburg, Urt. v. 4.10.2007 – 1 U 11/07, VersR 2008, 224
> – mutmaßliche Einwilligung in die Erweiterung einer Wurzel-
> spitzenresektion bei Entdecken einer Knochenzyste im Bereich
> der Zahnwurzel;

OLG Köln, Beschl. v. 3.9.2008 – 5 U 51/08, NJW-RR 2009, 960
= VersR 2009, 1670
– der Chirurg findet bei dem ihm von der Uni-Klinik zur Testovarektomie überwiesenen Patienten intraoperativ keinen recht-
fertigenden Befund; Abbruch der Operation erforderlich.

Ausgehen kann der Arzt von einer „mutmaßlichen" Einwilligung **bei vitaler**   **454**
oder bei absoluter Indikation, wenn Nichtbehandeln zu schwerem Siechtum
führen würde und der Patient im einwilligungsfähigen Zustand (z. B. in einer
„Patientenverfügung") keine klaren gegenteiligen Erklärungen abgegeben hat
oder bei nur belangloser Erweiterung der Operation.

OLG München, Urt. v. 7.2.1979 – 3 U 1789/76, NA-Beschl.
v. 20.11.1979 – VI ZR 82/79, VersR 1980, 7
– Mitentfernen eines Krampfaderknäuels mit Ganglion;
OLG Celle, Urt. v. 16.8.1982 – 1 U 7/82, NA-Beschl.
v. 12.7.1983 – VI ZR 230/82, VersR 1984, 444, 445 f
– Gebärmutterexstirpation nach Cervixriss;
OLG Celle, Urt. v. 26.10.1998 – 1 U 40/97, NA-Beschl.
v. 8.6.1999 – VI ZR 382/98, VersR 2000, 58
– keine mutmaßliche Einwilligung in die Verwendung eines geeigneten Normnagels für die Knochennagelung statt des zwar speziell
angefertigten, aber weniger geeigneten kürzeren Spezialnagels.

Bei einem Wachkomapatienten **ohne Patientenverfügung** und **ohne Betreu-**   **455**
er ist vor der Entscheidung, ihn intensivmedizinisch zu behandeln oder nur
pflegerisch zu versorgen, der **mutmaßliche Patientenwille** (§§ 1901a, 1901b
BGB) zu ermitteln und ein Konsens mit den nächsten Angehörigen zu ver-
suchen. Kann dieser nicht erzielt werden, ist die bereits begonnene Therapie
der Akuterkrankung fortzusetzen.

OLG Naumburg, Urt. v. 22.8.2013 – 1 U 118/11, VersR 2014, 591
– Unterlassenen intensivmedizinischer Maßnahmen.

Bei großen und schweren Bauchoperationen mit erheblichen Risiken kann im   **456**
Übrigen meistens von einer stillschweigenden Einwilligung in eine **dringend**
gebotene Erweiterung der Operation ausgegangen werden.

OLG Frankfurt/M., Urt. v. 10.2.1981 – 22 U 213/79, AR versagt
VI ZA 2/81, NJW 1981, 1322
– Magenresektion erweitert zur Duodeno Pankreasektomie
wegen Karzinomverdachts.

Im Zweifel ist aber vor einer Erweiterung der operativen Behandlung die
Einwilligung des Patienten einzuholen. Das gilt insbesondere in den Fällen,
in denen der Eingriff zu einer dauernden Belastung der Lebensqualität führen
kann.

OLG Koblenz, Urt. v. 13.7.2006 – 5 U 290/06, NJW 2007, 796
= VersR 2006, 2928
– im Rahmen einer sectio ungefragt vorgenommene Sterilisation
durch Durchtrennung der Eileiter, weil der Arzt wegen Verwachsungen im Peritoneum weitere Schwangerschaften für die Patientin
für gefährlich hält.

457 Nicht kann der Gynäkologe bei der Entscheidung gegen eine **sectio** ohne Rücksicht auf die Persönlichkeit der Mutter stets den Grundsatz in Anspruch nehmen, dass sie sich wegen des geringeren Risikos für sich selbst für eine vaginale Entbindung, d. h. für die größere Belastung des Kindes entscheiden würde. Vielmehr muss er ggf. unter Beachtung früherer Andeutungen der Mutter möglichst gerecht zu werden suchen.

> BGH, Urt. v. 16.2.1993 – VI ZR 300/91, NJW 1993, 2372
> = VersR 1993, 703.

458 Ist das mit der Operation angegangene Leiden nur ein Gebrechen, mit dem der Patient leben kann, kann der Arzt zum Abbruch der Operation verpflichtet sein, wenn ihre Weiterführung den Patienten ähnlich schweren Belastungen aussetzen würde. Grundsätzlich ist die dem Patienten erhaltene Entscheidungsfreiheit höher einzuschätzen als die Mehrbelastung durch den Abbruch der Operation.

> Dazu *Steffen*, MedR 1983, 88 ff, und
> *ders.*, in: Carstensen, Intra- und postoperative Komplikationen,
> 1983, S. 144 ff.

459 Unter dem Gesichtspunkt mutmaßlicher Einwilligung kann auch der **Abbruch lebenserhaltender Behandlungsmaßnahmen** gerechtfertigt sein; indes sind die Anforderungen wegen des hohen Rangs des Lebensschutzes hoch. Von besonderer Bedeutung ist, wie aussichtslos die ärztliche Diagnose, wie nahe der Tod des Patienten ist. Haftungsrechtlich ist der BGH mit dem Problemkreis bisher nicht befasst worden. Unter strafrechtlichen Gesichtspunkten ist bisher nur geklärt,

- dass der Arzt aktive Sterbehilfe nicht leisten darf;

  > BVerfG, Beschl. v. 23.7.1987 – 1 BvR 825/87, BVerfGE 76, 248
  > = NJW 1987, 2288;
  > BGH, Urt. v. 20.5.2003 – 5 StR 66/03, NJW 2003, 2326;

- dass beim sterbenden Patienten eine ärztlich gebotene schmerzlindernde Medikation mit unbeabsichtigtem, aber in Kauf genommenem letalen Risiko als „indirekte Sterbehilfe" zulässig ist;

  > BGH, Urt. v. 7.2.2001 – 5 StR 474/00, BGHSt 46, 279 = NJW
  > 2001, 1802 m. w. N.;

- dass der Arzt bei unumkehrbarem (irreversiblem) „Grundleiden" nach Beginn der Sterbephase von lebensverlängernden zu palliativen Maßnahmen übergehen darf (und nach dem Patienten zugewandtem medizinischem Verständnis von der Indikation auch muss);

  > BGH, Urt. v. 15.11.1996 – 3 StR 79/96, BGHSt 42, 301 = NJW
  > 1997, 807 m. w. N.;

- dass, wenn der tödliche Verlauf des „Grundleidens" nach medizinischer Einschätzung unumkehrbar (irreversibel) ist, auch bereits vor dem Einsetzen des Sterbens bei entsprechend erklärtem oder mutmaßlichem Patientenwillen die Umstellung auf palliative Maßnahmen zulässig ist.

> BGH, Urt. v. 13.9.1994 – 1 StR 357/94, BGHSt 40, 257 = NJW
> 1995, 2357 m. w. N.;
>
> siehe auch
> BGH, Urt. v. 7.2.2001 – 5 StR 474/00, BGHSt 46, 279 = NJW
> 2001, 1802 m. w. N.

Ist für den einwilligungsunfähigen Patienten ein Betreuer bestellt oder hat er **460**
eine Person seines Vertrauens zur Entscheidung in Angelegenheit seiner Gesundheit für den Fall bevollmächtigt, dass er selbst nicht mehr in der Lage ist, seinen Willen zu äußern (sog. Vorsorgevollmacht), dann hat der Arzt die Entscheidung des **Betreuers bzw. Vorsorgebevollmächtigten** zu respektieren. Willigen sie in eine lebensgefährliche oder mit schweren Risiken verbundene Behandlung ein, so bedarf ihre Entscheidung der **Genehmigung des Vormundschaftsgerichts** (§ 1904 BGB). Das gilt entsprechend, wenn die Entscheidung den Abbruch lebenserhaltender Behandlungsmaßnahmen betrifft, sofern der Arzt der Entscheidung widerspricht.

> BGH, Urt. v. 13.9.1994 – 1 StR 357/94, BGHSt 40, 257 = NJW
> 1995, 204;
>
> BGH, Beschl. v. 17.3.2003 – XII ZB 2/03, BGHZ 154, 205
> = NJW 2003, 1588 = VersR 2003, 861;
>
> BGH, Urt. v. 8.6.2005 – XII ZR 177/03, BGHZ 163, 195 = NJW
> 2005, 2385 = VersR 2005, 1249.

Die nächtliche **Fixierung eines Kindes** in einer offenen heilpädagogischen Einrichtung ist keine genehmigungsbedürftige Unterbringungsmaßnahme i. S. d. § 1631b BGB. Die Vorschrift des § 1906 Abs. 4 BGB gilt nur für volljährige Betreute und kann im Kindschaftsrecht nicht analog angewendet werden.

> BGH, Beschl. v. 7.8.2013 – XII ZB 559/11, NJW 2013, 2969.

5. Aufklärungspflichtiger, Aufklärungsadressat

Aufklärungspflichtig ist jeder Arzt für die Behandlungsaufgabe, die er durch- **461**
führt: über das Operationsrisiko einschließlich des mit der Operation selbst verbundenen Risikos von Lagerungsschäden hat der Operateur, über das Narkoserisiko hat der Anästhesist, über das Risiko einer Bestrahlung der Strahlentherapeut aufzuklären.

> OLG Hamm Urt. v. 3.3.1993 – 3 U 269/92, NA-Beschl.
> 18.1.1994 – VI ZR 130/93, VersR 1994, 815.

Die Aufklärung kann zwar **einem anderen Arzt übertragen** werden, den **462**
dann die Haftung für Aufklärungsversäumnisse in erster Linie trifft.

> BGH, Urt. v. 22.4.1980 – VI ZR 37/79, NJW 1980, 1905 = VersR
> 1981, 456;

BGH, Urt. v. 8.5.1990 – VI ZR 227/89, VersR 1990, 1010;
OLG Nürnberg, Urt. v. 9.4.1991 – 3 U 2178/90, NA-Beschl.
v. 3.12.1991 – VI ZR 217/91, VersR 1992, 754.

463 Ob die Eingriffs- und Risikoaufklärung vor einer Herzkatheteruntersuchung einem **Medizinstudenten im praktischen Jahr** übertragen werden darf, wenn sie zwar seinem Ausbildungsstand entspricht, ein Arzt beim Aufklärungsgespräch aber nicht zugegen ist, erscheint auch im Hinblick auf die nunmehr in § 630e Abs. 2 Satz 1 Nr. 1 BGB getroffene Regelung zweifelhaft.

OLG Karlsruhe, Urt. v. 29.1.2014 – 7 U 163/12, VersR 2014, 710
mit krit. Anm. *Makoski*, jurisPR-MedizinR 3/2014 Anm. 1.

Jedoch entlastet das nicht von der vertraglichen Haftung (§ 278 BGB) und auch deliktisch nur, wenn klare, stichprobenweise kontrollierte Organisationsanweisungen bestehen und auch kein konkreter Anlass zu Zweifeln an der Eignung und Zuverlässigkeit des bestellten Arztes aufgetreten ist.

BGH, Urt. v. 7.11.2006 – VI ZR 206/05, BGHZ 169, 364
= NJW-RR 2007, 310 = VersR 2007, 209
– strenge Anforderungen an die Kontrolle durch den Chefarzt,
Vergewisserung im Gespräch mit dem Patienten darüber, dass er
ordnungsgemäß aufgeklärt worden ist;
OLG Stuttgart, Urt. v. 28.11.1979 – 1 U 41/79, NA-Beschl.
v. 13.6.1981 – VI ZR 306/79, VersR 1981, 641;
OLG Hamm, Urt. v. 25.11.1981 – 3 U 142/81, NA-Beschl.
v. 17.5.1983 – VI ZR 33/34/82, unveröffentlicht;
OLG Karlsruhe, Urt. v. 19.3.1997 – 13 U 42/96, NA-Beschl.
v. 9.12.1997 – VI ZR 133/97, VersR 1998, 718;
OLG Koblenz, Urt. v. 29.11.2001 – 5 U 1382/00, VersR 2003, 1313;
OLG Köln, Urt. v. 23.10.2002 – 5 U 4/02, VersR 2004, 1181.

Der Arzt, der den Patienten zur Operation rät, ist, auch wenn er nicht selbst der Operateur ist, (mit-)verantwortlich für die Aufklärung des Patienten.

BGH, Urt. v. 10.10.2006 – VI ZR 74/05, NJW 2007, 217 = VersR
2007, 66.

464 Aufklärungspflichtig ist auch der Krankenhausarzt, der aus Gründen der Organisation und Terminplanung dem Patienten die **Entscheidung** für den Eingriff schon zu **einem früheren Zeitpunkt abverlangt**. Er ist grundsätzlich mitverantwortlich, wenn die Aufklärung bei der späteren Aufnahme zur Operation unterbleibt oder unzureichend erfolgt.

BGH, Urt. v. 7.4.1992 – VI ZR 192/91, NJW 1992, 2351 = VersR
1992, 960.

465 Der an den Facharzt oder an das Krankenhaus **überweisende Arzt** ist zur Aufklärung des Patienten über die dort vorzunehmenden Maßnahmen grundsätzlich **nicht verpflichtet**.

Weitergehend
OLG Oldenburg, Urt. v. 4.8.1998 – 5 U 66/98, NJW-RR 1999,
390 = VersR 1999, 1422.

Ebenso wenig begründet die **Therapieempfehlung eines Konsiliararztes** bereits seine Aufklärungspflicht.

OLG Oldenburg, Urt. v. 25.4.1995 – 5 U 186/94, NA-Beschl.
v. 13.2.1996 – VI ZR 174/95, NJW 1996, 1601
= VersR 1996, 1111.

Das Krankenhaus, das vom Geburtshelfer nur hinzugezogen wird, um die Indikation für eine vorzeitige Geburtseinleitung wegen „Gestose-Symptomatik und kräftigem Feten" zu überprüfen, ist zur Aufklärung über eine sectio nicht verpflichtet.

OLG Bamberg, Urt. v. 28.7.2008 – 4 U 115/07, VersR 2009, 259.

Ist ein spezialisiertes Krankenhaus vom überweisenden Arzt in die Indikation maßgebend eingebunden, so obliegt die Aufklärung des Patienten sowohl über die Risiken als auch über die Indikation den Ärzten des spezialisierten Krankenhauses.

OLG Koln, Urt. v. 17.3.2010 – 5 U 51/09, VersR 2011, 81.

Arbeitet aber eine Spezialklinik mit einer Universitätsklinik derart zusammen, dass sie den Patienten in der Spezialklinik untersucht, über erforderliche Heilmaßnahmen berät und auf den Eingriff vorbereitet, während die Operation in der Universitätsklinik vorgenommen wird, ist es zumindest auch Aufgabe der Ärzte der Spezialklinik, den Patienten über den Eingriff aufzuklären.

BGH, Urt. v. 8.5.1990 – VI ZR 227/89, NJW 1992, 2355 = VersR
1990, 1010.

Der mit einer bestimmten Operation von der überweisenden Uni-Klinik beauftragte Chirurg darf auf die Indikation und die Aufklärung des Patienten durch die überweisende Klinik vertrauen, solange nicht seine eigene Befundung Zweifel gebieten.

OLG Köln, Beschl. v. 3.9.2008 – 5 U 51/08, NJW-RR 2009, 960
= VersR 2009, 1670.

Der **Behandlungsträger** (Krankenhausträger, selbstliquidierender Arzt) hat **466** vertraglich für die Erfüllung der Aufklärungspflichten einzustehen (§ 278 BGB); deliktisch hat er durch **detaillierte Anweisungen**, Informationen und Kontrollen die ausreichende **Aufklärung der Patienten organisatorisch sicherzustellen**

BGH, Urt. v. 7.11.2006 – VI ZR 206/05, BGHZ 169, 364
= NJW-RR 2007, 310 = VersR 2007, 209;
OLG Oldenburg, Urt. v. 25.6.1996 – 5 U 170/95, VersR 1997, 978;

OLG Karlsruhe, Urt. v. 19.3.1997 – 13 U 42/96, NA-Beschl.
v. 9.12.1997 – VI ZR 133/97, VersR 1998, 718;

OLG Bamberg, Urt. v. 5.5.1997 – 4 U 170/96, NA-Beschl.
v. 3.2.1998 – VI ZR 226/97, VersR 1998, 1025.

Auf **nichtärztliche Mitarbeiter** kann die Aufklärung nicht delegiert werden.

OLG Celle, Urt. v. 15.6.1981 – 1 U 34/80, NA-Beschl.
v. 21.9.1982 – VI ZR 192/81, VersR 1981, 1184;
VersR 1982, 1142
– Röntgenassistentin;

OLG Karlsruhe, Urt. v. 19.3.1997 – 13 U 42/96, NA-Beschl.
v. 9.12.1997 – VI ZR 133/97, VersR 1998, 718
– Aufklärung des türkischen Patienten durch einen Pfleger wegen
Sprachschwierigkeiten.

467 Die **Aufklärung entfällt** zwar, **wenn** der **Patient** von dritter Seite – einweisendem Hausarzt, vorbehandelndem Krankenhausarzt, durch eigenes Berufswissen – schon hinreichend **aufgeklärt war.** Vertrauen kann der aufklärungspflichtige Arzt aber nicht darauf; er hat zu beweisen, dass Aufklärung aus diesem Grunde nicht erforderlich war.

BGH, Urt. v. 23.10.1979 – VI ZR 197/78, NJW 1980, 633
= VersR 1980, 68;

BGH, Urt. v. 28.2.1984 – VI ZR 70/82, NJW 1984, 1807
= VersR 1984, 538;

BGH, Urt. v. 14.6.1994 – VI ZR 260/93, NJW 1994, 2414
= VersR 1994, 1302;

OLG Hamm, Urt. v. 8.3.1982 – 3 U 130/81, NA-Beschl.
v. 21.6.1983 – VI ZR 108/82, VersR 1983, 957;

OLG Düsseldorf, Urt. v. 30.6.1983 – 8 U 178/80, NA-Beschl.
v. 3.4.1984 – VI ZR 173/83, VersR 1984, 643, 645;

OLG Hamm, Urt. v. 26.3.1990 – 3 U 421/88, NA-Beschl.
v. 29.1.1991 – VI ZR 200/90, VersR 1991, 667;

OLG Karlsruhe, Urt. v. 2.8.1995 – 13 U 44/94, NA-Beschl.
v. 8.10.1996 – VI ZR 271/95, VersR 1997, 241;

OLG Celle, Urt. v. 30.9.2002 – 1 U 7/02, NZB-Beschl.
v. 24.6.2003 – VI ZR 278/02, VersR 2004, 384.

468 **Aufklärungsadressat** ist, **wer die Einwilligung** in die Behandlung **zu geben hat**: der Patient, und zwar der erwachsene Patient persönlich, bei minderjährigen oder willensunfähigen Patienten deren gesetzlicher Vertreter (Eltern, Betreuer, Pfleger). Für die Entscheidung über die Geburtsmethode bei gegebener echter Alternative ist allein die Mutter zuständig, auch wo es um die Risiken für das Kind geht.

BGH, Urt. v. 6.12.1988 – VI ZR 132/88, BGHZ 106, 153 = NJW
1989, 1538.

469 **Minderjährigen Patienten** kann gegen die Fremdbestimmung der Eltern ein **Vetorecht** bei nur relativ indizierten Eingriffen mit möglichen erheblichen Folgen für die künftige Lebensgestaltung zustehen, wenn sie ausreichende

Urteilsfähigkeit haben. Dann sind auch sie aufzuklären. Allerdings kann wegen des frühen Volljährigkeitsalters der Arzt in aller Regel darauf vertrauen, dass die Aufklärung und Einwilligung der Eltern genügt.

> BGH, Urt. v. 10.10.2006 – VI ZR 74/05, NJW 2007, 217 = VersR 2007, 66.

Dem Eingriff beim Minderjährigen müssen **grundsätzlich beide Eltern** zustimmen. Indes kann jeder Elternteil den anderen ermächtigen, für ihn mitzuhandeln; dann bedarf es nur der Aufklärung des so ermächtigten Elternteils. Geht es um Routinefälle (leichtere Verletzungen, Erkrankungen, die eine Kindheit üblicherweise begleiten (**Alltagsfälle**), dann **kann** der **Arzt von** solcher **Ermächtigung des mit dem Kind erschienenen Elternteils ausgehen**, solange nichts anderes ihm bekannt ist. Bei ärztlichen Eingriffen schwererer Art mit nicht unbedeutenden Risiken sollte der Arzt die Frage der Ermächtigung klären, kann aber prinzipiell der Auskunft des erschienenen Elternteils vertrauen. Bei schwierigen und weitreichenden Entscheidungen hat der Arzt den nicht erschienenen Elternteil grundsätzlich an der Entschließung mitzubeteiligen, sofern dieser nicht ihm gegenüber vorbehaltlos und umfassend darauf verzichtet hat. **470**

> BGH, Urt. v. 28.6.1988 – VI ZR 288/87, BGHZ 105, 45 = NJW 1988, 2946;
>
> BGH, Urt. v. 15.2.2000 – VI ZR 48/99, BGHZ 144, 1 = NJW 2000, 1784 = VersR 2000, 725;
>
> BGH, Urt. v. 15.6.2010 – VI ZR 204/09NJW 2010, 2430 = VersR 2010, 1183;
>
> OLG Stuttgart, Urt. v. 16.11.2010 – 1 U 124/09, VersR 2011, 534;
>
> OLG Koblenz, Beschl. v. 9.10.2013 – 5 U 746/13, GesR 2013, 664.

Die **Fremdbestimmung durch den gesetzlichen Vertreter** reicht nicht stets so weit wie die Selbstbestimmung des Patienten. **471**

> BGH, Beschl. v. 17.3.2003 – XII ZB 2/03, BGHZ 154, 205 = NJW 2003, 1588 = VersR 2003, 861 – zur Bindung des Betreuers an eine „Patientenverfügung".

Insbesondere ist seine religiös oder weltanschaulich motivierte Verweigerung bei absoluter Indikation unbeachtlich, ebenso wie seine Entscheidung für eine objektiv verfehlte Behandlungsmethode.

> OLG Hamburg, Urt. v. 23.1.1978 – 8 U 25/76, NA-Beschl. v. 18.3.1980 – VI ZR 65/78;
>
> OLG Stuttgart, Urt. v. 17.12.1988 – 12 U 9/85, NA-Beschl. v. 21.10.1986 – VI ZR 9/86, VersR 1987, 515.

Die wesentlichen Voraussetzungen für operative Eingriffe, Behandlungen und Untersuchungen an einem **im Maßregelvollzug** Untergebrachten ohne dessen Einwilligung bedürfen klarer und bestimmter gesetzlicher Regelung. Dies gilt auch für die Anforderungen an das Verfahren. **472**

BVerfG, Beschl. v. 23.3.2011 – 2 BvR 882/09, BVerfGE 128, 282
= NJW 2011, 2113;
BGH, Beschl. v. 20.06.2012 – XII ZB 99/12, BGHZ 193, 337
= NJW 2012, 2967.

473 Der Gesetzgeber hat auf diese Entscheidungen mit der am 26.2.2013 in Kraft getretenen Änderung von § 1906 BGB reagiert. Nach dieser Vorschrift ist eine Unterbringung des Betreuten durch den Betreuer, die mit Freiheitsentziehung verbunden ist, nur unter engen Voraussetzungen zulässig. Sie bedarf der Genehmigung durch das Betreuungsgericht. Als **freiheitsentziehende Maßnahmen** können auch das **Anbringen von Bettgittern** und die **Fixierung** des Betreuten genehmigungspflichtig sein.

BGH, Beschl. v. 27.06.2012 – XII ZB 24/12, MedR 2013, 45.

6. Dokumentation der Aufklärung

474 Die Notwendigkeit, die Patientenaufklärung im Aufklärungsgespräch statt durch Formulare zu geben, setzt den **Anforderungen** an ihren **Nachweis im Prozess Grenzen.** Der BGH hält es etwa für ausreichend, wenn der Arzt in den Krankenunterlagen dokumentiert, dass, wann und über welche Risiken aufgeklärt worden ist, und durch seine Mitarbeiter belegen kann, dass er sich generell um sachgemäße Aufklärung bemüht. Ergänzend kann dann eine Parteivernehmung des Arztes in Betracht kommen. Natürlich ist es hier in besonderem Maß tatrichterliche Verantwortung, welches Gewicht den Beweismitteln im konkreten Fall beizumessen ist.

BGH, Urt. v. 21.9.1982 – VI ZR 302/80, NJW 1983, 333 = VersR 1982, 1193;
insoweit nicht in BGHZ 85, 212;

BGH, Urt. v. 28.2.1984 – VI ZR 70/82, NJW 1984, 1807 = VersR 1984, 538, 539 f;

BGH, Urt. v. 8.1.1985 – VI ZR 15/83, NJW 1985, 1399 = VersR 1985, 361, 362;

BGH, Urt. v. 29.9.1998 – VI ZR 268/97, VersR 1999, 190;

BGH, Urt. v. 22.5.2001 – VI ZR 268/00, VersR 2002, 120;

OLG Hamm, Urt. v. 12.5.2010 – I-3 U 134/09, VersR 2011, 625.

475 Selbstverständlich ist dem Arzt der Nachweis der Aufklärung nicht verwehrt, wenn er sie nicht dokumentiert hat.

OLG München, Urt. v. 18.1.1990 – 1 U 3574/89, NA-Beschl. v. 30.10.1990 – VI ZR 98/90, VersR 1991, 190 (LS).

476 Die vom Patienten – gelegentlich sogar schon bei der Aufnahme – gegebene **formularmäßige Bestätigung** ist aber **durchweg unzureichend,** da die Formulare meistens zu pauschal sind oder die Risiken zu generell benennen, um zu belegen, dass er ein zutreffendes Bild über seinen Behandlungsfall erhalten hat. Auch beweist die Unterzeichnung solcher Schriftstücke nicht, dass der Patient sie auch gelesen und verstanden hat.

BGH, Urt. v. 7.2.1984 – VI ZR 174/82, BGHZ 90, 103, 110
= NJW 1984, 1397 = VersR 1984, 465, 467;

BGH, Urt. v. 8.1.1985 – VI ZR 15/83, NJW 1985, 1399 = VersR
1985, 361, 362;

BGH, Urt. v. 29.9.1998 – VI ZR 268/97, VersR 1999, 190;

BGH, Urt. v. 15.2.2000 – VI ZR 48/99, BGHZ 144, 1 = NJW
2000, 1784 = VersR 2000, 725;

OLG Koblenz, Urt. v. 22.10.2007 – 5 U 1288/07, VersR 2008, 690.

Das unterzeichnete Einwilligungsformular ist – sowohl in positiver als auch
in negativer Hinsicht – ein Indiz für den Inhalt des Aufklärungsgesprächs.

BGH, Urt. v. 28.1.2014 – VI ZR 143/13, NJW 2014, 1527 =
VersR 2014, 588.

7. Missbrauchsgrenzen, Schadensbegrenzungen

Den Missbräuchen der Aufklärungspflicht als Haftungsinstrument ist nicht **477**
durch geringere Anforderungen an das „Ob" und „Wie" der Aufklärung,
sondern durch Konzentrierung und Kanalisierung der Haftung für Aufklärungsversäumnisse auf echte schutzwürdige Interessen des Patienten entgegenzusteuern.

Die Haftung für Mängel im medizinischen Standard kann nicht in eine Haf- **478**
tung für unzureichende Aufklärung über diese Mängel umgemünzt werden.
Deshalb erkennt der BGH eine Pflicht zur Aufklärung über Mängel im Qualitätsstandard im konkreten Behandlungsbereich nur in engen Grenzen an
(Rz. 385 ff).

Die Tragweite der erteilten Einwilligung ist an der Aufgabe zu messen, den **479**
Patienten an der Entscheidung für den Austausch des Krankheits- gegen das
Behandlungsrisiko (Rz. 159 ff) mitzubeteiligen. Sie kann deshalb unter Umständen auch einen gleichartigen Eingriff mit gleichem Risiko umfassen, der
an Stelle des geplanten vorgenommen wird:

• Einwilligung in Brachialis-Angiographie umfasst Aortenbogenangiographie:

OLG Stuttgart, Urt. v. 28.5.1980 – 1 U 38/79, NA-Beschl.
v. 23.3.1982 – VI ZR 169/80, VersR 1983, 278;

• Einwilligung in intravenöse Injektion an anderer Stelle als an der ange-
gebenen:

BGH, Urt. v. 18.3.1980 – VI ZR 155/78, NJW 1980, 1903
= VersR 1980, 676.

Aufklärungsfehler müssen relevant geworden sein, wenn sie eine Haftung **480**
begründen sollen. Der **Arzt hat die Beweislast** dafür, **dass der Patient** auch
bei ordnungsmäßiger Aufklärung in die Behandlung **eingewilligt haben würde**.

BGH, Urt. v. 14.6.1994 – VI ZR 260/93, VersR 1994, 1302;

BGH, Urt. v. 17.3.1998 – VI ZR 74/97, NJW 1998, 2734
= VersR 1998, 766;

OLG Köln, Urt. v. 17.2.1997 – 5 U 112/96, VersR 1997, 1534.

Es reicht zur Feststellung keineswegs aus, dass der Eingriff vital indiziert war und ein vernünftiger Patient ihn nicht abgelehnt hätte. Besonders hohe Anforderungen sind an den Nachweis einer hypothetischen Einwilligung zu stellen, wenn der Patient den Eingriff zunächst abgelehnt und sich hierzu erst bereitgefunden hat, nachdem der Arzt oder die Sprechstundenhilfe auf ihn eingewirkt hat.

BGH, Urt. v. 14.6.1994 – VI ZR 260/93, NJW 1994, 2414
= VersR 1994, 1302.

481 Indes muss **der Patient,** wenn eine Ablehnung der Behandlung medizinisch unvernünftig gewesen wäre oder bei Nichtbehandlung gar gleichartige Risiken mit höherer Komplikationsdichte bestanden haben würden, **plausible Gründe** dafür darlegen, dass er sich bei erfolgter Aufklärung in einem wirklichen **Entscheidungskonflikt** befunden haben würde (nicht etwa darüber hinaus, wie er sich entschieden hätte!).

BGH, Urt. v. 26.6.1990 – VI ZR 289/89, NJW 1990, 2928
= VersR 1990, 1238;

BGH, Urt. v. 11.12.1990 – VI ZR 151/90, NJW 1991, 1543
= VersR 1991, 315;

BGH, Urt. v. 7.4.1992 – VI ZR 192/91, VersR 1992, 960;

BGH, Urt. v. 9.11.1993 – VI ZR 248/92, NJW 1994, 799
= VersR 1994, 682.

482 Grundsätzlich hat der Tatrichter den Patienten dazu anzuhören.

BGH, Urt. v. 1.2.2005 – VI ZR 174/03, NJW 2005, 1364
= VersR 2005, 694;

BGH, Urt. v. 15.3.2005 – VI ZR 313/03, NJW 2005, 1718
= VersR 2005, 836.

Maßgebend neben der Dringlichkeit des Eingriffs, dem Risikospektrum und der Erfolgsprognose sind der Leidensdruck des Patienten und seine Risikobereitschaft.

483 Der Richter darf nicht durch zu hohe oder zu stark am „verständigen" Patienten ausgerichtete Anforderungen an die Plausibilität Wesen und Zweck der Aufklärung verfehlen, individuelle Entscheidungsräume zu sichern, oder die Beweislast auf den Patienten schieben.

BGH, Urt. v. 7.2.1984 – VI ZR 174/82, BGHZ 90, 103 = NJW
1984, 1397 = VersR 1984, 465;

BGH, Urt. v. 28.2.1984 – VI ZR 70/82, NJW 1984, 1807 = VersR
1984, 538, 540;

BGH, Urt. v. 26.2.1985 – VI ZR 124/83, NJW 1985, 2192
= VersR 1985, 639, 641;

BGH, Urt. v. 1.10.1985 – VI ZR 19/84, VersR 1986, 183;

BGH, Urt. v. 16.4.1991 – VI ZR 176/90, NJW 1991, 2344
= VersR 1991, 812;

OLG Koblenz, Urt. v. 22.9.1987 – 3 U 1632/86, NA-Beschl.
v. 26.4.1988 – VI ZR 282/87, VersR 1988, 1135
– Risiken der zahnärztlichen Leitungsanästhesie;

OLG Frankfurt/M., Urt. v. 18.2.1988 – 12 U 82/87, NA-Beschl.
v. 8.11.1988 – VI ZR 98/88, VersR 1989, 254
– Verzicht auf Strahlentherapie trotz geringer Lebenserwartung
der Krebspatientin;

OLG Hamburg, Urt. v. 19.8.1988 – 1 U 33/88, NA-Beschl.
v. 3.10.1989 – VI ZR 266/88, VersR 1989, 1295
– Verzicht auf Extraktion des Weisheitszahns;

OLG Köln, Urt. v. 19.4.1989 – 27 U 61/88, NA-Beschl.
v. 30.1.1990 – VI ZR 160/89, VersR 1990, 663
– Verzicht auf Operation eines Rektumkarzinoms wegen
Potenzverlustes;

OLG Koblenz, Urt. v. 9.5.1989 – 3 U 1621/87, NA-Beschl.
v. 13.2.1990 – VI ZR 222/89, VersR 1990, 489
– Verzicht auf Strahlentherapie bei Brustkarzinom;

OLG München, Urt. v. 18.4.1991 – 1 U 6202/90, VersR 1992, 834
– Verzicht auf Operation einer Schultereckgelenksprengung;

OLG Koblenz, Urt. v. 12.6.1991 – 1 U 1851/89, VersR 1992, 963
– Verzicht auf Hüftgelenksoperation;

OLG München, Urt. v. 26.11.1992 – 1 U 6976/91, VersR 1993, 1488
– Verzicht auf Krebsoperation mit dem Risiko einer Harnleiterverletzung;

OLG Karlsruhe, Urt. v. 3.3.1993 – 7 U 180/91, NA-Beschl.
v. 26.10.1993 – VI ZR 105/93, VersR 1994, 860
– Verzicht auf Infiltration von Kortison zur Behebung von
Schmerzen im Fuß nicht plausibel;

OLG München, Urt. v. 30.3.1995 – 1 U 3458/94, VersR 1996, 102
– Verzicht auf die Extraktion des Weisheitszahns, solange dieser
nicht schmerzt;

OLG Köln, Urt. v. 29.6.1995 – 5 U 288/94, VersR 1996, 1413
– keine Plausibilität, wenn der Patient ein schwereres Risiko in
Kauf genommen hat;

OLG Stuttgart, Urt. v. 15.5.1997 – 14 U 21/96, VersR 1998, 1111
– Patient legt nicht dar, wozu er bei einer Aufschiebung der
Operation die Zeit genutzt hätte;

OLG Köln, Urt. v. 3.11.1997 – 5 U 98/97, NJW 1998, 3422
= VersR 1999, 98
– Ablehnen der sectio durch die Mutter nicht plausibel, wenn
feststeht, dass infolge bereits eingetretener Sauerstoffmangelversorgung das Kind nur so vor einem Hirndauerschaden bewahrt
werden kann; als Grundsatz zweifelhaft;

OLG Köln, Urt. v. 22.4.1998 – 5 U 232/96, VersR 1999, 1284 (LS)
– Ablehnung nicht plausibel bei alternativlos dringend indizierter
Entfernung des Weisheitszahns in Spezialklinik;

OLG Oldenburg, Urt. v. 4.8.1998 – 5 U 66/98, NJW-RR 1999, 390 = VersR 1999, 1422
– Ablehnung einer Sympathikusblockade plausibel im Blick auf Risiken aus einer Vorerkrankung;

OLG Stuttgart, Urt. v. 17.11.1998 – 14 U 69/97, NJW-RR 1999, 751 = VersR 1999, 1500
– Ablehnung der Leitungsanästhesie nicht plausibel bei Zahnextraktion wegen extrem seltenen Risikos einer Dauerschädigung des Nervus lingualis;

OLG Oldenburg, Urt. v. 30.3.1999 – 5 U 167/98, NJW-RR 2000, 23 = VersR 2000, 232
– Ablehnung intraartikulärer Injektion nicht plausibel, wenn der Patient sich vorher und nachher vergleichbaren Eingriffen ausgesetzt hat;

OLG Zweibrücken, Urt. v. 22.2.2000 – 5 U 25/99, VersR 2000, 892
– Ablehnung der Leitungsanästhesie nicht plausibel bei schmerzhafter Parodontosebehandlung wegen einer Dauerschädigung des Nervus lingualis;

OLG Koblenz, Urt. v. 13.5.2004 – 5 U 41/03, VersR 2005, 118 = MedR 2004, 502
– Ablehnung der Leitungsanästhesie bei Erneuerung der Füllung eines Backenzahns plausibel. Zustimmung zu früheren Narkosen kein Indiz, wenn damals über die Risiken nicht aufgeklärt wurde;

OLG Köln, Urt. v. 25.4.2007 – 5 U 180/05, BGH, NZB-Beschl. v. 6.11.2007 – VI ZR 140/07
– Verzicht auf Messerkonisation mit fraktionierter Abrasio bei Karzinom in situ wegen des Risikos der Unfruchtbarkeit der 28-jährigen Patientin;

OLG Köln, Urt. v. 28.4.2008 – 5 U 192/07, VersR 2009, 1119
– Wahl eines Neurochirurgen als Operateur statt des Urologen für die Operation eines Tumors mit auffälliger Verbindung zur Austrittsöffnung des nervus femoralis aus dem Wirbelkanal.

484 Können Feststellungen zum Entscheidungskonflikt des Patienten deshalb nicht getroffen werden, weil der Patient inzwischen verstorben ist, so geht das zu Lasten der Klageseite.

OLG Bamberg, Urt. v. 5.5.1997 – 4 U 170/96, NA-Beschl. v. 3.2.1998 – VI ZR 226/97, VersR 1998, 1025.

485 Bevor die beklagte Behandlungsseite nicht hypothetische Einwilligung behauptet, hat der klagende Patient keine Veranlassung, seine Gründe für eine Weigerung darzutun.

BGH, Urt. v. 9.11.1993 – VI ZR 248/92, NJW 1994, 799 = VersR 1994, 682;

BGH, Urt. v. 22.5.2007 – VI ZR 35/06, BGHZ 172, 254, 262 = NJW 2007, 2774 = VersR 2007, 1273;

OLG Frankfurt/M., Urt. v. 30.4.1987, 1 U 172/81, NA-Beschl. v. 8.3.1988 – VI ZR 161/87, NJW 1988, 1522 (LS), VersR 1988, 1032 (red. LS);

OLG Oldenburg, Urt. v. 27.5.1997 – 5 U 3/97, VersR 1998, 1156.

Der Arzt muss bei entsprechendem Bestreiten des Patienten auch nachweisen, **486** dass der Patient den Eingriff gerade von ihm hätte durchführen lassen.

> BGH, Urt. v. 9.7.1996 – VI ZR 101/95, NJW 1996, 3073 = VersR 1996, 1239, 1240.

Der Patient muss darlegen, weshalb der späte Zeitpunkt der Aufklärung sein **487** Entscheidungsrecht verkürzt hat.

> BGH, Urt. v. 7.4.1992 – VI ZR 192/91, NJW 1992, 2351 = VersR 1992, 960;
>
> BGH, Urt. v. 14.6.1994 – VI ZR 178/93, NJW 1994, 3009 = VersR 1235;
>
> OLG Karlsruhe, Urt. v. 7.6.2000 – 13 U 78/98, NA-Beschl. v. 13.3.2001 – VI ZR 262/00, VersR 2001, 860.

Eine ärztliche Heilbehandlung, die – mangels ausreichender Aufklärung – ohne **488** wirksame Einwilligung des Patienten erfolgt, führt nur dann zur Haftung des Arztes, wenn sie einen **Gesundheitsschaden** des Patienten zur Folge hat.

> BGH, Urt. v. 27.5.2008 – VI ZR 69/07, BGHZ 176, 342 = NJW 2008, 2344 = VersR 2008, 1688;
>
> OLG Köln, Beschl. v. 1.8.2012 – 5 U 234/11, GesR 2013, 411.

Der **Patient** hat die **Darlegungs- und Beweislast** dafür, **dass die Schadensfolge**, für die er Ersatz verlangt, auch wirklich **durch den eigenmächtigen Eingriff des Arztes verursacht worden ist** und nicht auf anderes zurückgeht.

> BGH, Urt. v. 26.11.1991 – VI ZR 389/90, NJW 1992, 754 = VersR 1992, 240;
>
> BGH, Urt. v. 7.2.2012 – VI ZR 63/11, BGHZ 192, 298 = NJW 2012, 850 = VersR 2012, 491;
>
> OLG Celle, Urt. v. 20.3.1989 – 1 U 51/88, NA-Beschl. v. 19.12.1989 – VI ZR 143/89, VersR 1990, 658;
>
> OLG Hamm, Urt. v. 8.12.1993 – 3 U 80/93, NA-Beschl. v. 20.9.1994 – VI ZR 63/94, VersR 1995, 709 – Nichtaufklären über Eigenblutspende bei unvorhersehbar höherem Transfusionsbedarf;
>
> OLG München, Urt. v. 9.11.1995 – 1 U 4325/94, NA-Beschl. v. 29.10.1996 – VI ZR 20/96, VersR 1997, 452 – Geburtsschaden wäre auch bei Verzicht auf die Geburtszange eingetreten;
>
> OLG Düsseldorf, Urt. v. 7.3.1996 – 8 U 93/95, VersR 1996, 1240 – kein Anscheinsbeweis für HIV-Infektion durch Bluttransfusion;
>
> OLG Hamburg, Urt. v. 27.11.1998 – 1 U 182/97, NA-Beschl. v. 27.7.1999 – VI ZR 28/99, VersR 2000, 190 – Verschluss des Bypasses nach Absetzen der Antikoagulations-Therapie.

Besteht die Pflichtverletzung in einer mangels wirksamer Einwilligung rechts- **489** widrigen **Fortsetzung einer konservativen Behandlung,** ist diese für den Schaden nur dann kausal, wenn pflichtgemäßes Handeln den Eintritt des

Schadens verhindert hätte. Die Darlegungs- und Beweislast hierfür trägt regelmäßig der Geschädigte.

BGH, Urt. v. 7.2.2012 – VI ZR 63/11, BGHZ 192, 298 = NJW 2012, 850 = VersR 2012, 491.

490 **Steht die Ursächlichkeit** der durchgeführten rechtswidrigen Behandlung für den behaupteten Schaden **fest**, muss der Arzt beweisen, dass es zu ähnlich schwerer Schädigung gekommen wäre, wenn der Patient bei ordnungsmäßiger Aufklärung die Behandlung nicht oder von einem anderen Arzt oder zu einem späteren Zeitpunkt hätte durchführen lassen (hypothetischer Kausalverlauf bei rechtmäßigem Alternativverhalten).

BGH, Urt. v. 14.4.1981 – VI ZR 39/80, VersR 1981, 677;

BGH, Urt. v. 5.4.2005 – VI ZR 216/03, NJW 2005, 2072 = VersR 2005, 942;

BGH, Urt. v. 7.2.2012 – VI ZR 63/11, BGHZ 192, 298 = NJW 2012, 850 = VersR 2012, 491.

491 Zum **Schadensersatz** kommt es ferner **nur, wenn** und soweit das „Tauschrisiko" der Behandlung das „Krankheitsrisiko" (Rz. 159 ff) **deutlich überstiegen hat**, da der Patient nur die Nachteile ersetzt verlangen kann, die ohne die Behandlung nicht eingetreten wären. Zwar ist nicht ohne Weiteres davon auszugehen, dass sich ein spezifisches Risiko der Behandlung auch sonst verwirklicht hätte. Schadensersatz verlangt aber den Vergleich mit der Gesamtlage, die ohne die Behandlung bestehen würde. Die **Beweislast** für die Entwicklung der Krankheit ohne den Eingriff hat der BGH in Anlehnung an die Rechtsprechung zu den sog. „Reserveursachen", um deren Kategorie es aber wegen der wesensmäßigen Belastung jeder Behandlung mit den „geborenen" Patienten- und Krankheitsrisiken nicht unmittelbar geht, der **Behandlungsseite** auferlegt.

BGH, Urt. v. 10.7.1959 – VI ZR 87/58, VersR 1959, 811, 812;

vgl. ferner mit dieser Tendenz auch
BGH, Urt. v. 23.10.1984 – VI ZR 24/83, NJW 1985, 676 = VersR 1985, 60, 62;

OLG Stuttgart, Urt. v. 21.6.1978 – 1 U 42/77, NA-Beschl. v. 10.4.1979 – VI ZR 190/78, VersR 1979, 849;

OLG Hamm, Urt. v. 22.2.1984 – 3 U 222/83, NA-Beschl. v. 8.1.1985 – VI ZR 72/84, VersR 1985, 1072;

OLG Celle, Urt. v. 3.3.1986 – 1 U 11/85, NA-Beschl. v. 9.12.1986 – VI ZR 92/86, VersR 1987, 567;

OLG Köln, Urt. v. 1.12.2008 – 5 U 86/08, VersR 2009, 982.

492 Der Arzt muss **prinzipiell für alle Folgen des Eingriffs haften**, wenn diesem keine Einwilligung des Patienten zugrunde gelegen hat.

OLG Karlsruhe, Urt. v. 22.12.2004 – 7 U 4/03, VersR 2006, 515 – fehlende Aufklärung der Mutter über eine sectio als echte Alternative zur vaginalen Geburt; Ersatz des Mehrbedarfs wegen einer Armplexusparese mit Dauerschaden;

OLG Celle, Urt. v. 2.7.2007 – 1 U 106/06, VersR 2008, 123
– Ersatz der Unterhaltslast für das infolge seiner Frühgeburt
schwerstbehinderte Kind wegen Nichtaufklärung der Mutter
über schwangerschaftsverlängernde Alternativen.

Er haftet also grundsätzlich auch dann, **wenn sich das Risiko**, das er nicht
genannt hat, im konkreten Fall gar **nicht verwirklicht hat.**

BGH, Urt. v. 1.10.1985 – VI ZR 19/84, VersR 1985, 183
– Kieferhöhlenradikaloperation;

BGH, Urt. v. 14.2.1989 – VI ZR 65/88, BGHZ 106, 391 = NJW
1989, 1533 = VersR 1989, 514
– intraartikuläre Injektion in das Schultergelenk;

BGH, Urt. v. 12.3.1991 – VI ZR 232/90, NJW 1991, 2346
= VersR 1991, 777
– Myelographie;

BGH, Urt. v. 14.11.1995 – VI ZR 359/94, NJW 1996, 777
= VersR 1996, 195
– Myelographie;

BGH, Urt. v. 30.1.2001 – VI ZR 353/99, NJW 2001, 2798
= VersR 2001, 592
Bandscheibenoperation.

In diesem Fall kann es aber aus **Schutzzweckerwägungen** heraus geboten
sein, den **Arzt** von der Haftung für die Folgen der Behandlung **freizustellen,**
wenn es an dem für seine Haftung erforderlichen **Zurechnungszusammen-**
hang dieser Folgen mit dem aufklärungsbedürftigen, aber nicht angespro-
chenen Risiko fehlt.

BGH, Urt. v. 7.2.1984 – VI ZR 188/82, BGHZ 90, 96 = NJW
1984, 1395 = VersR 1984, 468
– Freistellung von der Haftung für ein Perforationsrisiko bei der
Rektoskopie, über das möglicherweise im Streitfall nicht aufzuklären war;

zu sehr einschränkend
OLG Bamberg, Urt. v. 28.7.2008 – 4 U 115/07, VersR 2009, 259
– bei fehlerhafter Aufklärung der Mutter über die echte Alternative einer sectio Ersatz regelmäßig nur dem Kind selbst er-
wachsenden Gesundheitsschäden, nicht des Schadens seiner
Mutter durch die vaginale Geburt.

Hat sich nur das Risiko verwirklicht, über das aufgeklärt worden ist, so   493
kanneine Haftung auch dann entfallen, wenn der Patient über andere aufklärungspflichtige Risiken nicht aufgeklärt worden ist, die sich aber nicht verwirklicht haben.

BGH, Urt. v. 15.2.2000 – VI ZR 48/99, BGHZ 144, 1 = NJW
2000, 1784 = VersR 2000, 725
– nach Schluckimpfung verwirklicht sich Kinderlähmungsrisiko,
über das aufgeklärt worden war; nicht aufgeklärt und nicht verwirklicht: Risiko einer Meningo-Encephalitis;

BGH, Urt. v. 30.1.2001 – VI ZR 353/99, NJW 2001, 2798
= VersR 2001, 592
– Bandscheibenoperation; obiter dictum;

BGH, Urt. v. 13.6.2006 – VI ZR 323/04, BGHZ 168, 103 = NJW
2006, 2477 = VersR 2006, 1073
– unbekannte Risiken einer Neulandmethode;

OLG Hamm, Urt. v. 12.5.2010 – I-3 U 134/09, VersR 2011, 625;

OLG Koblenz, Beschl. v. 26.2.2013 – 5 U 1474/12, NZB-Beschl.
v. 17.9.2013 – VI ZR 142/13, VersR 2014, 251
– Implantation einer Hüfttotalendoprothese mit Keramikbestand-
teilen statt der vom Patienten erwarteten Kunststoffauskleidung;

OLG Naumburg, Urt. v. 20.12.2012 – 1 U 120/11, MedR 2014,
320 mit krit. Anm. *Steffen*, MedR 2014, 323
– Zahnimplantate.

494 Haben sich nur Risiken verwirklicht, über die nicht aufzuklären war,
kommt eine Haftungsfreistellung des Arztes für Aufklärungsversäumnisse
jedenfalls dann in Betracht, wenn der Patient **wenigstens eine Grundaufklärung** über die Art und den Schweregrad des Eingriffs erhalten hat; dazu muss
er wenigstens einen Hinweis auf das schwerste möglicherweise in Betracht
kommende Risiko erhalten haben.

BGH, Urt. v. 14.2.1989 – VI ZR 65/88, BGHZ 106, 391 = NJW
1989, 1533 = VersR 1989, 514;

BGH, Urt. v. 12.3.1991 – VI ZR 232/90, NJW 1991, 2346
= VersR 1991, 777;

BGH, Urt. v. 14.11.1995 – VI ZR 359/94, NJW 1996, 777
= VersR 1996, 195:
bei Verschweigen des Risikos einer Querschnittslähmung verwirklicht sich das nicht aufklärungspflichtige Risiko eines
Krampfanfalls.

Der Bundesgerichtshof hat den Begriff **Grundaufklärung** zur Begründung
der Haftung aus einem Aufklärungsfehler gerade für die besonderen Fall-
gruppen herangezogen, in denen es um ein **äußerst seltenes, nicht aufklä-
rungspflichtiges Risiko** ging, das sich dann aber doch bei dem Eingriff **verwirklicht** hat. Ist in einem solchen Fall der Patient über das betreffende Risiko
nicht aufgeklärt worden, so kann sich ein **Mangel der Grundaufklärung**
auswirken, wenn nämlich dem Patienten nicht einmal ein Hinweis auf das
schwerstmögliche Risiko gegeben worden ist, so dass er sich von der Schwere
und Tragweite des Eingriffs keine Vorstellung machen konnte. Bei einer solchen
Fallkonstellation kann es unter dem Blickpunkt der fehlenden Grundaufklärung gerechtfertigt sein, dem Arzt die Haftung zuzurechnen, obwohl der
Schaden, für den er einstehen soll, aus einem Risiko entstanden ist, über das
er nicht hätte aufklären müssen.

BGH, Urt. v. 30.1.2001 – VI ZR 353/99, NJW 2001, 2798
= VersR 2001, 592
– obiter dictum;

OLG Hamm, Urt. v. 21.9.1994 – 3 U 290/93, NA-Beschl.
v. 7.11.1995 – VI ZR 381/94, VersR 1996, 197 (LS);
OLG Oldenburg, Urt. v. 17.6.1997 – 5 U 21/97, VersR 1998, 1285;
OLG Hamburg, Urt. v. 27.2.1998 – 1 U 131/97, MDR 1998, 906
= VersR 1999, 316
– kein Hinweis auf Dauerschädigung des Nervus lingualis durch
Leitungsanästhesie bei Extraktion eines Weisheitszahns;
OLG Brandenburg, Urt. v. 1.9.1998 – 1 U 3/99, VersR 2000, 1283
– Myelographie ohne jede Aufklärung, vorübergehende Blasen-
lähmung;
OLG Bremen, Urt. v. 21.12.1999 – 3 U 42/99, VersR 2001, 340
– Bandscheibenoperation ohne Hinweis auf das Risiko der Insta-
bilität der Wirbelsäule und Letalitätsrisiko; Blasen- und Mast-
darmentleerungsstörungen.

Ferner darf der Schaden, der sich verwirklicht hat, nach Bedeutung und Aus- **495**
wirkung für den Patienten **nicht dem mitzuteilenden Risiko ähnlich** sein.
Deshalb kommen für eine Korrektur durch den Schutzzweckzusammenhang
vorwiegend Fälle in Betracht, in denen das Aufklärungsversäumnis im aufzu-
klärenden Risikospektrum eher eine nicht so bedeutende Spezialität betroffen
hat.

BGH, Urt. v. 14.2.1989 – VI ZR 65/88, BGHZ 106, 391 = NJW
1989, 1533 = VersR 1989, 514;
BGH, Urt. v. 12.3.1991 – VI ZR 232/90, NJW 1991, 2346
= VersR 1991, 777;
BGH, Urt. v. 14.11.1995 – VI ZR 359/94, NJW 1996, 777
= VersR 1996, 195
– Myelographie.

Drittens dürfen die Folgen, die den Patienten belasten, mit der **Stoßrichtung** **496**
des aufklärungspflichtigen, aber verschwiegenen Risikodetails für die
Lebensführung des Patienten nichts zu tun haben. Am Zurechnungszusammenhang lässt der BGH die Haftung unter dem Strich also nur dann
scheitern, wenn sich die Berufung auf den Aufklärungsmangel als Miss-
brauch der Aufklärungspflicht durch den Patienten darstellt.

Nicht beeinträchtigt es den Zurechnungszusammenhang, wenn sich das auf- **497**
klärungspflichtige, aber verschwiegene Risiko in einer Form verwirklicht hat,
mit der nicht zu rechnen und die dem Patienten deshalb so nicht darzustellen
war.

BGH, Urt. v. 14.2.1989 – VI ZR 65/85, BGHZ 106, 391 = NJW
1989, 1533 = VersR 1989, 514
– intraartikuläre Injektion eines kortisonhaltigen Präparats in das
Schultergelenk führt über eine Infektion (aufklärungspflichtig)
ganz ausnahmsweise zum Tod des Patienten (nicht aufklärungspflichtig);

BGH, Urt. v. 12.3.1991 – VI ZR 232/90, NJW 1991, 2346
= VersR 1991, 777
– nach Bandscheibenoperation stellt sich statt Caudalähmung
(aufklärungspflichtig) eine Lähmung psychogener Genese (nicht
aufklärungspflichtig) ein.

III. Dokumentationspflicht, Einsichtsgewährungspflicht

498 Die vertraglich wie deliktisch begründete Pflicht des Arztes zur **Dokumentation** des Behandlungsgeschehens wird vom BGH und von § 630f BGB in
erster Linie als notwendige **Grundlage für die Sicherheit des Patienten** in
der Behandlung angesehen.

> BGH, Urt. v. 27.6.1978 – VI ZR 183/76, BGHZ 72, 132 = NJW
> 1978, 2337 = VersR 1978, 1002;
>
> BGH, Urt. v. 7.6.1983 – VI ZR 284/81, VersR 1983, 983;
>
> BGH, Urt. v. 18.3.1986 – VI ZR 215/84, NJW 1986, 2365
> = VersR 1986, 788;
>
> BGH, Urt. v. 2.6.1987 – VI ZR 174/86, NJW 1988, 762 = VersR
> 1987, 1238.

§ 4 des Gesetzes zur Regelung des Transfusionswesens (TFG) i. d. F. v.
28.8.2007 – BGBl I, 2169 – ordnet eine umfassende Dokumentation der Anwendung von Blutprodukten an. Die Anordnung gilt nicht für die Entnahme
geringfügiger Mengen zu diagnostischen Zwecken und für die Injektion ho-
möopathischer Eigenblutprodukte (§ 28 TFG).

> BGH, Urt. v. 17.1.2012 – VI ZR 336/10, BGHZ 192, 198 = NJW
> 2012, 684 = VersR 2012, 363.

499 Im Licht der Urteile zum Recht des Patienten auf Einsicht in die Krankenunterlagen ist der Anspruch auf Dokumentation ebenso wie das Einsichtsrecht aber
auch unter dem Aspekt des Persönlichkeitsrechts zu würdigen.

> BGH, Urt. v. 23.11.1982 – VI ZR 222/79, BGHZ 85, 327 = NJW
> 1983, 328;
>
> BGH, Urt. v. 2.10.1984 – VI ZR 311/82, NJW 1985, 674 = VersR
> 1984, 1171;
>
> BGH, Urt. v. 3.2.1987 – VI ZR 56/86, BGHZ 99, 391 = NJW
> 1987, 1482 = VersR 1987, 1089;
>
> BGH, Urt. v. 6.12.1988 – VI ZR 76/88, BGHZ 106, 146 = NJW
> 1989, 764 = VersR 1989, 252;
>
> BGH, Urt. v. 24.1.1989 – VI ZR 170/88, NJW 1989, 2330
> = VersR 1989, 512;
>
> OLG Koblenz, Urt. v. 15.1.2004 – 5 U 1145/03, VersR 2004, 1323.

500 Auch als Rechenschaftspflicht gegenüber der Person ist allerdings die Pflicht
zu Krankenaufzeichnungen ausschließlich der medizinischen Seite der Behandlung verhaftet; **nicht zielt sie auf Beweissicherung für den Haftungs-
prozess** des Patienten. Deshalb ist eine **Dokumentation, die medizinisch
nicht erforderlich ist,** auch **nicht aus Rechtsgründen geboten.**

BGH, Urt. v. 24.1.1989 – VI ZR 170/88, NJW 1989, 2330
= VersR 1989, 512;

BGH, Urt. v. 23.3.1993 – VI ZR 26/92, NJW 1993, 2375 = VersR
1993, 836
– Routinekontrolle auf Sudeck o. B.;

BGH, Urt. v. 9.11.1993 – VI ZR 248/92, NJW 1994, 799 = VersR
1994, 682
– chronische Entzündung des Weisheitszahns;

OLG Saarbrücken, Urt. v. 10.6.1987 – 1 U 103/85, NA-Beschl.
v. 29.3.1988 – VI ZR 193/87, VersR 1988, 916;

OLG Oldenburg, Urt. v. 30.1.2008 – 5 U 92/06, VersR 2008, 691
– keine Aufzeichnung medizinisch unwesentlicher Zwischen-
schritte.

Zu dokumentieren sind die wichtigsten diagnostischen und therapeutischen **501**
Maßnahmen (Diagnoseuntersuchungen, Funktionsbefunde, Medikation, ärztliche Hinweise für und Anweisungen an die Funktions- und die Behandlungspflege, Abweichung von Standardbehandlung) und Verlaufsdaten (Aufklärung,
Operationsbericht, Narkoseprotokoll, Zwischenfälle, Wechsel des Operateurs
in der Operation, Anfängerkontrolle, Intensivpflege, Verlassen des Krankenhauses gegen ärztlichen Rat); vgl. § 630f Abs. 2 BGB. Je komplizierter der
Eingriff, desto höher die Anforderungen an die Genauigkeit seiner Dokumentation.

BGH, Urt. v. 23.4.1985 – VI ZR 207/83, NJW 1985, 2194
= VersR 1985, 740, 741;

BGH, Urt. v. 7.5.1985 – VI ZR 224/83, NJW 1985, 2193 = VersR
1985, 782, 784;

BGH, Urt. v. 18.3.1986 – VI ZR 215/84, NJW 1986, 2365
= VersR 1986, 788
– Dekubitus I;

BGH, Urt. v. 3.2.1987 – VI ZR 56/86, BGHZ 99, 391 = NJW
1987, 1482 = VersR 1987, 1089
– Lungenbefund;

BGH, Urt. v. 19.5.1987 – VI ZR 147/86, NJW 1987, 2300
= VersR 1987, 1091
– Verlassen der Klinik;

BGH, Urt. v. 2.6.1987 – VI ZR 174/86, NJW 1988, 762 = VersR
1987, 1238
– Dekubitus II;

BGH, Urt. v. 26.4.1988 – VI ZR 246/86, NJW 1988, 2298
= VersR 1988, 723
– Laborbefunde über Urinuntersuchung;

BGH, Urt. v. 24.1.1989 – VI ZR 170/88, NJW 1989, 2330
= VersR 1989, 512
– Gründe für ausnahmsweises Abgehen von hergebrachter
Operationsmethode;

BGH, Urt. v. 13.2.1990 – VI ZR 141/89 (unveröff.)
– Spaltung des Rundgipses;

BGH, Urt. v. 9.11.1993 – VI ZR 248/92, NJW 1994, 799 = VersR 1994, 682
– akute Entzündung des zu extrahierenden Weisheitszahns;

OLG Köln, Urt. v. 19.10.1987 – 7 U 131/86, NA-Beschl. v. 5.7.1988 – VI ZR 322/87, VersR 1988, 1274
– Kontrollergebnisse zur Vermeidung eines Druckaufbaus in den Harnwegen nach Ureterneueinpflanzung;

OLG Düsseldorf, Urt. v. 12.7.1990 – 8 U 235/88, NA-Beschl. v. 7.5.1991 – VI ZR 271/90, VersR 1991, 1138
– Status bei Wechsel des Operateurs;

OLG Köln, Urt. v. 15.11.1993 – 27 U 231/92, VersR 1994, 1424
– Darstellung der Schulterentwicklung nach Schulterdystokie in Einzelheiten;

OLG Stuttgart, Urt. v. 29.7.1997 – 14 U 20/96, NA-Beschl. v. 24.3.1998 – VI ZR 266/97, VersR 1998, 1550
– Pflicht zur Dokumentation des negativen Befundes der Kontrolle des Knies auf Überwärmung und Rötung bei Verdacht auf bakterielle Infektion des Kniegelenks nach Arthroskopie;

OLG Stuttgart, Urt. v. 23.9.1997 – 14 U 71/96, VersR 1999, 582
– das genaue Vorgehen zur Lösung einer Schulterdystokie in der Geburt;

OLG Zweibrücken, Urt. v. 12.5.1998 – 5 U 35/96, VersR 1999, 719
– der genaue OP-Verlauf und die dabei erhobenen Befunde bei der Hüftgelenkserneuerung unter anatomisch schwierigen Verhältnissen;

KG, Urt. v. 21.9.1999 – 6 U 261/98, VersR 2000, 89
– bei Zweifeln über Anerkennung der Behandlung durch Krankenversicherer erhöhte Pflicht zur Dokumentation der medizinischen Notwendigkeit;

OLG Düsseldorf, Urt. v. 11.11.1998 – 8 U 184/98, NJW 2001, 900 = VersR 2001, 1516
– das genaue Vorgehen bei der Excimer-Laserbehandlung zur Hyperopiekorrektur lediglich aus kosmetischen Gründen;

OLG Schleswig, Urt. v. 8.6.2001 – 4 U 28/00, VersR 2001, 1516 und

OLG Düsseldorf, Urt. v. 6.3.2003 – 8 U 22/02, VersR 2003, 1310
– Behandlungsverweigerung des Patienten;

OLG Hamm, Urt. v. 29.1.2003 – 3 U 91/02, NZB-Beschl. v. 16.12.2003 – VI ZR 74/03, VersR 2005, 412
Geburtsprotokoll; CTG-Aufzeichnungen unter der Geburt;

OLG Bamberg, Urt. v. 25.4.2005 – 4 U 61/04, VersR 2005, 1244
– Schulterdystokie;

OLG Koblenz, Urt. v. 27.7.2006 – 5 U 212/05, VersR 2007, 544
– Operationsbericht;

OLG München, Urt. v. 8.7.2010 – 1 U 4550/08, VersR 2012, 111.

502 Grundsätzlich **genügt Aufzeichnung in Stichworten** so, dass Irrtümer beim nachbehandelnden Arzt vermieden werden.

BGH, Urt. v. 7.6.1983 – VI ZR 284/81, VersR 1983, 983;

BGH, Urt. v. 10.3.1992 – VI ZR 64/91, NJW 1992, 1560 = VersR
1992, 745
– bei Dokumentation der Befestigung des operierten Appendix
genügt „Stumpf in typischer Weise versenkt".

Es ist kein Dokumentationsmangel, wenn nicht alle Befunde einer Duplex-
Ultraschalluntersuchung durch Bilder aktenkundig gemacht werden. Es genügt die Dokumentation der Vorgehensweise bei der Befunderhebung und
der vom Arzt dabei gewonnen Erkenntnisse.

OLG Naumburg, Urt. v. 13.3.2008 – 1 U 83/07, VersR 2008, 1073.

Details sind anzugeben, wenn anders die Angaben für den Fachmann nicht **503**
hinreichend klar sind bzw. der Verlauf Besonderheiten aufweist. Sich von
selbst verstehende Routinehandreichungen und -kontrollen müssen nicht
dokumentiert werden.

BGH, Urt. v. 24.1.1984 – VI ZR 203/82, NJW 1984, 1403
= VersR 1984, 386;
für Lagerung in „Häschenstellung" genügt Symbol; keine Dokumentation der Routinekontrollen für richtige Lagerung während
der Operation oder der Abstürzung;
BGH, Urt. v. 23.3.1993 – VI ZR 26/92, NJW 1993, 2375 = VersR
1993, 836
– keine Dokumentationspflicht für Routinekontrollen o. B.;
OLG Frankfurt/M., Urt. v. 5.6.1986 – 1 U 225/84, NA-Beschl.
v. 24.3.1987 – VI ZR 197/86, VersR 1987, 1118
– keine Dokumentationspflicht für Druckverband;
OLG Bamberg, Urt. v. 30.1.1991 – 8 U 21/90, NA-Beschl.
v. 17.3.1992 – VI ZR 176/91, VersR 1992, 831
– keine Pflicht des Hausarztes zur Dokumentation aller Untersuchungen bei Hausbesuch;
OLG Oldenburg, Urt. v. 25.11.1997 – 5 U 71/97, VersR 1999, 319
– keine Pflicht zur genauen Maßangabe des nach Billroth II entfernten Magens.

Für die selbständige Operation des erst in der Facharztausbildung stehenden **504**
Arztes verlangt der BGH indes genaue Aufzeichnungen auch bei Routine-
eingriffen.

BGH, Urt. v. 7.5.1985 – VI ZR 224/83, NJW 1985, 2193 = VersR
1985, 782, 784.

Dokumentationsmängel können als **Behandlungsfehler** eine Haftung für **505**
die Folgen einer erneuten Diagnoseuntersuchung begründen, selbst wenn
diese lege artis erfolgt, aber bei sorgfältiger Dokumentation unnötig gewesen
wäre, oder zur Haftung für eine durch die Lücken bedingte falsche Therapie
oder Übertherapie oder zu Kontraindikationen führen. Sie können sich auch
aus einer **zu frühen Vernichtung der Unterlagen** (Praxisaufgabe) ergeben.
Unterlagen sind mindestens zehn Jahre nach Abschluss der Behandlung
(§ 630f Abs. 3 BGB), wo das nach ärztlicher Erfahrung geboten ist auch länger, aufzubewahren. § 85 Abs. 3 der StrahlenschutzVO (StrlSchV) v. 20.7.2001

i. d. F. v. 4.10.2011 – BGBl I 2011, 2000 – und § 28 Abs. 3 RöntgenVO
i. d. F. v. 4.10.2011 – BGBl I 2011, 2048 – sehen eine Aufbewahrungszeit von
30 Jahren vor. Maßgebend sollte prinzipiell auch hier die medizinische, nicht
die (verjährungs-)rechtliche Relevanz der Daten sein.

506 Dokumentationslücken können allerdings den **Beginn der Verjährung** für
einen Behandlungsfehler **hinausschieben**, soweit sie die dafür erforderliche
Kenntnis des Patienten bzw. sein Kennenmüssen von dem Behandlungsgeschehen verzögern.

> BGH, Urt. v. 23.4.1985 – VI ZR 207/83, NJW 1985, 2194
> = VersR 1985, 740, 741.

507 **Dokumentationsversäumnisse** als solche sind in aller Regel **kein eigen-
ständiger Anknüpfungspunkt für eine** vertragliche oder deliktische **Haftung.**

> BGH, Urt. v. 28.6.1988 – VI ZR 217/87, NJW 1988, 2949;
>
> BGH, Urt. v. 23.3.1993 – VI ZR 26/92, NJW 1993, 2375 = VersR
> 1993, 836;
>
> OLG Köln, Urt. v. 20.4.1989 – 7 U 20/88, NA-Beschl.
> v. 23.1.1990
> – VI ZR 164/89, VersR 1990, 856.

508 Dokumentationslücken haben aber beweisrechtliche Folgen. **Nichtdokumentation** einer aufzeichnungspflichtigen Maßnahme **indiziert ihr Unterbleiben**
(vgl. § 630h Abs. 3 BGB).

> BGH, Urt. v. 21.9.1982 – VI ZR 302/80, BGHZ 85, 212 = NJW
> 1983, 333 = VersR 1982, 1193;
>
> BGH, Urt. v. 10.3.1981 – VI ZR 202/79, NJW 1981, 2002
> = VersR 1981, 730;
>
> BGH, Urt. v. 7.6.1983 – VI ZR 284/81, VersR 1983, 983;
>
> BGH, Urt. v. 7.5.1985 – VI ZR 224/83, NJW 1985, 2193 = VersR
> 1985, 782, 784;
>
> BGH, Urt. v. 18.3.1986 – VI ZR 215/84, NJW 1986, 2365
> = VersR 1986, 788;
>
> BGH, Urt. v. 3.2.1987 – VI ZR 56/86, BGHZ 99, 391 = NJW
> 1987, 1482 = VersR 1987, 1089
> – Röntgenaufnahme;
>
> BGH, Urt. v. 19.5.1987 – VI ZR 147/86, NJW 1987, 2300
> = VersR 1987, 1091
> – Verlassen der Klinik gegen ärztlichen Rat;
>
> BGH, Urt. v. 2.6.1987 – VI ZR 174/86, NJW 1988, 762 = VersR
> 1987, 1238
> – Dekubitusprophylaxe;
>
> BGH, Urt. v. 13.2.1990 – VI ZR 141/89 (unveröff.)
> – ungespaltener Rundgips;
>
> BGH, Beschl. v. 9.6.2009 – VI ZR 261/08, VersR 2009, 1406
> – bei Sauerstoffproblemen des Neugeborenen Beatmung auf der
> Station nicht dokumentiert, also auch nicht erfolgt;

OLG Köln, Urt. v. 10.4.1991 – 27 U 35/90, NA-Beschl.
v. 14.4.1992 – VI ZR 175/91, VersR 1992, 1231
– nicht erfolgte Sicherungsaufklärung;

OLG Zweibrücken, Urt. v. 16.1.1996 – 5 U 45/94, VersR 1997, 1103
– keine Dokumentation der Maßnahmen zur Behebung einer
Schulterdystokie;

OLG Düsseldorf, Urt. v. 13.6.1996 – 8 U 98/95, VersR 1997, 748
(LS)
– keine Eintragung über das Anlegen einer Blutsperre bei Entfernung eines Tumors in unmittelbarer Nähe des nervus ulnaris;

OLG München, Urt. v. 20.6.1996 – 1 U 4529/95, NA-Beschl.
v. 4.2.1997 – VI ZR 309/96, VersR 1997, 977
– keine Eintragung über Hinzuziehung eines Arztes bei Notfall-
verlegung des Neugeborenen in Kinderklinik;

OLG Düsseldorf, Urt. v. 6.3.2003 – 8 U 22/02, VersR 2003, 1310
– keine Eintragung über Weigerung des Patienten, dringend indizierten Diagnosemaßnahmen zuzustimmen;

OLG Koblenz, Urt. v. 12.6.2008 – 5 U 1198/07, VersR 2009, 70
– Aufklärung über eine sectio als echte Alternative nicht
dokumentiert;

OLG Koblenz, Urt. v. 12.2.2009 – 5 U 927/06, VersR 2009 1077
– keine Dokumentation erforderlicher Schutzvorkehrungen zur
Vermeidung von Nervverletzungen;

OLG München, Urt. v. 8.7.2010 – 5 U 4550/08, VersR 2012, 111
– Fehlen einer Dokumentation über das Vorgehen zur Lösung
einer Schulterdystokie indiziert fehlerhaftes Vorgehen.

Ist der so anzunehmende Behandlungsfehler als grob zu bewerten oder stellt **509**
er sich als Verletzung einer spezifischen Pflicht zur Befundsicherung dar,
kann (mittelbar) das Dokumentationsversäumnis sogar zur Beweislastumkehr
führen (vgl. Rz. 561 ff).

Sind im Operationsbericht keine Auffälligkeiten bezüglich einer Markna- **510**
gelung bei Oberarmschaftbruch dokumentiert, so ist, weil solche Besonderheiten zu dokumentieren sind, davon auszugehen, dass eine postoperativ
festgestellte Schaftsprengung nicht auf unfallbedingten Knochenschädigungen,
sondern auf fehlerhaftem ärztlichen Vorgehen beruht.

OLG Düsseldorf, Urt. v. 20.12.1990 – 8 U 110/89, VersR 1991,
1176.

Ist nicht dokumentiert, wie eine Schulterdystokie gelöst worden ist, so lässt
die Vermutung zu, dass dabei nicht lege artis vorgegangen worden ist.

OLG Stuttgart, Urt. v. 23.9.1997 – 14 U 71/96, VersR 1999, 582.

Die Behandlungsseite trifft zumindest eine Substantiierungspflicht. Werden
bei einer Hüftgelenkserneuerung unter besonders schwierigen anatomischen
Verhältnissen Operationsverlauf und Befunde nicht ausreichend dokumentiert, dann kann das die Befundsicherungspflicht verletzen mit Beweiserleichterungen für den Patienten hinsichtlich der Kausalität.

OLG Zweibrücken, Urt. v. 12.5.1998 – 5 U 35/96, VersR 1999, 719.

Dokumentiert der Augenarzt nicht die Einzelheiten einer nur aus kosmetischen Gründen vorgenommenen Excimer-Laser-Behandlung zur Hyperkorrektur, kann das in Bezug auf eine Schädigung der Hornhautstruktur Beweiserleichterungen für den Patienten rechtfertigen.

> OLG Düsseldorf, Urt. v. 11.11.1999 – 8 U 184/98, NJW 2001, 900 = VersR 2001, 374.

511 Bei Verlust von EKG oder Röntgenaufnahmen infolge einer Verletzung der Pflicht, über ihren Verbleib jederzeit Auskunft geben zu können, kann indiziell von einer positiven Befundung ausgegangen werden.

> BGH, Urt. v. 21.11.1995 – VI ZR 341/94, NJW 1996, 779 = VersR 1996, 333;
>
> BGH, Urt. v. 13.2.1996 – VI ZR 402/94, BGHZ 132, 47 = NJW 1996, 1589 = VersR 1996, 633.

Zur Unauffindbarkeit von MRT-Aufnahmen vgl.

> OLG Koblenz, Beschl. v. 12.4.2013 – 5 U 4/13, VersR 2014, 207.

512 Der Arzt kann den Vorwurf, dass die Maßnahme unterblieben sei, noch im Prozess entkräften.

> BGH, Urt. v. 10.1.1984 – VI ZR 122/82, NJW 1984, 1408 = VersR 1984, 354;
>
> OLG Köln, Urt. v. 20.4.1989 – 7 U 20/88, NA-Beschl. v. 23.1.1990 – VI ZR 164/89, VersR 1990, 856;
>
> OLG München, Urt. v. 12.12.1991 – 1 U 3075/91, VersR 1993, 362 (LS).

513 Widersprüchen in der Dokumentation hat das Gericht nachzugehen.

> BGH, Urt. v. 3.2.1998 – VI ZR 356/96, NJW 1998, 2736 = VersR 1998, 634.

514 Auch wenn das Aufklärungsgespräch nicht dokumentiert ist, kann die Aufklärung durch Zeugenaussagen nachgewiesen werden.

> OLG München, Urt. v. 18.1.1990 – 1 U 3574/89, NA-Beschl. v. 30.10.1990 – VI ZR 98/90, VersR 1991, 190 (LS).

515 Zwar wird die Dokumentation nicht dadurch entwertet, dass sie dürftig oder schwer zu lesen ist und teilweise von der Sprechstundenhilfe herrührt.

> BGH, Urt. v. 29.5.1990 – VI ZR 240/89 (unveröff.).

516 Andererseits kann der Arzt mit einer korrekten **Dokumentation Beweis** für eine fehlerfreie Behandlung, für ordnungsgemäße Aufklärung des Patienten erbringen. Eine ärztliche Dokumentation indiziert in der Regel, dass darin genannte Behandlungsmaßnahmen durchgeführt wurden bzw. unterblieben sind, wenn entsprechend dokumentationspflichtige Tatsachen nicht erwähnt werden. Diese Indizwirkung gilt aber grundsätzlich nur dann, wenn die Dokumentation **zeitnah** erstellt worden ist.

> KG; Urt. v. 10.1.2013 – 20 U 225/10, GesR 2013, 608.

Die Überzeugungskraft einer EDV-gestützten Dokumentation wird nicht **517** schon dadurch entwertet, dass das vom Arzt verwendete Computerprogramm nicht gegen nachträgliche Veränderungen gesichert ist.

> OLG Hamm, Urt. v. 26.1.2005 – 3 U 161/04, VersR 2006, 842;
>
> OLG Naumburg, Urt. v. 26.1.2012 – 1 U 45/11, GesR 2012, 762.

Das Recht des Patienten, die **Krankenunterlagen einzusehen** und auf seine **518** Kosten **von ihnen Fotokopien fertigen zu lassen** (vgl. § 630g Abs. 1 und 2 BGB), hat seine Grundlage in seinem durch Art. 2 Abs. 1 i. V. m. Art. 1 Abs. 1 GG gewährleisteten Selbstbestimmungsrecht.

> BVerfG (1. Kammer des Ersten Senats), Beschl. v. 16.9.1998
> – 1 BvR 1130/98, NJW 1999, 1777;
>
> BVerfG (2. Kammer des Zweiten Senats), Beschl. v. 9.1.2006
> – 2 BvR 443/02, NJW 2006, 1116.

Es besteht in erster Linie gegen den Vertragspartner; jedoch ist es als Ausfluss des Persönlichkeitsrechts mit diesem auch deliktisch begründet. Es erscheint nicht möglich, es (ebenso wenig wie die Aufklärungspflicht, die derselben Wurzel entspringt) vertraglich auszuschließen; wohl kann der Patient auf die Ausübung des Rechtes verzichten, jedoch kann der Arzt seine Behandlung nicht von solchem Verzicht abhängig machen. Ein **besonderes schutzwürdiges Interesse** an der Einsicht braucht der Patient **grundsätzlich nicht darzulegen.**

> BGH, Urt. v. 23.11.1982 – VI ZR 222/79, BGHZ 85, 327 = NJW 1983, 328;
>
> BGH, Urt. v. 23.11.1982 – VI ZR 177/81, BGHZ 85, 339 = NJW 1983, 330 = VersR 1983, 267;
>
> BGH, Urt. v. 31.5.1983 – VI ZR 259/81, NJW 1983, 2627 = VersR 1983, 834;
>
> BGH, Urt. v. 2.10.1984 – VI ZR 311/82, NJW 1985, 674 = VersR 1984, 1171;
>
> BGH, Urt. v. 6.12.1988 – VI ZR 76/88, BGHZ 106, 146 = NJW 1989, 764 = VersR 1989, 252.

Prinzipiell umfasst das **Einsichtsrecht** alle Aufzeichnungen. Indes kann das **519** Recht durch therapeutische Gesichtspunkte oder durch ebenfalls verfassungsrechtlich geschützte Persönlichkeitsrechte der Behandler oder Dritter eingeschränkt sein. Das elementare Informationsbedürfnis des Patienten muss jedoch nur gewichtigen entgegenstehenden Belangen weichen.

Nach der Interessen- und Güterabwägung des BGH, deren Verfassungsmäßig- **520** keit vom Ersten Senat des BVerfG bejaht worden ist,

> BVerfG, Beschl. v. 16.9.1998 – 1 BvR 1130/98, NJW 1999, 1777;

neuerdings aber vom Zweiten Senat des BVerfG jedenfalls für Fälle der Behandlung in Zwangsunterbringung in Frage gestellt wird,

> BVerfG, Beschl. v. 9.1.2006 – 2 BvR 443/02, NJW 2006, 1116,

erstreckt sich das Einsichtsrecht nicht auf Aufzeichnungen, an deren Zurückhaltung der Arzt ein besonders begründetes persönliches Interesse hat: auf seine persönlichen Eindrücke von dem Patienten und dessen Angehörigen, aufgenommen in die Anamnese; sofort wieder aufgegebene „erste" Verdachtsdiagnosen; Bemerkungen zu einem querulatorischen Verhalten des Patienten in der Behandlung. Selbstverständlich darf der Arzt den Patienten auch diese Aufzeichnungen einsehen lassen. Dass auch diese persönlichen Notizen für den Patienten wichtig sein können, erscheint dem BGH,

– mit entgegengesetzter Tendenz:
BVerfG, Beschl. v. 9.1.2006 – 2 BvR 443/02, NJW 2006, 1116,

für das Zurückbehaltungsrecht des Arztes unerheblich; es soll vermeiden, dass der Arzt sie im Blick auf das Einsichtsrecht des Patienten unterlässt.

Diese Einschränkung betrifft aber auch nach Auffassung des BGH nur solche für den Arzt „heikle" **Randnotizen**; andere Aufzeichnungen sind nicht etwa deshalb betroffen, weil sie subjektive Bewertungen des Arztes enthalten.

In seltenen Fällen können nach der vom Ersten Senat des BVerfG bestätigten bisherigen Auffassung des BGH **therapeutische Rücksichten dem Einsichtsrecht entgegenstehen**; jedoch muss das insbesondere für die sog. „objektiven Befunde" je für die in Frage stehenden Daten besonders begründet werden. Weitergehende Einschränkungen hat der BGH bisher nur für die psychiatrische und psychotherapeutische Behandlung zugelassen, weil und soweit in die Aufzeichnungen hier die Persönlichkeit des Arztes ebenso wie dritter Personen umfassender einfließt und spezifische therapeutische Risiken aus einer Rekonstruktion verarbeiteter Problemfelder für den Patienten entstehen können. Aber die Einschränkungen beziehen sich nur auf die für die Interpretations- und Rekonstruktionspotentiale psychisch Kranker „heiklen" Passagen (z. B. Anamnese, Gesprächsprotokolle) und bedürfen auch insoweit der Rücksicht auf den hohen Stellenwert des Persönlichkeitsrechts des Patienten auf Vergewisserung über den datenmäßig erfassten Status im pflichtgemäßen ärztlichen Ermessen. Sie bestehen deshalb insbesondere nicht für physikalisch objektivierte Befunde und Aufzeichnungen über bewertungsneutrale Maßnahmen (Operationsprotokolle, Medikation).

BGH, Urt. v. 23.11.1982 – VI ZR 177/81, BGHZ 85, 339 = NJW 1983, 330 = VersR 1983, 267;

BGH, Urt. v. 2.10.1984 – VI ZR 311/82, NJW 1985, 674 = VersR 1984, 1171;

BGH, Urt. v. 6.12.1988 – VI ZR 76/88, BGHZ 106, 146 = NJW 1989, 764 = VersR 1989, 252.

521 Auch in „heikle" **psychiatrische Krankenunterlagen** kann Einsicht nicht verweigert werden, wenn der Arzt in der Abwägung mit dem Persönlichkeitsrecht des Patienten auf Einsicht in die Daten ein stärkeres schutzwürdiges Interesse an ihrer Vorenthaltung nicht dartun kann. Er hat entgegen-

stehende therapeutische Gründe nach Art und Richtung näher zu kennzeichnen, muss allerdings nicht ins Detail gehen.

> BGH, Urt. v. 2.10.1984 – VI ZR 311/82, NJW 1985, 674 = VersR
> 1984, 1171;
>
> BGH, Urt. v. 6.12.1988 – VI ZR 76/88, BGHZ 106, 146 = NJW
> 1989, 764 = VersR 1989, 252.

Verletzung des Einsichtsrechts kann (vertraglich) zum Schadensersatz für **522** Nachteile des Patienten bei der Verfolgung von Vermögensinteressen führen (Erhebung unbegründeter Haftungsklagen).

Der Arzt ist nicht verpflichtet, an Eides statt zu versichern, dass die dem Pa- **523** tienten zugänglich gemachten Behandlungsunterlagen authentisch und vollständig sind bzw. dass Kopien die Behandlungsunterlagen vollständig abbilden.

> OLG München, Beschl. v. 16.11.2006 – 1 W 2713/06, VersR
> 2007, 1130.

Erben des verstorbenen Patienten haben das Einsichtsrecht, soweit seine ver- **524** mögensrechtliche Komponente betroffen ist (§ 630g Abs. 3 BGB); ihr vermögensrechtliches Interesse (z. B. Verfolgung von Schadensersatzansprüchen) haben sie nachzuweisen.

Grundsätzlich ist von der mutmaßlichen Einwilligung des verstorbenen Patienten in die Herausgabe der Behandlungsunterlagen an seine Erben zur Verfolgung eines Arzthaftungsanspruchs auszugehen.

> OLG München, Urt. v. 9.10.2008 – 1 U 2500/08, VersR 2009, 982.

Jedoch darf ihre Einsichtnahme nicht dem geäußerten oder mutmaßlichen Willen des Patienten an Geheimhaltung der Daten widersprechen. Den entgegenstehenden Patientenwillen muss der Arzt – nicht die Klinikverwaltung – darlegen; allerdings, um die Geheimhaltung nicht zu unterlaufen, nur in Grundzügen. Dabei ist jedoch dem Umstand Rechnung zu tragen, dass der Geheimhaltungswunsch des Verstorbenen häufig nur auf die Lebzeit begrenzt ist.

> BGH, Urt. v. 31.5.1983 – VI ZR 259/81, NJW 1983, 2627
> = VersR 1983, 834.

Zur **Schweigepflicht** des Arztes in Bezug auf eine lebensgefährliche Infektionskrankheit seines (HIV-)Patienten auch gegenüber dessen Lebensgefährtin, wenn diese ebenfalls Patientin des Arztes ist,

> *Bender*, VersR 2000, 322 mit abl. Anm. zu
> OLG Frankfurt/M., PKH-Beschl. v. 8.7.1999 – 8 U 67/99, NJW
> 2000, 320 = VersR 2000, 320.

Ergibt sich für einen Arzt bei einer Behandlung eines Kindes der begründete **Verdacht** einer **Kindesmisshandlung**, so ist die Verletzung der ärztlichen Schweigepflicht durch Information des Landeskriminalamtes und des Jugendamtes entsprechend § 34 StGB gerechtfertigt.

> KG, Urt. v. 27.6.2013 – 20 U 19/12, NJW 2014, 640.

525 Der BGH neigt dazu, auch den **nächsten Angehörigen** des Verstorbenen (§§ 77 Abs. 2, 194 Abs. 1 Satz 2, 205 Abs. 2 Satz 1 StGB) unabhängig von der Erbenstellung ein Einsichtsrecht zu geben, wenn sie nachweisen, dass es nachwirkenden Persönlichkeitsbelangen des Verstorbenen dient (personale Komponente des Einsichtsrechts; z. B. Verwirklichung eines Strafanspruchs). Auch insoweit ist ein Geheimhaltungsinteresse des Verstorbenen zu beachten. Die treuhänderische Verwaltung dieses Interesses ist Sache des Arztes; weder können die Angehörigen den Erben die Einsicht streitig machen noch umgekehrt.

> Vgl. BGH, Urt. v. 31.5.1983 – VI ZR 259/81, NJW 1983, 2627
> = VersR 1983, 834.

526 Ein Einsichtsrecht in die Pflegedokumentation steht auch dem Bewohner eines Pflegeheims zu. Liegt eine Einwilligung des Heimbewohners oder seines gesetzlichen Betreuers vor, kann dem Krankenversicherer aus übergegangenem Recht ein Anspruch auf Herausgabe von Kopien der Pflegedokumentation gegen Kostenerstattung zustehen.

> BGH, Urt. v. 23.3.2010 – VI ZR 249/08, BGHZ 185, 74 = VersR 2010, 969;
>
> BGH, Urt. v. 23.3.2010 – VI ZR 327/08, VersR 2010, 971.

Der Anspruch des Pflegeheimbewohners auf Einsicht in die Pflegeunterlagen geht auf den – aufgrund des Schadensereignisses zu kongruenten Sozialleistungen verpflichteten – Sozialversicherungsträger über, wenn und soweit mit seiner Hilfe das Bestehen von Schadensersatzansprüchen geklärt werden soll und die den Altenpflegern obliegende Pflicht zur Verschwiegenheit einem Gläubigerwechsel nicht entgegensteht.

> BGH, Urt. v. 26.2.2013 – VI ZR 359/11, VersR 2013, 648.

527 Einen Anspruch auf Auskunft über die an der Behandlung beteiligten Personen über das Einsichtsrecht hinaus hat der Patient nur bei Nachweis eines prozessualen Rechtsschutzinteresses; nicht dagegen zur Beschaffung von Informationen, um seine Ersatzansprüche zu begründen.

> OLG Düsseldorf, Urt. v. 30.1.2003 – 8 U 62/02, VersR 2005, 694;
>
> OLG Koblenz, Urt. v. 15.1.2004 – 5 U 1145/03, VersR 2004, 1323;
>
> OLG Frankfurt/M., Urt. v. 23.9.2004 – 8 U 67/04, VersR 2006, 81.

IV. Verjährungsprobleme

528 Das Recht der Verjährung ist durch das zum 1.1.2002 in Kraft getretene Schuldrechtsmodernisierungsgesetz grundlegend neu gestaltet worden. Für eine Übergangszeit müssen bei der Beurteilung der Verjährungsfragen der alte und der neue Rechtszustand weiterhin im Auge behalten werden. Dem früheren Recht kommt gerade im Arzthaftungsrecht weiterhin eine sehr große Bedeutung zu, denn erfahrungsgemäß werden solche Ansprüche oft erst Jahre nach der Behandlung geltend gemacht. Ob ein Anspruch bereits

vor dem 1.1.2002 verjährt war, ist ausschließlich nach altem Recht zu beantworten. War nach diesem am 1.1.2002 noch keine Verjährung eingetreten, so regelt sich der weitere Ablauf der Verjährung grundsätzlich nach neuem Recht, jedoch nach Maßgabe der in Art. 229 § 6 Abs. 1–4 EGBGB getroffenen Überleitungsregelung.

Für die Deliktshaftung galt vor dem 1.1.2002 eine Verjährungsfrist von drei **529** Jahren, für die Vertragshaftung eine solche von 30 Jahren. Die Verjährungsfrist begann mit Kenntnis des Geschädigten von dem Schaden und der Person des Ersatzpflichtigen (§ 852 BGB a. F.). Die Unterschiede in der verjährungsrechtlichen Behandlung des deliktischen und des vertraglichen Schadensersatzanspruchs aus Arzthaftung sind nach neuem Recht entfallen. Für beide Anspruchsgrundlagen beträgt die regelmäßige Verjährungsfrist nunmehr nach § 195 BGB drei Jahre. Die Verjährung beginnt jetzt gem. § 199 BGB am Schluss des Jahres zu laufen, in dem der Anspruch entstanden ist und der Gläubiger von den den Anspruch begründenden Umständen und der Person des Schuldners Kenntnis erlangt oder ohne grobe Fahrlässigkeit erlangen müsste. Für den Verjährungsbeginn wird also keine positive Kenntnis mehr verlangt, da grobfahrlässige Unkenntnis genügt. Damit wird eine Prüfung dahin nahe gelegt, ob der Patient in leichtfertiger Weise Erkundigungsmöglichkeiten nicht nachgegangen ist. Entscheidend können stets nur die Umstände des Einzelfalls sein.

Kenntnis vom Misserfolg der Behandlung gibt nicht ohne Weiteres Kenntnis von einem Behandlungsfehler, Kenntnis von einem Behandlungsfehler noch nicht schon Kenntnis von seiner Ursächlichkeit für den Misserfolg. Bloßer nicht durch weitere Tatsachen konkretisierter Verdacht, dass ein Fehler vorgekommen ist, genügt nicht. Durchweg braucht auch der sich sachkundig machende Laie ein Grundwissen über das konkrete Behandlungsgeschehen: Diagnose, angewandte Therapie, angewandtes Narkoseverfahren (z. B. für Fehler des Anästhesisten), in den Grundzügen Kenntnis der konkreten Umstände, die für die Behandlung wesentlich gewesen sind, einschließlich etwaiger anatomischer Besonderheiten, wenn diese für eine Komplikation (z. B. Läsion von Nerven) bedeutsam sein können; dass und in welcher Behandlungsphase Komplikationen eingetreten sind; welche Maßnahmen zu ihrer Beherrschung ergriffen worden sind; dass und wo der Arzt von der Standardbehandlung abgewichen ist; welchen Stellenwert das ärztliche Vorgehen für den Behandlungserfolg hat. Entscheidend ist die **Kenntnis einer Abweichung vom medizinischen Standard.**

> BGH, Urt. v. 20.9.1983 – VI ZR 35/82, NJW 1984, 661
> = VersR 1983, 1158;
>
> BGH, Urt. v. 23.4.1985 – VI ZR 207/83, NJW 1985, 2194
> = VersR 1985, 740, 741;
>
> BGH, Urt. v. 23.2.1988 – VI ZR 56/87, NJW 1988, 1516
> = VersR 1988, 495;

BGH, Urt. v. 23.4.1991 – VI ZR 161/90, NJW 1991, 2350
= VersR 1991, 815
– Unterlassen der Sonographie zum Erkennen einer Risiko-
schwangerschaft in der Geburt;

BGH, Urt. v. 29.11.1994 – VI ZR 189/93, NJW 1995, 776
= VersR 1995, 659;

BGH, Urt. v. 3.2.1998 – VI ZR 356/96, NJW 1998, 2736
= VersR 1998, 634;

BGH, Urt. v. 24.6.1999 – VI ZR 363/97, NJW 1999, 2734
= VersR 1999, 1149;

BGH, Urt. v. 31.10.2000 – VI ZR 198/99, BGHZ 145, 358
= NJW 2001, 885 = VersR 2001, 108;

BGH, Urt. v. 10.10.2006 – VI ZR 74/05, NJW 2007, 217 = VersR
2007, 66;

OLG München, Urt. v. 27.10.1994 – 24 U 364/89, NA-Beschl.
v. 17.10.1995 – VI ZR 400/94, VersR 1996, 63
– fehlerhafte Geburtsleitung;

OLG Zweibrücken, Urt. v. 21.10.1997 – 5 U 56/95, VersR 1998,
1286
– Spätfolgen einer Gehirnblutung;

OLG Koblenz, Urt. v. 17.4.2001 – 3 U 1158/96, NA-Beschl.
v. 27.11.2001 – VI ZR 170/01, NJW-RR 2002, 310
– Unterlassene Aufklärung über die Alternative einer Sectio;

OLG Köln, Beschl. v. 20.4.2012 – 5 U 215/11, MedR 2013, 446
– Verstoß des Arztes gegen Hygieneregeln.

530 Kennt der Patient das konkrete Behandlungsgeschehen in diesen Grundzügen, kommt es nicht darauf an, ob er medizinisch oder juristisch die richtigen Schlüsse auf einen Behandlungsfehler, seine Ursächlichkeit, eine Haftung zieht. Ebenso wenig muss er den gesamten Schadensumfang kennen;
Kenntnis für eine Feststellungsklage genügt.

BGH, Urt. v. 20.9.1983 – VI ZR 35/82, NJW 1984, 661 = VersR
1983, 1158;

OLG Düsseldorf, Urt. v. 30.5.1985 – 8 U 128/82, NA-Beschl.
v. 25.3.1986 – VI ZR 168/85, VersR 1986, 1193;

OLG Hamburg, Urt. v. 5.4.1991 – 1 U 19/90, NA-Beschl.
v. 16.6.1992 – VI ZR 180/91, VersR 1992, 1405;

OLG München, Urt. v. 6.2.1992 – 1 U 4654/91, VersR 1992, 1407;

OLG Frankfurt/M., Urt. v. 12.3.1992 – 1 U 123/88, NA-Beschl.
v. 22.12.1992 – VI ZR 114/92, VersR 1993, 579;

OLG Stuttgart, Urt. v. 31.10.1996 – 14 U 52/95, MedR 1997, 275;

OLG München, Urt. v. 30.9.2004 – 1 U 3940/03, NZB-Beschl.
v. 20.12.2005 – VI ZR 285/04, VersR 2006, 705
– Unterlassene Grundaufklärung.

LG Duisburg, Urt. v. 25.1.2006 – 3 O 167/05, MedR 2006, 433;
– Kenntnis vom Blasensprung.

531 Kenntnis der Tatsachen genügt. Hingegen muss der Patient nicht die Voraussetzungen für eine Haftung beweisen können; es bedarf auch keiner hin-

reichenden Erfolgsaussicht, wie sie § 114 ZPO für die Gewährung der Prozesskostenhilfe voraussetzt.

> BGH, Urt. v. 31.10.2000 – VI ZR 198/99, NJW 2001, 885
> = VersR 2001, 108.

Nach § 852 BGB a. F. war positive Kenntnis erforderlich; ein Kennenmüssen **532** reichte nicht aus. Die Möglichkeit zur Einsicht in die Krankenunterlagen ersetzte die Kenntnis prinzipiell nicht; nur wenn der Patient sich sehenden Auges den Erkenntnisquellen verschloss, musste er sich nach § 242 BGB so behandeln lassen, als habe er die daraus zu gewinnende Kenntnis gehabt: z. B. ohne Weiteres zu erfragender Name des Operateurs; anders, wenn er von genauer Nachfrage abgehalten worden ist, weil ihm ein anderer Name genannt wurde.

> BGH, Urt. v. 16.5.1989 – VI ZR 251/88, NJW 1989, 2323
> = VersR 1989, 914;
>
> BGH, Urt. v. 10.4.1990 – VI ZR 288/89, NJW 1990, 2808
> = VersR 1990, 795;
>
> BGH, Urt. v. 29.11.1994 – VI ZR 189/83, NJW 1995, 776
> = VersR 1995, 659;
>
> BGH, Urt. v. 8.10.2002 – VI ZR 182/01, NJW 2003, 288 = VersR
> 2003, 75;
>
> OLG Koblenz, Beschl. v. 14.6.1995 – 5 W 228/95, VersR 1996, 1277.

Wer alternative Untersuchungsmöglichkeiten zur Diagnose eines Tumors **533** kennt, hat deswegen noch keine Kenntnis davon, dass der medizinische Standard nicht eingehalten worden ist. Erst recht hat er keine Kenntnis davon, welches Ergebnis andere Untersuchungen gezeigt hätten.

> **a. A.** OLG Brandenburg, Urt. v. 28.10.2010 – 12 U 30/10, NZB-
> Beschl. v. 13.12.2011 – VI ZR 300/10, MedR 2012, 673 mit abl.
> Anm. *Jaeger.*

Nach § 199 Abs. 1 Nr. 2 BGB n. F. genügt nunmehr für den Beginn der Verjährung, dass der Geschädigte von der Person des Schuldners und den den **534** Anspruch begründenden Tatsachen ohne **grobe Fahrlässigkeit** Kenntnis erlangen müsste. Grobe Fahrlässigkeit setzt einen objektiv schweren und subjektiv nicht entschuldbaren Verstoß gegen die Anforderungen der im Verkehr erforderlichen Sorgfalt voraus. Grob fahrlässige Unkenntnis liegt dann vor, wenn dem Gläubiger die Kenntnis fehlt, weil er die im Verkehr erforderliche Sorgfalt in ungewöhnlich grobem Maße verletzt und auch ganz nahe liegende Überlegungen nicht angestellt oder das nicht beachtet hat, was jedem hätte einleuchten müssen.

> BGH, Urt. v. 17.2.2009 – VI ZR 86/08, NJW-RR 2009, 812
> = VersR 2009, 839, 840

Dabei bezieht sich die grob fahrlässige Unkenntnis ebenso wie die Kenntnis auf Tatsachen, auf alle Merkmale der Anspruchsgrundlage und bei der Verschuldenshaftung auf das Vertretenmüssen des Schuldners, wobei es auf eine zutreffende rechtliche Würdigung nicht ankommt.

BGH, Beschl. v. 19.3.2008 – III ZR 220/07, NJW-RR 2008, 1237
= VersR 2008, 1121.

Den Geschädigten trifft keine generelle Obliegenheit, im Interesse des Schädigers an einem möglichst frühzeitigen Beginn der Verjährungsfrist Initiative zur Klärung von Schadenshergang oder Person des Schädigers zu entfalten.

BGH, Urt. v. 16.9.2005 – V ZR 242/04, NJW-RR 2006, 384.

Das Unterlassen einer Nachfrage ist nur dann als grob fahrlässig einzustufen, wenn weitere Umstände hinzutreten, die das Unterlassen aus der Sicht eines verständigen und auf seine Interessen bedachten Geschädigten als unverständlich erscheinen lassen. Für den Geschädigten müssen konkrete Anhaltspunkte für das Bestehen eines Anspruchs ersichtlich sein und sich ihm der Verdacht einer möglichen Schädigung aufdrängen. Eine hinreichende Kenntnis von einem Fehlverhalten des behandelnden Arztes kann z. B. durch ein Privatgutachten vermittelt werden,

OLG Bamberg, Beschl. v. 14.2.2014 – 4 U 62/13, VersR 2014, 749
– operativer Eingriff im Bereich des Fußes durch Orthopäden.

In Arzthaftungssachen ist bei der Feststellung der groben Fahrlässigkeit zugunsten des Patienten zu berücksichtigen, dass er nicht ohne Weiteres aus einer Verletzungshandlung, die zu einem Schaden geführt hat, auf einen schuldhaften Behandlungs- oder Aufklärungsfehler zu schließen braucht. Deshalb führt allein der negative Ausgang einer Behandlung ohne weitere sich aufdrängende Anhaltspunkte für ein behandlungsfehlerhaftes Geschehen nicht dazu, dass der Patient zur Vermeidung der Verjährung seiner Ansprüche Initiative zur Aufklärung des Behandlungsgeschehens entfalten müsste.

BGH, Urt. v. 10.11.2009 – VI ZR 247/08, VersR 2010, 214
– fehlerhaftes Vorgehen bei der Entbindung als Ursache für
Narben und andauernde Beschwerden im Vaginalbereich.

Darf der Patient davon ausgehen, dass eine Harninkontinenz nach Prostataresektion schicksalhafte Folge einer sachgemäß durchgeführten Operation ist, erlangt er die für den Verjährungsbeginn maßgebliche Kenntnis erst dann, wenn ihm ein Arzt Jahre später mitteilt, dass eine vorwerfbare Sphinkterläsion als Ursache der Beschwerden in Betracht kommt.

OLG Koblenz, Urt. v. 25.3.2010 – 5 U 1514/07, VersR 2011, 403
– Harninkontinenz nach Prostataresektion.

Zum Beginn der Verjährung eines Schadensersatzanspruchs wegen Überdosierung von Neuroleptika im Rahmen einer psychiatrischen Behandlung und wegen unzulässigen Festhaltens in einer psychiatrischen Klinik.

OLG Frankfurt/M., Urt. v. 23.12.2008 – 8 U 146/06, NJW-RR
2009, 1103.

535 Haben die subjektiven Voraussetzungen des § 199 Abs. 1 Nr. 2 BGB schon vor dem 1.1.2002 vorgelegen, ist die neue Verjährungsfrist zum 31.12.2004 abgelaufen.

BGH, Urt. v. 23.1.2007 – XI ZR 44/06, BGHZ 171, 1, 7 ff
= NJW 2007, 1584 = VersR 2007, 1090.

Auf die Kenntnis des gesetzlichen Vertreters kommt es an, wenn der Patient **536**
minderjährig ist oder Geschäftsunfähigkeit vorliegt, er z. B. wegen einer Hirn-
schädigung nicht Kenntnisperson sein kann.

> BGH, Urt. v. 23.4.1991 – VI ZR 161/90, NJW 1991, 2350
> = VersR 1991, 815;
>
> BGH, Urt. v. 29.11.1994 – VI ZR 189/83, NJW 1995, 776
> = VersR 1995, 659;
>
> OLG München, Urt. v. 27.10.1994 – 24 U 364/89, NA-Beschl.
> v. 17.10.1995 – VI ZR 400/94, VersR 1996, 63.

Es genügt die Kenntnis, dass der Behandlungsfehler zu einer Beeinträchtigung **537**
der körperlichen Befindlichkeit geführt hat; welche weiteren Gesundheitsschäden daraus erwachsen sind, braucht der Patient nicht zu wissen.

> BGH, Urt. v. 7.6.1983 – VI ZR 171/83, VersR 1983, 735
> – Wissen von der Hautverbrennung durch fehlerhafte Behand-
> lung genügt für Hörschaden infolge Gentamycin-Behandlung
> einer durch die Verbrennung ausgelosten Proteus-Sepsis; selbst
> wenn der Patient von der Sepsis keine Kenntnis hatte und irrig
> annahm, Gentamycin werde wegen einer Anurie gegeben;
>
> OLG Celle, Urt. v. 17.7.1987 – 1 U 39/86, NA-Beschl.
> v. 19.4.1988 – VI ZR 232/87, VersR 1988, 829.

Da allgemeine Schadenskenntnis ausreicht, gelten im Zeitpunkt der Erlangung **538**
dieser Kenntnis auch solche (Spät-)Folgezustände als bekannt, die als möglich voraussehbar waren (**Grundsatz der „Schadenseinheit"**).

> BGH, Urt. v. 27.11.1990 – VI ZR 2/90, NJW 1991, 973 = VersR
> 1991, 115;
>
> BGH, Urt. v. 3.6.1997 – VI ZR 71/96, NJW 1997, 2448 = VersR
> 1997, 1111;
>
> BGH, Urt. v. 16.11.1999 – VI ZR 37/99, NJW 2000, 861 = VersR
> 2000, 331;
>
> OLG Zweibrücken, Urt. v. 21.10.1997 – 5 U 56/95, VersR 1998,
> 1286.

Für Körperschäden aufgrund der ärztlichen Behandlung kommt es hinsicht- **539**
lich der Voraussehbarkeit entscheidend auf das Verständnis der medizinischen Fachkreise an.

> BGH, Urt. v. 20.4.1982 – VI ZR 197/80, VersR 1982, 703;
>
> BGH, Urt. v. 27.11.1990 – VI ZR 2/90, NJW 1991, 973 = VersR
> 1991, 115.

Ist die Schadensfolge auch für Fachleute im Zeitpunkt der allgemeinen Scha- **540**
denskenntnis noch nicht vorhersehbar, wächst die Kenntnis in den beteiligten
Fachkreisen jedoch später heran, kommt es insoweit für den Verjährungsbeginn auf den Zeitpunkt an, in dem der Geschädigte selbst von dieser Schadensfolge Kenntnis erlangt.

BGH, Urt. v. 3.6.1997 – VI ZR 71/96, NJW 1997, 2448 = VersR 1997, 1111.

541 Fällt der Eintritt mehrerer solcher Spätschäden wiederum zeitlich auseinander, so ist für den zuletzt eingetretenen Schaden die Kenntnis des Geschädigten auch dann maßgeblich, wenn dieser letzte Schaden für Fachkreise schon aufgrund der vorangegangenen Spätschäden vorauszusehen gewesen wäre.

BGH, Urt. v. 16.11.1999 – VI ZR 37/99, NJW 2000, 861 = VersR 2000, 331.

542 Solange wegen fehlender Kenntnis die Verjährung bezüglich eines bestimmten Fehlers des Operateurs nicht eingetreten ist, ist sie es grundsätzlich auch nicht bezüglich eines anderen Fehlers dieses Operateurs bei demselben Behandlungsvorgang, ungeachtet einer insoweit ausreichenden Kenntnis des Patienten.

BGH, Urt. v. 23.4.1985 – VI ZR 207/83, NJW 1985, 2194 = VersR 1985, 740, 741.

543 Demgegenüber können Ersatzansprüche aus Aufklärungsversäumnissen zu anderer Zeit verjähren als solche aus Behandlungsfehlern.

OLG Düsseldorf, Urt. v. 30.5.1985 – 8 U 128/82, NA-Beschl. v. 25.3.1986 – VI ZR 168/85, VersR 1986, 1193;

OLG Köln, Urt. v. 26.3.1987 – 7 U 320/86, VersR 1988, 744;

OLG Oldenburg, Urt. v. 10.3.1998 – 5 U 2/98, VersR 1999, 367;

OLG Düsseldorf, Urt. v. 18.6.1998 – 8 U 157/97, VersR 1999, 1371 (LS);

OLG Köln, Urt. v. 3.2.1999 – 5 U 118/98, VersR 1999, 1371.

544 Die Verjährung des Schadensersatzanspruchs als solchem („Stammanspruch") ist von derjenigen eines auf wiederkehrende Leistungen i. S. d. § 197 BGB a. F. gerichteten Einzelanspruchs zu trennen.

BGH, Urt. v. 30.5.2000 – VI ZR 300/99, NJW-RR 2000, 1412 = VersR 2000, 1116;

BGH, Urt. v. 26.2.2002 – VI ZR 288/00, NJW 2002, 1791 = VersR 2002, 996.

Für Renten wegen vermehrter Bedürfnisse (z. B. bei regelmäßiger Pflege eines erkrankten Kindes) gilt die vierjährige Verjährungsfrist des § 197 BGB a. F. auch dann, wenn der Anspruch nicht aus § 843 BGB, sondern aus dem Behandlungsvertrag mit dem Arzt hergeleitet wird.

BGH, Urt. v. 18.10.2005 – VI ZR 312/04, NJW 2006, 994 (LS), NJW-RR 2006, 191 = VersR 2006, 132.

545 Gehemmt wird die Verjährung mit der Anmeldung der Ansprüche beim Ersatzpflichtigen bzw. seinem Versicherer, wenn sich daran Regulierungsverhandlungen anschließen, solange bis einer der Partner das Scheitern der Verhandlungen klar zu erkennen gibt (§ 852 Abs. 2 BGB a. F.).

BGH, Urt. v. 30.6.1998 – VI ZR 260/97, NJW 1998, 2819
= VersR 1998, 1295;

BGH, Urt. v. 24.6.1999 – VI ZR 363/97, NJW 1999, 2734
= VersR 1999, 1149;

BGH, Urt. v. 20.2.2001 – VI ZR 179/00, NJW 2001, 1723
= VersR 2001, 1167;

BGH, Urt. v. 8.5.2001 – VI ZR 208/00, NJW-RR 2001, 1168
= VersR 2001, 1255.

Die Hemmung der Verjährung wegen schwebender Verhandlungen wird durch
die Erklärung einer Partei, bis zu einem bestimmten Zeitpunkt auf die Erhebung
der Einrede der Verjährung zu verzichten, nicht berührt.

BGH, Urt. v. 17.2.2004 – VI ZR 429/02, NJW 2004, 1654
= VersR 2004, 656.

Wird nur ein bestimmter Schadensposten geltend gemacht, so beschränkt sich **546**
die Verjährungshemmung gem. § 852 Abs. 2 BGB a. F. auf diesen Bereich.

OLG Frankfurt/M., Urt. v. 30.3.1999 – 8 U 219/98, NA-Beschl.
v. 15.2.2000 – VI ZR 183/99, VersR 2000, 853

Der BGH neigt dazu, auch die Einschaltung einer ärztlichen Schieds- und **547**
Gutachterstelle als „Verhandeln" anzusehen, wenn der ersatzpflichtige Arzt
bzw. sein Versicherer an dem Verfahren beteiligt ist.

BGH, Urt. v. 10.5.1983 – VI ZR 173/81, NJW 1983, 2075
= VersR 1983, 690;

OLG Oldenburg, Urt. v. 3.3.1993 – 5 W 20/93, VersR 1993,
1357.

Die Verjährungshemmung durch Verhandlungen mit dem Versicherer des **548**
Inhabers einer Arztpraxis tritt auch gegenüber einem dort angestellten Arzt
hinsichtlich desselben Haftungsfalles ein.

OLG Frankfurt/M., Urt. v. 28.10.1997 – 8 U 80/97, VersR 1998,
1282;

OLG Düsseldorf, Urt. v. 17.12.1998 – 8 U 170/97, VersR 2000, 457.

Verhandlungen des geschädigten Patienten mit dem Krankenhausträger
hemmen die Verjährung von Ansprüchen gegen den behandelnden Arzt nur
dann, wenn sich aus dem Schriftwechsel ergibt, dass der Krankenhausträger
auch dessen Interessen vertritt.

OLG Oldenburg, Urt. v. 23.8.2006 – 5 U 31/06, NZB-Beschl.
v. 27.3.2007 – VI ZR 197/06, VersR 2007, 1277.

Verhandelt der Patient über die Haftungsfrage mit dem Belegkrankenhaus
statt mit dem Arzt, der dort die Behandlung durchgeführt hat, erstreckt die
Verjährungshemmung gegenüber dem Krankenhaus sich nicht auf den Arzt,
wenn dieser anderweitig haftpflichtversichert ist.

OLG Koblenz, Beschl. v. 8.11.2010 – 5 U 601/10, VersR 2011, 759
– Verletzung der Blasenwand bei Entfernung der Gebärmutter.

549 Für die Unterbrechung der Verjährung nach alte Recht gilt die Regelung des § 208 BGB a. F. (Anerkenntnis) und des § 209 BGB a. F. (gerichtliche Geltendmachung). Die zunächst nur wegen des materiellen Schadens erhobene Feststellungsklage unterbricht nicht die Verjährung des Schmerzensgeldanspruchs.

>   OLG München, Urt. v. 27.10.1994 – 24 U 364/89, NA-Beschl.
>   v. 17.10.1995 – VI ZR 400/94, VersR 1996, 63.

Eine bezifferte verdeckte Teilklage unterbrach die Verjährung grundsätzlich nur in dem beantragten Umfang.

>   BGH, Urt. v. 2.5.2002 – III ZR 135/01, NJW 2002, 2167
>   = VersR 2002, 1253;
>
>   zur auf den Streitgegenstand beschränkten Unterbrechungswirkung
>   vgl. auch
>   OLG Oldenburg, Urt. v. 11.5.1999 – 5 U 14/99, VersR 2000, 976.

550 Einem zwischen den Beteiligten vereinbarten (auch zeitweiligen) Verjährungsverzicht kommt (unter Berücksichtigung der Regelung des § 225 Satz 1 BGB a. F.) nur die Bedeutung zu, dass der Haftungsschuldner gegen Treu und Glauben (§ 242 BGB) verstößt, wenn er die Verjährungseinrede erhebt, obwohl er den – auf die Verzichtserklärung vertrauenden – Gläubiger von der rechtzeitigen gerichtlichen Geltendmachung abgehalten hat. Erklärt der Schuldner, sich nicht mehr an den Verzicht halten zu wollen, muss der Gläubiger innerhalb kurzer Frist Klage erheben.

>   BGH, Urt. v. 6.12.1990 – VII ZR 126/90, NJW 1991, 974;
>
>   BGH, Urt. v. 4.11.1997 – VI ZR 375/96, NJW 1998, 902 = VersR
>   1998, 124
>   – mit Hinweisen auf die Bemessung dieser Frist.

551 Nach neuem Recht führt die Klageerhebung nunmehr gem. § 204 Abs. 1 BGB zur Verjährungshemmung (nicht mehr zur Unterbrechung); hingegen beginnt nach einem Anerkenntnis die Verjährung erneut zu laufen (§ 212 Abs. 1 BGB). Die Regelung des § 203 BGB über die Verjährungshemmung bei Verhandlungen entspricht im Wesentlichen derjenigen des § 852 Abs. 2 BGB a. F., so dass auf die hierzu angestellten rechtlichen Überlegungen zurückgegriffen werden kann.

Anders als nach § 225 BGB a. F. sind Vereinbarungen über eine Verlängerung der Verjährungsfrist nunmehr rechtswirksam möglich, dementsprechend auch ein vor Verjährungseintritt erklärter (zeitweiliger) Verzicht auf die Verjährungseinrede. Die Grenze für derartige Vereinbarungen liegt gem. § 202 Abs. 2 BGB dort, wo eine Verlängerung der Verjährung auf 30 Jahre ab gesetzlichem Verjährungsbeginn erreicht wird.

552 Zu Fragen der Verjährung, ihrer Hemmung und Durchbrechung nach dem Recht der DDR (im Hinblick auf dort vor der Wiedervereinigung entstandene Arzthaftungsansprüche):

>   BGH, Urt. v. 3.5.1994 – VI ZR 278/93, BGHZ 126, 87 = NJW
>   1994, 1792 = VersR 1994, 825;

BGH, Urt. v. 1.3.2005 – VI ZR 101/04, NJW-RR 2005, 1044
= VersR 2005, 699;

OLG Brandenburg, Urt. v. 13.5.1998 – 1 U 35/97, VersR 1999,
1110;

vgl. hier auch
BGH, Urt. v. 30.5.2000 – VI ZR 300/99, NJW-RR 2000, 1412
= VersR 2000, 1116.

V. Beweismaß, Beweislasten

Beweisfragen, insbesondere die Verteilung der Beweislast und die für die 553
richterliche Überzeugungsbildung heranzuziehenden Beweismaßstäbe, sind
im Haftungsrechtsstreit häufig prozessentscheidend.

Beweislastzuteilungen durch die Rechtsprechung dürfen nicht zu einer Rollen-
verschiebung im Arzt-Patienten-Verhältnis führen. Grundsätzlich ist, wo die
Ermittlung des Geschehens dem Sachverständigen und dem Gericht nicht
gelingt, diese Erkenntnislücke der Krankheit des Patienten zuzuschreiben.
Der Behandlungsseite ist die Beweislast nur zuzuschieben, wo auch die Erkenntnislücke selbst der ärztlichen Pflichtverletzung materiellrechtlich zuzurechnen ist, so dass zugleich auch die Grundregeln der prozessualen Durch-
setzung von materiellen Rechten nicht nur nicht unterlaufen, sondern bestä-
tigt werden.

1. Haftung aus Behandlungsfehlern

Bei der Haftung aus Behandlungsfehlern hat der Patient grundsätzlich die 554
Beweislast für den Fehler-(Verschuldens-) und Kausalitätsnachweis; anderes
würde den Arzt mit einer von ihm nicht geschuldeten Garantie für den Erfolg der Behandlung belegen.

> BGH, Urt. v. 22.1.1980 – VI ZR 263/78, NJW 1980, 1333
> = VersR 1980, 428;
> BGH, Urt. v. 24.6.1986 – VI ZR 21/85, VersR 1986, 1121;
> BGH, Urt. v. 18.12.1990 – VI ZR 169/90, NJW 1991, 1540
> = VersR 1991, 310;
> BGH, Urt. v. 1.2.1994 – VI ZR 65/93, NJW 1994, 1594 = VersR
> 1994, 562;
> BGH, Urt. v. 6.10.1998 – VI ZR 239/97, NJW 1999, 860 = VersR
> 1999, 60;
> BGH, Urt. v. 12.2.2008 – VI ZR 221/06, NJW 2008, 1381
> = VersR 2008, 644.

Gemildert wird die Beweislast durch das auch vorprozessual bestehende Ein- 555
sichtsrecht des Patienten in die Krankenunterlagen (Rz. 498 ff).

Außerdem verlangt das „Für-Wahr-Erachten" i. S. d. § 286 ZPO vom Richter 556
keine absolute oder unumstößliche Gewissheit im Sinne des wissenschaftlichen Nachweises, sondern nur „einen für das praktische Leben brauchbaren

Grad von Gewissheit, der Zweifeln Schweigen gebietet, ohne sie völlig auszuschließen".

BGH, Urt. v. 9.5.1989 – VI ZR 268/88, NJW 1989, 2948 = VersR 1989, 758;

BGH, Urt. v. 26.10.1993 – VI ZR 155/92, NJW 1994, 801 = VersR 1994, 52.

a) Möglichkeiten und Grenzen des Anscheinsbeweises

557 Beweiserleichterungen können sich für den Patienten nach den Grundsätzen des Anscheinsbeweises ergeben, wenn nach der Lebenserfahrung seine Schädigung typisch auf einen Behandlungsfehler hindeutet. Dafür ist indes wegen der bei den einzelnen Patienten jeweils unterschiedlichen Bedingungen, auf die der Arzt in der Behandlung trifft und die auch den Behandlungsverlauf bestimmen, seltener Raum.

558 Die Möglichkeit eines Anscheinsbeweises wurde z. B. bejaht in folgenden Fällen:

BGH, Urt. v. 30.4.1991 – VI ZR 178/90, BGHZ 114, 284 = NJW 1991, 1948 = VersR 1991, 816 sowie

BGH, Urt. v. 14.6.2005 – VI ZR 179/04, BGHZ 163, 209 = NJW 2005, 2614 = VersR 2005, 1238
– Anscheinsbeweis für Infizierung mit HIV bei Bluttransfusion von AIDS-erkranktem Spender;

BGH, Urt. v. 27.3.2007 – VI ZR 55/05, BGHZ 172, 1 = NJW 2007, 2767 = VersR 2007, 995;
– Anscheinsbeweis für Ursächlichkeit von Augenschäden durch verabreichtes Medikament;

OLG Hamm, Urt. v. 4.5.1987 – 3 U 323/86, NA-Beschl. v. 19.4.1988 – VI ZR 218/87, VersR 1988, 807
– Anscheinsbeweis für Ursächlichkeit einer in die Schwellung vorgenommenen Injektion nach Sprunggelenksfraktur für Entzündung;

OLG Saarbrücken, Urt. v. 30.5.1990 – 1 U 69/89, VersR 1991, 1289
– Anscheinsbeweis für Fehler bei Verbrennungen mit Hochfrequenzchirurgiegerät;

OLG Düsseldorf, Urt. v. 5.7.1990 – 8 U 270/88, VersR 1991, 1136
– Anscheinsbeweis für Kausalzusammenhang bei engem zeitlichen Zusammentreffen von Punktion des Kniegelenks und Ausbruch der Entzündung (2 Tage);

OLG Bamberg, Urt. v. 23.4.1996 – 5 U 37/95, NA-Beschl. v. 11.3.1997 – VI ZR 238/96
– Anscheinsbeweis für Infektion mit HIV durch Blutprodukte aus Blutspende von HIV-infiziertem Spender;

OLG Hamm, Urt. v. 18.6.1997 – 3 U 173/96, NA-Beschl. v. 5.5.1998 – VI ZR 246/97, VersR 1998, 1243
– Anscheinsbeweis für Lagerungsschaden;

OLG Stuttgart, Urt. v. 10.11.1998 – 14 U 34/98, VersR 1999, 1018
– Anscheinsbeweis für schuldhafte Verletzung des Nervus lingualis bei Extraktion eines Weisheitszahns.

Hingegen wurde ein Anscheinsbeweis in einer Reihe anderer Fälle nicht für **559** möglich erachtet, vgl. z. B.:

BGH, Urt. v. 10.3.1992 – VI ZR 64/91, NJW 1992, 1560 = VersR 1992, 745
– kein Anscheinsbeweis für Fehler bei Nahtsuffizienz nach Appendektomie;

BGH, Urt. v. 7.7.1992 – VI ZR 211/91, VersR 1993, 228
– kein Anscheinsbeweis für Fehler bei Schädigung des nervus femoralis bei abdominaler Hysterektomie;

OLG Düsseldorf, Urt. v. 28.12.1984 – 8 U 101/84, VersR 1986, 494
– kein Anscheinsbeweis für Infizierung mit Hepatitis B nach Akupunktur;

OLG Düsseldorf, Urt. v. 3.6.1985 – 8 U 137/84, NA-Beschl.
v. 3.6.1986 – VI ZR 109/85, VersR 1987, 412
– kein Anscheinsbeweis für Fehler bei Tubensterilisation aus erneuter Schwangerschaft;

OLG Oldenburg, Urt. v. 7.3.1986 – 6 U 224/85, NA-Beschl.
v. 9.12.1986 – VI ZR 91/86, VersR 1987, 390
– kein Anscheinsbeweis für insterile Injektion in das Kniegelenk bei nachfolgender Sepsis;

OLG Düsseldorf, Urt. v. 11.2.1987 – 8 U 135/85, VersR 1988, 742
– kein Anscheinsbeweis für Ursächlichkeit zwischen Tonsillektomie und Verlust des Geschmacksempfindens;

OLG Stuttgart, Urt. v. 17.12.1987 – 14 U 21/88, VersR 1988, 1137
– kein Anschein für Behandlungsfehler bei Nervschädigung nach Punktieren der Halsvene und Legen eines Verweilkatheters;

OLG Hamm, Urt. v. 24.2.1988 – 3 U 124/87, NA-Beschl.
v. 6.12.1988 – VI ZR 111/88, VersR 1989, 480
– kein Anschein für Behandlungsfehler bei Verletzung des Harnleiters bei Entfernung eines Harnleitersteins mittels Zeiss'scher Schlinge;

OLG Düsseldorf, Urt. v. 30.6.1988 – 8 U 214/86, NA-Beschl.
v. 14.2.1989 – VI ZR 214/88, VersR 1989, 705
– kein Anschein für Behandlungsfehler bei Entwicklung eines Sudeck-Syndroms;

OLG Celle, Urt. v. 6.2.1989 – 1 U 36/88, NA-Beschl.
v. 31.10.1989 – VI ZR 72/89, VersR 1990, 50
– kein Anschein für Behandlungsfehler bei Zurückbleiben eines Teils des Venenkatheters in Lungenarterie nach schwieriger Herzoperation;

OLG Düsseldorf, Urt. v. 20.12.1990 – 8 U 206/89, VersR 1992, 751
– kein Anscheinsbeweis für Fehler bei Rekanalisation der Eileiter nach Sterilisation;

OLG Düsseldorf, Urt. v. 2.5.1991 – 8 U 243/89, NA-Beschl.
v. 26.5.1992 – VI ZR 204/91, VersR 1992, 1230
– kein Anscheinsbeweis für Lagerungsfehler bei Auftreten eines
Massenprolaps im Bereich der HWS bei Operation der LWS in
Häschenstellung;

OLG Stuttgart, Urt. v. 23.4.1992 – 14 U 26/91, VersR 1993, 608
– kein Anscheinsbeweis für Behandlungsfehler bei zeitlichem
Zusammenhang zwischen Tonsillektomie und Verlust des
Geschmacksempfindens;

OLG Oldenburg, Urt. v. 20.4.1993 – 5 U 2/93, VersR 1994, 54 (LS)
– kein Anscheinsbeweis für Behandlungsfehler bei Darmperforation durch Darmspiegelung;

OLG Oldenburg, Urt. v. 15.3.1994 – 5 U 115/93, NA-Beschl.
v. 14.3.1995 – VI ZR 140/94, VersR 1995, 786
– kein Anscheinsbeweis bei Infektion nach Gelenkpunktion für
Verstoß gegen gebotene Sorgfalt bei der Behandlung;

OLG Hamm, Urt. v. 16.3.1994 – 3 U 149/93, VersR 1994, 1304
– kein Anscheinsbeweis für Behandlungsfehler bei Schädigung
des n. alveolaris durch Extraktion des Backenzahns 36;

OLG München, Urt. v. 10.5.1995 – 3 U 6367/94, NA-Beschl.
v. 7.5.1996 – VI ZR 246/95, VersR 1997, 314
– kein Anscheinsbeweis für Kausalzusammenhang zwischen
Zeckenschutzimpfung und nachfolgender Gesundheitsschädigung
des Patienten;

OLG Zweibrücken, Urt. v. 13.5.1997 – 5 U 7/95, VersR 1997, 1281
– kein Anscheinsbeweis für fehlerhaften Einsatz eines Hoch-
frequenzchirurgiegerätes bei Dekubitusschäden nach Herz-
klappenimplantation;

OLG Düsseldorf, Urt. v. 12.6.1997 – 8 U 143/96, VersR 1998, 1242
– kein Anscheinsbeweis für Nichtbeachtung von Desinfektions-
maßnahmen bei intraartikulärer Injektion ins Kniegelenk;

OLG Köln, Urt. v. 25.2.1998 – 5 U 144/97, VersR 1998, 1026
– kein Anscheinsbeweis für mangelhafte Desinfektion als Ursache
eines Spritzenabszesses auch bei engem zeitlichen Zusammenhang;

OLG Hamm, Urt. v. 20.5.1998 – 3 U 139/97, NA-Beschl.
v. 5.12.1998 – VI ZR 196/98, VersR 2000, 323
– kein Anscheinsbeweis für Behandlungsfehler bei Infektion nach
Punktion des Kniegelenks;

OLG Stuttgart, Urt. v. 17.11.1998 – 14 U 69/97, VersR 1999, 1500
– kein Anscheinsbeweis für schuldhafte Nervverletzung bei
Leitungsanästhesie;

OLG Köln, Urt. v. 25.11.1998 – 5 U 132/98, VersR 2000, 103
– kein Anscheinsbeweis für operationsbedingte Nervschädigung
bei Entfernung eines Schilddrüsenlappens;

OLG Braunschweig, Urt. v. 18.3.1999 – 1 U 64/98, VersR 2000, 636
– kein Anscheinsbeweis für Operationsfehler wegen Nervverletzung
bei Schilddrüsenresektion;

OLG Hamm, Urt. v. 20.10.1999 – 3 U 158/98, NA-Beschl.
v. 17.10.2000 – VI ZR 1/00, VersR 2001, 247
– kein Schluss von Infektionen im Scheiden-Anal-Bereich auf
unsachgemäß durchgeführte Nahtversorgung nach Episiotomie;

KG, Urt. v. 27.11.2000 – 20 U 7753/98, NA-Beschl. v. 24.7.2001
– VI ZR 43/01, VersR 2002, 438
– kein Anscheinsbeweis für Ursächlichkeit einer Keuchhusten
impfung für Grand-Mal-Epilepsie;

OLG Düsseldorf, Urt. v. 14.12.2000 – 8 U 5/00, VersR 2001, 1117
– kein Anscheinsbeweis für Fehlerhaftigkeit des Sterilisationseingriffs bei Schwangerschaft nach Tubensterilisation;

OLG Hamm, Urt. v. 18.4.2005 – 3 U 259/04, MedR 2006, 649
– kein Anscheinsbeweis für Behandlungsfehler bei Nerven-
schädigung infolge fehlerhafter transaxilliärer Resektion der
ersten Rippe zur Behandlung eines Thoracic-Outlet-Syndroms;

OLG Koblenz, Urt. v. 12.6.2008 – 5 U 1630/07, VersR 2008, 1651
– kein Anscheinsbeweis der Ursächlichkeit einer Herzkatheteruntersuchung über Zugang am Unterarm für Verschlüsse und
Verstopfungen der den Arm versorgenden Gefäße;

OLG Köln, Beschl. v. 26.6.2013 – 5 U 8/13, VersR 2014, 633
– kein Anscheinsbeweis für Nichteinhaltung des Hygienestandards beim Auftreten eines Spritzenabszesses;

LG Bremen, Urt. v. 20.12.2001 – 6 O 2653/00, VersR 2003, 2001
– kein Anscheinsbeweis für Behandlungsfehler bei Spritzenabszess.

Kein Anscheinsbeweis spricht ferner für eine Infizierung mit HIV durch eine **560**
Bluttransfusion, wenn nicht feststeht, dass die Blutkonserve von einem infizierten Spender stammte.

OLG Düsseldorf, Urt. v. 7.3.1996 – 8 U 93/95, NA-Beschl.
v. 18.2.1997 – VI ZR 104/96, VersR 1996, 1240;

OLG Düsseldorf, Urt. v. 19.12.1996 – 8 U 39/96, VersR 1998, 103;

LG Nürnberg-Fürth, Urt. v. 27.11.1997 – 4 O 3782/97, VersR
1998, 461;

vgl. ferner auch
KG, Urt. v. 2.7.1990 – 20 U 1534/88, NA-Beschl. v. 17.9.1991 –
VI ZR 292/90, VersR 1992, 316
– kein Anscheinsbeweis für Infizierung mit HTLV und Hepatitis
durch entsprechend verseuchtes Spenderblut, wenn die Infektion
erst Monate später festgestellt wird und beim Patienten auch eine
Lues vorliegt, nicht bei dem Spender.

Bei einer Hepatitis-C-Infektion nach einem stationären Krankenhausaufenthalt mit operativem Eingriff obliegt dem Patienten der Vollbeweis gem. § 286
ZPO dafür, dass die Infektion während des stationären Aufenthalts entstanden
sein muss, wenn keine hinreichenden Anhaltspunkte für Hygienemängel oder
die Nichteinhaltung des fachlich gebotenen Hygienestandards vorliegen.

OLG München, Urt. v. 25.3.2011 – 1 U 4594/08, VersR 2011, 885
– Hepatitis-C-Infektion.

b) Beweiserleichterungen für den Behandlungsfehlernachweis

561 Beweiserleichterungen für das Vorliegen eines Behandlungsfehlers können sich zugunsten des Patienten aus **Dokumentationsversäumnissen** der Arztseite ergeben; wird eine aufzeichnungspflichtige diagnostische oder therapeutische Maßnahme nicht dokumentiert, so indiziert dies, dass sie nicht getroffen wurde (vgl. im Einzelnen Rz. 498 ff).

562 Der Arzt hat nachzuweisen, dass er den vereinbarten Eingriff überhaupt ausgeführt hat; das folgt aus § 362 BGB.

> BGH, Urt. v. 10.3.1981 – VI ZR 202/79, NJW 1981, 2002
> = VersR 1981, 730
> – Tubenligatur.

Wenn eine Operation dem medizinischen Standard entsprochen hätte, der Arzt aber eine konservative Behandlung wählt, hat er die Gründe dafür darzulegen und zu beweisen.

> OLG Hamm, Urt. v. 19.3.2001 – 3 U 193/00, NJW-RR 2002, 814.

563 Einer formell und materiell ordnungsgemäßen ärztlichen Dokumentation kann bis zum Beweis des Gegenteils Glauben geschenkt werden. Um die Annahme der Vollständigkeit der Dokumentation zu erschüttern, müssen konkret erkennbare Anhaltspunkte vorliegen, z. B. nachträgliche Änderungen am Operationsbericht oder dass er erst mit langem zeitlichen Abstand zur Operation verfasst worden ist (hier verneint für 1 Monat).

> OLG Naumburg, Urt. v. 15.11.2011 – 1 U 31/11, GesR 2012, 310.

Die Unauffindbarkeit eines CTG-Streifens mehr als 10 Jahre nach der Geburt lässt nicht den Rückschluss zu, dass ein CTG nicht aufgezeichnet worden ist.

> OLG Hamm, Urt. v. 29.1.2003 – 3 U 91/02, NZB-Beschl.
> v. 16.12.2003 – VI ZR 74/03, VersR 2005, 412.

Der Verlust aufzubewahrender Präparate kann zu einer Umkehr der Beweislast zulasten des Arztes führen.

> OLG Düsseldorf, Urt. v. 30.1.2003 – 8 U 159/01, NZB-Beschl.
> v. 7.10.2003 – VI ZR 76/03, VersR 2004, 792.

Die Lagerung von Gewebeproben in Plastiksäcken stellt einen Verstoß gegen die Pflicht zur ordnungsgemäßen Aufbewahrung von Befunden dar und kann zur Beweislastumkehr führen.

> OLG Hamm, Urt. v. 12.12.2001 – 3 U 119/00, NA-Beschl.
> v. 8.10.2002 – VI ZR 41/02, NJW-RR 2003, 807.

564 Die mangelnde Mitwirkung des Patienten an einer medizinisch gebotenen Behandlung schließt einen Behandlungsfehler nicht aus, wenn der Patient über das Risiko der Nichtbehandlung nicht ausreichend aufgeklärt worden ist.

BGH, Urt. v. 16.06.2009 – VI ZR 157/08, NJW 2009, 2820
= VersR 2009, 1267
– Hypophysentumor;

BGH, Beschl. v. 2.7.2013 – VI ZR 110/13, NJW 2014, 74 =
VersR 2014, 261
– Diabetisches Fußsyndrom.

Behauptet der Arzt, die notwendige Behandlung sei wegen der Weigerung
des Patienten – trotz gebotener Aufklärung – unterblieben, so trägt er hierfür
die Beweislast.

OLG Hamm, Urt. v. 19.3.2001 – 3 U 193/00, NJW-RR 2002, 814
– konservative Behandlung statt indizierter Operation einer
Radiusfraktur;

vgl. aber
OLG Schleswig, Urt. v. 8.6.2001 – 4 U 28/00, VersR 2001, 1516
– Aufklärungspflicht über allgemein bekannten Krankheitsverlauf
verneint;

OLG Hamm, Urt. v. 24.4.2002 – 3 U 8/01, VersR 2003, 1312
– Vaginalentbindung statt indizierter Sectio;

OLG Düsseldorf, Urt. v. 25.4.2003 – I-8 U 53/02, VersR 2004, 515
– zahnprothetische Behandlung.

Die Nichtdokumentation der Weigerung des Patienten einer notfallmäßigen
Klinikeinweisung kann zu Beweiserleichterungen für den Patienten führen.

OLG Bamberg, Urt. v. 4.7.2005 – 4 U 126/03, NJW-RR 2005,
1266 = VersR 2005, 1292.

Lässt der Arzt eine Untersuchung durchführen und bestreitet er später, den **565**
Befundbericht erhalten zu haben, so kann dies dann zu seiner Beweislast stehen, wenn er dem Patienten zuvor telefonisch mitgeteilt hatte, der Befundbericht sei eingetroffen.

OLG Jena, Urt. v. 24.2.1999 – 4 U 1245/98, NA-Beschl.
14.12.1999
– VI ZR 110/99, VersR 2000, 636.

Ausnahmsweise kann eine **Verschuldens-(Fehler)-Vermutung** vom Arzt **566**
zu entkräften sein, wenn feststeht, dass die Schädigung aus einem Bereich
stammt, dessen Gefahren ärztlicherseits voll ausgeschlossen werden können
und müssen (sog. „voll beherrschbare Risiken"); hierzu gehören insbesondere
die Organisation und Koordination des Behandlungsbetriebes und -geschehens
sowie der technisch-apparative Bereich.

• Funktionsuntüchtigkeit des Narkose- oder Röntgentherapiegerätes:

BGH, Urt. v. 11.10.1977 – VI ZR 110/75, NJW 1978, 584
– VersR 1978, 82;

BGH, Beschl. v. 13.2.2007 – VI ZR 174/06, VersR 2007, 1416;

OLG Hamm, Urt. v. 7.2.1979 – 3 U 26/76, NA-Beschl.
v. 18.12.1979 – VI ZR 115/79, VersR 1980, 585;

OLG Düsseldorf, Urt. v. 31.10.1984 – 8 U 66/82, VersR 1985, 744, 745;

- Funktionsunfähigkeit eines Elektrokauters:

    OLG Hamm, Urt. v. 27.1.1999 – 3 U 127/97, VersR 1999, 1111;

- Entkoppelung des Infiltrationssystems bei Blutwäsche:

    OLG Köln, Urt. v. 28.4.1999 – 5 U 15/99, VersR 2000, 974;

- Entkoppelung des Infusionssystems:

    BGH, Urt. v. 10.1.1984 – VI ZR 158/82, BGHZ 89, 263 = NJW 1984, 1400 = VersR 1984, 356;

- Zurücklassen des Tupfers oder Bauchtuchs:

    BGH, Urt. v. 27.1.1981 – VI ZR 138/79, VersR 1981, 462;

    OLG Köln, Urt. v. 18.12.1986 – 7 U 160/86, VersR 1988, 140;

    OLG München, Urt. v. 22.8.2013 – 1 U 3971/12, GesR 2013, 620;

- anders aber für Zurückbleiben eines Stücks vom Venenkatheter in Lungenarterie nach schwieriger Herzoperation:

    OLG Celle, Urt. v. 6.2.1989 – 1 U 36/88, NA-Beschl. v. 31.10.1989
    – VI ZR 72/89, VersR 1990, 50;

- Belassen einer abgebrochenen Bohrerspitze im Knochen (Tibia) i. d. R. nicht fehlerhaft (Chirurgie):

    OLG München, Urt. v. 10.1.2002 – 1 U 2373/01, VersR 2002, 985;

- die Behandlungsseite ist aber beweisbelastet bei unsteriler Injektion und Infusion:

    BGH, Urt. v. 3.11.1981 – VI ZR 119/80, NJW 1982, 699 = VersR 1982, 161;

- Verwendung von suprapubischen Kathetern mit abgelaufenem Verfallsdatum (Urologie):

    OLG Köln, Urt. v. 30.11.2002 – 5 U 106/01, VersR 2003, 1444;

- Verletzung der Darmwand bei Verabreichung eines Klysmas (Klistiers, Darmeinlaufs):

    OLG Zweibrücken, Urt. v. 16.1.2007 – 5 U 48/06, MedR 2007, 423;

- verunreinigtes Desinfektionsmittel:

    BGH, Urt. v. 9.5.1978 – VI ZR 81/77, NJW 1978, 1683 = VersR 1978, 764;

- zur nur sehr begrenzten Anwendung der Grundsätze bei Infizierung der Operationswunde durch Keime:

    vgl. BGH, Urt. v. 8.1.1991 – VI ZR 102/90, NJW 1991, 1541 = VersR 1991, 467;

BGH, Urt. v. 20.3.2007 – VI ZR 158/06, BGHZ 171, 358 = NJW 2007, 1682 = VersR 2007, 847;

OLG Zweibrücken, Urt. v. 27.7.2004 – 5 U 15/02, NJW-RR 2004, 1607;

OLG Köln, Beschl. v. 13.11.2012 – 5 U 69/12, VersR 2013, 463;

OLG München, Urt. v. 6.6.2013 – 1 U 319/13, NZB-Beschl. v. 19.11.2013 – VI ZR 344/13, GesR 2013, 618;

OLG Koblenz, Beschl. v. 19.2.2013 – 5 U 1428/12, GesR 2013, 733;

- keine Haftung für Folgen einer Hepatitis-C-Infektion in einem Krankenhaus, wenn alle gebotenen Vorkehrungen zur Vermeidung einer Keimübertragung getroffen wurden:

    OLG München, Urt. v. 25.3.2011 – 1 U 4594/08, VersR 2011, 885;

- keine Haftung bei Infektion eines Diabetespatienten mit einem multiresistenten Erreger in einer Klinik:

    OLG Naumburg, Urt. v. 12.6.2012 – 1 U 119/11, MedR 2013, 302;

- mangelnde Unterrichtung der verantwortlichen Ärzte durch Klinikleitung über wiederholtes Auftreten von Streptokokkeninfektionen:

    OLG Oldenburg, Urt. v. 3.12.2002 – 5 U 100/00, VersR 2003, 1544;

- bei ambulanter Behandlung eines sedierten Patienten ist dieser an der vorzeitigen Teilnahme am Straßenverkehr zu hindern:

    BGH, Urt. v. 8.4.2003 – VI ZR 265/02, NJW 2003, 2309 = VersR 2003, 1126;

Steht ein Patient kurz nach einer Behandlung noch unter Einfluss des sedierenden Medikaments Dormicum (Wirkstoff Midazolam), so ist eine Überwachung zu gewährleisten bis er sein Bewusstsein und seine Einsichtsfähigkeit in ausreichendem Maße wiedererlangt hat.

    OLG Oldenburg, Beschl. v. 23.9.2010 – 5 U 111/10, VersR 2011, 1269
    – Sturz von einer Liege im Aufwachraum;

    OLG Naumburg, Urt. v. 12.7.2012 – 1 U 43/12, GesR 2013, 58
    – Sturz von einer Liege im Aufwachraum, Mitverschulden des Patienten, der entgegen der Anweisung der Pflegekraft alleine aufsteht.

- Lagerungsschaden bei einer Operation, insbesondere in „Häschenstellung":

    BGH, Urt. v. 24.1.1984 – VI ZR 203/82, NJW 1984, 1403 = VersR 1984, 386;

    OLG Köln, Urt. v. 2.4.1990 – 27 U 140/88, NA-Beschl. v. 20.11.1990 – VI ZR 192/90, VersR 1991, 695;

    OLG Hamm, Urt. v. 18.6.1997 – 3 U 173/96, NA-Beschl. v. 5.5.1998 – VI ZR 246/97, VersR 1998, 1243;

OLG Koblenz, Urt. v. 22.10.2009 – 5 U 662/08, NJW 2010, 1759
= VersR 2010, 629
– Urologische Operation;

vgl. jedoch andererseits auch
BGH, Urt. v. 24.1.1995 – VI ZR 60/94, NJW 1995, 1618 = VersR
1995, 539
– keine Beweislastumkehr, wenn beim Patienten eine nicht im
Voraus erkennbare extrem seltene körperliche Anomalie vorliegt,
die ihn für die Schädigung anfällig gemacht hat;

ebenso
OLG Jena, Urt. v. 28.3.2007 – 4 U 1030/04, MedR 2007, 475;

OLG Oldenburg, Urt. v. 2.8.1994 – 5 U 64/94, NA-Beschl.
v. 11.7.1995 – VI ZR 303/94, VersR 1995, 1194
– keine Beweislastumkehr, wenn die Lagerung auf dem OP-Tisch
dem medizinischen Standard entsprach;

OLG Köln. Beschl. v. 25.2.2013 – 5 U 152/12, MedR 2014, 399
– keine Beweislastumkehr bei einer Lagerung des Kopfes während
einer lang andauernden Operation, bei der der Kopf unter Opera-
tionstüchern verborgen ist.

- Sturz des Patienten bei Krankentransport:

  BGH, Urt. v. 18.12.1990 – VI ZR 169/90, NJW 1991, 1540
  = VersR 1991, 310;

- Sturz des Patienten aus dem Duschstuhl:

  BGH, Urt. v. 25.6.1991 – VI ZR 320/90, NJW 1991, 2960
  = VersR 1991, 1058;

- Sturz des Patienten von der Untersuchungsliege:

  OLG Köln, Urt. v. 21.6.1989 – 27 U 156/88, VersR 1990, 1240;

  OLG Hamm, Urt. v. 10.1.2001 – 3 U 59/00, MedR 2002, 196.

- Sturz eines betagten Patienten aus dem Bett:

  OLG Schleswig, Urt. v. 6.6.2003 – 4 U 70/02, NJW-RR 2004, 237
  (verneint);

  OLG Oldenburg, Beschl. v. 12.12.2008 – 5 W 91/08, VersR 2009,
  1120.

- Sturz aus einem Rollstuhl:

  KG, Urt. v. 20.1.2005 – 20 U 401/01, VersR 2006, 1366.

- Sturz einer betagten Heimbewohnerin im Pflegeheim:

  BGH, Urt. v. 28.4.2005 – III ZR 399/04 – NJW 2005, 1937
  = VersR 2005, 984;

  BGH, Urt. v. 14.7.2005 – III ZR 391/04 – NJW 2005, 2613
  = VersR 2006, 1366.

567 Der Träger einer Städtischen Klinik ist nicht verpflichtet, sämtliche Fenster
einer geschlossenen psychiatrischen Station der Klinik so auszustatten, dass

sie auch unter Einsatz von Körperkraft nicht so geöffnet werden können, dass ein Patient hinaussteigen oder -springen kann.

> BGH, Urt. v. 31.10.2013 – III ZR 388/12, NJW 2014, 539
> – schizophrenen Psychose.

Die Anbringung eines Bettgitters ist nur im Falle einer konkreten, akuten und **568** erheblichen Gesundheitsgefährdung gerechtfertigt, wenn eine solche nicht durch andere pflegerische Maßnahmen verhindert werden kann.

> OLG Köln, Beschl. v. 5.5.2010 – I-5 W 10/10, 5 W 10/10, MedR 2011, 290;
> OLG Bremen, Urt. v. 22.10.2009 – 5 U 25/09, MedR 2010, 566.

Eine Entzugssymptomatik, die sich in innerer Unruhe, Bettflüchtigkeit und Schlaflosigkeit zeigt, nicht jedoch in vegetativen Ausfällen, rechtfertigt eine – vorsorgliche – Fixierung des Patienten regelmäßig nicht.

> OLG Naumburg, Urt. v. 17.12.2009 – 1 U 41/09, VersR 2010, 1041
> – Sprung aus dem Fenster eines Patientenzimmers im Krankenhaus.

Zur Haftung des Trägers eines Pflegeheims beim Auftreten von Druckge- **569** schwüren vgl.

> OLG Braunschweig, Beschl. v. 7.10.2008 – 1 U 93/07, NJW-RR 2009, 1109.

Bedarf ein Heimbewohner beim Ent- und Ankleiden der besonderen Be- **570** treuung und Fürsorge, so trifft den Heimbetreiber und seine Angestellten eine gesteigerte, erfolgsbezogene Obhutspflicht. Kommt der Heimbewohner in einer derartigen Situation zu Schaden, so hat sich der Heimbetreiber von vermutetem Verschulden zu entlasten.

> OLG Düsseldorf, Urt. v. 17.1.2012 – 24 U 78/11, NJW-RR 2012, 716.

Materiellrechtlich entspricht die Beweislast des Arztes hier seiner Pflicht zu **571** der ihm möglichen umfassenden Gefahrausschaltung, mit der vertraglich (§ 280 Abs. 1 Satz 2 BGB) die deliktisch nicht anders geltende Pflicht korrespondiert, aufzuklären, wieso sich Gefahren aus dieser „arzteigenen" Risikosphäre verwirklichen konnten. Dieser Gesichtspunkt sollte auch für spezifische Koordinations-, Kooperations- und Kommunikationsgefahren der (horizontalen) Arbeitsteilung anwendbar sein (Rz. 265 ff). In der vertikalen Arbeitsteilung legt § 831 BGB bei nachgewiesenen Fehlern des Gehilfen der Behandlungsseite eine Vermutung für Organisations-, Auswahl-, Anweisungs-, Kontrollfehler auf. Sie erstreckt sich auf Fälle, in denen der Anschein für einen Zusammenhang der Schädigung mit dem Einsatz eines nicht ausreichend ausgebildeten und erfahrenen Gehilfen spricht; hierzu und zu den Beweiserleichterungen für den Patienten bei Einsatz eines noch in der Ausbildung zum Facharzt stehenden Arztes („Anfängerbehandlung") vgl. Rz. 291 ff.

c) Grundsätze des Kausalitätsnachweises

572 Der Patient hat grundsätzlich den Ursachenzusammenhang zwischen dem Behandlungsfehler und dem geltend gemachten Gesundheitsschaden nachzuweisen. Dabei ist zwischen der **haftungsbegründenden** und der haftungsausfüllenden **Kausalität** zu unterscheiden. Erstere betrifft die Ursächlichkeit des Behandlungsfehlers für die Rechtsgutverletzung als solche, also für den Primärschaden des Patienten im Sinne einer Belastung seiner gesundheitlichen Befindlichkeit; insoweit gilt das **Beweismaß des § 286 ZPO**; gefordert wird ein für das praktische Leben brauchbarer Grad von Gewissheit.

> BGH, Urt. v. 26.10.1993 – VI ZR 155/92, NJW 1994, 801
> = VersR 1994, 52.

573 Der Nachweis der Mitursächlichkeit genügt.

> BGH, Urt. v. 26.1.1999 – VI ZR 374/97, NJW-RR 1999, 819
> = VersR 1999, 862;
>
> BGH, Urt. v. 27.6.2000 – VI ZR 201/99, NJW 2000, 3423
> = VersR 2000, 1282;
>
> BGH, Urt. v. 5.4.2005 – VI ZR 216/03, NJW 2005, 2072
> = VersR 2005, 942.
>
> OLG Köln, Urt. v. 27.11.1996 – 5 U 150/96, VersR 1998, 106.

Die Kausalität ist nicht ausgeschlossen, wenn ein anderer Umstand den Schaden mitverursacht hat.

> OLG Stuttgart, Urt. v. 11.6.2002 – 14 U 83/01, VersR 2003, 376
> – fehlerhafte Überbeatmung eines Säuglings und Sauerstoffmangel unter der Geburt;
>
> OLG Celle, Urt. v. 18.2.2002 – 1 U 44/01, NJW-RR 2002, 1603.

Bei mehreren, auch zeitlich aufeinander folgenden ärztlichen Behandlungen, die untereinander und mit der alternativ verursachten Schädigung einen tatsächlich zusammenhängenden einheitlichen Vorgang bilden, kommt eine Haftung aller beteiligten Ärzte in Betracht, wenn jede Behandlung den Schaden verursacht haben kann.

> OLG Koblenz, Beschl. v. 14.4.2005 – 5 U 1610/04, NJW-RR
> 2005, 1111 = VersR 2006, 123
> – Unklarheit darüber, wer durch suprapubische Blasenkatheter
> den Darm perforiert hat.

Die Rechtsgutverletzung im Hinblick auf die haftungsbegründende Kausalität darf dabei nicht zu eng definiert werden:

Zum **Primärschaden** in diesem Sinne gehört z. B. bei einem hypoxisch-ischämischen Hirnschaden nicht lediglich die von ihren Symptomen abstrahierte Gehirnschädigung als solche, sondern der **Hirnschaden in seiner konkreten Ausprägung** mit den auftretenden Beeinträchtigungen im gesundheitlichen Befinden des Patienten, also etwa Verhaltensstörungen.

> BGH, Urt. v. 21.7.1998 – VI ZR 15/98, VersR 1998, 1153;
>
> LG Berlin, Urt. v. 10.1.2013 – 6 O 34/08, MedR 2014, 324.

Ob eine Schädigung sich als Primär- oder Sekundärschaden darstellt, kann nur anhand des konkreten Einzelfalles entschieden werden. Ein **Hirnschaden**, der sich **als Ergebnis einer** im Körper in Gang gesetzten **Kettenreaktion** manifestiert, ist ein Primärschaden, bezüglich dessen Ursache bei einem groben Behandlungsfehler die Beweislastumkehr gilt.

> OLG Köln, Urt. v. 7.8.2013 – 5 U 92/12, VersR 2014, 106.

Die Feststellung der (haftungsausfüllenden) Kausalität für alle weiteren **574** (Folge-)Schäden einschließlich der Frage einer fehlerbedingten Verschlimmerung von Vorschäden richtet sich hingegen nach § 287 ZPO; hier kann zur Überzeugungsbildung eine überwiegende Wahrscheinlichkeit genügen. Zwischen Vertrags- und Deliktshaftung besteht auch insoweit kein Unterschied.

> BGH, Urt. v. 24.6.1986 – VI ZR 21/85, NJW 1987, 705 = VersR 1986, 1121;
>
> BGH, Urt. v. 13.1.1987 – VI ZR 82/86, NJW 1987, 1481 = VersR 1987, 667;
>
> BGH, Urt. v. 25.6.1991 – VI ZR 320/90, NJW 1991, 2960 = VersR 1991, 1058;
>
> OLG Oldenburg, Urt. v. 27.10.1992 – 5 U 63/92, VersR 1993, 1235;
>
> OLG Oldenburg, Urt. v. 14.10.1997 – 5 U 98/97, VersR 1999, 63.

d) Beweiserleichterungen bei grobem Behandlungsfehler

Bei der **haftungsbegründenden Kausalität** greifen für den Patienten Beweis- **575** erleichterungen ein, wenn ein grober Behandlungsfehler festgestellt ist. Das ist keine Sanktion für Arztverschulden, sondern ein Ausgleich dafür, dass das Spektrum der für die Schädigung in Betracht kommenden Ursachen gerade durch den Fehler besonders verbreitert bzw. verschoben worden ist.

> BGH, Urt. v. 21.9.1982 – VI ZR 302/80, BGHZ 85, 212 = NJW 1983, 333 = VersR 1982, 1193;
>
> BGH, Urt. v. 26.11.1991 – VI ZR 389/90, NJW 1992, 754 = VersR 1992, 238;
>
> BGH, Urt. v. 24.9.1996 – VI ZR 303/95, NJW 1977, 794 = VersR 1996, 1535;
>
> OLG Hamm, Urt. v. 16.9.1992 – 3 U 283/91, NA-Beschl. v. 25.5.1993 – VI ZR 250/92, VersR 1994, 729.

Ein **grober Behandlungsfehler**, der geeignet ist, einen Schaden der tatsächlich eingetretenen Art herbeizuführen, führt grundsätzlich zu einer **Umkehr der Beweislast** für den ursächlichen Zusammenhang zwischen dem Behandlungsfehler und dem Gesundheitsschaden.

> BGH, Urt. v. 27.4.2004 – VI ZR 34/03, BGHZ 159, 48 = NJW 2004, 2011 = VersR 2004, 909.

Hat der Patient die Unklarheiten durch Missachtung ärztlicher Anordnungen **576** wesentlich mitbestimmt, so kann das zur Einschränkung oder zum Fortfall der Beweiserleichterung führen.

BGH, Urt. v. 28.5.2002 – VI ZR 42/01, – NJW 2002, 2944
= VersR 2005, 1026;

BGH, Urt. v. 27.4.2004 – VI ZR 34/03, BGHZ 159, 48 = NJW
2004, 2011 = VersR 2004, 909;

BGH, Urt. v. 16.11.2004 – VI ZR 328/03, – NJW 2005, 427
= VersR 2005, 228;

KG, Urt. v. 30.4.1990 – 20 U 1833/89, NA-Beschl. v. 19.2.1991
– VI ZR 224/90, VersR 1991, 926
– Missachtung von Pflegeanweisungen;

LG Dresden, Urt. v. 30.11.2007 – 6 U 0266/0689, MedR 2008, 223
– unzureichende Angaben des Patienten über seine Diabeteser-
krankung und seinen Alkoholabusus.

577 Da es sich um eine juristische Wertung handelt, obliegt die Entscheidung, ob
von einem groben Behandlungsfehler auszugehen ist, dem Richter.

BGH, Urt. v. 27.6.1978 – VI ZR 183/76, BGHZ 72, 132 = NJW
1978, 2337 = VersR 1978, 1022;

BGH, Urt. v. 11.6.1996 – VI ZR 172/95, NJW 1996, 2428
= VersR 1996, 1148;

BGH, Urt. v. 29.5.2001 – VI ZR 120/00, NJW 2001, 2792
= VersR 2001, 1030.

578 Bei dieser Entscheidung spielt aber die gutachterliche Stellungnahme des
medizinischen Sachverständigen eine ganz wesentliche Rolle. Denn der Richter
muss sich auf eine medizinische Sachlage stützen, die sich in aller Regel erst
aus der fachlichen Bewertung des Sachverständigen ergibt.

BGH, Urt. v. 19.11.1996 – VI ZR 350/95, NJW 1997, 798
= VersR 1997, 315;

BGH, Urt. v. 2.12.1997 – VI ZR 386/96, NJW 1998, 818 = VersR
1998, 242;

BGH, Urt. v. 27.1.1998 – VI ZR 339/96, NJW 1998, 1782
= VersR 1998, 585;

BGH, Urt. v. 27.3.2001 – VI ZR 18/00, NJW 2791 = VersR 2001,
859.

579 Der BGH hat gerade in jüngster Zeit mehrfach betont, dass der Tatrichter
einen groben Behandlungsfehler nicht ohne ausreichende Grundlage in den
medizinischen Darlegungen des Sachverständigen, erst recht nicht entgegen
dessen fachlichen Ausführungen aus eigener Wertung bejahen darf.

BGH, Urt. v. 29.5.2001 – VI ZR 120/00, NJW 2001, 2792
= VersR 2001, 1030;

BGH, Urt. v. 19.6.2001 – VI ZR 286/00, NJW 2001, 2794
= VersR 2001, 1115;

BGH, Urt. v. 3.7.2001 – VI ZR 418/99, NJW 2001, 2795 = VersR
2001, 1116;

BGH, Urt. v. 28.5.2002 – VI ZR 42/01, NJW 2002, 2944 = VersR
2002, 1026.

Generelle Definitionen des Begriffs „grober Behandlungsfehler", etwa in: **580**

> BGH, Urt. v. 4.10.1994 – VI ZR 205/93, NJW 1995, 778 = VersR
> 1995, 46;
>
> BGH, Urt. v. 19.6.2001 – VI ZR 286/00, NJW 2001, 2794
> = VersR 2001, 1115;
>
> BGH, Urt. v. 3.7.2001 – VI ZR 418/99, NJW 2001, 2795 = VersR
> 2001, 1116,

sind nur bedingt tauglich (zur Abgrenzung des groben Behandlungsfehlers
im Einzelnen vgl. unten Rz. 586 ff).

Der Fehler muss nicht unbedingt die Schädigung nahe legen oder sie wahr-   **581**
scheinlich machen;

> BGH, Urt. v. 21.9.1982 – VI ZR 302/80, BGHZ 85, 212, 216 ff
> = NJW 1983, 333 = VersR 1982, 1193;
>
> BGH, Urt. v. 3.12.1985 – VI ZR 106/84, NJW 1986, 1540
> = VersR 1986, 366;
>
> BGH, Urt. v. 28.6.1988 – VI ZR 217/87, NJW 1988, 2949
> = VersR 1989, 80;
>
> BGH, NA-Beschl. v. 3.5.1994 – VI ZR 310/93
> zu OLG Hamm, Urt. v. 24.2.1993 – 3 U 74/92, VersR 1994, 1067;

er muss nur die Aufklärung des Behandlungsverlaufs besonders erschweren.
Eignung zur Herbeiführung der Schädigung genügt.

> BGH, Urt. v. 1.10.1996 – VI ZR 10/96, NJW 1997, 796 = VersR
> 1997, 362;
>
> BGH, Urt. v. 19.11.1996 – VI ZR 350/95, NJW 1997, 798
> = VersR 1997, 315;
>
> BGH, Urt. v. 16.5.2000 – VI ZR 321/98, NJW 2000, 2737
> = VersR 2000, 1146.
>
> BGH, Urt. v. 27.4.2004 – VI ZR 34/03, BGHZ 159, 48 = NJW
> 2004, 2011 = VersR 2004, 909.

Ausnahmsweise allerdings kann die Beweiserleichterung ausgeschlossen sein,   **582**
wenn der Kausalzusammenhang ganz unwahrscheinlich ist.

> BGH, Urt. v. 21.9.1982 – VI ZR 302/80, BGHZ 85, 212, 216 ff
> = NJW 1983, 333 = VersR 1982, 1193;
>
> BGH, Urt. v. 28.6.1988 – VI ZR 217/87, NJW 1988, 2949
> = VersR 1989, 80, 81;
>
> BGH, Urt. v. 26.10.1993 – VI ZR 155/92, NJW 1994, 801
> = VersR 1994, 52;
>
> BGH, Urt. v. 4.10.1994 – VI ZR 205/93, NJW 1995, 778 = VersR
> 1995, 46;
>
> BGH, Urt. v. 24.9.1996 – VI ZR 303/95, NJW 1997, 794 = VersR
> 1996, 1535;
>
> BGH, Urt. v. 1.10.1996 – VI ZR 10/96, NJW 1997, 796 = VersR
> 1997, 362;

BGH, Urt. v. 13.1.1998 – VI ZR 242/96, NJW 1998, 1780
= VersR 1998, 457;

OLG Hamm, Urt. v. 19.9.1994 – 3 U 289/92, NA-Beschl.
v. 10.10.1995 – VI ZR 336/94, VersR 1996, 197
– trotz grober Fehler bei nachgeburtlich asphyktischem Anfall
des Säuglings keine Haftung für seinen Hirnschaden;

OLG Hamm, Urt. v. 7.6.1995 – 3 U 248/94, NA-Beschl.
v. 19.3.1996 – VI ZR 244/96, VersR 1996, 1371
– Haftung nur für den durch den groben Fehler „aufgepfropften"
Geburtsschaden;

OLG Stuttgart, Urt. v. 3.2.1998 – 14 U 40/96, VersR 1999, 627
– Unwahrscheinlichkeit der Kausalität verzögerten Revisionsein-
griffs für Ablauf einer Gelenkinfektion;

OLG Düsseldorf, Urt. v. 6.5.1999 – 8 U 185/97, NA-Beschl.
v. 14.12.1999 – VI ZR 200/99, VersR 2000, 853
– Unwahrscheinlichkeit der Kausalität verzögerter Klinikeinweisung
eines Säuglings für die Schädigung des kindlichen Gehirns;

OLG Hamm, Urt. v. 6.11.2002 – 3 U 50/02, NZB-Beschl.
v. 27.4.2004 – VI ZR 420/02, VersR 2004, 1321
– Unwahrscheinlichkeit des Vorliegens einer Leberzirrhose zum
Zeitpunkt der fehlerhaft unterlassenen Biopsie.

OLG Saarbrücken, Urt. v. 8.11.2006 – 1 U 582/05-203,
NZB-Beschl. v. 9.10.2007 – VI ZR 248/06, MedR 2007, 486
– Sauerstoffmangelversorgung unter der Geburt;

OLG Koblenz, Beschl. v. 20.9.2007 – 5 U 899/07, NJW-RR 2008,
541 = VersR 2008, 646
– wiederholte Ovarialzysten nach versäumter Antibiotikatherapie;

OLG Köln, Urt. v. 20.7.2011 – 5 U 206/07, NZB-Beschl.
v. 26.6.2012 – VI ZR 213/11, VersR 2012, 109
– Kausalität der Verzögerung der Diagnose und Behandlung einer
extrauterinen Schwangerschaft äußerst unwahrscheinlich für die
bei der operativen Sanierung erfolgte Verletzung des Harnleiters;

OLG Koblenz, Urt. v. 25.8.2011 – 5 U 670/10, NZB-Beschl. v.
11.9.2012 – VI ZR 253/11, VersR 2013, 111
– Schlaganfall.

Eine Erfolgschance von etwa 10 % rechtfertigt noch nicht die Annahme, dass
die Schadenskausalität ganz unwahrscheinlich ist.

OLG Brandenburg, Urt. v. 8.4.2003 – 1 U 26/00, NJW-RR 2003,
1383 = VersR 2004, 1050.

Eine Beweislastumkehr findet dann nicht statt, wenn der Arzt nachweisen
kann, dass ein Ursachenzusammenhang zwischen einer eingetretenen Behand-
lungsverzögerung und dem Schadenseintritt nicht besteht.

OLG Köln, Urt. v. 18.2.2009 – 5 U 101/07, VersR 2010, 117
– unterbliebene Diagnose eines Cervixkarzinoms.

583 Ist zwar die alleinige Ursächlichkeit des Behandlungsfehlers äußerst unwahrscheinlich, kann er aber zusammen mit anderen Ursachen den Gesundheitsschaden herbeigeführt haben, kann die Beweiserleichterung hinsichtlich dieser
Mitursächlichkeit gerechtfertigt sein.

BGH, Urt. v. 1.10.1996 – VI ZR 10/96, NJW 1997, 796 = VersR
1997, 362;

BGH, Urt. v. 27.6.2000 – VI ZR 201/99, NJW 2000, 3423
= VersR 2000, 1282;

OLG Oldenburg, Urt. v. 20.4.1999 – 5 U 188/98, VersR 1999, 1423.

Die Beweislastumkehr kann dort, wo verschiedene Schadensursachen zu-   **584**
sammengewirkt haben, im Einzelfall auf eine abgrenzbare Mehrschädigung
beschränkt sein.

BGH, Urt. v. 26.5.2000 – VI ZR 321/98, NJW 2000, 3727
= VersR 2000, 1146.

Eine Umkehr der Beweislast scheidet aus, wenn ein zufällig am Unfallort   **585**
anwesender Arzt entsprechend der gesetzlichen Pflicht Hilfe leistet und kein
Behandlungsverhältnis vorliegt.

OLG München, Beschl. v. 6.4.2006 – 1 U 4142/05, NJW 2006,
1883.

Ein grober Behandlungsfehler setzt einen Verstoß gegen bewährte elementare   **586**
Behandlungsregeln, gegen gesicherte grundlegende Erkenntnisse der Medizin
voraus; es muss um Fehler gehen, die aus objektiver Sicht nicht mehr verständlich sind, weil sie einem Arzt schlechterdings nicht unterlaufen dürfen.

BGH, Urt. v. 26.11.1991 – VI ZR 389/90, NJW 1992, 754
= VersR 1992, 238;

BGH, NA-Beschl. v. 20.4.1993 – VI ZR 178/92
zu OLG Bamberg, Urt. v. 7.5.1992 – 1 U 133/86, VersR 1993, 1019;

BGH, Urt. v. 4.10.1994 – VI ZR 205/93, NJW 1995, 778
= VersR 1995, 46;

BGH, Urt. v. 11.6.1996 – VI ZR 172/95, NJW 1996, 2428
= VersR 1996, 1148;

BGH, Urt. v. 19.11.1996 – VI ZR 350/95, NJW 1997, 798
= VersR 1997, 315;

BGH, Urt. v. 2.12.1997 – VI ZR 386/96, NJW 1998, 818
= VersR 1998, 242;

BGH, Urt. v. 13.1.1998 – VI ZR 242/96, NJW 1998, 1780
= VersR 1998, 457;

BGH, Urt. v. 27.1.1998 – VI ZR 339/96, NJW 1998, 1782
= VersR 1998, 585;

BGH, Urt. v. 3.11.1998 – VI ZR 253/97, NJW 1999, 862
= VersR 1999, 231;

BGH, Urt. v. 29.5.2001 – VI ZR 120/00, NJW 2001, 2792
= VersR 2001, 1030;

BGH, Urt. v. 19.6.2001 – VI ZR 286/00, NJW 2001, 2794
= VersR 2001, 1115;

BGH, Urt. v. 3.7.2001 – VI ZR 418/99, NJW 2001, 2795
= VersR 2001, 1116;

OLG Köln, Urt. v. 28.3.1990 – 27 U 125/89, NA-Beschl.
v. 15.1.1991 – VI ZR 150/90, VersR 1991, 689;

OLG Stuttgart, Urt. v. 23.9.1993 – 14 U 59/92, VersR 1994, 1306;

OLG Koblenz, Urt. v. 1.12.2011 – 5 U 95/10, NZB-Beschl.
v. 11.9.2012 – VI ZR 373/11, MedR 2013, 439
– verspätete Patientenverlegung trotz eindeutiger Hinweise auf
ein neurologisches Defizit;

OLG Köln, Urt. v. 27.6.2012 – 5 U 38/10, VersR 2013, 113
– Wundspülung mit einem Flächendesinfektionsmittel statt mit
einem Wundantiseptikum.

Für die Beurteilung eines Behandlungsfehlers als grob darf **nicht** auf die **subjektive Vorwerfbarkeit** abgestellt werden.

BGH, Urt. v. 20.9.2011 – VI ZR 55/09, NJW 2011, 3442
= VersR 2011, 1569
– Nachblutungen nach Mandeloperation;

BGH, Urt. v. 25.10.2011 – VI ZR 139/10, NJW 2012, 227
= VersR 2012, 362
– Unterlassen einer sofortigen Fibrinolyse bei einem
Myokardinfarkt.

587 Der grobe Behandlungsfehler erfordert jedoch nicht nur einen eindeutigen Verstoß gegen den ärztlichen Standard, sondern ein schlechterdings unverständliches Fehlverhalten, das sich aus den medizinischen Darlegungen des Sachverständigen ergibt.

BGH, Urt. v. 19.6.2001 – VI ZR 286/00, NJW 2001, 2794
= VersR 2001, 1116.

588 Dabei kommt es auf das Gesamtgeschehen an. Auch mehrere Einzelfehler, die für sich genommen nicht besonders schwer wiegen, können zusammen gesehen als grob fehlerhaftes ärztliches Vorgehen die Beweislastumkehr rechtfertigen. Andererseits kann im Einzelfall eine Gesamtbetrachtung, etwa im Hinblick auf konkret erschwerte Behandlungsbedingungen, zur Versagung einer Beweiserleichterung trotz Vorliegens eines erheblichen Fehlers führen.

BGH, Urt. v. 21.9.1982 – VI ZR 302/80, BGHZ 85, 212
= NJW 1983, 333 = VersR 1982, 1193;

BGH, Urt. v. 8.3.1988 – VI ZR 201/87, NJW 1988, 1511
= VersR 1988, 495;

BGH, Urt. v. 28.6.1988 – VI ZR 217/87, NJW 1988, 2949;

BGH, Urt. v. 27.1.1998 – VI ZR 339/96, NJW 1998, 1782
= VersR 1998, 585;

BGH, Urt. v. 29.5.2001 – VI ZR 120/00, NJW 2001, 2792
= VersR 2001, 1030;

OLG Stuttgart, Urt. v. 23.3.1989 – 14 U 41/87, NA-Beschl.
v. 19.12.1989 – VI ZR 135/89, VersR 1990, 858;

OLG Schleswig, Urt. v. 24.2.1993 – 4 U 18/91, NA-Beschl.
v. 7.12.1993 – VI ZR 100/93, VersR 1994, 310;

OLG Stuttgart, Urt. v. 4.4.1996 – 14 U 42/95, VersR 1997, 700
– grober Behandlungsfehler bei Zusammentreffen mehrerer
Versäumnisse;

OLG Celle, Urt. v. 7.5.2001 – 1 U 15/00, NA-Beschl. v. 7.5.2002
– VI ZR 210/01, VersR 2002, 1558
– Kumulation von Behandlungsfehlern eines HNO-Arztes nach
einer Mandeloperation;

OLG Koblenz, Urt. v. 26.2.2009 – 5 U 1212/07, NZB-Beschl.
v. 1.12.2009 – VI ZR 80/09, VersR 2010, 1452
– verspätete Notsectio;

OLG Köln, Urt. v. 6.6.2012 – 5 U 28/10, NZB-Beschl.
v. 26.2.2013 – VI ZR 305/12, VersR 2013, 237
– Noncompaction-Kardiomyopathie.

Wenn ein medizinischer Sachverständiger eine Therapiewahlentscheidung als
eine „schwer wiegende Fehlentscheidung" bezeichnet, ist daraus nicht ohne
weiteres auf einen groben Behandlungsfehler zu schließen; vielmehr ist regelmäßig mit dem Sachverständigen zu erörtern, ob er den Behandlungsfehler
lediglich im Hinblick auf seine konkreten Folgen als „schwer wiegend" bewertet oder wegen des Grades der Abweichung vom medizinischen Facharztstandard.

OLG Naumburg, Urt. v. 14.8.2008 – 1 U 8/08, MedR 2009, 292
– Dauertherapie mit Glukokortikosteroiden.

Hat das Verhalten des Patienten in gleicher Weise wie ein grober Behand- **589**
lungsfehler des Arztes dazu beigetragen, dass das Behandlungsgeschehen und
die Schadensursache nicht mehr aufgeklärt werden können, so kann es bei
der Beweislast des Patienten in der Kausalitätsfrage verbleiben.

OLG Braunschweig, Urt. v. 10.4.1997 – 1 U 21/96, NA-Beschl.
v. 20.1.1998 – VI ZR 161/97, VersR 1998, 459;

OLG Koblenz, Urt. v. 11.12.2008 – 5 U 685/08, NZB-Beschl.
v. 20.4.2010 – VI ZR 13/09, MedR 2011, 46.

Ein **Diagnoseirrtum** im Sinne einer Fehlinterpretation der erhobenen Befunde **590**
ist nur dann „grob", wenn es sich um einen fundamentalen Irrtum handelt.

BGH, Urt. v. 14.7.1981 – VI ZR 35/79, VersR 1981, 1033;

BGH, Urt. v. 10.11.1987 – VI ZR 39/87, NJW 1988, 1513
= VersR 1988, 293;

BGH, Urt. v. 4.10.1994 – VI ZR 205/93, NJW 1995, 778 = VersR
1995, 46;

BGH, Urt. v. 13.2.1996 – VI ZR 402/94, BGHZ 132, 47 = NJW
1996, 1589 = VersR 1996, 633
– Nichterkennen des Herzinfarkts trotz deutlicher Symptome;

BGH, Urt. v. 18.6.2002 – VI ZR 136/01, BGHZ 151, 133 = NJW
2002, 2636 = VersR 2002, 1148
– Nichterkennen hochgradiger Auffälligkeit der Fermurlänge bei
Ultraschalluntersuchung durch Gynäkologen;

OLG Köln, Urt. v. 6.6.1990 – 27 U 12/90, VersR 1991, 1288;

OLG Oldenburg, Urt. v. 18.12.1990 – 5 U 82/90, VersR 1991, 1141;

OLG Bamberg, Urt. v. 30.1.1991 – 8 U 21/90, NA-Beschl.
v. 17.3.1992 – VI ZR 176/91, VersR 1992, 831;

OLG Celle, Urt. v. 17.2.1992 – 1 U 6/91, NA-Beschl. v.
22.12.1992 – VI ZR 128/92, VersR 1993, 483;

OLG Oldenburg, Urt. v. 20.2.1996 – 5 U 146/95, NJW-RR 1997,
1117
– fundamentaler Diagnosefehler bei Verkennung eines Meningitis-
verdachts bei Kleinkind;

OLG Celle, Urt. v. 21.10.1996 – 1 U 59/95, NA-Beschl.
v. 12.8.1997 – VI ZR 369/96, VersR 1998, 54
– grob fehlerhafte Verkennung der auf einer Röntgenaufnahme
sichtbaren Fehlstellung in der Sprunggelenkgabel nach Luxa-
tionsfraktur;

OLG Stuttgart, Urt. v. 31.10.1996 – 14 U 52/95, MedR 1997, 275
– fundamentaler Diagnoseirrtum bei Nichterkennen der Symptome für eine Meningitis bei einem Kleinkind;

OLG Hamm, Urt. v. 20.11.1996 – 3 U 31/96, NA-Beschl.
v. 15.7.1997 – VI ZR 406/96, VersR 1998, 104
– grob fehlerhafte Verkennung der Symptome für ein stark
toxisches Geschehen nach Sportunfall;

OLG Düsseldorf, Urt. v. 21.11.1996 – 8 U 166/95, NA-Beschl.
v. 12.8.1997 – VI ZR 400/96, VersR 1998, 55
– grob fehlerhafte Verkennung einer Wundinfektion;

OLG Frankfurt/M., Urt. v. 30.3.1999 – 8 U 219/98, NA-Beschl.
v. 15.2.2000 – VI ZR 183/99, VersR 2000, 853
– grob fehlerhafte Verkennung eines eingeklemmten Leistenbruchs;

OLG Saarbrücken, Urt. v. 21.7.1999 – 1 U 926/98, NA-Beschl.
v. 28.2.2000 – VI ZR 271/99, VersR 2000, 1241 f
– grob fehlerhafte Verkennung eines die bisherige Diagnose aus-
schließenden Laborbefundes;

OLG Hamm, Urt. v. 2.4.2001 – 3 U 160/00, VersR 2002, 578
– grob fehlerhafte Verkennung eines Bronchialkarzinoms durch
Radiologen;

OLG Koblenz, Urt. v. 31.8.2006 – 5 U 588/06, NJW-RR 2006,
1612 = VersR 2006, 1547
– Verkennung eines Röntgenbildes durch Unfallchirurgen nicht
grob fehlerhaft;

OLG Koblenz, Urt. v. 30.11.2006 – 5 U 209/06, NJW-RR 2007,
532 = VersR 2007, 1565
– unrichtige Befundung von CT-Aufnahmen der Nasenneben-
höhlen nicht grob fehlerhaft;

OLG Koblenz, Beschl. v. 7.5.2009 – 5 U 478/09, VersR 2010, 1184
– Fehlinterpretation von Symptomen eines leichten Schlaganfalls
eines erheblich vorgeschädigten Patienten während der Implantation einer Hüftgelenksprothese kein grober Diagnoseirrtum;

OLG Rostock, Urt. v. 21.12.2012 – 5 U 170/11, VersR 2013, 465
– Ultraschalluntersuchung: Nichterkennung der Stauung einer
Niere;

OLG Köln, Urt. v. 25.9.2013 – 5 U 7/13, VersR 2014, 1005
– Nichterkennen einer vorgeburtlichen Herzschwäche (peripartale
Kardiomyophathie [PPCM]) muss kein grober Diagnoseirrtum
sein;

LG Bielefeld, Urt. v. 8.5.1998 – 4 O 512/96, VersR 1999, 1245
– grobfehlerhafte Verkennung einer Schenkelhalsfraktur auf
Röntgenbild.

Für die rechtliche Beurteilung eines Diagnosefehlers gelten nicht die Beweis- **591**
grundsätze der unterlassenen Befunderhebung, sondern die allgemeinen Grundsätze bei Behandlungsfehlern.

OLG Hamm, Beschl. v. 2.3.2011 – I-3 U 92/10, VersR 2012, 493
– Auswertung einer Röntgenaufnahme.

Ein Diagnosefehler wird nicht dadurch zu einem Befunderhebungsfehler, **592**
dass bei objektiv zutreffender Diagnosestellung noch weitere Befunde zu erheben gewesen wären.

BGH, Urt. v. 21.12.2010 – VI ZR 284/09, BGHZ 188, 29 = NJW
2011, 1672 = VersR 2011, 400
– Übersehen eines Adenokarzinoms im Bereich des rechten Lungen-
flügels bei Auswertung einer für eine Meniskusoperation gefertigten
Röntgenaufnahme.

Diagnostiziert ein Arzt fehlerhaft aber nicht vorwerfbar ein kardiales Problem als neurologische und orthopädische Erkrankung, haftet er deshalb nicht
wegen des nur an die richtige Diagnose anknüpfenden Befunderhebungsver-
säumnisses.

OLG Koblenz, Beschl. v. 26.9.2012 – 5 U 783/12, MedR 2013.

Zur Abgrenzung zwischen Befunderhebungsfehler und Diagnosefehler vgl.

BGH, Urt. v. 21.1.2014 – VI ZR 78/13, VersR 2014, 374
– Verschiebung der erforderlichen Hirndiagnostik bei einem
Schlaganfallpatienten.

Ein Diagnosefehler wird nicht bereits deshalb zum Befunderhebungsfehler,
weil der Arzt es unterlassen hat, die Beurteilung des von ihm erhobenen
Befundes durch Einholung einer zweiten Meinung zu überprüfen („second
opinion").

BGH, Urt. v. 9.1.2007 – VI ZR 59/06, NJW-RR 2007, 744
= VersR 2007, 541
– Befundung einer Hautveränderung durch Pathologen.

Eher ist das **Nichterheben der Kontrollbefunde**, die zur falschen Diagnose **593**
führen, grob fehlerhaft; vgl. hierzu aus den Bereichen der

- Inneren Medizin:

  BGH, Urt. v. 28.5.1985 – VI ZR 264/83, VersR 1985, 886
  – ungeprüftes Festhalten an der ohnehin unwahrscheinlichen
  Arbeitsdiagnose Periarthritis bei schwerem Krankheitsbild einer
  Streptokokken-Sepsis;
  – Verschleiern des Krankheitsbildes vor genauer Abklärung durch
  Schmerzmittel und fiebersenkende Medikation;

BGH, Urt. v. 26.10.1993 – VI ZR 155/92, NJW 1994, 801
= VersR 1994, 52
– keine sofortige Überweisung zur diagnostischen Abklärung in
Klinik durch Notarzt trotz starker auf Infarkt hindeutender
Schmerzen im HWS-Schulter-Arm-Bereich;

OLG Düsseldorf, Urt. v. 13.4.1978 – 8 U 46/73, NA-Beschl.
v. 15.5.1979 – VI ZR 126/78, VersR 1979, 723
– monatelange Hämorrhoiden-Behandlung ohne Rektoskopie zur
Erkennung eines Rektumkarzinoms;

OLG Hamm, Urt. v. 29.5.1989 – 3 U 419/88, NA-Beschl.
v. 24.4.1990 – VI ZR 256/89, VersR 1990, 1120
– keine diagnostische Weiterführung der Bekämpfung einer
Thrombose durch Phlebographie;

OLG Stuttgart, Urt. v. 21.6.1990 – 14 U 3/90, VersR 1991, 21
– keine Differentialdiagnostik nach Geschwulst in Halsregion;

OLG Hamm, Urt. v. 17.9.1990 – 3 U 196/89, NA-Beschl.
v. 17.9.1990 – VI ZR 317/90, VersR 1992, 752 (LS)
– keine Probeexzision bei Verdacht auf Knochen-Tbc;

OLG Köln, Urt. v. 4.12.1991 – 27 U 23/90, NA-Beschl.
v. 15.12.1992 – VI ZR 11/92, VersR 1993, 190
– keine Abklärung der Wadenschmerzen nach Fußverletzung
durch Phlebographie;

OLG Bamberg, Urt. v. 7.5.1992 – 1 U 133/86, NA-Beschl.
v. 20.4.1993 – VI ZR 178/82, VersR 1993, 1019
– keine Blutuntersuchung zur Abklärung des Malariaverdachts
bei bewusstlosem Patienten nach Afrikaaufenthalt;

OLG Stuttgart, Urt. v. 21.1.1993 – 14 U 34/91, NA-Beschl.
21.12.1993 – VI ZR 57/93, VersR 1994, 313
– Festhalten an Arbeitsdiagnose Mandelentzündung trotz Symptomen für Meningitis durch Notarzt;

OLG Celle, Urt. v. 26.7.1993 – 1 U 36/92, NA-Beschl.
v. 10.5.1994 – VI ZR 264/93, VersR 1994, 1237
– keine diagnostische Abklärung von Anzeichen für Gefäßverschluss durch Sonographie bzw. Angiographie;

OLG Oldenburg, Urt. v. 29.3.1994 – 5 U 132/93, VersR 1994, 1241
– keine differentialdiagnostische Abklärung bei Bluthusten;

OLG München, Urt. v. 5.5.1994 – 1 U 6456/91, VersR 1994, 1240
– keine differentialdiagnostische Abklärung bei Bluthusten;

OLG Hamm, Urt. v. 8.3.1995 – 3 U 235/93, NA-Beschl.
v. 14.11.1995 – VI ZR 106/9, VersR 1996, 892
– keine Bronchoskopie trotz verschatteter Restlunge nach
Lungenteilresektion;

OLG Karlsruhe, Urt. v. 7.8.1996 – 7 U 251/93, NA-Beschl.
v. 25.3.1997 – VI ZR 315/96
– Unterlassen einer Koloskopie bei Verdacht auf Rektumkarzinom;

OLG Oldenburg, Urt. v. 25.11.1997 – 5 U 66/97, VersR 1999, 318
– keine diagnostische Abklärung bei Beinvenenthrombose;

OLG Hamm, Urt. v. 4.2.1998 – 3 U 143/97, NA-Beschl.
v. 19.1.1999 – VI ZR 117/98, VersR 1999, 622
– keine Kontrolle der Gerinnungsparameter bei Heparin-Infusion;

OLG Düsseldorf, Urt. v. 10.4.2003 – I-8 U 38/02, VersR 2005, 117
– unterlassene diagnostische Abklärung anhaltend starker
Rückenschmerzen;

OLG Koblenz, Urt. v. 1.12.2011 – 5 U 95/10, NZB-Beschl. v.
11.9.2012 – VI ZR 373/11, MedR 2013, 439
– unterlassene diagnostische Abklärung bei Hinweisen auf eine
interspinale Infektion nach einer Staphylokokken-Infektion;

LG München I, Urt. v. 28.5.2003 – 9 O 14993/99, VersR 2004, 649
– unterlassene Diagnostik wegen Nichterkennung eines Herzinfarkts bei einem Notfallpatienten.

- Kardiologie:

  BGH, Urt. v. 23.3.2004 – VI ZR 428/02, NJW 2004, 1871
  = VersR 2004, 790
  – Voraussetzung für Beweislastumkehr bei unterlassener Befund-
  erhebung (Kontrolle und Austausch eines Herzschrittmachers);

- Chirurgie:

  BGH, Urt. v. 21.9.1982 – VI ZR 302/80, BGHZ 85, 212 = NJW
  1983, 333 = VersR 1982, 1193
  – keine weiterführende Diagnostik bei wiederholter Darm-
  lähmung mit Koterbrechen nach Appendektomie;

  BGH, Urt. v. 4.11.1986 – VI ZR 12/86, VersR 1987, 408
  – trotz alarmierenden Temperaturanstiegs nach Fraktur keine
  Wundinspektion;

  BGH, Urt. v. 18.4.1989 – VI ZR 221/88, NJW 1989, 2332
  = VersR 1989, 701
  – trotz Verdachts einer Schultereckgelenksprengung keine Abklärung durch „gehaltene" Röntgenaufnahme;

  BGH, Urt. v. 7.4.1992 – VI ZR 216/91, NJW 1992, 2354 = VersR
  1992, 747
  – keine Schnellschnittuntersuchung vor Brustamputation;

  OLG Koblenz, Urt. v. 17.10.1986 – 10 U 784/84, NA-Beschl.
  v. 2.6.1987 – VI ZR 269/86, VersR 1988, 41
  – trotz starken Abfalls des Hämoglobinwerts nach Magenoperation keine Untersuchung auf innere Blutung;

  OLG Frankfurt/M., Urt. v. 11.4.1989 – 14 U 102/87, NA-Beschl.
  v. 9.1.1990 – VI ZR 153/89, VersR 1990, 659
  – bei 4 cm langer Schnittwunde an Beugeseite des Handgelenks
  mit Durchtrennung des ligamentum carpi palaro keine Kontrolle
  auf Verletzung des nervus ulnaris und medianus;

  OLG Oldenburg, Urt. v. 14.1.1997 – 5 U 139/95, VersR 1997, 1405
  – Unterlassung einer Computertomographie bei unfallbedingter
  erheblicher Schädelverletzung;

  OLG Braunschweig, Urt. v. 10.3.1999 – 1 U 54/98, VersR 2000, 489
  – keine röntgendiagnostische Abklärung der Gallenwege trotz
  unklarer anatomischer Situation bei Gallenblasenoperation;

- Orthopädie:

  BGH, Urt. v. 7.6.1983 – VI ZR 284/81, VersR 1983, 983
  – keine manuelle Prüfung auf Gefäßverschluss bei Lähmungserscheinungen der Extremitäten;

OLG Celle, Urt. v. 9.1.1984 – 1 U 5/83, VersR 1985, 1047
– Unterlassen bakteriologischer Untersuchung der trüben
Gelenkflüssigkeit bei der Arthroskopie trotz Schmerzen im
Kniegelenk und erhöhter Blutkörpersenkungsgeschwindigkeit;

OLG Hamm, Urt. v. 7.12.1987 – 3 U 330/85, NA-Beschl. v.
13.12.1988 – VI ZR 63/88, VersR 1989, 292
– ohne Abklären des Verdachts auf akute Durchblutungsstörung
durch embolistischen Gefäßverschluss im Unterschenkel Behandeln auf Venenentzündung;

OLG Köln, Urt. v. 12.6.1991 – 27 U 25/90, VersR 1992, 1003
– keine bakteriologische Untersuchung des durch Punktion des
Kniegelenks gewonnenen trüben Punktats;

OLG Hamm, Urt. v. 6.2.2001 – 3 U 238/00, VersR 2003, 116
– Nichtdarstellung der Landmarken bei der Hüftsonographie
eines Kleinkindes;

- Gynäkologie und Geburtshilfe:

BGH, Urt. v. 10.11.1987 – VI ZR 39/87, NJW 1988, 1513
= VersR 1988, 293
– keine diagnostische Abklärung von Sepsissymptomen nach
Kaiserschnitt;

BGH, Urt. v. 23.4.1991 – VI ZR 161/90, NJW 1991, 2350
= VersR 1991, 815
– keine Ultraschalldiagnostik bei Aufnahme der Mutter zur
Entbindung;

BGH, Urt. v. 4.10.1994 – VI ZR 205/93, NJW 1995, 778 = VersR
1995, 46
– Anforderungen an die Bewertung als groben Behandlungsfehler
bei Unterlassen einer gebotenen vaginalen Untersuchung;

OLG Karlsruhe, Urt. v. 30.1.1980 – 7 U 28/79, NA-Beschl.
v. 25.11.1980 – VI ZR 58/80
– keine vorgeburtliche Kontrolluntersuchung trotz Anzeichen
für Risikogeburt;

OLG Stuttgart, Urt. v. 30.5.1986 – 14 U 9/85, VersR 1987, 421
– keine Abklärung der Gewebeverhärtungen nach Hysterektomie;

OLG Hamm, Urt. v. 16.11.1987 – 3 U 221/85, NA-Beschl.
v. 29.11.1988 – VI ZR 55/88, VersR 1989, 255
– trotz Verdachts auf Beckenendlage ohne Ultrasonographie zur
Aufdeckung eines etwaigen Missverhältnisses von Kopf und
Rumpf des Kindes Entscheidung zur vaginalen Entbindung;

OLG Köln, Urt. v. 2.12.1992 – 27 U 74/92, VersR 1993, 1529 (LS)
– keine Blutdruckkontrolle zur Abklärung des auf massive Pro-
teinurie der Mutter, verdächtige CTG und Wachstumsretardierung
des Kindes gegründeten Verdachts einer EPH-Gestose;

OLG Stuttgart, Urt. v. 4.2.1993 – 14 U 51/92, VersR 1994, 106
– keine Hinzuziehung eines HNO-Arztes durch Gynäkologen
bei Hörsturz;

OLG Koblenz, Urt. v. 28.6.1995 – 7 U 520/94, NJW 1990, 1600
= VersR 1996, 1507
– Hinwegsetzen über Diagnosemethoden der Schulmedizin bei
Symptomen eines Uteruskarzinoms;

OLG Stuttgart, Urt. v. 23.9.1997 – 14 U 71/96, VersR 1999, 582
– Unterlassen eines Scheidendammschnitts bei Schulterdystokie;

OLG Stuttgart, Urt. v. 2.2.1999 – 14 U 4/98, NA-Beschl.
v. 30.11.1999 – VI ZR 87/99, VersR 2000, 362
– fehlende Reaktion auf vorzeitigen Blasensprung;

OLG Düsseldorf, Urt. v. 28.9.2000 – 8 U 114/99, VersR 2002, 856
– fehlerhafte Unterlassung der gebotenen urologischen Diagnostik vor operativem Eingriff des Gynäkologen;

OLG Karlsruhe, Urt. v. 20.6.2001 – 13 U 70/00, VersR 2002, 1426
– unterlassene Befunderhebung eines Gynäkologen bei Verdacht einer Rötelninfektion während der Schwangerschaft;

OLG Koblenz, Urt. v. 5.7.2004 – 12 U 572/97, NJW 2005, 1200
= VersR 2005, 1738
– Unterlassen von Blutzuckerkontrollen bei einem mangelgeborenen Kind;

OLG Koblenz, Urt. v. 30.11.2006 – 5 U 784/06, NZB-Beschl.
v. 22.1.2008 – VI ZR 6/07, VersR 2007, 396
– kurzfristige Unterbrechung der CTG-Aufzeichnung während des Papiertauschs (grober Fehler wegen gegebener akustischer Überwachung verneint);

OLG Köln, Urt. v. 20.7.2011 – 5 U 206/07, NZB-Beschl.
v. 26.6.2012 – VI ZR 213/11, VersR 2012, 109
– trotz zwingender Hinweise auf eine extrauterine Schwangerschaft weder Bauchspiegelung noch regelmäßige Beta-HCG-Kontrolle, sondern lediglich Ausschabung der Gebärmutter;

OLG Köln, Urt. v. 21.9.2011 – 5 U 11/11, NZB-Beschl.
v. 10.7.2012 – VI ZR 281/11, VersR 2012, 1305
– zur Erforderlichkeit eines Toxoplasmosetests;

- Neurologie:

BGH, Urt. v. 27.1.1998 – VI ZR 339/96, NJW 1998, 1782
= VersR 1998, 585
– Unterlassen einer kernspintomographischen Untersuchung bei bestimmten Lähmungserscheinungen;

- Urologie:

OLG Köln, Urt. v. 22.4.1998 – 5 U 12/96, VersR 1999, 491
– Unterlassen geeigneter Diagnostik bei Verdacht auf Harnabflussstörung;

- Pädiatrie:

BGH, Urt. v. 14.7.1992 – VI ZR 214/91, NJW 1992, 2962
= VersR 1992, 1263
– Anforderungen an fundamentalen Fehler bei Unterlassung weitergehender Diagnostik zur Abklärung der Gelbfärbung eines Neugeborenen;

OLG München, Urt. v. 6.6.1991 – 24 U 590/89, VersR 1992, 964 (LS)
– keine diagnostische Abklärung des fokalen Krampfanfalls beim Neugeborenen auf Meningitis;

OLG Oldenburg, Urt. v. 6.4.1993 – 5 U 193/92, NA-Beschl.
v. 19.10.1993 – VI ZR 140/93, VersR 1994, 178
– kein Reagieren auf alarmierend hohe Blutgaswerte bei
Neugeborenem;

OLG Karlsruhe, Urt. v. 11.3.1998 – 7 U 214/96, NA-Beschl.
v. 17.11.1998 – VI ZR 152/98, VersR 2000, 229
– keine ausreichende Kontrollbefundung bei Frühgeborenem;

OLG Oldenburg, Urt. v. 20.4.1999 – 5 U 188/98, VersR 1999, 1423
– keine weitergehende Diagnostik bei auffallend großem Kopf-
umfang des nach U 6 und U 7 untersuchten Kleinkinds;

- Augenheilkunde:

  OLG Hamm, Urt. v. 29.11.1977 – 9 U 23/77, NA-Beschl.
  v. 19.6.1979 – VI ZR 35/78, VersR 1979, 826
  – keine Augeninnendruckmessung bei älterem Patienten zur
  Früherkennung eines Glaukoms;

  OLG Hamm, Urt. v. 15.5.1995 – 3 U 287/93, NA-Beschl.
  v. 12.3.1996 – VI ZR 180/95, VersR 1996, 756
  – keine augenärztliche Untersuchung des Frühgeborenen auf
  Netzhautablösung;

  OLG Karlsruhe, Urt. v. 23.4.2004 – 7 U 1/03, NZB-Beschl.
  v. 19.10.2004 – VI ZR 146/04, VersR 2005, 1246
  – Unterlassen einer Ultraschalluntersuchung eines Kleinkindes
  bei Verdacht auf Retinoblastom.

594 **Therapeutisch** kommen vor allem Fälle in Betracht, in denen auf eindeutige
Befunde nicht reagiert, grundlos eine Standardmethode zur Bekämpfung bekannter Risiken nicht angewendet wird, durch Fehlorganisation die Behandlung in nichtqualifizierte Hände gerät, die therapeutische Wirkung auf die
Krankheit ohne Kontrolle gelassen wird; vgl. hierzu z. B. aus den Bereichen der

- Anästhesie:

  BGH, Urt. v. 20.9.2011 – VI ZR 55/09, NJW 2011, 3442 = VersR
  2011, 1569
  – Unzureichendes Sauerstoffangebot bei einer Mandeloperation;

- Inneren Medizin:

  BGH, Urt. v. 14.7.1981 – VI ZR 35/79, VersR 1981, 1033
  – Weiterbehandlung trotz unzureichenden Instrumentariums für
  die erforderliche Spezialbehandlung;

  OLG Stuttgart, Urt. v. 20.7.1989 – 14 U 21/88, VersR 1990, 385:
  keine Mindesteinwirkungszeit von 30 sec. für das Desinfektionsmittel vor der Injektion;

  OLG Stuttgart, Urt. v. 6.2.1992 – 14 U 1/91, VersR 1992, 1134
  – aus Organisationsfehlern verspätete Bewertung und Weiterleitung
  des DAS-Befundes, was zur verzögerten Einstellung des Patienten
  in Dringlichkeitskategorie für Nierentransplantation führt;

- Intensivmedizin:

  OLG Köln, Urt. v. 13.2.2002 – 5 U 95/01, NJW-RR 2002, 458
  = VersR 2004, 1459
  – bei der Reanimation fehlerhaft unterlassene Defibrillation;

- Chirurgie:

BGH, Urt. v. 12.2.1980 – VI ZR 170/78, unveröffentlicht
– falsche Blutgruppenbestimmung, die bei Magenresektion zu 13
falschen Transfusionen führt;

BGH, Urt. v. 21.9.1982 – VI ZR 130/81, NJW 1983, 340 = VersR
1982, 1141
– keine Kontrolle des Hodensitzes nach Rezidiv-Hernien-
Operation;

BGH, Urt. v. 26.2.1991 – VI ZR 344/89, NJW 1991, 1539
= VersR 1991, 694
– kein Ausgleich des Corticoidmangels beim Morbus-Addison-
Patienten in der operativen und postoperativen Phase;

OLG Düsseldorf, Urt. v. 28.6.1984 – 8 U 37/83, VersR 1985, 291
– Anlegen eines wie ein Zuchtboden für Staphylokokken wirkenden
Oberschenkel-Gehgipses unmittelbar nach Entfernung eines
äußeren Rohrspanners;

OLG Düsseldorf, Urt. v. 2.10.1985 – 8 U 100/83, VersR 1986, 659
– durch fehlerhafte Organisation des Nacht- und Sonntagsdienstes im Krankenhaus kommt es zu schweren therapeutischen
Fehlern;

OLG Düsseldorf, Urt. v. 11.6.1987 – 8 U 223/85, VersR 1989, 190
– keine Kontrolluntersuchung nach Reposition eines Bruchs
trotz gewichtiger Hinweise für Durchblutungsstörung durch
Verletzung der arteria brachialis infolge Verschiebens der Bruch-
fragmente bei dem Unfall;

OLG Stuttgart, Urt. v. 14.1.1989 – 14 U 8/87, NA-Beschl.
v. 25.10.1988 – VI ZR 59/88, VersR 1989, 199
– nach operativ versorgter Fraktur mit Durchspießungswunde
keine stündlichen Kontrollen auf Gasbrand;

KG, Urt. v. 30.4.1990 – 20 U 1833/89, NA-Beschl. v. 19.2.1991 –
VI ZR 224/90, VersR 1991, 928
– keine Antibiotika-Therapie bei Entzündung am Nagelbett einer
Fingerkuppe nach Schnittverletzung;

OLG Oldenburg, Urt. v. 20.9.1994 – 5 U 34/94, VersR 1995, 218
– keine Faszienspaltung trotz Kompartmentsyndroms;

OLG Oldenburg, Urt. v. 8.11.1994 – 5 U 96/94, VersR 1995, 1237
– keine Korrektur fehlerhafter Ruhigstellung nach Fraktur des
Mittelhandknochens;

OLG Hamm, Urt. v. 8.3.1995 – 3 U 235/93, NA-Beschl.
v. 14.11.1995 – VI ZR 106/95, VersR 1996, 892
– Unterlassung einer Bronchoskopie nach Lungenoperation;

OLG Köln, Urt. v. 18.12.1995 – 5 U 183/94, VersR 1997, 366
– Unterlassung der täglichen Wundkontrolle nach infektionsge-
fährdeter operativer Einrichtung eines luxierten Mittelfingers;

OLG Schleswig, Urt. v. 4.12.1996 – 4 U 146/95, MedR 1997, 321
– von Arzt im Praktikum vorgenommene Entlassung eines Anus-
praeter-Patienten ohne Abschlussuntersuchung trotz Stuhlver-
haltung;

OLG München, Urt. v. 23.1.1997 – 24 U 804/93, VersR 1997, 577
– Unterlassen der operativen Korrektur eines Hodenhochstandes
im Rahmen der Leistenbruchoperation bei Säugling;

OLG Celle, Urt. v. 21.10.1996 – 1 U 59/95, NA-Beschl.
v. 12.8.1997 – VI ZR 369/96, VersR 1998, 54
– Unterlassung gebotener operativer Reposition nach Luxation
des Sprunggelenks;

OLG Düsseldorf, Urt. v. 21.11.1996 – 8 U 166/95, NA-Beschl.
v. 12.8.1997 – VI ZR 400/96, VersR 1998, 55
– Unterlassung medikamentöser und chirurgischer Behandlung
einer Wundinfektion;

OLG Brandenburg, Urt. v. 14.11.2001 – 1 U 12/01, VersR 2002, 313
– unterlassene Hodenfreilegung bei Verdacht auf Hodenkarzinom;

OLG Hamm, Urt. v. 6.5.2002 – 3 U 31/01, NZB-Beschl.
v. 17.12.2002 – VI ZR 214/02, VersR 2004, 516
– Nichteinhaltung des medizinischen Standards bei Heparingabe
zur Thromboseprophylaxe eines Unfallchirurgen;

- **HNO-Arzt:**

  OLG Stuttgart, Urt. v. 30.5.2000 – 14 U 71/99, NA-Beschl.
  v. 30.1.2001 – VI ZR 233/00, VersR 2001, 766
  – Unterlassen engmaschiger Verlaufskontrollen bei Lympha-
  denitis;

- **Orthopädie:**

  BGH, Urt. v. 3.12.1985 – VI ZR 106/84, NJW 1986, 1540
  = VersR 1986, 366
  – Bewegungsübungen nach „Poelchen" nach Humerus-Trümmer-
  fraktur trotz sperrender und wandernder Kirschnerdrähte im
  Schultergelenk;

  OLG Hamm, Urt. v. 13.1.1988 – 3 U 338/86, NA-Beschl.
  v. 6.12.1988 – VI ZR 50/88, VersR 1989, 293
  – Arthrographie und Meniskusoperation am selben Tag trotz der
  chemischen Reizung durch den Diagnoseeingriff;

  OLG Düsseldorf, Urt. v. 15.6.2000 – 8 U 99/99, VersR 2000, 1019
  – Verstoß gegen Hygiene bei Kniegelenkspunktion;

  OLG Stuttgart, Urt. v. 4.6.2002 – 14 U 86/01, VersR 2003, 253
  – Fehlpositionierung einer Kreuzbandplastik;

  OLG Naumburg, Urt. v. 20.8.2009 – 1 U 86/08, VersR 2010, 216
  – Unterlassen einer Desinfektion vor der Injektion im Hals-
  Schulter-Bereich („Quaddeln");

  OLG Koblenz, Urt. v. 29.10.2009 – 5 U 55/09, VersR 2010, 480
  – Bandscheibenoperation: Nichtentfernung von Bandscheiben-
  teilen, die erkennbar in den Spinalkanal eingedrungen sind, und
  mehrfache Verletzung der Dura;

- **Chirotherapie:**

  OLG Hamm, Urt. v. 24.10.2001 – 3 U 123/00, VersR 2003, 1132
  – chirotherapeutische Behandlung bei nicht ausgeschlossenem
  Bandscheibenvorfall;

- Gynäkologie und Geburtshilfe:

> BGH, Urt. v. 29.1.1985 – VI ZR 69/83, VersR 1985, 343
> – Entbindung mit Saugglocke statt Schnittentbindung trotz deutlicher Zeichen für gefährliche vaginale Entwicklung des Kindes;
>
> BGH, Urt. v. 24.9.1996 – VI ZR 303/95, NJW 1997, 794 = VersR 1996, 1535
> – keine sectio trotz hoch pathologischem CTG;
>
> BGH, Urt. v. 1.10.1996 – VI ZR 10/96, NJW 1997, 796 = VersR 1997, 362
> – trotz hochpathologischem CTG Förderung der Wehen und Zangengeburt;
>
> BGH, Urt. v. 8.2.2000 – VI ZR 325/98, NJW 2000, 2741 = VersR 2000, 1107;
>
> OLG München, Urt. v. 15.2.1990 – 1 U 2016/87, NA-Beschl.
> v. 20.11.1990 – VI ZR 143/90, VersR 1991, 586
> – keine Hinzuziehung eines Arztes durch die Hebamme bei ersten Unregelmäßigkeiten der Herztöne des Kindes in der Geburt;
>
> OLG Oldenburg, Urt. v. 15.5.1990 – 5 U 114/89, NA-Beschl.
> v. 19.2.1991 – VI ZR 201/90, VersR 1991, 1177
> – kein Einsatz des CTG in der Geburt trotz vorzeitigen Blasensprungs;
>
> OLG Oldenburg, Urt. v. 24.7.1990 – 5 U 149/89, NA-Beschl.
> v. 12.3.1991 – VI ZR 274/90, VersR 1992, 453
> – keine Hinzuziehung des Gynäkologen zur Überwachung einer Risikogeburt;
>
> OLG Hamburg, Urt. v. 5.4.1991 – 1 U 19/90, NA-Beschl.
> v. 16.6.1992 – VI ZR 180/91, VersR 1992, 1405
> – bei Erstgebärender nach Auftreten eines hormonellen Symphysenschadens Bewegungsübungen statt Stabilisierung des Beckenrings von außen und Ruhigstellen;
>
> OLG Oldenburg, Urt. v. 3.12.1991 – 5 U 25/91, NA-Beschl.
> v. 9.2.1993 – VI ZR 13/92, VersR 1993, 753
> – um 2 Stunden verzögerte Beendigung der Geburt durch Vakuumextraktion;
>
> OLG Oldenburg, Urt. v. 27.10.1992 – 5 U 63/92, VersR 1993, 1235
> – kein Scheiden-Damm-Schnitt trotz übergroßem Schultergürtel des Kindes;
>
> OLG Hamm, Urt. v. 1.2.1993 – 3 U 65/92, VersR 1994, 730
> – trotz deutlicher Warnzeichen für sectio verlässt Geburtshelfer Kreißsaal zur Mittagspause;
>
> OLG Karlsruhe, Urt. v. 6.4.1994 – 13 U 46/93, NA-Beschl.
> v. 24.1.1995 – VI ZR 159/94, VersR 1996, 463
> – statt Überweisung der Schwangeren bei Symptomen einer Frühgeburt in die Klinik Verordnung von Abführmitteln;
>
> OLG Frankfurt/M., Urt. v. 29.11.1994 – 8 U 146/93, NA-Beschl.
> v. 26.9.1995 – VI ZR 397/94, VersR 1996, 584
> – unverhältnismäßige Verzögerung der sectio trotz Risikoschwangerschaft;

OLG München, Urt. v. 27.10.1994 – 24 U 364/89, NA-Beschl.
v. 17.10.1995 – VI ZR 400/94, VersR 1996, 63
– Unterlassen der rechtzeitigen Anordnung einer sectio-Bereitschaft;

OLG Oldenburg, Urt. v. 16.1.1996 – 5 U 17/95, NA-Beschl.
v. 12.11.1996 – VI ZR 60/96, VersR 1997, 1236
– unzureichende Geburtsüberwachung bei pathologischem CTG;

OLG Hamm, Urt. v. 24.6.1996 – 3 U 179/94, NA-Beschl.
v. 11.3.1997 – VI ZR 310/96, VersR 1997, 1403
– Überlassung der Geburtsleitung eines sehr großen Kindes mit Risiko der Schulterdystokie an unerfahrene Assistenzärztin;

OLG Köln, Urt. v. 23.7.1997 – 5 U 44/97, VersR 1998, 244
– unzureichende Überwachung des Geburtsfortschritts bei komplizierter Zwillingsgeburt;

OLG Hamm, Urt. v. 23.4.1997 – 3 U 10/96, VersR 1999, 488
– Überwachungsfehler bei Geburtsbetreuung;

OLG Düsseldorf, Urt. v. 25.11.1999 – 8 U 126/98, VersR 2001, 460
– Kristeller-Handgriff bei Schulterdystokie;

OLG Stuttgart, Urt. v. 4.1.2000 – 14 U 31/98, NA-Beschl.
v. 6.3.2001 – VI ZR 51/00, VersR 2001, 1560
– Fehler in der nachgeburtlichen Betreuung des Kindes;

OLG Celle, Urt. v. 28.5.2001 – 1 U 22/00, NA-Beschl.
v. 12.3.2002 – VI ZR 229/01, VersR 2002, 854
– Unterlassene Hinzuziehung eines Gefäßspezialisten;

OLG Düsseldorf, Urt. v. 10.1.2002 – 8 U 49/01, VersR 2003, 114
sowie OLG Düsseldorf, Urt. v. 30.1.2003 – 8 U 49/02, NZB-Beschl.
v. 14.10.2003 – VI ZR 55/03, VersR 2005, 654
– Anwendung des Kristeller-Handgriffs vor Behebung einer Schulterdystokie;

OLG Düsseldorf, Urt. v. 6.3.2003 – 8 U 22/02, NJW-RR 2003, 1333 = VersR 2003, 1310
– Unterlassen einer Biopsie und unzureichende Aufklärung der Patientin bei Tumorverdacht;

OLG Hamm, Urt. v. 21.5.2003 – 3 U 122/02, VersR 2004, 386
– verzögerte Anforderung von Kinderärzten durch Geburtshelfer bei einer Notsectio;

OLG Koblenz, Urt. v. 5.7.2004 – 12 U 572/97, NJW 2005, 1200 = VersR 2005, 1738
– Unterlassen erforderlicher Glukosegaben bei mangelgeborenem Kind;

OLG Koblenz, Urt. v. 30.11.2006 – 5 U 784/06, NZB-Beschl.
v. 22.1.2008 – VI ZR 6/07, VersR 2007, 396
– verzögerte Einleitung einer Sectio (grober Fehler verneint, weil kein Notfall vorlag);

OLG Celle, Urt. v. 27.2.2006 – 1 U 68/05, VersR 2007, 543
– Unterlassung einer Sectio bei einem pH-Wert der Mikroblutuntersuchung von unter 7,20;

OLG Koblenz, Urt. v. 5.2.2009 – 5 U 854/08, NZB-Beschl. v.
30.11.2010 – VI ZR 73/09, VersR 2010, 356
– Gabe eines die Wehen fördernden Nasensprays (Syntocinon)
durch eine Hebamme vor Eintreffen des die Geburt leitenden
Arztes;

OLG Koblenz, Urt. v. 26.2.2009 – 5 U 1212/07, NZB-Beschl.
v. 1.12.2009 – VI ZR 80/09, VersR 2010, 1452
– verspätete Notsectio nach gescheiterter Vakuumextraktion,
nicht aber Versuch der vaginalen Entbindung bei einer infolge
Geburtsgeschwulst nicht erkannten Stirnlage;

- Pädiatrie:

  BGH, Urt. v. 10.5.1983 – VI ZR 270/81, NJW 1983, 2080
  = VersR 1983, 729
  – Unterlassen der Kontrollmessungen des Sauerstoffpartialdrucks
  im Blut von Brutkastenkindern grob fehlerhaft?;

  KG, Urt. v. 24.4.1980 – 20 U 95/78, NA-Beschl. v. 24.3.1981
  – VI ZR 136/80, VersR 1981, 681
  – keine Blutgasanalyse bei Brutkastenkind;

  OLG Hamm, Urt. v. 29.11.1993 – 3 U 228/92, NA-Beschl.
  v. 27.9.1994 – VI ZR 50/94, VersR 1995, 341
  – keine Temperaturüberwachung bei Frühgeborenen;

  OLG Düsseldorf, Urt. v. 6.5.1999 – 8 U 185/97, NA-Beschl.
  v. 14.12.1999 – VI ZR 200/99, VersR 2000, 853
  – verzögerte Einweisung eines Säuglings bei dringendem Verdacht eines Hydrocephalus;

  OLG Hamm, Urt. v. 6.12.1999 – 3 U 86/99, VersR 2001, 594
  – Unterlassen der Lagekontrolle einer Nabelvenenkatheterspitze
  bei Neugeborenem;

- Augenheilkunde:

  OLG Hamm, Urt. v. 21.2.1990 – 3 U 429/88, NA-Beschl.
  v. 8.1.1991 – VI ZR 125/90, VersR 1991, 585
  – unkontrollierte Verordnung kortikoider Augentropfen;

  OLG Hamm, Urt. v. 15.5.1995 – 3 U 287/93, NA-Beschl.
  v. 12.3.1996 – VI ZR 180/95, VersR 1996, 756
  – unzureichende Kontrolle der Netzhaut eines frühgeborenen
  Kindes;

  vgl. dazu aber auch
  OLG Hamm, Urt. v. 28.6.1982 – 3 U 27/82, NA-Beschl.
  v. 31.5.1983 – VI ZR 194/82, VersR 1983, 885;

  OLG Karlsruhe, Urt. v. 11.9.2002 – 7 U 102/01, VersR 2004, 244
  – wiederholte Anwendung einer wissenschaftlich noch nicht anerkannten Laserbehandlung;

- Urologie:

  OLG Frankfurt/M., Urt. v. 15.3.1994 – 8 U 158/93, NA-Beschl.
  v. 24.1.1995 – VI ZR 129/94, VersR 1995, 785
  – keine therapeutische Reaktion auf alarmierenden Kreatininwert;

  OLG Oldenburg, Urt. v. 28.10.1997 – 5 U 191/96, NA-Beschl.
  v. 19.5.1998 – VI ZR 341/97, VersR 1999, 1284
  – keine Freilegung des Hodens bei Verdacht auf Hodentorsion;

- Anästhesie:

  OLG Oldenburg, Urt. v. 15.6.1990 – 5 U 43/89, VersR 1991, 1139
  – nach Herz-Kreislauf-Stillstand in Intubationsnarkose keine
  Überprüfung der Lage des Tubus und überdosierte Medikation
  zur Reanimation;

- Strahlenbehandlung:

  BGH, Urt. v. 30.5.1989 – VI ZR 200/88, NJW 1989, 2321
  = VersR 1989, 851
  – kein Einsatz des vorhandenen Dosisleistungsmessgeräts für
  eine kontrollierte Strahlentherapie;
  OLG Frankfurt/M., Urt. v. 27.5.1993 – 1 U 179/89, NA-Beschl.
  v. 22.3.1994 – VI ZR 185/93, VersR 1994, 1474
  – keine Bestimmung der Basisleistung bei Radiumeinlage wegen
  Zervixkarzinoms;

- Radiologie:

  OLG Hamm, Urt. v. 23.8.2000 – 3 U 229/99, VersR 2002, 315
  – Fehlinterpretation eines Phlebographiebefundes durch Radiologen;
  OLG Koblenz, Beschl. v. 10.3.2011 – 5 U 1281/10, VersR 2011,
  1268
  – Zerstörung eines dem Arzt bekannten implantierten Herz-
  rhythmusregulators durch eine MRT.

- Psychiatrie:

  OLG Celle, Urt. v. 18.12.1995 – 1 U 36/94, NA-Beschl.
  v. 5.11.1996 – VI ZR 43/96, VersR 1997, 365
  – Unterlassen der Weitergabe fremdanamnestischer Befunde an
  Konsiliararzt bei suizidgefährdetem Patienten;

- Zahnmedizin:

  OLG Köln, Urt. v. 25.2.1998 – 5 U 157/97, VersR 1998, 1511
  – Einsatz von Implantaten in wegen fortgeschrittenen Knochen-
  abbaus ungeeigneten Oberkiefer;
  OLG Stuttgart, Urt. v. 9.1.1998 – 14 U 15/97, VersR 1999, 1017
  – Freiliegen beschliffener Zahnsubstanz nach Überkronung.

595 Eine Beweislastumkehr hinsichtlich der Kausalitätsfrage kommt auch bei
groben **Organisationsmängeln** und grob fehlerhaftem Verhalten des nichtärztlichen Personals in Betracht.

  BGH, Urt. v. 1.2.1994 – VI ZR 65/93, NJW 1994, 1594 = VersR
  1994, 562;
  BGH, Urt. v. 16.4.1996 – VI ZR 190/95, NJW 1996, 1016
  = VersR 1996, 976
  – Organisation des Nachtdienstes im Belegkrankenhaus;
  BGH, Urt. v. 16.5.2000 – VI ZR 321/98, NJW 2000, 2737
  = VersR 2000, 1146
  – grob fehlerhaftes Vorgehen einer Hebamme;

OLG Düsseldorf, Urt. v. 2.10.1985 – 8 U 100/83, VersR 1986, 659
– Organisation des Nacht- und Sonntagsdienstes in der Klinik;

OLG Hamm, Urt. v. 16.9.1992 – 3 U 283/91, NA-Beschl.
v. 25.5.1993 – VI ZR 250/92, VersR 1994, 729
– unzureichende Besetzung der Station bei suizidgefährdeten
Patienten;

OLG Köln, Urt. v. 28.9.1995 – 5 U 174/94, VersR 1996, 856
– Organisation der den Eltern frühgeborener Kinder bei der Entlassung zu erteilenden Hinweise;

OLG Oldenburg, Urt. v. 9.4.1996 – 5 U 158/95, VersR 1997, 749
– Unterlassung der Unterrichtung des Arztes durch Krankenschwester bei Komplikation;

OLG München, Urt. v. 20.6.1996 – 1 U 4529/95, NA-Beschl.
v. 4.2.1997 – VI ZR 309/96, VersR 1997, 977
– Unterlassung der Hinzuziehung eines Arztes bei längerdauern-
der Blauverfärbung eines Neugeborenen;

OLG Köln, Urt. v. 21.8.1996 – 5 U 286/94, NA-Beschl.
v. 17.6.1997 – VI ZR 324/96, VersR 1997, 1404
– Organisation der postoperativen Überwachung;

OLG Celle, Urt. v. 28.7.1997 – 1 U 19/96, NA-Beschl.
v. 29.9.1998 – VI ZR 284/97, VersR 1999, 487
– Verkennung eines CTG durch Hebamme;

OLG Oldenburg, Urt. v. 3.12.2002 – 5 U 100/00, VersR 2003, 1544
– mangelnde Unterrichtung der verantwortlichen Ärzte durch
Klinikleitung über wiederholtes Auftreten von Streptokokkeninfektionen;

OLG Bamberg, Urt. v. 25.4.2005 – 4 U 61/04;
VersR 2005, 1244
– unterlassene Übertragung einer Eintragung aus dem Mutterpass
in den Aufnahmebogen durch Hebamme (grober Fehler verneint);

OLG Bremen, Urt. v. 13.1.2006 – 4 U 23/05;
MedR 2007, 660
– unzureichende ärztliche Bereitschaft in der Ambulanz/
Aufnahme einer Kinderklinik der Maximalversorgung;

OLG München, Urt. v. 21.9.2006 – 1 U 2161/06, NZB-Beschl.
v. 10.7.2007 – VI ZR 205/06, VersR 2007, 797
– Bereithaltung eines Nabelvenenkatheters durch Belegarzt
(grober Fehler verneint).

Ein Verstoß gegen die in **Ärztlichen Leitlinien** der medizinischen Fachge- **596**
sellschaften niedergelegten Behandlungsanforderungen stellt, auch wenn eine
Abweichung nicht durch die Besonderheiten des konkreten Behandlungsfalles
gerechtfertigt war, nicht von vornherein einen groben Behandlungsfehler
dar. Je nach den Umständen des Einzelfalles kann aber eine grundlose Au-
ßerachtlassung des in solchen Leitlinien enthaltenen Standards die Bejahung
eines groben Verstoßes nahe legen.

Vgl. zu diesen Fragen
OLG Hamm, Urt. v. 11.1.1999 – 3 U 131/98, VersR 2000, 1373;
OLG Düsseldorf, Urt. v. 15.6.2000 – 8 U 99/99, VersR 2000, 1019.

597 Die Beweiserleichterungen erstrecken sich nur auf die Reichweite der durch den Fehler verursachten besonderen Aufklärungserschwernisse; eine Beweislastumkehr ist nur insoweit gerechtfertigt, als sich das Risiko verwirklicht hat, dessen Nichtbeachtung den Fehler als grob erscheinen lässt.

> BGH, Urt. v. 16.6.1981 – VI ZR 38/80, NJW 1981, 2513 = VersR 1981, 954;
>
> OLG Hamm, Urt. v. 7.6.1995 – 3 U 248/94, NA-Beschl.
> v. 19.3.1996 – VI ZR 244/95, VersR 1996, 1371
> – Reichweite der Beweiserleichterung, wenn der grobe Behandlungsfehler den Schaden höchstens zu 30 % beeinflusst haben kann.

War ein grober Verstoß gegen den ärztlichen Standard grundsätzlich geeignet, mehrere Gesundheitsschäden bekannter oder (noch) unbekannter Art zu verursachen, kommt eine Ausnahme vom Grundsatz der Beweislastumkehr bei grobem Behandlungsfehler regelmäßig aber nicht deshalb in Betracht, weil der eingetretene Gesundheitsschaden als mögliche Folge des groben Behandlungsfehlers zum maßgebenden Zeitpunkt noch nicht bekannt war.

> BGH, Urt. v. 19.6.2012 – VI ZR 77/11, NJW 2012, 2653 = VersR 2012, 1176
> – Periventrikuläre Leukomalazie infolge Überbeatmung.

598 Die Beweiserleichterungen umfassen unter Umständen auch die Beurteilung der Kausalität des groben Fehlers für eine mögliche Späterkrankung als Zukunftsschaden.

> BGH, Urt. v. 19.6.1979 – VI ZR 91/78, VersR 1979, 939.

599 Eine Beweislastumkehr wegen eines groben Behandlungsfehlers kommt jedoch nicht in Betracht ein, wenn es nur um weitere Gesundheitsschäden aus der durch den Fehler gesetzten „Primärschädigung" geht. Hierfür gilt vielmehr der Beweismaßstab des § 287 ZPO. Dabei kann zur Überzeugungsbildung eine **überwiegende Wahrscheinlichkeit** genügen.

> BGH, Urt. v. 9.5.1978 – VI ZR 81/77, NJW 1978, 1683 = VersR 1978, 764;
>
> BGH, Urt. v. 28.6.1988 – VI ZR 210/87, NJW 1988, 2948 = VersR 1989, 145;
>
> BGH, Urt. v. 26.10.1993 – VI ZR 155/92, NJW 1994, 801 = VersR 1994, 52
> – nur auf Vorderwand-, nicht auf anschließenden Hinterwandinfarkt;
>
> OLG Düsseldorf, Urt. v. 17.3.1988 – 8 U 167/86, NA-Beschl.
> v. 6.12.1988 – VI ZR 122/88, VersR 1989, 192;
>
> OLG Hamm, Urt. v. 24.2.1993 – 3 U 74/92, NA-Beschl.
> v. 3.5.1994
> – VI ZR 340/93, VersR 1994, 1067;
>
> OLG Oldenburg, Urt. v. 25.11.1997 – 5 U 64/97, VersR 1999, 317;

OLG Stuttgart, Urt. v. 4.6.2002 – 14 U 86/01, VersR 2003, 253
– für Beschädigung des Kreuzbandtransplantats infolge fehlerhafter
Positionierung ja, nicht aber für Knorpelschäden aufgrund der
Knieinstabilität.

Zum Umfang der Haftung im Falle eines Gesundheitsschadens aufgrund eines
ärztlichen Befunderhebungsfehlers vgl.

BGH, Urt. v. 5.11.2013 – VI ZR 527/12, NJW 2014, 688 = VersR
2014, 247
– Plastiklöffel im Mund.

Wenn ein Morbus Sudeck nach dem Klagevortrag infolge einer ärztlichen
Fehlbehandlung und der damit hervorgerufenen Gesundheitsbeeinträchtigung
eingetreten ist, behauptet der Kläger insoweit einen Sekundärschaden. Für
den Nachweis des Ursachenzusammenhangs zwischen der Fehlbehandlung
und dem Morbus Sudeck gilt in diesem Fall der Maßstab des § 287 ZPO.

BGH, Urt. v. 12.2.2008 – VI ZR 221/06, NJW 2008, 1381
= VersR 2008, 644.

Unter Primärschäden ist nicht nur der „erste Verletzungserfolg" im Sinne
der Schädigung der körperlichen Integrität und damit die von den Symptomen
abstrahierte Schädigung eines Körperteils oder Organs zu verstehen, sondern
die Gesundheitsschädigung in ihrer konkreten Ausprägung.

OLG Karlsruhe, Urt. v. 21.5.2008 – 7 U 158/07, VersR 2009, 831;
– Infektion in Form einer Meningitis mit Liquorabflussstörung.

Andererseits ist die Anwendung des § 287 Abs. 1 ZPO nicht auf Folgeschäden
einer Verletzung beschränkt, sondern umfasst neben einer festgestellten oder
unstreitigen Verletzung des Körpers i. S. d. § 823 Abs. 1 BGB entstehende
weitere Körperschäden aus derselben Schädigungsursache.

BGH, Beschl. v. 14.10.2008 – VI ZR 7/08, NJW-RR 2009, 409
= VersR 2009, 69
– verschiedene Unfallverletzungen.

In den letztgenannten Bereich, zu den „Sekundärschäden", für die das Beweis- **600**
maß des § 287 ZPO gilt, gehören auch die Vermögensnachteile (Erwerbs-
unfähigkeit, Verdienstausfall etc.) des Gesundheitsschadens.

BGH, Urt. v. 12.2.1980 – VI ZR 170/78, unveröffentlicht;
BGH, Urt. v. 27.1.1981 – VI ZR 138/79, VersR 1981, 462;
OLG Hamm, Urt. v. 21.2.1990 – 3 U 429/88, NA-Beschl.
v. 8.1.1991 – VI ZR 125/90, VersR 1991, 585.
OLG Hamm, Urt. v. 15.3.2006 – 3 U 131/05, NJW-RR 2006,
1537 = VersR 2007, 1129
Mehrkosten einer privatärztlichen Behandlung.

Möglich erscheint eine Erstreckung der Grundsätze der Umkehr der Beweis- **601**
last bei Verletzung von Pflichten, die gerade unkontrollierte Geschehensab-
läufe vermeiden sollen (Verträglichkeitstests) oder gerade deshalb bestehen,

weil die Schadensentwicklung noch generell unerforscht ist (Heilversuch). Der BGH hat sie bisher erstreckt:

602 • wenn Diagnose- und Kontrollbefunde in erheblichem Ausmaß unterblieben sind, so dass die Daten zur Aufklärung des Behandlungsverlaufs nicht zur Verfügung stehen;

> BGH, Urt. v. 21.9.1982 – VI ZR 302/80, BGHZ 85, 212 = NJW 1983, 333 = VersR 1982, 1193;

603 • wo feststeht, dass einem dazu nicht qualifizierten Auszubildenden eine Operation selbständig übertragen worden ist, für die Frage, ob sich diese erhöhte Gefahr in der Schädigung niedergeschlagen hat.

> BGH, Urt. v. 27.9.1983 – VI ZR 230/81, BGHZ 88, 248 = NJW 1984, 655 = VersR 1984, 60;
>
> BGH, Urt. v. 7.5.1985 – VI ZR 224/83, NJW 1985, 2193 = VersR 1985, 782, 784;
>
> BGH, Urt. v. 15.6.1993 – VI ZR 175/82, NJW 1993, 2989 = VersR 1993, 1231.

604 Ob die Grundsätze der Beweislastumkehr wegen eines groben ärztlichen Behandlungsfehlers auch im Rechtsstreit über den selbständigen Ausgleichsanspruchs eines Gesamtschuldners nach § 426 Abs. 1 BGB anwendbar sind, hat der BGH bisher offengelassen.

> BGH, Urt. v. 6.10.2009 – VI ZR 24/09, VersR 2009, 1688.

e) Beweiserleichterungen bei Verstoß gegen die Befunderhebungs- und Befundsicherungspflicht

605 Für die Beweislastumkehr hinsichtlich des Ursachenzusammenhangs zwischen ärztlichem Fehler und Gesundheitsschaden reicht es aus, dass die **Unterlassung einer aus medizinischer Sicht gebotenen Befunderhebung** einen groben ärztlichen Fehler darstellt. Das Unterlassen der gebotenen Therapie ist im Falle der Nichterhebung medizinisch gebotener Befunde nicht Voraussetzung für die Annahme eines groben Behandlungsfehlers mit der Folge der Beweislastumkehr zugunsten des Patienten.

> BGH, Urt. v. 29.9.2009 – VI ZR 251/08, VersR 2010, 115.

Hat es der Arzt unterlassen, medizinisch zweifelsfrei gebotene Befunde zu erheben und zu sichern, kann seine Beweislast in Bezug darauf, wie dieser Befund ausgesehen haben würde, auch dann gerechtfertigt sein, wenn sein Versäumnis nicht als „grob" qualifiziert werden muss. Dazu wird allerdings vom BGH vorausgesetzt, dass der so vermutete Verlauf, also ein positiver Befund, hinreichend wahrscheinlich war.

> BGH, Urt. v. 3.2.1987 – VI ZR 56/86, BGHZ 99, 391 = NJW 1987, 1482 = VersR 1987, 1089;
>
> BGH, Urt. v. 28.6.1988 – VI ZR 217/87, NJW 1988, 2949 = VersR 1989, 80;

BGH, Urt. v. 6.10.1998 – VI ZR 239/97, NJW 1999, 860 = VersR 1999, 60;

BGH, Urt. v. 6.7.1999 – VI ZR 290/98, NJW 1999, 3408 = VersR 1999, 1282;

OLG Oldenburg, Urt. v. 29.5.1990 – 5 U 163/89, VersR 1991, 1243, 1244;

OLG Stuttgart, Urt. v. 21.1.1993 – 14 U 34/91, NA-Beschl. v. 21.12.1993 – VI ZR 57/93, VersR 1994, 313.

Dem Unterlassen der Befunderhebung steht beweismäßig die Verletzung der **606** Pflicht gleich, jederzeit über den Verbleib der Behandlungsunterlagen Auskunft geben zu können, wenn deshalb die Unterlagen im Prozess nicht zur Verfügung stehen.

BGH, Urt. v. 21.11.1995 – VI ZR 341/94, NJW 1996, 779 = VersR 1996, 330 – Pflicht zur Sicherung von Röntgenaufnahmen;

BGH, Urt. v. 13.2.1996 – VI ZR 402/94, BGHZ 132, 47 = NJW 1996, 1589 = VersR 1996, 633 – Pflicht zur Sicherung eines EKG-Befundes;

OLG Zweibrücken, Urt. v. 12.5.1998 – 5 U 35/96, VersR 1999, 719 f – Pflicht zur Aufbewahrung eines zunächst eingesetzten, aber wieder entfernten Prothesenteils.

Der Patient soll durch diese Beweiserleichterung nur so gestellt werden, wie **607** er stünde, wenn der gebotene Befund erhoben worden wäre. Auf den Nachweis, wie und mit welchem Erfolg auf den Befund reagiert worden wäre, erstreckt sich diese Beweiserleichterung grundsätzlich nicht, sofern ein Fehlreagieren nicht seinerseits mit hinreichender Wahrscheinlichkeit als grober Behandlungsfehler zu bewerten wäre; nur in letzterem Fall rechtfertigt es sich, dem Patienten auch in der Kausalitätsfrage eine Beweiserleichterung zuzubilligen.

Ein Verstoß gegen die Pflicht zur Erhebung und Sicherung medizinischer **608** Befunde und zur ordnungsgemäßen Aufbewahrung der Befundträger lässt im Wege der Beweiserleichterung für den Patienten zwar auf ein **reaktionspflichtiges positives Befundergebnis** schließen, wenn ein solches **hinreichend wahrscheinlich** ist, regelmäßig jedoch nicht auch auf eine Ursächlichkeit der unterlassenen Befundauswertung für einen vom Patienten erlittenen Gesundheitsschaden.

Eine fehlerhafte Unterlassung der medizinisch gebotenen Befunderhebung führt zu einer Umkehr der Beweislast hinsichtlich der **Kausalität** des Behandlungsfehlers für den eingetretenen Schaden, wenn sich bei der gebotenen Befunderhebung mit hinreichender Wahrscheinlichkeit ein **reaktionspflichtiges positives Ergebnis** gezeigt hätte und wenn sich die **Verkennung** dieses Befundes als fundamental oder die **Nichtreaktion** hierauf als grob fehlerhaft darstellen würde.

BGH, Urt. v. 13.2.1996 – VI ZR 402/94, BGHZ 132, 47 = NJW
1996, 1589 = VersR 1996, 633;

BGH, Urt. v. 13.1.1998 – VI ZR 242/96, NJW 1998, 818 = VersR
1998, 457;

BGH, Urt. v. 6.10.1998 – VI ZR 239/97, NJW 1999, 860 = VersR
1999, 60;

BGH, Urt. v. 6.7.1999 – VI ZR 290/98, NJW 1999, 3408 = VersR
1999, 1282;

BGH, Urt. v. 8.7.2003 – VI ZR 304/02, NJW 2003, 2827 = VersR
2003, 1256;

OLG Stuttgart, Urt. v. 29.7.1997 – 14 U 20/96, NA-Beschl.
v. 24.3.1998 – VI ZR 166/97, VersR 1998, 1550;

OLG Stuttgart, Urt. v. 2.2.1999 – 14 U 4/98, NA-Beschl.
v. 30.11.1999 – VI ZR 87/99, VersR 2000, 362;

OLG Oldenburg, Urt. v. 20.4.1999 – 5 U 188/98, VersR 1999, 1423;

OLG München, Urt. v. 10.8.2006 – 1 U 2438/06, MedR 2007, 361;

OLG Koblenz, Urt. v. 30.11.2006 – 5 U 784/06, NZB-Beschl.
v. 22.1.2008 – VI ZR 6/07, VersR 2007, 396.

OLG Zweibrücken, Urt. v. 24.4.2007 – 5 U 2/06, NJW-RR 2008,
537 = MedR 2008, 363
– verspätete Erhebung eines CRP-Wertes.

Bei einem **einfachen Befunderhebungsfehler** kommt eine Beweislastumkehr
für die Frage des Ursachenzusammenhangs mit dem tatsächlich eingetretenen Gesundheitsschaden auch dann in Betracht, wenn sich bei der gebotenen
Abklärung der Symptome mit hinreichender Wahrscheinlichkeit ein so deutlicher und gravierender Befund ergeben hätte, dass sich dessen Verkennung
als fundamental **oder** die Nichtreaktion bzw. die verspätete Reaktion auf ihn
als grob fehlerhaft darstellen würde, und diese Fehler generell geeignet sind,
den tatsächlich eingetretenen Gesundheitsschaden herbeizuführen.

Bei einem einfachen Befunderhebungsfehler ist **nicht** Voraussetzung für die
Beweislastumkehr zu Gunsten des Patienten, dass die Verkennung des Befundes
und das Unterlassen der gebotenen Therapie völlig unverständlich sind.

BGH, Urt. v. 7.6.2011 – VI ZR 87/10, NJW 2011, 2508
= VersR 2011, 1148
– Embolischer Thalamusinfarkt (Hirninfarkt);

BGH, Urt. v. 13.9.2011 – VI ZR 144/10, NJW 2011, 3441
= VersR 2011, 1400
– akuter Vorderwandinfarkt.

609 In diesem Rahmen ist die **hinreichende Wahrscheinlichkeit** eines reaktions-
pflichtigen Befundergebnisses **unabhängig von der Kausalitätsfrage** zu beurteilen und darf insbesondere nicht mit der Begründung verneint werden,
der Gesundheitsschaden könne auch infolge eines völlig anderen Kausalverlaufs eingetreten sein.

BGH, Urt. v. 23.03.2004 – VI ZR 428/02, NJW 2004, 1871
= VersR, 2004, 790
– Herzschrittmacher.

Eine hinreichende Wahrscheinlichkeit dafür, dass eine unterlassene Befunderhebung ein reaktionspflichtiges Ergebnis gezeigt hätte, wird zu verneinen sein, wenn das Ergebnis völlig offen war und die Wahrscheinlichkeit nicht höher als mit 50 % anzunehmen ist.

> OLG Dresden, Urt. v. 6.6.2002 – 4 U 3112/01, VersR 2004, 648.

Anders dagegen, wenn ein positiver Befund mit mehr als 50 %iger Wahrscheinlichkeit zu erwarten gewesen wäre.

> OLG Köln, Urt. v. 28.5.2003 – 5 U 77/01, VersR 2004, 247.

Stellt sich hingegen die **Verletzung der Befunderhebungspflicht**, etwa das **610** Unterlassen elementar gebotener diagnostischer Maßnahmen, bereits für sich als grob fehlerhaftes Vorgehen dar, so kann dieser **grobe Behandlungsfehler** nach den oben dargestellten Grundsätzen zur **Beweislastumkehr** in der Kausalitätsfrage führen; vgl. z. B.

> BGH, Urt. v. 13.1.1998 – VI ZR 242/96, NJW 1998, 818 = VersR 1998, 457;
> OLG Hamm, Urt. v. 15.5.1995 – 3 U 287/93, NA-Beschl. v. 12.3.1996 – VI ZR 180/95, VersR 1996, 756;
> OLG Oldenburg, Urt. v. 25.11.1997 – 5 U 66/97, VersR 1999, 318;
> OLG Stuttgart, Urt. v. 24.8.1999 – 14 U 11/99, VersR 2001, 190;
> OLG Stuttgart, Urt. v. 30.5.2000 – 14 U 71/99, NA-Beschl. v. 30.1.2001 – VI ZR 233/00, VersR 2001, 766.

f) Spezielle Kausalitätsfragen

Die Verpflichtung, die einer Risikogruppe angehörenden Blutspender so **611** nachhaltig auf das Aids-Risiko für den Patienten hinzuweisen, dass sie von einer Blutspende absehen, kann es rechtfertigen, dem Krankenhausträger die Beweislast für seine Behauptung aufzuerlegen, im konkreten Fall würde sich der Spender auch an eine solche Warnung nicht gehalten haben.

> BGH, Urt. v. 30.4.1991 – VI ZR 178/90, BGHZ 114, 284 = NJW 1991, 1948 = VersR 1991, 816.

Eine Kausalitätsvermutung (neben einer Fehlervermutung) enthält § 831 BGB **612** zu Lasten des Behandlungsträgers, wenn die Schädigung durch einen Verrichtungsgehilfen feststeht. Er kann sich von seiner Haftung durch den Nachweis befreien, dass ein ordnungsmäßig ausgesuchter, angewiesener und überwachter Gehilfe sich ebenso verhalten haben würde oder dass der Schaden auch bei fehlerfreiem Vorgehen des Gehilfen eingetreten wäre.

> BGH, Urt. v. 29.10.1985 – VI ZR 85/84, NJW 1986, 776 = VersR 1986, 295;
> BGH, NA-Beschl. v. 8.2.1994 – VI ZR 50/93 zu
> OLG Bamberg, Urt. v. 14.12.1992 – 4 U 60/92, VersR 1994, 813.

Zur Beweislast bei Einsatz eines Auszubildenden siehe Rz. 291 ff.

613 Die Beweiserleichterungen, die sich für den Patienten – bis zur Beweislastumkehr – aus **Dokumentationsversäumnissen** ergeben können, betreffen in erster Linie den Nachweis von Behandlungsfehlern, nämlich das Unterbleiben gebotener und aufzeichnungspflichtiger, aber nicht dokumentierter diagnostischer oder therapeutischer Maßnahmen (vgl. Rz. 498 ff). Für die Kausalitätsfrage können sie nur ausnahmsweise von Bedeutung sein, nämlich wenn der so indizierte Behandlungsfehler als „grob" zu beurteilen ist oder wenn der mangels Dokumentation anzunehmende Verstoß gegen die Befunderhebungspflicht unter den oben dargelegten besonderen Umständen zur Kausalitätsvermutung zu führen vermag.

614 Dagegen löst das Dokumentationsversäumnis als solches eine Verschiebung der Beweislast gewissermaßen als prozessuale Sanktion materiell-rechtlicher Pflichtversäumnisse noch nicht aus.

> BGH, Urt. v. 28.6.1988 – VI ZR 217/87, NJW 1988, 2949
> = VersR 1989, 80;
>
> BGH, Urt. v. 24.1.1989 – VI ZR 170/88, NJW 1989, 2330
> = VersR 1989, 512;
>
> BGH, Beschl. v. 12.11.1991 – VI ZR 196/91, VersR 1992, 578;
>
> BGH, Urt. v. 23.3.1993 – VI ZR 26/92, NJW 1993, 2375 = VersR
> 1993, 836;
>
> BGH, Urt. v. 27.9.1994 – VI ZR 284/93, NJW 1995, 779 = VersR
> 1995, 195;
>
> OLG Stuttgart, Urt. v. 15.3.1990 – 14 U 38/87, NA-Beschl.
> v. 23.10.1990 – VI ZR 130/90, VersR 1992, 55;
>
> OLG Oldenburg, Urt. v. 26.6.1990 – 5 U 23/90, VersR 1991,
> 1027 (LS).

615 Eine erweiterte Bedeutung kann der Dokumentationsproblematik dann zukommen, wenn Aufzeichnungen derart lückenhaft sind, dass nicht angenommen werden kann, die Lücken erklärten sich aus Versäumnissen in der Behandlung, andererseits dem Beklagten eine Schließung der Lücken im Prozess gerade mangels einer sorgfältigen Dokumentation nicht gelingt, so dass grobe Behandlungsfehler zwar nicht sicher festzustellen, aber doch wahrscheinlich sind; vgl. hierzu:

> BGH, Urt. v. 9.11.1982 – VI ZR 23/81, VersR 1983, 151, 152;
>
> BGH, Urt. v. 7.6.1983 – VI ZR 284/81, VersR 1983, 983;
>
> BGH, Urt. v. 7.5.1985 – VI ZR 224/83, NJW 1985, 2193 = VersR
> 1985, 782, 784;
>
> BGH, Urt. v. 18.3.1986 – VI ZR 215/84, NJW 1986, 2365
> = VersR 1986, 788;
>
> BGH, Urt. v. 28.6.1988 – VI ZR 217/87, NJW 1988, 2949
> = VersR 1989, 80.

616 Auch können Radierungen usw. in der Dokumentation zu Beweisnachteilen für die Behandlungsseite führen.

BGH, Beschl. v. 12.11.1991 – VI ZR 196/91, VersR 1992, 578
(zu OLG Frankfurt/M., Urt. v. 14.3.1991 – 1 U 218/89);
OLG Köln, Urt. v. 15.11.1993 – 27 U 231/92, VersR 1994, 1424.

Zur Vernichtung eines Operations-Videos vgl.:

OLG Köln, Urt. v. 29.1.2007 – 5 U 85/06, MedR 2007, 599.

Zum Verlust der Behandlungsunterlagen im Verantwortungsbereich des
Krankenversicherers des Patienten vgl.

OLG Koblenz, Beschl. v. 3.4.2012 – 5 U 1497/11, VersR 2012,
1444 mit Anm. *Bergmann/Wever*, KH 2013, 177.

Der Arzt muss den Operationsbericht grundsätzlich zeitnah erstellen. Die
Dokumentation eines Ersteingriffs und der alsbald erforderlichen Revision in
einem einzigen Operationsbericht ist jedoch unbedenklich, wenn dadurch
die Verlässlichkeit der tatsächlichen Angaben nicht in Frage gestellt ist.

OLG Koblenz, Urt. v. 27.7.2006 – 5 U 212/05, NJW-RR 2007,
405 = VersR 2007, 544.

Einer ärztlichen EDV-Dokumentation kommt dann kein voller Beweiswert
zu, wenn sie nachträglich inhaltlich verändert worden ist.

OLG Oldenburg, Urt. v. 23.7.2008 – 5 U 28/08, MedR 2011, 163.

Die Überzeugungskraft einer **EDV-gestützten Krankendokumentation**
wird aber nicht schon dadurch beeinträchtigt, dass das vom Arzt verwendete
Computerprogramm nicht gegen nachträgliche Veränderungen gesichert ist.

OLG Hamm, Urt. v. 26.1.2005 – 3 U 161/04, VersR 2006, 842.

Dabei ist aber zu beachten, dass nach § 630f Abs. 1 BGB Berichtigungen und
Änderungen von Eintragungen in der Patientenakte nur noch zulässig sind,
wenn neben dem ursprünglichen Inhalt erkennbar bleibt, wann sie vorgenommen worden sind. Dies ist auch für elektronisch geführte Patientenakten
sicherzustellen.

2. Haftung für Aufklärungsversäumnisse im Bereich der Eingriffsaufklärung

Im Rahmen der Haftung für derartige Aufklärungsversäumnisse trifft die Be-   **617**
weislast in erster Linie den Arzt.

Er hat nachzuweisen, dass der Patient in die Behandlung wirksam einge-   **618**
willigt hat und dazu hinreichend aufgeklärt worden war. Deliktisch folgt das
aus dem Rechtswidrigkeitskonzept, vertraglich aus dem Junktim von Be-
handlungs- und Aufklärungspflicht (§ 362 BGB; vgl. Rz. 374 ff).

BGH, Urt. v. 28.2.1984 – VI ZR 70/82, NJW 1984, 1807 = VersR
1984, 538, 539.

Der Arzt hat zu beweisen, dass er den Patienten über alternative Behandlungsmethoden aufgeklärt hat.

> BGH, Urt. v. 14.9.2004 – VI ZR 186/03, NJW 2004, 3703
> = VersR 2005, 227
> – Aufklärung über die Alternative einer primären Sectio bei
> Zwillingsschwangerschaft;
> BGH, Urt. v. 15.3.2005 – VI ZR 313/03, NJW 2005, 1718
> = VersR 2005, 836
> – Therapiewahl bei der Reposition einer Handgelenksfraktur.

Eine formularmäßige, ganz allgemein gefasste Einverständniserklärung des Patienten ist bei einem Eingriff mit erheblichen Risiken in der Regel unzureichend.

> OLG Koblenz, Beschl. v. 20.10.2007 – 5 U 1288/07, VersR 2008,
> 690
> – Entfernung einer in das Perineum eingelagerten Vaginalzyste.

Verhält sich die schriftlich dokumentierte Risikoaufklärung unmittelbar vor dem Eingriff über eine Operationsmethode, die gar nicht angewandt wurde, kann die gebotene Anhörung des aufklärenden Arztes gleichwohl die Überzeugung vermitteln, dass er auch über die Risiken des tatsächlich durchgeführten Eingriffs aufgeklärt hat.

> OLG Koblenz, Urt. v. 9.4.2009 – 5 U 621/08, VersR 2010, 770
> – Subkutane statt subpektoraler Implantation von Prothesen.

619 Die Beweislast erstreckt sich auch darauf, dass dem Patienten die Dringlichkeit des Eingriffs richtig dargestellt worden ist;

> BGH, Urt. v. 26.6.1990 – VI ZR 289/89, NJW 1990, 2928
> = VersR 1990, 1238;
> BGH, Urt. v. 14.1.1997 – VI ZR 30/96, NJW 1997, 1637
> = VersR 1997, 451;

dass er sich trotz eindringlicher Darstellung der Risiken gegen den ärztlichen Rat entschieden hat, so dass der Arzt statt des medizinisch günstigeren den risikobehafteteren Behandlungsweg gehen musste;

> BGH, Urt. v. 12.11.1991 – VI ZR 369/90, NJW 1992, 741
> = VersR 1992, 237;

dass er zu einem Zeitpunkt aufgeklärt worden ist, zu dem seine Entscheidungsfreiheit nicht übermäßig beeinträchtigt gewesen ist; jedoch muss der Patient darlegen, weshalb der späte Zeitpunkt der Aufklärung sein Entscheidungsrecht verkürzt hat.

> BGH, Urt. v. 7.4.1992 – VI ZR 192/91, NJW 1992, 2351 = VersR
> 1992, 960;
> BGH, Urt. v. 14.6.1994 – VI ZR 178/93, NJW 1994, 3009
> = VersR 1994, 1235;
> BGH, Urt. v. 17.3.1998 – VI ZR 74/97, NJW 1998, 2734 = VersR
> 1998, 766.

An den dem Arzt obliegenden Beweis der ordnungsgemäßen Aufklärung des 620
Patienten dürfen keine unbillig hohen Anforderungen gestellt werden.

> BGH, Urt. v. 8.1.1985 – VI ZR 15/83, NJW 1985, 1399 = VersR
> 1985, 361;
>
> BGH, Urt. v. 8.5.1990 – VI ZR 227/89, NJW 1990, 2929 = VersR
> 1990, 1010;
>
> BGH, Urt. v. 12.11.1991 – VI ZR 369/90, NJW 1992, 741
> = VersR 1992, 237;
>
> BGH, Urt. v. 22.5.2001 – VI ZR 268/00, NJW-RR 2001, 1431;
>
> OLG Hamm, Urt. v. 22.3.1993 – 3 U 182/92, NA-Beschl.
> v. 15.3.1994 – VI ZR 164/93, VersR 1995, 661;
>
> OLG Schleswig, Urt. v. 13.1.1995 – 4 U 243/86, VersR 1996, 634;
>
> OLG Karlsruhe, Urt. v. 8.10.1997 – 7 U 61/96, VersR 1999, 1113;
>
> OLG Bremen, Urt. v. 28.3.2000 – 3 U 41/99, VersR 2000, 1414.

Das Gericht darf seine Überzeugungsbildung gem. § 286 ZPO auf die Angaben
des Arztes über eine erfolgte Risikoaufklärung stützen, wenn seine Darstellung
in sich schlüssig und „einiger" Beweis für ein Aufklärungsgespräch erbracht
ist. Dies gilt auch dann, wenn der Arzt erklärt, ihm sei das strittige Aufklärungsgespräch nicht im Gedächtnis geblieben.

Das unterzeichnete Einwilligungsformular ist – sowohl in positiver als auch
in negativer Hinsicht – ein Indiz für den Inhalt des Aufklärungsgesprächs.

> BGH, Urt. v. 28.1.2014 – VI ZR 143/13, NJW 2014, 1527 =
> VersR 2014, 588;
>
> OLG Koblenz, Urt. v. 8.5.2013 – 5 U 1536/11, VersR 2014, 1005
> – Abhandenkommen des Aufklärungsbogens;
>
> LG Wiesbaden, Urt. v. 20.6.2013 – 9 O 294/10, VersR 2014, 377.

Zur Überzeugung des Gerichts von einer Aufklärung des Patienten in einem
vertraulichen Arztgespräch kann es ausreichen, wenn die ständige Praxis einer
ordnungsgemäßen Aufklärung nachgewiesen wird und Indizien dafür vorliegen, dass dies auch im konkreten Fall so gehandhabt worden ist.

> BGH, Urt. v. 30.9.2014 – VI ZR 443/13, zur Veröffentlichung
> bestimmt
> – Koloskopie;
>
> OLG Hamm, Urt. v. 12.5.2010 – I-3 U 134/09, VersR 2011, 625
> – Schulteroperation mit Sehnennaht;
>
> OLG Köln, Beschl. v. 13.11.2012 – 5 U 69/12, VersR 2013, 463.

Zu den Grenzen der Beweismaßanforderungen für die Feststellung der Aufklärung durch den Richter sowie zur beweisrechtlichen Bedeutung der Unterzeichnung von Aufklärungs- und Einwilligungsformularen vgl. im Übrigen
näher bei Rz. 474 ff.

> Zu den Grenzen der Indizwirkung solcher Formulare siehe
> BGH, Urt. v. 29.9.1998 – VI ZR 268/97, NJW 1999, 863 = VersR
> 1999, 190;

zur Bedeutung des Formulars für die Aufklärung vor ärztlichen Routinemaßnahmen vgl.

BGH, Urt. v. 15.2.2000 – VI ZR 48/99, BGHZ 144, 1 = NJW 2000, 1784 = VersR 2000, 725;

OLG Koblenz, Urt. v. 7.8.2003 – 5 U 1284/02, NJW-RR 2003, 1607 = VersR 2004, 246;

OLG Zweibrücken, Beschl. 31.1.2013 – 5 U 43/11, MedR 2014, 29 – H1N1-Impfung gegen die sog. Schweinegrippe und gleichzeitig allgemeine Grippeschutzimpfung.

621 Der Arzt hat nachzuweisen, dass der nicht aufgeklärte Patient in die Behandlung auch bei ordnungsmäßiger Aufklärung eingewilligt haben würde; dass ein verständiger Patient eingewilligt hätte, genügt für den Nachweis nicht.

BGH, Urt. v. 22.1.1980 – VI ZR 263/78, NJW 1980, 1333 = VersR 1980, 428;

BGH, Urt. v. 7.2.1984 – VI ZR 174/82, BGHZ 90, 103 = NJW 1984, 1397 = VersR 1984, 465;

BGH, Urt. v. 16.4.1991 – VI ZR 176/90, NJW 1991, 2344 = VersR 1991, 812;

BGH, Urt. v. 7.7.1992 – VI ZR 211/91, NJW-RR 1992, 1241 = VersR 1993, 228;

BGH, Urt. v. 17.3.1998 – VI ZR 74/97, NJW 1998, 2734 = VersR 1998, 766;

BGH, Urt. v. 5.4.2005 – VI ZR 216/03, NJW 2005, 2072 = VersR 2005, 942.

Ergibt sich im Rahmen einer Sectio ein Befund, den der Arzt bei weiteren Schwangerschaften für gefährlich hält, ist die deswegen ungefragt vorgenommene Sterilisation weder von einer mutmaßlichen noch von einer hypothetischen Einwilligung der Patientin gedeckt.

OLG Koblenz, Urt. v. 13.7.2006 – 5 U 290/06, NJW 2006, 2928 = VersR 2007, 796.

622 Der Patient hat gegebenenfalls plausibel darzulegen, warum er gegen die medizinische Vernunft auf die Behandlung verzichtet haben würde (Rz. 477 ff). In der Regel lässt sich das nur nach seiner persönlichen Anhörung beurteilen.

BGH, Urt. v. 26.6.1990 – VI ZR 289/89, NJW 1990, 2928 = VersR 1990, 1238;

BGH, Urt. v. 2.3.1993 – VI ZR 104/92, NJW 1993, 2378 = VersR 1993, 749;

BGH, Urt. v. 4.4.1995 – VI ZR 95/94, NJW 1995, 2410 = VersR 1995, 1055;

BGH, Urt. v. 17.3.1998 – VI ZR 74/97, NJW 1998, 2734 = VersR 1998, 766;

BGH, Urt. v. 1.2.2005 – VI ZR 174/03, NJW 2005, 1364 = VersR 2005, 694;

BGH, Urt. v. 6.7.2010 – VI ZR 198/09, NJW 2010, 3230 = VersR 2010, 1220 – PRT (Periradikuläre Therapie) führt zur Querschnittlähmung.

Hat das erstinstanzliche Gericht den Patienten zur Frage des Entscheidungskonflikts persönlich angehört und will das Berufungsgericht das Ergebnis
dieser Anhörung abweichend vom Erstgericht würdigen, ist es dazu grundsätzlich nicht ohne erneute persönliche Anhörung des Patienten befugt.

> BGH, Urt. v. 30.9.2014 – VI ZR 443/13, zur Veröffentlichung
> bestimmt
> – Koloskopie.

Für die **Plausibilität** des vom Patienten darzulegenden **Entscheidungskon**   **623**
flikts ist nicht maßgebend, wie sich der Patient bei ordnungsgemäßer Aufklärung entschieden hätte. Ausreichend ist, dass er durch die Aufklärung in
einen echten Entscheidungskonflikt geraten wäre.

> BGH, Urt. v. 15.3.2005 – VI ZR 313/03, NJW 2005, 1718
> = VersR 2005, 836.

Erst wenn der Patient zur Überzeugung des Richters plausibel gemacht hat,
dass er bei ordnungsgemäßer und rechtzeitiger Aufklärung vor einem echten
Entscheidungskonflikt gestanden hätte, trifft den Arzt die Beweislast dafür,
dass der Patient dennoch in die Behandlung eingewilligt hätte.

> BGH, Urt. v. 7.4.1992 – VI ZR 192/91, NJW 1992, 2351 = VersR
> 1992, 960.

Die Anforderungen an den Beweis der Behauptung des Arztes, dass sich der
Patient auch bei ordnungsgemäßer Aufklärung zu dem vorgenommenen Eingriff entschlossen hätte, sind besonders hoch, wenn der Patient den Eingriff
zunächst abgelehnt und sich hierzu erst bereitgefunden hat, nachdem der
Arzt auf ihn eingewirkt hat.

> BGH, Urt. v. 14.6.1994 – VI ZR 260/93, NJW 1994, 2414
> = VersR 1994, 1302.

An das Vorliegen einer hypothetischen Einwilligung sind bei einem Heilversuch mit einem nicht zugelassenen Medikament besonders strenge Maßstäbe
anzulegen.

> BGH, Urt. v. 27.3.2007 – VI ZR 55/05, BGHZ 172, 1 = NJW
> 2007, 2767 = VersR 2007, 995.

Dasselbe gilt bei Anwendung einer Außenseitermethode.

> BGH, Urt. v. 22.5.2007 – VI ZR 35/06, BGHZ 172, 254 = NJW
> 2007, 2774 = VersR 2007, 1273.

Gegebenenfalls muss der Arzt dartun und nachweisen, dass der Patient den   **624**
Eingriff gerade bei ihm, nicht etwa nur bei einem anderen Arzt seines Vertrauens hätte vornehmen lassen.

> BGH, Urt. v. 9.7.1996 – VI ZR 101/95, NJW 1996, 3073 = VersR
> 1996, 1239, 1240.

Der Chefarzt, der die Risikoaufklärung eines Patienten einem nachgeordneten Arzt überträgt, muss darlegen, welche organisatorischen Maßnahmen er ergriffen hat, um eine ordnungsgemäße Aufklärung sicherzustellen und zu kontrollieren.

> BGH, Urt. v. 7.11.2006 – VI ZR 206/05, BGHZ 169, 364
> = VersR 2007, 209.

625 Zur Beweislage, wenn der Patient bzw. der Arzt schwer erkrankt oder zwischenzeitlich verstorben ist und deshalb nicht mehr angehört werden kann, vgl.

> BGH, Urt. v. 17.4.2007 – VI ZR 108/06, NJW 2007, 2771
> = VersR 2007, 999;
>
> OLG Bamberg, Urt. v. 5.5.1997 – 4 U 170/96, NA-Beschl.
> v. 3.2.1998 – VI ZR 226/97, VersR 1998, 1025.
>
> OLG Nürnberg, Urt. v. 15.2.2008 – 5 U 103/06, VersR 2009, 71.

626 Der Patient muss darlegen und nachweisen, dass sein Gesundheitsschaden auf der Behandlung beruht, die mangels ordnungsgemäßer Aufklärung und daher wegen nicht wirksamer Einwilligung rechtswidrig war.

> BGH, Urt. v. 1.10.1985 – VI ZR 19/84, NJW 1986, 1541 = VersR 1986, 183;
>
> BGH, Urt. v. 26.11.1991 – VI ZR 389/90, NJW 1992, 754
> = VersR 1992, 238;
>
> OLG Oldenburg, Urt. v. 17.10.1995 – 5 U 65/95, VersR 1997, 192;
>
> OLG Hamburg, Urt. v. 27.11.1998 – 1 U 182/97, VersR 2000, 190.

Zur Beweislast des Patienten für die Kausalität der ohne seine Einwilligung durchgeführten Maßnahme mit den Schadensfolgen vgl. im Übrigen Rz. 488 ff.

627 Steht die Kausalität zwischen Eingriff und Gesundheitsschaden fest und hätte der Patient bei ordnungsgemäßer Aufklärung den Eingriff zwar durchführen lassen, aber zu einem späteren Zeitpunkt unter günstigeren Bedingungen, muss der Arzt nachweisen, dass es dann zu gleichartigen Schädigungen gekommen wäre.

> BGH, Urt. v. 14.4.1981 – VI ZR 39/80, VersR 1981, 677.

Steht fest, dass der Arzt dem Patienten durch rechtswidriges und fehlerhaftes ärztliches Handeln einen Schaden zugefügt hat, so muss der Arzt beweisen, dass der Patient den gleichen Schaden auch bei einem rechtmäßigen und fehlerfreien ärztlichen Handeln erlitten hätte.

> BGH, Urt. v. 5.4.2005 – VI ZR 216/03, NJW 2005, 2072 = VersR 2005, 942;
>
> OLG Koblenz, Urt. v. 21.6.2001 – 5 U 1788/00, VersR 2003, 253.

Die haftungsbegrenzende Rechtsfigur des hypothetischen Kausalverlaufs bei rechtmäßigem Alternativverhalten kommt erst dann zum Tragen, wenn die Ursächlichkeit der durchgeführten rechtswidrigen Behandlung für den behaupteten Schaden festgestellt und mithin die Haftung grundsätzlich gegeben ist.

> BGH, Urt. v. 7.2.2012 – VI ZR 63/11, BGHZ 192, 298 = NJW 2012, 850
> = VersR 2012, 491
> – Frühgeburt infolge Unterlassens einer medizinisch indizierten Cerclage;
>
> OLG Köln, Urt. v. 18.4.2012 – 5 U 172/11, MedR 2013, 47
> – Verzicht auf eine Cerclage bei Mehrlingsschwangerschaft.

Zur Beweislast des Arztes für den Verlauf der Krankheit ohne den eigenmächtigen Eingriff vgl. auch

> BGH, Urt. v. 13.1.1987 – VI ZR 82/86, NJW 1987, 1481 = VersR 1987, 667;
>
> OLG Celle, Urt. v. 20.3.1989 – 1 U 51/88, NA-Beschl.
> v. 19.12.1989 – VI ZR 143/89, VersR 1990, 658.

Der Patient hat die Beweislast dafür, dass die von ihm unterschriebene Einverständniserklärung im Zeitpunkt der Unterzeichnung noch nicht den Vermerk über die Beschreibung des Eingriffs oder die Darstellung von bestimmten Risiken enthalten hat. **628**

> OLG Frankfurt/M., Urt. v. 19.5.1993 – 13 U 138/92, NA-Beschl.
> v. 1.3.1994 – VI ZR 187/93, VersR 1994, 986.
>
> OLG Hamm, Urt. v. 18.4.2005 – 3 U 259/04, MedR 2006, 649.

Den rechtzeitigen Widerruf einer von ihm erteilten Einwilligung hat der Patient nachzuweisen. **629**

> BGH, Urt. v. 18.3.1980 – VI ZR 155/78, NJW 1980, 1903
> = VersR 1980, 676.

3. Sicherheitsaufklärung

Versäumnisse der Sicherheitsaufklärung sind Behandlungsfehler; sie sind beweisrechtlich wie diese zu behandeln (vgl. Rz. 378 ff). **630**

Daher hat der Patient zu beweisen, dass die gebotene Sicherheitsaufklärung unterblieben ist oder unzureichend war.

> OLG Köln, Urt. v. 4.8.1999 – 5 U 9/98, VersR 2001, 66;
>
> OLG Hamm, Urt. v. 14.7.2003 – 3 U 128/02, NZB-Beschl.
> v. 9.3.2004 – VI ZR 269/03, VersR 2005, 837
> – Einbestellung zur Nachuntersuchung;
>
> LG Regensburg, Urt. v. 21.3.2013 – 4 O 1943/12
> – Aufklärungspflicht über Möglichkeit der Rekanalisation nach Durchführung einer Vasektomie.

Die unterlassene Sicherheitsaufklärung kann im Einzelfall als **grober Behandlungsfehler** zu bewerten sein und zur **Umkehr der Beweislast** führen.

OLG Hamm, Urt. v. 12.8.2013 – 3 U 57/13; MedR 2014, 103
– unterlassener Beratung einer Patientin über die Teilnahme an
einem Mammographie-Screening zur Brustkrebsvorsorge.

631 Anders als bei der Selbstbestimmungsaufklärung muss hier der Patient nachweisen, wie er sich nach erfolgter Aufklärung verhalten haben würde, wobei allerdings oft ein Anschein für aufklärungsrichtiges Verhalten sprechen wird. Ein nur pauschaler Vortrag dazu macht die Klage nicht unschlüssig; vielmehr ist es dann Sache einer Würdigung nach § 286 ZPO, ob der Behauptung zu glauben ist.

BGH, Urt. v. 28.3.1989 – VI ZR 157/88, NJW 1989, 2320
= VersR 1989, 700;

OLG Stuttgart, Urt. v. 18.5.1995 – 14 U 59/94, VersR 1996, 979;

OLG Karlsruhe, Urt. v. 7.8.1996 – 7 U 251/93, NA-Beschl.
v. 25.3.1997 – VI ZR 315/96.

Unterbleibt die gebotene Aufklärung darüber, dass ein Eingriff entweder dringend indiziert oder aber eine Behandlung nicht notwendig ist, kann davon auszugehen sein, dass der Patient sich im Falle erfolgter Aufklärung beratungsgemäß verhalten hätte.

OLG Koblenz, Urt. v. 29.10.2009 – 5 U 55/09, VersR 2010, 480
– Bandscheibenoperation;

OLG Koblenz, Urt. v. 15.1.2009 – 5 U 674/08, VersR 2010, 1040
– Neuversorgung einer erst 19 Monate zuvor eingebrachten
Zahnprothese;

OLG Köln, Urt. v. 6.6.2012 – 5 U 28/10, NZB-Beschl.
v. 26.2.2013 – VI ZR 305/12, VersR 2013, 237
– Noncompaction-Kardiomyopathie.

Ist der mit einer Knieprothese versorgten erwachsenen und orientierten Patientin gesagt worden, sie dürfe nicht selbstständig aufstehen, darf das Klinikpersonal grundsätzlich darauf vertrauen, dass diese Anweisung beachtet wird.

OLG Koblenz, Beschl. v. 21.7.2010 – 5 U 761/10, VersR 2011, 225
– Sturz einer mit einer Knieprothese versorgten Patientin.

632 Zweifel daran, dass bei aufklärungsrichtigem Verhalten die Schädigung vermieden worden wäre, hat der Patient auszuräumen, dem grundsätzlich der Kausalitätsnachweis obliegt (soweit nicht die erörterten Beweiserleichterungen eingreifen).

OLG Bremen, Urt. v. 6.4.1999 – 3 U 101/98, VersR 1999, 1151.

633 Demgegenüber hat der Arzt bei falscher Beratung über die Erforderlichkeit eines Schwangerschaftstests oder bei fehlerhaftem Test (Rz. 307 ff) nachzuweisen, dass sein Fehler für die Austragung des Kindes nicht ursächlich geworden ist.

BGH, Urt. v. 22.11.1983 – VI ZR 85/82, BGHZ 89, 95 = NJW
1984, 658 = VersR 1984, 186.

Die Beweislast für den Behandlungs- und Beratungsfehler trifft auch hier die **634** Mutter.

Ein grober Verstoß gegen die therapeutische Aufklärungspflicht führt regel- **635** mäßig zur Umkehr der Beweislast.

> BGH, Urt. v. 16.11.2004 – VI ZR 328/03, NJW 2005, 427
> = VersR 2005, 228.

VI. Prozessuale Besonderheiten des Arzthaftungsprozesses

Das verfassungsrechtliche Prinzip eines fairen, der Rechtsanwendungsgleich- **636** heit Rechnung tragenden Gerichtsverfahrens (Art. 2 Abs. 1, 3 Abs. 1 GG),

> BVerfG, Beschl. v. 25.7.1979 – 2 BvR 878/74, NJW 1979, 1925
> = VersR 1979, 907, 911;
> BGH, Urt. v. 31.5.1988 – VI ZR 261/87, NJW 1988, 2302
> = VersR 1988, 914,

verlangt für den Arzthaftungsprozess prozessuale Modifizierungen, durch die der Informations- und Argumentationsunterschied zwischen den Parteien verringert, die Verständigungsschwierigkeiten zwischen Medizinern und Juristen überbrückt und die faktische Entscheidungskompetenz des medizinischen Sachverständigen auf ein adäquates Maß zurückgeführt werden sollen.

In allerdings sehr engen Grenzen berührt das Gebot für das Gericht zur Her- **637** stellung von Waffengleichheit sogar unmittelbar das Prozessverhalten der beklagten Behandlungsseite. Zwar ist es als solches keine tragfähige Grundlage für Beweiserleichterungen zugunsten des klagenden Patienten. Grundsätzlich muss der Beklagte den Kläger auch nicht bei der Suche nach dem Haftungszuständigen helfend unterstützen. Hat sich aber das beklagte Land, das für einen Fehler bei der Behandlung in der Universitätsklinik in Anspruch genommen wird, obwohl hierfür die Universität als Körperschaft zuständig ist, jahrelang gegen seine Passivlegitimation nicht gewehrt und stellt es auch im Prozess nicht wenigstens alsbald nach Klageerhebung die Passivlegitimation der Universität klar, dann muss es sich nach § 242 BGB als richtiger Beklagter behandeln lassen.

> BGH, Urt. v. 17.12.1985 – VI ZR 178/84, BGHZ 96, 360 = NJW
> 1986, 1542 = VersR 1986, 465;
> OLG Schleswig, Urt. v. 13.1.1995 – 4 U 243/86, NA-Beschl.
> v. 17.10.1995 – VI ZR 64/95, VersR 1996, 634;
> vgl. hierzu aber auch
> BGH, Urt. v. 26.1.1999 – VI ZR 376/97, BGHZ 140, 309 = NJW
> 1999, 1779 = VersR 1999, 579.

Der Grundsatz der „Waffengleichheit" in Arzthaftungsprozessen erfordert, **638** dass der Arzt dem klagenden Patienten Aufschluss über sein Vorgehen in dem Umfang gibt, in dem ihm dies ohne weiteres möglich ist. Dem genügt der Arzt weithin durch Vorlage einer ordnungsgemäßen Dokumentation im Operationsbericht, Krankenblatt oder in der Patientenkarte.

BGH, Urt. v. 16.4.2013 – VI ZR 44/12, NJW 2014, 71 = VersR 2013, 1045.

1. Pflichten des Gerichts bei der Sachverhaltsaufklärung

639 An die Substanziierungspflichten des Klägers sind maßvolle und verständige Anforderungen zu stellen, weil dem klagenden Patienten bzw. seinem Anwalt regelmäßig nicht nur die genaue Einsicht in das Behandlungsgeschehen, sondern das nötige Fachwissen zur Erfassung und Darstellung des Konfliktstoffes fehlt.

BGH, Urt. v. 19.5.1981 – VI ZR 220/79, VersR 1981, 752;

BGH, Urt. v. 21.10.1986 – VI ZR 107/86, BGHZ 98, 368 = NJW 1987, 500 = VersR 1987, 310;

OLG Oldenburg, Urt. v. 27.5.1997 – 5 U 3/97, VersR 1998, 1156;

OLG Zweibrücken, Urt. v. 3.3.1998 – 5 U 57/96, VersR 1998, 1114;

vgl. aber auch
OLG Zweibrücken, Urt. v. 20.10.1998 – 5 U 50/97, VersR 2000, 728;

OLG Oldenburg, Urt. v. 12.1.1999 – 5 U 154/98, VersR 1999, 848;

OLG Dresden, Urt. v. 28.2.2002 – 4 U 2811/00, VersR 2003, 1257;

OLG Naumburg, Beschl. v. 27.2.2013 – 1 U 145/12, GesR 2013, 624.

Der Patient und sein Prozessbevollmächtigter sind nicht verpflichtet, sich zur ordnungsgemäßen Prozessführung medizinisches Fachwissen anzueignen.

BGH, Urt. v. 8.6.2004 – VI ZR 199/03, BGHZ 159, 244 = NJW 2004, 2825 = VersR 2004, 1177.

Der Tatsachenvortrag muss aber zumindest in groben Zügen erkennen lassen, welches ärztliche Verhalten fehlerhaft gewesen und welcher Schaden hieraus entstanden ist. Wenn der Patient einen Fehler lediglich vermutet und nicht begründen kann, hat er wenigstens Verdachtsgründe darzulegen, damit sich die Gegenseite oder ein Gutachter damit sachlich befassen können.

OLG Düsseldorf, Urt. v. 8.4.2004 – I-8 U 96/03, VersR 2005, 1737.

Besteht die vom Patienten geltend gemachte Pflichtverletzung in einer Unterlassung, ist diese für den Schaden nur dann kausal, wenn pflichtgemäßes Handeln den Eintritt des Schadens verhindert hätte. Die Darlegungs- und Beweislast hierfür trägt regelmäßig der Patient.

BGH, Urt. v. 7.2.2012 – VI ZR 63/11, BGHZ 192, 298 = NJW 2012, 850
= VersR 2012, 491
– Frühgeburt infolge Unterlassens einer medizinisch indizierten Cerclage.

Für eine Vereinbarung, die die Behandlungsaufgabe des Arztes über den medizinischen Standard hinaus erweitert, ist der Patient darlegungs- und beweispflichtig.

> OLG Karlsruhe, Urt. v. 12.10.2005 – 7 U 132/04, NZB-Beschl.
> v. 9.5.2006 – VI ZR 236/05, NJW 2006, 1442 (LS), NJW-RR
> 2006, 458.

Ein verspätetes Bestreiten erst in der Berufungsbegründung verzögert die Erledigung des Rechtsstreits jedenfalls dann nicht, wenn das Gericht den Sachverständigen zwecks Klärung einer Frage zur Erstattung eines mündlichen Gutachtens laden kann.

> BGH, Urt. v. 23.9.2003 – VI ZR 395/02, NJW-RR 2004, 427
> = VersR 2004, 1289.

Lücken im Klagevorbringen dürfen, wo es um den medizinischen Sachverhalt **640** geht, dem Kläger nicht angelastet, insbesondere nicht als Zugeständnis gewertet werden.

> BGH, Urt. v. 2.12.1980 – VI ZR 175/78, NJW 1981, 630 = VersR
> 1981, 278;
> OLG Stuttgart, Urt. v. 8.2.1990 – 14 U 19/89, VersR 1991, 229.

Andererseits kann, falls sich der Patient auf den Vortrag der Arztseite zum **641** Behandlungsgeschehen beruft, dieser Vortrag i. S. d. § 288 ZPO zugestanden sein.

> OLG Oldenburg, Urt. v. 14.10.1997 – 5 U 45/97, VersR 1998,
> 1381.

Behauptet der Patient, er habe dem Arzt Tatsachen mitgeteilt, aus denen sich **642** eine ergänzende Befunderhebungspflicht ergab, kann es im Rechtsstreit erforderlich sein, die Parteien dazu nach § 141 ZPO persönlich anzuhören.

> OLG Koblenz, Beschl. v. 20.7.2007 – 5 U 880/07, NJW-RR 2008,
> 342 = VersR 2008, 123.

Zweckmäßig ist der Kläger in Gegenwart des Sachverständigen zu befragen, **643** welche genauen medizinischen Vorgänge er ansprechen wollte.

> BGH, Urt. v. 19.6.1979 – VI ZR 91/78, VersR 1979, 939.

Regelmäßig wird sich der Patient die ihm günstigen Darstellungen der medizinischen **644** Vorgänge und Zusammenhänge aus dem Gutachten des Sachverständigen hilfsweise zu eigen machen.

> BGH, Urt. v. 8.1.1991 – VI ZR 102/90, NJW 1991, 1541 = VersR
> 1991, 467;
> BGH, Beschl. v. 10.11.2009 – VI ZR 325/08, VersR 2010, 497.

In der Konsequenz dieser Rechtsprechung, aber auch im Blick auf das Prozessvorgehen **645** einer „reichen" Partei und die eingeschränkten Verfahrensgarantien für eine umfassende Sachverhaltsaufklärung in diesem Vorstadium kann die Bewilligung von Prozesskostenhilfe nicht schon daran scheitern, dass der Kläger nicht die **Gutachter- und Schlichtungsstelle** angerufen hat.

> Vgl. OLG Köln, Beschl. v. 19.12.1985 – 7 W 49/85, VersR 1985, 791;
>
> a. A. LG Dortmund, Urt. v. 3.7.1987 – 17 O 23/86, VersR 1988, 606;
>
> LG Aurich, Urt. v. 16.3.1984 – 6 O 58/84, VersR 1986, 558.

646 Bei der **Prüfung der Erfolgsaussichten** einer beabsichtigten Klage ist es zwar grundsätzlich zulässig, **bereits vorliegende Gutachten** zur Beurteilung heranzuziehen. Auch insoweit ist jedoch das Gericht im Arzthaftungsprozess aufgerufen, sachverständige Stellungnahmen **kritisch** zu würdigen und etwaige Widersprüche zu klären.

> OLG Karlsruhe, Beschl. v. 24.6.2005 – 7 W 28/05, GesR 2005, 555;
>
> OLG Naumburg, Beschl. v. 6.6.2012 – 1 W 25/12, GesR 2013, 56;
>
> OLG Naumburg, Beschl. v. 26.11.2012 – 1 W 62/12, GesR 2013, 228.

647 Der geschädigte Patient kann Zahlung der für eine **Nachbehandlung** erforderlichen **Kosten** nur verlangen, wenn er die Absicht hat, die Behandlung durchführen zu lassen.

> BGH, Urt. v. 14.1.1986 – VI ZR 48/85, BGHZ 97, 14 = NJW 1986, 1538 = VersR 1986, 550;
>
> OLG München, Beschl. v. 1.2.2006 – 1 U 4756/05, MedR 2006, 596.

2. Erhebung und Würdigung des Sachverständigenbeweises

648 Die verstärkte Pflicht des Gerichts zur Aufklärung des Sachverhalts setzt sich für das Beweisverfahren schon in der Präzisierung der Beweisfrage fort. Es hat durch Formulierungshilfe darauf hinzuwirken, dass die Beweisaufnahme auf die medizinisch wesentlichen Umstände ausgerichtet wird, auch auf das vom Kläger express nicht angesprochene Umfeld. Spontane Erweiterungen der Beweisfrage durch den Sachverständigen kann das Gericht im Allgemeinen nicht erwarten. Deshalb muss die Beweisfrage hinreichend präzise sein; allerdings nicht so präzise, dass sie den Sachverständigen zu Aussparungen veranlassen kann, die die Schwerpunkte in der erforderlichen Gesamtbetrachtung verlagern.

> BGH, Urt. v. 10.11.1981 – VI ZR 92/80, VersR 1982, 168.

649 Das Gericht hat den Prozessstoff hinsichtlich aller für die Überzeugungsbildung heranzuziehenden Aspekte zu würdigen.

> BGH, Beschl. v. 14.1.2014 – VI ZR 340/13, VersR 2014, 632
> – Implantation einer Schmerzpumpe.

650 Soweit der gerichtliche Sachverständige seinem Gutachten Anknüpfungstatsachen zugrunde legt, deren Berücksichtigung der Tatrichter für falsch hält,

muss er das durch Erörterung mit dem Sachverständigen, gegebenenfalls unter Hinzuziehung weiterer Sachverständiger, klären.

> BGH, Urt. v. 21.1.1997 – VI ZR 86/96, NJW 1997, 1446 = VersR 1997, 510.

651 Die Auswahl des Sachverständigen obliegt dem Gericht (§ 404 Abs. 1 ZPO). Zur Frage, ob der Gutachtenauftrag auch einer fachlichen Einrichtung, etwa einem Universitätsinstitut, erteilt und diesem die interne personelle Bestimmung des Sachverständigen überlassen werden kann, vgl.

> OLG Koblenz, Urt. v. 30.4.1997 – 5 U 262/96, VersR 1998, 897.

652 Wird das Gutachten von einem anderen als dem im Beweisbeschluss benannten Sachverständigen erstattet, kann das Gericht dies billigend legitimieren (§ 360 Satz 2 ZPO). Der Sachverständige selbst ist nicht befugt, den Auftrag auf einen anderen zu übertragen (§ 407a Abs. 2 ZPO). Wenn eine Partei die Abweichung bezüglich der Person des Gutachters vom Beweisbeschluss ausdrücklich rügt, muss das Gericht rechtzeitig zu erkennen geben, dass es das Gutachten verwerten wird, damit die Parteien Gelegenheit zu materiellen Einwänden gegen das Gutachten erhalten.

> BGH, Urt. v. 8.1.1985 – VI ZR 15/83, VersR 1985, 361, 363.

653 Der beauftragte Sachverständige hat das Gutachten selbständig zu erstatten, kann sich aber geeigneter Hilfspersonen bedienen (vgl. § 407a Abs. 2 ZPO); diese Mitarbeiter muss er namhaft machen. Zur Frage, unter welchen Umständen sich der Sachverständige die gutachterliche Arbeit eines qualifizierten Mitarbeiters „zu eigen machen" kann, vgl.

> OLG Zweibrücken, Urt. v. 22.6.1999 – 5 U 32/98, NA-Beschl. v. 7.12.1999 – VI ZR 255/99, VersR 2000, 605;
> KG, Beschl. v. 10.6.2010 – 20 W 43/10, GesR 2010, 608.

654 Der beweisbelastete Patient kann nicht einerseits durch die Benennung von Ärzten als sachverständigen Zeugen, andererseits durch die Weigerung, sich von einem gerichtlichen Gutachter untersuchen zu lassen, das Bestimmungsrecht des Gerichts über die Auswahl des Sachverständigen unterlaufen.

> OLG Hamm, Urt. v. 26.1.2000 – 3 U 100/99, NA-Beschl. v. 24.10.2000 – VI ZR 129/00, VersR 2001, 249.

655 Auch wenn der fachkundige Arzt (versehentlich) als sachverständiger Zeuge geladen wurde, aber – als Sachverständiger belehrt – aus seiner gutachterlichen Sicht Sachverständigenfragen beantwortet, geht es der Sache nach um Sachverständigenbeweis, nicht um Zeugenbeweis.

> OLG Celle, Urt. v. 26.10.1998 – 1 U 49/97, NA-Beschl. v. 8.6.1999 – VI ZR 382/98, VersR 2000, 58.

656 Gemäß §§ 402, 379 ZPO ist die antragsgemäße Einholung eines Sachverständigengutachtens davon abhängig zu machen, dass der Beweisführer einen hinreichenden Vorschuss zur Deckung der Sachverständigenkosten einzahlt.

Berufen sich beide Parteien auf ein Sachverständigengutachten, so trifft die Vorschusspflicht denjenigen, der für die betreffende Behauptung nach den für den Arzthaftungsprozess geltenden Regeln die Beweislast trägt.

BGH, Urt. v. 8.6.1999 – VI ZR 220/98, NJW 1999, 2823 = VersR 1999, 1515.

657 Jede Partei hat ein Recht auf mündliche Erläuterung durch den medizinischen Sachverständigen, wenn es aufgrund sachlicher Einwände gegen das Gutachten einer weiteren sachverständigen Stellungnahme bedarf (zur Mitteilung der Parteieinwendungen im Prozess vgl. § 411 Abs. 4 ZPO).

BGH, Urt. v. 3.6.1986 – VI ZR 95/85, NJW 1986, 2886 = VersR 1986, 1079.

658 Hat das Erstgericht dem rechtzeitig gestellten Antrag einer Partei auf erstmalige mündliche Anhörung des gerichtlichen Sachverständigen nicht entsprochen, kann die Bindung des Berufungsgerichts an die vom Gericht des ersten Rechtszuges festgestellten Tatsachen entfallen. Ist dies der Fall, muss das Berufungsgericht dem in zweiter Instanz wiederholten Antrag auf Ladung des Sachverständigen stattgeben.

BGH, Beschl. v. 10.5.2005 – VI ZR 245/04, VersR 2005, 1555.

659 Das Gericht muss einem dementsprechenden rechtzeitigen Antrag der Partei auf Anhörung des Gutachters auch dann stattgeben, wenn die schriftliche Begutachtung aus der Sicht des Gerichts ausreichend und überzeugend ist.

BGH, Urt. v. 17.12.1996 – VI ZR 50/96, NJW 1997, 802 = VersR 1997, 509;

BGH, Urt. v. 29.10.2002 – VI ZR 353/01, NJW-RR 2003, 208 = VersR 2003, 926;

BGH, Beschl. v. 25.9.2007 – VI ZR 157/06, VersR 2007, 1697;

BVerfG, Beschl. v. 17.1.2012 – 1 BvR 2728/10, NJW 2012, 1346.

Wenn das Gutachten des vom Gericht beauftragten Sachverständigen auf einer lediglich telefonischen Erläuterung eines anderen Gutachters beruhen kann, muss das Gericht diesen anderen Gutachter auf Antrag einer Partei anhören.

BGH, Beschl. v. 14.10.2008 – VI ZR 7/08, NJW-RR 2009, 409 = VersR 2009, 69.

660 Anderes gilt nur dann, wenn der Antrag auf Anhörung verspätet oder rechtsmissbräuchlich gestellt ist.

BGH, Urt. v. 7.10.1997 – VI ZR 252/96, NJW 1998, 162 = VersR 1998, 342;

BGH, Urt. v. 22.5.2001 – VI ZR 268/00, NJW-RR 2001, 1431.

661 Hat ein Patient das Recht zur Anhörung des gerichtlichen Sachverständigen durch grobe Nachlässigkeit im ersten Rechtszug verloren, kann das Berufungsgericht gleichwohl verpflichtet sein, substantiierten Einwänden gegen

das Gutachten durch eine Anhörung des Sachverständigen von Amts wegen nachzugehen (vgl. auch § 411 Abs. 3 ZPO).

> BGH, Urt. v. 10.12.1991 – VI ZR 234/90, NJW 1992, 1459
> = VersR 1992, 722.

Hat der Sachverständige erklärt, er könne zu einer bestimmten Frage nicht **662** Stellung nehmen, weil diese nur von den am Eingriff beteiligten Ärzten beantwortet werden könne, so muss das Gericht den Gutachter zu diesem Punkt nicht nochmals mündlich befragen.

> OLG Hamm, Urt. v. 28.11.1994 – 3 U 80/94, NA-Beschl.
> v. 17.10.1995 – VI ZR 28/95, VersR 1996, 332.

Sind Unklarheiten und Widersprüche nicht durch schriftliches Ergänzungs- **663** gutachten zu beseitigen, so hat das Gericht die mündliche Anhörung des Sachverständigen von Amts wegen anzuordnen.

> BGH, Urt. v. 10.1.1989 – VI ZR 25/88, NJW-RR 1989, 1275
> = VersR 1989, 378.

Eine Unvollständigkeit des Gutachtens muss das Gericht durch Anhörung **664** des Sachverständigen oder Einholung eines weiteren Gutachtens zu beheben suchen.

> BGH, Urt. v. 3.12.1996 – VI ZR 309/95, NJW 1997, 803 = VersR
> 1997, 191;
>
> BGH, Urt. v. 13.2.2001 – VI ZR 34/00, NJW 2001, 1786 = VersR
> 2001, 646;
>
> BGH, Urt. v. 27.3.2001 – VI ZR 18/00, NJW 2001, 2791 = VersR
> 2001, 859;
>
> BGH, Urt. v. 8.7.2008 – VI ZR 259/06, NJW 2008, 2846 = VersR
> 2008, 1265.

Die Einholung eines weiteren Gutachtens ist insbesondere dann geboten, **665** wenn die **Sachkunde** des bisherigen Gutachters **zweifelhaft** ist oder ein anderer Sachverständiger über Forschungsmittel verfügt, die denen des früheren Gutachters überlegen erscheinen.

> BGH, Urt. v. 16.3.1999 – VI ZR 34/98, NJW 1999, 1778 = VersR
> 1999, 716;
>
> KG, Urt. v. 5.9.2013 – 20 U 80/10, VersR 2014, 205
> – handchirurgische Operation.

Ein weiteres Gutachten muss der Tatrichter einholen, wenn ein im Wege des Urkundsbeweises verwertetes Gutachten (z. B. aus einem vorangegangenen Verfahren einer ärztlichen Schlichtungsstelle) nicht alle Fragen beantwortet.

> BGH, Beschl. v. 6.5.2008 – VI ZR 250/07, VersR 2008, 1216.

Die **Verwertung eines Gutachtens** aus einem anderen Verfahren **nach** § 411a ZPO ist nicht vom Einverständnis der Prozessparteien abhängig. Bei der Ausübung des diesbezüglichen Ermessens des Gerichts ist maßgeblich, ob die Einholung eines neuen Gutachtens bessere Erkenntnisse über die Beweisfragen verspricht oder nicht.

OLG Naumburg, Urt. v. 12.1.2010 – 1 U 77/09, GesR 2010, 318.

Ein weiteres Gutachten muss aber nicht allein deshalb eingeholt werden, weil anzunehmen ist, dass ein anderer Sachverständiger einer anderen Ansicht zuneigt.

KG, Urt. v. 27.11.2000 – 20 U 7753/98, NA-Beschl. v. 24.7.2001
– VI ZR 43/01, VersR 2002, 438.

666 Meist wird sich die genauere Problem- und Fragestellung erst aus dem Gutachten des Sachverständigen ergeben; oft erst auf dieser Grundlage können die Parteien ihr Vorbringen genauer präzisieren. Deshalb hat der BGH Bedenken gegen eine Gerichtspraxis, die auf das schriftliche Gutachten verzichtet und den Sachverständigen nur mündlich hört. In diesem Fall muss den Parteien wenigstens ausreichende Gelegenheit gegeben werden, nach Vorliegen des Vernehmungsprotokolls Stellung zu nehmen und ihr Vorbringen zu ergänzen. Dieses Recht kann ihnen nicht dadurch abgeschnitten werden, dass sie sich schon vorher – etwa durch Erhebung eines Privatgutachtens – auf die Befragung des Sachverständigen im Termin hätten einrichten müssen.

BGH, Urt. v. 17.4.1984 – VI ZR 220/82, NJW 1984, 1823
= VersR 1984, 661;

OLG Celle, Urt. v. 2.12.1980 – 1 U 17/80, NA-Beschl.
v. 12.1.1982 – VI ZR 41/81, NJW 1982, 1335 = VersR 1982, 371.

667 Entsprechendes gilt, wenn die mündliche Anhörung des Sachverständigen gegenüber seinem schriftlich erstatteten Gutachten neue oder ausführlichere Beurteilungen ergibt.

BGH, Urt. v. 17.4.1984 – VI ZR 220/82, NJW 1984, 1823
= VersR 1984, 661.

668 In diesen Fällen muss die Partei, wenn sie das beantragt, Gelegenheit zur schriftsätzlichen Stellungnahme erhalten. Auch wenn das nicht beantragt war, ist ein nicht nachgelassener Schriftsatz vom Gericht zu beachten und, sofern dieser durch Aufzeigen neuer Gesichtspunkte oder Fragestellungen Anlass zu weiterer tatsächlicher Aufklärung gibt, die mündliche Verhandlung wiederzueröffnen.

BGH, Urt. v. 31.5.1988 – VI ZR 261/87, NJW 1988, 2302
= VersR 1988, 914;

BGH, Urt. v. 13.2.2001 – VI ZR 272/99, NJW 2001, 2796
= VersR 2001, 772;

BGH, Beschl. v. 30.11.2010 – VI ZR 25/09, VersR 2011, 1158;

OLG Oldenburg, Urt. v. 30.1.1990 – 5 U 72/89, NA-Beschl.
v. 30.10.1990 – VI ZR 70/90, VersR 1991, 229 (LS).

Dies gilt nicht nur zugunsten der nicht sachkundigen Partei, also der Patien- **669**
tenseite, sondern als Ausfluss des Grundsatzes des rechtlichen Gehörs auch
zugunsten der sachkundigen Partei, also der Arztseite.

> BGH, Urt. v. 13.2.2001 – VI ZR 272/99, NJW 2001, 2796
> = VersR 2001, 722.

Die Tatsachengrundlage für den Sachverständigen hat das Gericht selbst zu **670**
ermitteln. Es kann die Ermittlung nicht durch bloße Parteianhörung des beklagten Arztes treffen oder sie einfach dem Sachverständigen überlassen.
Allerdings kann es angezeigt sein, die Beweisaufnahme in Gegenwart des Sachverständigen durchzuführen.

> BGH, Urt. v. 19.6.1979 – VI ZR 91/78, VersR 1979, 939;
>
> OLG Stuttgart, Urt. v. 8.2.1990 – 14 U 19/889, VersR 1991, 229.

Vorhandenen weiteren Erfolg versprechenden Aufklärungsmöglichkeiten hat **671**
das Gericht nachzugehen, wenn sie sich anbieten.

> BGH, Urt. v. 4.3.1980 – VI ZR 6/79, VersR 1980, 533.

Dass es keine objektivierbaren medizinischen Befunde zum Nachweis von **672**
Schmerzen gibt, ist allein kein Grund, von der Erhebung der vom Patienten
angebotenen Zeugenbeweise als ungeeignet abzusehen.

> BGH, Urt. v. 1.10.1985 – VI ZR 19/84, VersR 1986, 183.

Der Informationsfluss zwischen Gericht und Sachverständigem verlangt **673**
Transparenz für die Parteien. Es darf nicht allzu sehr Fachdisput zwischen
Vorsitzendem und Sachverständigem sein, sondern muss auch für Laien mög-
lichst nachvollziehbar bleiben.

> BGH, Urt. v. 24.6.1980 – VI ZR 7/79, NJW 1980, 2751 = VersR
> 1980, 940.

Zum prozessordnungsgemäßen Zusammenwirken von Gericht und Gut- **674**
achter im Rahmen der Erhebung des Sachverständigenbeweises vgl. im Übrigen auch §§ 404a, 407a ZPO.

Der Richter darf den Sorgfaltsmaßstab, der sich weitgehend nach dem me- **675**
dizinischen Standard des jeweiligen Fachgebiets bestimmt, nicht ohne Sach-
verständigengrundlage allein aus eigener rechtlicher Beurteilung heraus festlegen.

> BGH, Urt. v. 29.11.1994 – VI ZR 189/93, NJW 1995, 776
> = VersR 1995, 659.

Auch bei der Beurteilung eines Behandlungsfehlers als grob darf der Richter **676**
die Würdigung des medizinischen Sachverständigen nicht außer Acht lassen
(vgl. dazu auch oben Rz. 578 f).

> BGH, Urt. v. 19.11.1996 – VI ZR 350/95, NJW 1997, 798
> = VersR 1997, 315;

BGH, Urt. v. 27.3.2001 – VI ZR 18/00, NJW 2001, 2791 = VersR
2001, 859;

BGH, Urt. v. 29.5.2001 – VI ZR 120/00, NJW 2001, 2792
= VersR 2001, 1030;

BGH, Urt. v. 19.6.2001 – VI ZR 286/00, NJW 2001, 2794
= VersR 2001, 1115;

BGH, Urt. v. 3.7.2001 – VI ZR 418/99, NJW 2001, 2795 = VersR
2001, 1116.

677 Auch ob das Krankheitsbild selbstschädigende Handlungen des Patienten befürchten lässt und welche Schutzmaßnahmen zu treffen sind, kann der Richter
regelmäßig nicht ohne Hinzuziehung eines medizinischen Sachverständigen
beurteilen.

BGH, Urt. v. 23.9.1993 – III ZR 107/92, NJW 1994, 794
= VersR 1994, 50.

678 Grundsätzlich kommt es dabei auf die Fachkenntnisse des Sachverständigen
aus dem betreffenden medizinischen Sachgebiet an.

OLG Hamm, Urt. v. 28.2.2001 – 3 U 17/00, VersR 2002, 613;

OLG Jena, Urt. v. 31.5.2011 – 4 U 635/10, MedR 2012, 266.

Hat jedoch der gynäkologische Gutachter hinsichtlich einer Gesundheitsschädigung des neugeborenen Kindes unter Auswertung der Unterlagen der
Kinderklinik Stellung genommen und die Einschaltung eines Pädiaters für
entbehrlich erachtet, so kann das Gericht der Einholung eines kinderärzt-
lichen Gutachtens enthoben sein.

OLG Hamm, Urt. v. 9.5.1994 – 3 U 186/93, NA-Beschl.
v. 17.1.1995 – VI ZR 212/94, VersR 1995, 967.

Über die Frage, welche Kenntnisse ein Facharzt über schädliche Nebenwirkungen eines Medikaments hätte haben müssen, ist grundsätzlich ein fach-
ärztliches Sachverständigengutachten einzuholen. Eine Internetrecherche kann
allenfalls im Ausnahmefall genügen (hier: verneint).

OLG Naumburg, Beschl. v. 18.12.2003 – 1 W 7/03, NJW-RR
2004, 964.

679 Auch im Bereich der Schadensfolgen, bei deren Beurteilung der Richter gemäß § 287 ZPO freier gestellt ist, darf er, wenn es – wie auf medizinischem
Gebiet regelmäßig – um die Beurteilung einer Fachwissen voraussetzenden
Frage geht, auf die Einholung sachverständigen Rats regelmäßig nicht verzichten.

BGH, Urt. v. 14.2.1995 – VI ZR 106/94, NJW 1995, 1619
= VersR 1995, 681.

680 Reichen die Ausführungen eines in einem anderen Verfahren erstatteten Gutachtens, das der Richter auch gegen Parteiprotest im Wege des Urkundenbeweises verwerten kann, nicht aus, um die von einer Partei dazu gestellten
aufklärungsbedürftigen Fragen zu beantworten, dann muss er einen Sachver-

ständigen hinzuziehen und eine schriftliche oder mündliche Begutachtung anordnen.

> BGH, Urt. v. 8.11.1994 – VI ZR 207/93, NJW 1995, 1294 = VersR 1995, 481;
>
> BGH, Urt. v. 22.4.1997 – VI ZR 198/96, VersR 1997, 1158 = ZfS 1997, 326;
>
> OLG Oldenburg, Urt. v. 21.11.1995 – 5 U 92/95, VersR 1997, 318.

War oder ist eine Partei als Arzt oder Hebamme des Richters bzw. der Richterin tätig, so stellt dies in aller Regel einen Umstand dar, der die **Besorgnis der Befangenheit** gem. § 42 ZPO rechtfertigt. **681**

> OLG Bremen, Beschl. v. 12.1.2012 – 5 W 36/11, NJW-RR 2012, 637;
>
> OLG Celle, Beschl. v. 21.7.2011 – 9 W 82/11, GesR 2011, 560;
>
> OLG Koblenz, Beschl. v.15.2.2012 – 5 U 1011/11, VersR 2012, 1317 – Besorgnis der Befangenheit bei ärztlicher Behandlung des Richters in der beklagten Klinik.

Zur Ablehnung **des gerichtlich bestellten Sachverständigen** wegen persönlicher oder beruflicher Verbundenheit mit einer Partei vgl.:

> OLG München, Beschl. v. 27.10.2006 – 1 W 2277/06, MedR 2007, 359;
>
> OLG Oldenburg, Beschl. v. 28.6.2007 – 5 W 77/07, MedR 2007, 716;OLG Stuttgart, Beschl. v. 22.10.2007 – 1 W 51/07, MedR 2008, 657;
>
> OLG Jena, Beschl. v. 3.9.2009 – 4 W 373/09, GesR 2009, 613;
>
> OLG Naumburg, Beschl. v. 4.11.2010 – 5 W 1771/10, MedR 2011, 666;
>
> OLG Naumburg, Beschl. v. 13.11.2009 – 10 W 64/09, GesR 2010, 203.
>
> OLG Stuttgart, Beschl. v. 19.1.2010 – 1 W 5/10, VersR 2010, 499;
>
> OLG Hamm, Beschl. v. 17.8.2011 – I-32 W 15/11, GesR 2012, 46.

Die Vorbefassung eines medizinischen Sachverständigen in einem Gutachten- und Schlichtungsverfahren der Landesärztekammer stellt für sich gesehen noch keinen Ablehnungsgrund dar.

> OLG Frankfurt/M., Beschl. v. 2.7.2010 – 8 W 28/10, GesR 2010, 545.

Macht ein Sachverständiger zu einem für den Rechtsstreit möglicherweise bedeutsamen Sachverhalt Aussagen, obwohl er dazu nicht gefragt worden ist, so kann ein hierauf gestütztes Ablehnungsgesuch begründet sein.

> OLG Oldenburg, Beschl. v. 13.11.2007 – 5 W 133/07, GesR 2008, 163;
>
> OLG Nürnberg, Beschl. v. 6.10.2008 – 5 W 790/08, MedR 2009, 413;

OLG Karlsruhe, Beschl. v. 14.09.2012 – 13 W 93/12, GesR 2012, 682;

OLG Koblenz, Beschl. v. 24.1.2013 – 4 W 645/12, MedR 2013, 379.

Ein Sachverständiger, der lediglich irrtümlich das Beweisthema unzutreffend erfasst und deshalb ungefragt mit seinen Feststellungen über die durch den Beweisbeschluss vorgegebenen Beweisfragen hinausgeht, verstößt aus Sicht einer vernünftig abwägenden Partei dagegen nicht gegen seine Neutralitätspflicht.

OLG Köln, Beschl. v. 23.11.2011 – 5 W 40/11, GesR 2012, 172.

Ein Gerichtssachverständiger darf sich gegen Angriffe einer Partei in Bezug auf seine Feststellungen grundsätzlich auch in akzentuierter Form verteidigen. Das darf ihn aber nicht dazu veranlassen, das Gebot der Sachlichkeit zu verlassen und in einer Weise sprachlich zu entgleisen, die von einer vernünftigen Partei nur noch als Ausdruck seiner Voreingenommenheit interpretiert werden kann.

OLG Frankfurt/M., Beschl. v. 12.1.2009 – 8 W 78/08, GesR 2009, 502.

Zum Verlust des Ablehnungsrechts gem. § 43 ZPO vgl.:

OLG Köln, Beschl. v. 21.12.2008 – 5 W 58/08, VersR 2009, 1287.

Ergibt sich der Grund zur Ablehnung des Sachverständigen wegen Besorgnis der Befangenheit aus dem Inhalt des schriftlichen Gutachtens, läuft im allgemeinen die Frist zur Ablehnung des Sachverständigen gleichzeitig mit der vom Gericht gesetzten Frist zur Stellungnahme nach § 411 Abs. 4 ZPO ab, wenn sich die Partei zur Begründung des Antrags mit dem Inhalt des Gutachtens auseinandersetzen muss.

BGH, Beschl. v. 15.3.2005 – VI ZB 74/04, NJW 2005, 1869;

OLG Saarbrücken, Beschl. v. 19.12.2006 – 5 W 276/06-82, MedR 2007, 484.

Vgl. aber andererseits:

OLG Bamberg, Beschl. v. 12.8.2008 – 4 W 38/08, VersR 2009, 1427.

Lehnt der klagende Patient die Begutachtung durch den gerichtlich bestellten Sachverständigen ab und erscheint er nicht zu der von diesem anberaumten Untersuchung, kann das Gericht auf das in einem anderen Verfahren erstattete Gutachten zurückgreifen.

OLG Koblenz, Urt. v. 14.11.1994 – 12 U 1830/93, NA-Beschl. v. 7.11.1995 – VI ZR 393/94, VersR 1996, 908.

682 Das Gericht muss sich aber bewusst bleiben, dass es selbst sich ein Bild von dem Behandlungsgeschehen und seinen Ursachen machen muss.

BGH, Urt. v. 24.6.1980 – VI ZR 7/79, NJW 1980, 2751 = VersR 1980, 940;

BGH, Urt. v. 19.5.1981 – VI ZR 220/79, VersR 1981, 752;
BGH, Urt. v. 7.5.1985 – VI ZR 224/83, NJW 1985, 2193 = VersR
1985, 782, 783.

Liegen der Beurteilung des gerichtlichen Sachverständigen medizinische Fragen
zugrunde, muss der Richter mangels eigener Fachkenntnisse Unklarheiten
und Zweifel bei den Bekundungen des Sachverständigen durch eine gezielte
Befragung klären.

BGH, Urt. v. 6.7.2010 – VI ZR 198/09, NJW 2010, 3230 = VersR
2010, 1220
– PRT (Periradikuläre Therapie) führt zur Querschnittlähmung.

Er darf und soll sich dazu aus einschlägigen medizinischen Fachbüchern **683**
sachkundig machen; auch von den Parteien eingeführte, dem Gutachten ent-
gegenstehende Zitate aus der medizinischen Literatur muss er, soweit sie ein-
schlägig erscheinen, aufgreifen und zur Diskussion stellen.

BGH, Urt. v. 1.10.1985 – VI ZR 19/84, NJW 1986, 1541 = VersR
1986, 183;
BGH, Urt. v. 2.6.1987 – VI ZR 174/86, NJW 1988, 762 = VersR
1987, 1238;
BGH, Urt. v. 15.3.1994 – VI ZR 44/93, NJW 1994, 1592.

Allerdings darf das Gericht eine abweichende Beurteilung auf so erworbene **684**
Kenntnisse erst dann stützen, wenn es die Widersprüche dem Sachverständigen
vorgehalten und sich durch ihn über Stellenwert und Reichweite des Ange-
lesenen vergewissert hat.

BGH, Urt. v. 10.1.1984 – VI ZR 122/82, NJW 1984, 1408
= VersR 1984, 354;
BGH, Urt. v. 2.3.1993 – VI ZR 104/92, NJW 1993, 2373 = VersR
1993, 749;
BGH, Urt. v. 10.5.1994 – VI ZR 192/93, NJW 1994, 2419
= VersR 1994, 984.

Außerdem muss das Gericht seine abweichende Überzeugung im Einzelnen **685**
begründen und dabei erkennen lassen, dass seine Beurteilung nicht von einem
Mangel an Sachkunde beeinflusst ist.

BGH, Urt. v. 9.5.1989 – VI ZR 268/88, NJW 1989, 2948 = VersR
1989, 758;
BGH, Urt. v. 10.5.1994 – VI ZR 192/93, NJW 1994, 2419
= VersR 1994, 984;
BGH, Urt. v. 21.1.1997 – VI ZR 86/96, NJW 1997, 1446 = VersR
1997, 510.

Der Richter muss darauf achten, dass sich der Sachverständige an den für den **686**
Patienten faktisch erreichbaren Gegebenheiten ausrichtet und nicht generell
an den Möglichkeiten von Universitätskliniken und Spezialkrankenhäusern
oder an dem medizinisch Machbaren ohne Rücksicht auf das Gebot der Wirtschaftlichkeit sowie auf Ressourcen- und Finanzierungsgrenzen.

BGH, Urt. v. 14.12.1993 – VI ZR 67/93, NJW 1994, 1596
= VersR 1994, 480.

687 Ebenso muss er darauf achten, dass der Sachverständige nicht ausschließlich nach den Parametern und Präferenzen seiner Schule gutachtet.

688 Kritische Beurteilung hat sich darauf einzustellen, dass Sachverständige gelegentlich geneigt sind, Behandlungsfehler als solche nur mit Zurückhaltung anzusprechen oder gar sie, etwa weil sie jedem Arzt einmal unterlaufen können, als medizinisch nicht vermeidbar bezeichnen.

> BGH, Urt. v. 19.1.1993 – VI ZR 60/92, NJW 1993, 1524 = VersR 1993, 835;
>
> BGH, Urt. v. 13.2.1996 – VI ZR 402/94, BGHZ 132, 47 = NJW 1996, 1589 = VersR 1996, 633;
>
> BGH, Urt. v. 3.12.1996 – VI ZR 309/95, NJW 1997, 803 = VersR 1997, 191;
>
> BGH, Urt. v. 28.4.1998 – VI ZR 403/96, NJW 1998, 2735 = VersR 1998, 853;
>
> BGH, Urt. v. 6.7.1999 – VI ZR 290/98, NJW 1999, 3408 = VersR 1999, 1282;
>
> BGH, Urt. v. 16.1.2001 – VI ZR 408/99, NJW 2001, 1787 = VersR 2001, 783.

689 Deshalb kommt den Formulierungen des Gutachters besondere Bedeutung für den Inhalt seiner Aussage zu; grundsätzlich sollten sie festgehalten werden. Der BGH hat es als bedenklich angesehen, die mündlich gehörten beiden Sachverständigen sich zunächst „ins Unreine" abstimmen zu lassen und erst diese Abstimmung in das Protokoll aufzunehmen.

> BGH, Urt. v. 21.9.1982 – VI ZR 302/80, NJW 1983, 333 = VersR 1982, 1193; insoweit nicht in BGHZ 85, 212.

690 Wird das Ergebnis einer mündlichen Anhörung des Sachverständigen in einem Vermerk des Berichterstatters festgehalten, so muss dieser so klar und vollständig abgefasst sein, dass das Revisionsgericht nachprüfen kann, ob der Tatrichter den Sachverständigen richtig verstanden hat.

> BGH, Urt. v. 27.9.1994 – VI ZR 284/93, NJW 1995, 779 = VersR 1995, 195.

691 Der Richter hat Einwendungen einer Partei gegen ärztliche Gutachten auch eines gerichtlichen Sachverständigen ernst zu nehmen und sich sorgfältig damit auseinander zu setzen, insbesondere, wenn die Partei ein Privatgutachten vorlegt, auf das sie ihre Bedenken stützt.

> BGH, Urt. v. 10.12.1991 – VI ZR 234/90, NJW 1992, 1459 = VersR 1992, 722;
>
> BGH, Urt. v. 11.5.1993 – VI ZR 243/92, NJW 1993, 2382 = VersR 1993, 899;
>
> BGH, Urt. v. 15.3.1994 – VI ZR 44/93, NJW 1994, 1592;

BGH, Urt. v. 22.2.2000 – VI ZR 100/99, NJW 2000, 1788
= VersR 2000, 766.

Privatgutachten ist dieselbe Aufmerksamkeit zu schenken wie dem gericht-   **692**
lich bestellten Sachverständigen.

BGH, Urt. v. 19.5.1981 – VI ZR 220/79, VersR 1981, 752;

BGH, Urt. v. 17.12.1985 – VI ZR 192/84, VersR 1986, 467;

BGH, Urt. v. 15.6.1993 – VI ZR 175/92, NJW 1993, 2989
= VersR 1993, 1231;

BGH, Urt. v. 9.1.1996 – VI ZR 70/95, NJW 1996, 1597 = VersR
1996, 647;

BGH, Urt. v. 10.10.2000 – VI ZR 10/00, NJW 2001, 77 = VersR
2001, 525;

BGH, Beschl. v. 9.6.2009 – VI ZR 261/08, VersR 2009, 1406;

LG Zweibrücken, Urt. v. 3.3.1998 – 5 U 57/96, VersR 1998, 1114.

Wenn das Gericht den auf eine privatgutachterliche Stellungnahme gestützten
Vortrag einer Partei übergeht, kann deren Anspruch auf rechtliches Gehör verletzt sein.

BGH, Beschl. v. 22.9.2009 – VI ZR 32/09, VersR 2010, 72.

Widersprüchen im Gutachten bzw. zwischen Gutachtern muss das Gericht   **693**
von Amts wegen nachgehen und hat sich mit ihnen auch im Urteil auseinander zu setzen.

BGH, Urt. v. 14.12.1993 – VI ZR 67/93, NJW 1994, 1596
= VersR 1994, 480;

BGH, Urt. v. 10.5.1994 – VI ZR 192/93, NJW 1994, 2419
= VersR 1994, 984;

BGH, Urt. v. 9.1.1996 – VI ZR 70/95, NJW 1996, 1597 = VersR
1996, 647;

BGH, Urt. v. 24.9.1996 – VI ZR 303/95, NJW 1997, 794 = VersR
1996, 1535;

BGH, Urt. v. 28.4.1998 – VI ZR 403/96, NJW 1998, 2735
= VersR 1998, 853;

BGH, Urt. v. 10.10.2000 – VI ZR 10/00, NJW 2001, 77 = VersR
2001, 525;

BGH, Urt. v. 16.1.2001 – VI ZR 408/99, NJW 2001, 2796
= VersR 2001, 783;

BGH, Urt. v. 16.4.2013 – VI ZR 44/12, NJW 2014, 71 = VersR
2013, 1045;

BGH, Beschl. v. 2.7.2013 – VI ZR 110/13, NJW 2014, 74 =
VersR 2014, 261.

Das kann auch für Widersprüche zwischen gutachterlichen Beurteilungen aus
verschiedenen medizinischen Fachrichtungen gelten. So dürfen die abweichenden Ausführungen eines toxikologischen Sachverständigen nicht mit der
Begründung unberücksichtigt bleiben, ihm fehle der erforderliche Sachver-

stand auf orthopädisch-chirurgischem Fachgebiet, wenn der Toxikologe Symptome beurteilt, bei denen es sich um „medizinisches Allgemeingut" handelt, die also gerade kein orthopädisch-chirurgisches Fachwissen erfordern.

BGH, Beschl. v. 9.6.2009 – VI ZR 138/08, VersR 2009, 1405.

694 Vorzuziehen ist die Gegenüberstellung in einer mündlichen Anhörung; jedoch kann ihnen auch durch schriftliche Ergänzungsgutachten nachgegangen werden, insbesondere, wenn jedes der Gutachten in sich widerspruchsfrei ist.

BGH, Urt. v. 4.3.1980 – VI ZR 6/79, VersR 1980, 533.

695 Eine Pflicht zur Ladung und Anhörung des Privatgutachters besteht dann nicht, wenn sich der gerichtliche Sachverständige mit seinen Ausführungen gründlich auseinandergesetzt hat.

OLG Karlsruhe, Urt. v. 25.1.1989 – 7 U 155/87, NA-Beschl.
v. 10.10.1989 – VI ZR 46/89, VersR 1990, 53.

696 Ein beklagter Arzt ist nicht verpflichtet, ein dem gerichtlichen Sachverständigengutachten entgegenstehendes Privatgutachten beizubringen. Das Gericht muss von sich aus Zweifel und Unklarheiten in den Ausführungen des gerichtlichen Gutachtens klären.

BGH, Beschl. v. 21.1.2009 – VI ZR 170/01, VersR 2009, 499.

697 Räumt das Gericht einer Partei ein Schriftsatzrecht zur Stellungnahme zu einem erst in der mündlichen Verhandlung erteilten Hinweis ein und wird in einem daraufhin eingegangenen Schriftsatz neuer entscheidungserheblicher Prozessstoff eingeführt, so muss das Gericht die mündliche Verhandlung wiedereröffnen oder in das schriftliche Verfahren übergehen, um dem Gegner rechtliches Gehör zu gewähren.

BGH, Beschl. v. 20.9.2011 – VI ZR 5/11, VersR 2011, 1462.

698 Nach dem Grundsatz der prozessualen Waffengleichheit kann im Arzthaftungsprozess nach Lage des Falles eine **persönliche Anhörung** des Patienten zu dem von ihm geltend gemachten Behandlungsfehler geboten sein.

OLG Karlsruhe, Urt. v. 7.4.2010 – 7 U 114/09, GesR 2010, 367
– Hygienemangel bei einer intraartikulären Injektion.

699 Will das Berufungsgericht die mündlichen Ausführungen des Sachverständigen vor dem Landgericht anders verstehen oder beurteilen als das Landgericht, so hat es den Sachverständigen noch einmal selbst zu hören.

BGH, Urt. v. 3.12.1985 – VI ZR 106/84, NJW 1986, 1540
= VersR 1986, 366;

BGH, Urt. v. 8.6.1993 – VI ZR 192/92, NJW 1993, 2380 = VersR
1993, 1110;

BGH, Urt. v. 12.10.1993 – VI ZR 235/92, NJW 1994, 803
= VersR 1993, 1550.

Ist das erstinstanzliche Gericht nach Anhörung von Sachverständigen von einer Aufklärungspflicht ausgegangen, darf das Berufungsgericht diese nicht ohne erneute Beweisaufnahme verneinen.

> BGH, Beschl. v. 19.7.2011 – VI ZR 179/10, VersR 2011, 1450
> – Wirbelsäulenoperation.

Dasselbe gilt für Zeugenvernehmung und Augenschein; auch Zeugen sind **700** vom Berufungsgericht erneut zu vernehmen, wenn das Gericht ihre Glaubwürdigkeit anders beurteilen oder ihre protokollierte Aussage anders verstehen will als das Landgericht, oder wenn das Landgericht die Glaubwürdigkeit der Zeugen gar nicht gewürdigt hat.

> BGH, Urt. v. 3.4.1984 – VI ZR 195/82, NJW 1984, 2629 = VersR 1984, 582;
>
> BGH, Urt. v. 21.5.1985 – VI ZR 235/83, VersR 1985, 839;
>
> BGH, Urt. v. 18.3.1986 – VI ZR 215/84, NJW 1986, 2365 = VersR 1986, 788;
>
> BGH, Urt. v. 13.5.1986 – VI ZR 142/85, NJW 1986, 2885 = VersR 1986, 970;
>
> BGH, Urt. v. 12.11.1991 – VI ZR 369/90, NJW 1992, 741 = VersR 1992, 237;
>
> BGH, Urt. v. 29.10.1996 – VI ZR 262/95, NJW 1997, 466 = VersR 1997, 256.

3. Prozessuale Einzelfragen

Gutachten der **Gutachter- und Schlichtungsstellen** kann das Gericht im Wege **701** des Urkundenbeweises würdigen. Rügt die Partei mangelnde Sachkunde der gutachtenden Ärzte, dann hat der Richter die sachverständige Begutachtung durch einen auf dem einschlägigen Fachgebiet erfahrenen Sachverständigen zu veranlassen.

> BGH, Urt. v. 19.5.1987 – VI ZR 147/86, NJW 1987, 2300 = VersR 1987, 1091;
>
> OLG Koblenz, Urt. v. 24.7.2009 – 5 U 510/09, MedR 2011, 820.

Bestreitet der Arzt in zulässiger Weise das Vorliegen eines Behandlungsfehlers, so ist es grundsätzlich erforderlich, zur Feststellung des Sachverhalts ein medizinisches Gutachten einzuholen. Das Gericht darf sich nicht allein auf den durch das Parteigutachten des Medizinischen Dienstes der Krankenkassen unterlegten Sachvortrag des Klägers stützen.

> OLG Frankfurt/M., Urt. v. 4.11.2008 – 8 U 158/08, GesR 2009, 196.

Für den **Nachweis der Selbstbestimmungsaufklärung** muss das Gericht **702** auch den Schwierigkeiten des Arztes Rechnung tragen, einen Vorgang zu belegen, der nach Möglichkeit von Formalismen und Formularen freigehalten werden muss. Insbesondere, wenn die Aufklärung in den Krankenpapieren dokumentiert ist, kann eine Parteivernehmung des Arztes in Betracht kommen.

BGH, Urt. v. 8.1.1985 – VI ZR 15/83, NJW 1985, 1399 = VersR
1985, 361;

BGH, Urt. v. 8.5.1990 – VI ZR 227/89, NJW 1990, 3152 = VersR
1990, 1010;

OLG Oldenburg, Urt. v. 25.3.1997 – 5 U 186/96, VersR 1998,
854, 855;

vgl. auch Rz. 474 ff.

703 Eine Zurückweisung der Berufung durch einstimmigen **Beschluss gem. § 522 Abs. 2 ZPO** ist im Arzthaftungsprozess grundsätzlich zulässig.

BVerfG, Beschl. v. 30.7.2008 – 1 BvR 1525/08, NJW 2009, 137;

OLG München, Beschl.v.16.2.2012 – 1 U 4433/11, juris.

Gerade in Arzthaftungssachen wird das Absehen von einer mündlichen Verhandlung von der unterlegenen Partei jedoch häufig als unangemessen empfunden. Komplexe medizinische Zusammenhänge und subjektiver Leidensdruck lösen bei Patienten nicht selten das Gefühl aus, im Rechtsstreit nicht ausreichend zu Wort gekommen zu sein. Im Falle des Unterliegens kann eine vorausgegangene mündliche Anhörung einen wichtigen Beitrag zur Akzeptanz der gerichtlichen Entscheidung leisten. Deshalb sollte gerade in Arzthaftungssachen von der Möglichkeit, die Berufung durch Beschluss zurückzuweisen, **nur mit Zurückhaltung** Gebrauch gemacht werden.

704 Wird ein Aufklärungsmangel erstmals in der **Berufungsinstanz** behauptet, handelt es sich um neuen Tatsachenvortrag.

BGH, Beschl. v. 24.10.2012 – VI ZR 396/12, GesR 2013, 50;

OLG Koblenz, Urt. v. 21.8.2013 – 5 U 256/13, NZB-Beschl.
v. 15.4. 2014 – VI ZR 435/13, VersR 2014, 883
– Kreuzbandplastik.

Dieser ist stets zuzulassen, wenn er unstreitig bleibt.

OLG Naumburg, Urt. v. 9.11.2010 – 1 U 44/10, VersR 2011,
1014 mit Anm. *Thora*
– dreifache Beckenosteotomie.

705 Ob der Patient plausibel darlegen kann, dass er bei ordnungsgemäßer Aufklärung in einen **Entscheidungskonflikt** geraten wäre, lässt sich in der Regel nur nach seiner **persönlichen Anhörung** beurteilen (vgl. dazu auch Rz. 622, 669).

BGH, Urt. v. 26.6.1990 – VI ZR 289/89, NJW 1990, 2928
= VersR 1990, 1238;

BGH, Urt. v. 11.12.1990 – VI ZR 151/90, NJW 1991, 1543
= VersR 1991, 315;

BGH, Urt. v. 2.3.1993 – VI ZR 104/92, NJW 1993, 2378 = VersR
1993, 749;

BGH, Urt. v. 4.4.1995 – VI ZR 95/94, NJW 1995, 2410 = VersR
1995, 1055;

BGH, Urt. v. 6.7.2010 – VI ZR 198/09, NJW 2010, 3230 = VersR 2010, 1220
– PRT (Periradikuläre Therapie) führt zur Querschnittlähmung.

Wird der **Einwand der hypothetischen Einwilligung** erst im zweiten Rechts- **706** zug erhoben, handelt es sich grundsätzlich um ein neues Verteidigungsmittel i. S. d. § 531 Abs. 2 ZPO.

BGH, Urt. v. 18.11.2008 – VI ZR 198/07, NJW 2009, 1209 = VersR 2009, 257.

Soweit das Gericht im Rahmen der beweiswürdigenden Auswertung von **707** Krankenakten auf **mechanische Aufzeichnungen** zurückgreift, die aufgrund mündlicher Mitteilungen Dritter erstellt werden (z. B. Datenblatt), sind die den Aufzeichnungen eigenen Fehlerquellen zu berücksichtigen.

BGH, Urt. v. 3.2.1998 – VI ZR 356/96, NJW 1998, 2736 = VersR 1998, 634.

Das Gericht kann **keine Beweiserhebung** anordnen, die **mit einem operativen** **708** **Eingriff** beim Patienten verbunden ist.

OLG Düsseldorf, Urt. v. 14.12.2000 – 8 U 5/00, VersR 2001, 1117.

Haben der Arzt oder sein Versicherer **Haftungsansprüche dem Grunde** **709** **nach** (deklaratorisch) **anerkannt**, so sind sie im Rechtsstreit zwar mit allen Einwendungen ausgeschlossen, die ihnen bei Abgabe des Anerkenntnisses bekannt waren, nicht aber mit solchen, die erst aus einer späteren Weiterentwicklung der medizinischen Wissenschaft folgen; letztere Einwendungen stehen dann aber zur Beweislast der Behandlungsseite.

OLG Köln, Urt. v. 22.3.1996 – 5 U 154/94, NA-Beschl. v. 25.2.1997 – VI ZR 221/96, VersR 1997, 1280.

In Arzthaftungssachen kann ein Verstoß gegen das verfassungsmäßige **Ver-** **710** **bot einer** „Überbeschleunigung" vorliegen, wenn das als verspätet zurückgewiesene Verteidigungsvorbringen ein – in der Regel schriftliches – Sachverständigengutachten veranlasst hätte, dieses Sachverständigengutachten aber in der Zeit zwischen dem Ende der Einspruchsbegründungsfrist und der darauf folgenden mündlichen Verhandlung ohnehin nicht hätte eingeholt werden können.

BGH, Urt. 3.7.2012 – VI ZR 120/11, NJW 2012, 2808 = VersR 2012, 1535.

Zur Unzweckmäßigkeit einer **Aussetzung** des Zivilverfahrens wegen eines **711** laufenden Straf- oder Ermittlungsverfahrens vgl.

OLG Stuttgart, Beschl. v. 17.12.1990 – 14 W 5/90, VersR 1991, 1027;

OLG Koblenz, Beschl. v. 24.10.2005 – 5 W 656/05, VersR 2006, 1140.

712 Zum **Akteneinsichtsrecht** im Arzthaftungsprozess und zum Anspruch auf Anfertigung von **Kopien eingereichter Behandlungsunterlagen** sowie auf Übersendung der Prozessakte an den Prozessbevollmächtigten vgl.

> OLG Karlsruhe, Beschl. v. 19.9.2012 - 13 W 90/12, GesR 2013, 50.

713 Besondere Bedeutung kommt der Bildung von **Fachkammern und Fachsenaten** in Arzthaftungsprozessen zu. Im ersten Rechtszug scheiden Arzthaftungsprozesse gem. § 348 Abs. 1 Nr. 2e ZPO für den „originären" Einzelrichter aus, wenn nach dem Geschäftsverteilungsplan des Landgerichts entsprechende Fachkammern gebildet sind; ist dies der Fall, kommt eine Übertragung auf den „obligatorischen" Einzelrichter nach § 348a Abs. 1 ZPO nur dann in Frage, wenn die Sache keine besonderen Schwierigkeiten aufweist, was aber häufig nicht zu bejahen sein dürfte. Fehlt eine Zuweisung der Arzthaftungssachen zu einer Fachkammer, bleibt es zwar beim „originären" Einzelrichter; dieser wird aber sorgfältig zu prüfen haben, ob er nicht gem. § 348 Abs. 3 ZPO den Rechtsstreit der Kammer im Hinblick auf die besonderen Schwierigkeiten tatsächlicher oder rechtlicher Art zur Übernahme vorzulegen hat.

> BGH, Urt. v. 14.5.2013 – VI ZR 325/11, NJW 2013, 2601 = VersR 2013, 1547.

714 Im Berufungsrechtszug ist gem. § 526 Abs. 1 ZPO eine **Übertragung** der Entscheidung **auf den Einzelrichter** (auch ohne Zustimmung der Parteien) möglich, allerdings nur, wenn die Sache im ersten Rechtszug vom Einzelrichter entschieden wurde und wenn sie keine besonderen Schwierigkeiten tatsächlicher oder rechtlicher Art aufweist; diese Voraussetzungen dürften in Arzthaftungssachen meist nicht erfüllt sein. Der nach § 527 ZPO mögliche „vorbereitende" Einzelrichter sollte grundsätzlich nicht die gesamte Beweisaufnahme im Arzthaftungsprozess durchführen.

> BGH, Urt. v. 26.10.1993 – VI ZR 155/92, NJW 1994, 801 = VersR 1994, 52.

715 Soweit der Patient seinen Schadensersatzanspruch mittels eines **Feststellungsbegehrens** geltend macht, gilt auch im Arzthaftungsprozess der Grundsatz, dass an die Darlegung der erforderlichen **Wahrscheinlichkeit des Eintritts späterer Schadensfolgen** nur maßvolle Anforderungen gestellt werden dürfen.

> BGH, Urt. v. 19.3.1991 – VI ZR 199/90, VersR 1991, 779;
> BGH, Beschl. v. 9.1.2007 – VI ZR 133/06, NJW-RR 2007, 601 = VersR 2007, 708;
> OLG Oldenburg, Urt. v. 7.11.1995 – 5 U 94/95, NJW-RR 1996, 405;
> OLG Dresden, Urt. v. 28.2.2002 – 4 U 2811/00, VersR 2003, 1257.

716 Zur Frage, unter welchen Voraussetzungen über einen Teil des vom Patienten geltend gemachten Schadensersatzanspruchs wegen ärztlichen Behandlungsfehlers in zulässiger Weise durch **Teilurteil** entschieden werden kann, vgl.

BGH, Urt. v. 23.1.1996 – VI ZR 387/94, NJW 1996, 1478
= VersR 1996, 779;

BGH, Urt. v. 4.2.1997 – VI ZR 69/96, NJW 1997, 1709 = VersR
1997, 601;

OLG München, Urt. v. 24.10.1996 – 24 U 124/96, VersR 1997,
1491;

OLG Koblenz, Urt. v. 5.6.2003 – 5 U 219/03, NJW- RR 2003,
1722.

Zur **Bindungswirkung** eines **Grund- und Teilurteils** und zur Bejahung eines   717
abgrenzbaren Teils des Gesundheitsschadens bei **Mitverursachung** der Gesundheitsverletzung vgl.

BGH, Urt. v. 20.5.2014 – VI ZR 187/13, VersR 2014, 1130
–Postasphyxie-Syndrom mit Subarachnoidalblutung und
ZNS-Anfällen nach der Geburt.

Zum Problem der **Zulässigkeit eines Teilurteils** gegenüber einem der Be-   718
klagten, wenn die Klage gegen einen Arzt und gegen den Klinikträger oder
gegen zwei Operateure gerichtet ist, vgl.

BGH, Urt. v. 12.1.1999 – VI ZR 77/98, NJW 1999, 1035 = VersR
1999, 734,

BGH, Urt. v. 17.2.2004 – VI ZR 39/03, NJW 2005, 288 = VersR
2004, /85;

OLG Karlsruhe, Urt. v. 8.12.2004 – 7 U 163/03, NJW-RR 2005,
798.

Zur Frage der Zulässigkeit der **Vorabentscheidung über den Grund** im   719
Arzthaftungsprozess vgl.

BGH, Urt. v. 27.6.2000 – VI ZR 201/99, NJW 2000, 3423
= VersR 2000, 1282;

BGH, Urt. v. 19.6.2001 – VI ZR 286/00, NJW 2001, 2794
= VersR 2001, 1115.

Die rechtskräftige Abweisung einer auf Behandlungsfehler gestützten Haf-   720
tungsklage steht der späteren Geltendmachung eines auf **weitere Behandlungsfehler** aus demselben Behandlungsgeschehen gegründeten Anspruchs
entgegen.

OLG Saarbrücken, Urt. v. 12.7.2000 – 1 U 1082/99-263, VersR
2002, 193.

Zum **Umfang der Rechtskraft** von Urteilen über Klagen auf Zahlung von   721
Schmerzensgeld und auf Feststellung der Verpflichtung zum Ersatz künftiger
immaterieller Schäden und zum „immateriellen Vorbehalt" vgl.:

BGH, Urt. v. 14.2.2006 – VI ZR 322/04, NJW-RR 2006, 712
= VersR 2006, 1090.

Für die **Zulässigkeit einer Berufung** kann es genügen, wenn mit der **Be-**   722
rufungsbegründung geltend gemacht wird, das Erstgericht sei unkritisch
den Ausführungen des gerichtlich bestellten Sachverständigen gefolgt, ohne

sich mit den Einwendungen aus einem vorgelegten Privatgutachten auseinanderzusetzen.

> BGH, Beschl. v. 11.3.2014 – VI ZB 22/13, VersR 2014, 895.

723 Ist die auf einen **Behandlungs- sowie einen Aufklärungsfehler** gestützte Klage unter beiden Gesichtspunkten abgewiesen worden, so muss die Berufungsbegründung erkennen lassen, ob das Urteil hinsichtlich beider Fehler angegriffen wird.

> BGH, Urt. v. 5.12.2006 – VI ZR 228/05, NJW-RR 2007, 414
> = VersR 2007, 414.

Hat sich der Patient im Arzthaftungsprozess in der ersten Instanz pauschal auf eine nicht fachgerechte Durchführung der Operation und eine nicht fachgerechte Nachsorgebehandlung, insbesondere wegen verspäteter Reaktion auf die Wundheilungsstörung berufen, so ist er mit der erstmals im Berufungsverfahren erhobenen Rüge eines Hygieneverstoßes präkludiert.

> OLG Schleswig, Beschl. v. 25.1.2012 – 4 U 103/10, GesR 2012, 312.

724 Einen **Feststellungsantrag** darf das Gericht nicht ohne Erteilung eines rechtlichen Hinweises mit der Begründung abweisen, er beziehe sich entsprechend seinem Wortlaut nur auf – nicht vorliegende – Behandlungsfehler im engeren Sinne, nicht jedoch auch auf – vorliegende – Aufklärungsfehler.

> BGH, Beschl. v. 6.7.2010 – VI ZR 177/09, VersR 2010, 1616.

725 In Arzthaftungssachen ist ein **selbständiges Beweisverfahren** unter den Voraussetzungen des § 485 Abs. 2 ZPO grundsätzlich zulässig. Das hierfür erforderliche rechtliche Interesse kann auch dann gegeben sein, wenn für eine abschließende Klärung weitere Aufklärungen erforderlich erscheinen.

> BGH, Beschl. v. 21.1.2003 – VI ZB 51/02, BGHZ 153, 302
> = NJW 2003, 1741 = VersR 2003, 794;
>
> BGH, Beschl. v. 24.9.2013 – VI ZB 12/13, BGHZ 198, 237
> = NJW 2013, 3654 = VersR 2014, 264;
>
> OLG Nürnberg, Beschl. v. 29.5.2008 – 5 W 506/08, VersR 2009, 803.

Das gilt insbesondere auch in Zahnarzthaftungssachen.

> OLG Karlsruhe, Beschl. v. 11.1.2002 – 13 W 178/01, VersR 2003, 374;
>
> OLG Köln, Beschl. v. 7.8.2002 – 5 W 98/02, VersR 2003, 375.

Das selbstständige Beweisverfahren ist nicht zulässig, wenn auf diesem Weg der Sachverhalt ermittelt und ausgeforscht werden soll, um damit erst die Voraussetzungen für eine Klage zu schaffen.

> OLG Hamm, Beschl. v. 17.2.2010 – I-3 W 4/10, GesR 2010, 254.

Die **mündliche Erläuterung des Gutachtens** durch den Sachverständigen und dessen Anhörung sind auch im selbständigen Beweisverfahren nach § 485 Abs. 2 ZPO zulässig.

> BGH, Beschl. v. 13.9.2005 – VI ZB 84/04, BGHZ 164, 95
> = VersR 2006, 95.

Gegen die Ablehnung der Einholung eines weiteren Gutachtens gem. § 412 ZPO ist auch im selbständigen Beweisverfahren kein Rechtsmittel gegeben.

> BGH, Beschl. v. 9.2.2010 – VI ZB 59/09, VersR 2010, 1241.

Als **ladungsfähige Anschrift** eines beklagten Arztes in der Klageschrift kann die Angabe seiner Arbeitsstelle (in einem Krankenhaus) genügen, wenn diese und die dortige Funktion des betreffenden Arztes so konkret bezeichnet werden, dass von der ernsthaften Möglichkeit ausgegangen werden muss, die Zustellung durch Übergabe der Klageschrift werde gelingen.   **726**

> BGH, Urt. v. 31.10.2000 – VI ZR 198/99, NJW 2001, 885
> = VersR 2001, 108.

Im Rahmen der Prüfung der Erfolgsaussichten einer beabsichtigten Klage darf ein **Prozesskostenhilfeantrag** nicht mit der Begründung abgelehnt werden, das beantragte Sachverständigengutachten werde den ärztlichen Fehler oder den Ursachenzusammenhang nur schwerlich nachweisen können und die Inanspruchnahme des hohen Kostenrisikos sei mutwillig.   **727**

> OLG Hamm, Beschl. v. 15.8.2005 – 3 W 22/05, MedR 2006, 43.

Eltern schulden ihren minderjährigen unverheirateten Kindern **Prozesskostenvorschuss** für die gerichtliche Geltendmachung eines Schadensersatzanspruchs aus Arzthaftung, wenn die Klage Erfolg verspricht.

> OLG Schleswig, Beschl. v. 1.8.2008 – 4 U 52/08, NJW-RR 2009, 727.

Der **Gerichtsstand** der unerlaubten Handlung ist bei einer ärztlichen Fehlbehandlung oder bei einer Behandlung ohne wirksame Einwilligung des Patienten dort begründet, wo die Primärverletzung eintritt.   **728**

> OLG Köln, Urt. v. 16.6.2008 – 5 U 238/07, NJW-RR 2009, 569;
> OLG Düsseldorf, Beschl. v. 15.7.2010 – I-5Sa 46/10, MedR 2011, 40.

Zur internationalen **Zuständigkeit** der deutschen Gerichte für eine auf deliktische Ansprüche gestützte Arzthaftungsklage vgl.:

> BGH, Urt. v. 27.5.2008 – VI ZR 69/07, BGHZ 176, 342 = NJW 2008, 2344 = VersR 2008, 1688.

Zur Bestimmung anwendbaren Rechts für einen Arzthaftungsprozess wegen unzureichender Aufklärung eines deutschen Patienten über Nebenwirkungen der Medikamentierung einer Hepatitis C-Erkrankung in einem Schweizer Universitätsspital vgl:

> BGH, Urt. v. 19.7.2011 – VI ZR 217/10, BGHZ 190, 301 = NJW 2011, 3584 = VersR 2011, 1405.

Entscheidungsregister[*)]

Bundesverfassungsgericht

Datum	Aktenzeichen	BVerfGE	NJW	VersR	Randzahl(en)
25.07.1979	2 BvR 878/74	52, 131	1979, 1925	1979, 907	636
23.07.1987	1 BvR 825/87	76, 248	1987, 2288		459
28.05.1993	2 BvF 2/90 u. a.	88, 203	1993, 1751		308, 312, 314, 331 f, 355
12.11.1997	1 BvR 479/92 und 307/94	1998, 519	1998, 519		316
16.09.1998	1 BvR 1130/98		1999, 1777		518, 520
18.11.2004	1 BvR 2315/04		2005, 1103		376
09.01.2006	2 BvR 443/02		2006, 1116		518, 520
30.07.2008	1 BvR 1525/08		2009, 137		703
23.03.2011	2 BvR 882/09	128, 282	2011, 2113		472
17.01.2012	1 BvR 2728/10		2012, 1346		659

Bundesgerichtshof

Datum	Aktenzeichen	BGHZ	NJW	VersR	Randzahl(en)
22.04.1951	1 StR 516/51	St 2, 296			84
01.03.1955	5 StR 583/54	St 7, 211			83
02.03.1961	4 StR 355/61	St 17, 166	1962, 1212		84
22.03.1966	1 StR 567/65	St 21, 50	1966, 1172		84
10.07.1959	VI ZR 87/58			1959, 811	359
12.02.1974	VI ZR 141/72		1974, 1422	1974, 602	436
24.06.1975	VI ZR 72/74			1975, 951	274
29.06.1976	VI ZR 68/75	67, 48	1976, 1790	1976, 1088	308
11.10.1977	VI ZR 110/75		1978, 584	1978, 82	566
14.03.1978	VI ZR 213/86		1978, 1681	1978, 542	231, 305
24.03.1978	VI ZR 213/76		1978, 1681	1978, 542	163
09.05.1978	VI ZR 81/77		1978, 1683	1978, 764	256, 566, 599
27.06.1978	VI ZR 183/76	72, 132	1978, 2337	1979, 1022	194, 203, 403, 498, 577
20.02.1979	VI ZR 48/78		1979, 1248	1979, 376	187

[*)] Es werden nur die im Text aufgeführten Fundstellen wiedergegeben.

Datum	Aktenzeichen	BGHZ	NJW	VersR	Randzahl(en)
08.05.1979	VI ZR 58/78		1989, 1935	1979, 718	231, 272
15.05.1979	VI ZR 70/77		1979, 1933	1979, 720	423
29.05.1979	VI ZR 137/78			1979, 844	234, 236, 239, 256
19.06.1979	VI ZR 91/78			1979, 939	598, 643, 670
02.10.1979	1 StR 360/79		1980, 650		265
02.10.1979	1 StR 440/79		1980, 649		265
23.10.1979	VI ZR 197/78		1980, 633	1980, 68	436, 467
22.01.1980	VI ZR 263/78		1980, 1333	1980, 428	161, 374, 389, 391, 554, 621
12.02.1980	VI ZR 170/78				594
04.03.1980	VI ZR 6/79			1980, 533	671, 694
18.03.1980	VI ZR 105/78	76, 249	1980, 1450	1980, 555	317
18.03.1980	VI ZR 247/78	76, 259	1980, 1452	1980, 558	15, 140, 308, 312, 321
18.03.1980	VI ZR 155/78		1980, 1903	1980, 676	479, 629
22.04.1980	VI ZR 121/78	77, 74	1980, 1901	1980, 768	118, 234, 237, 239, 389
22.04.1980	VI ZR 37/79		1980, 1905	1981, 456	278, 388, 389, 462
24.06.1980	VI ZR 7/79		1980, 2751	1980, 940	389, 637, 682
24.06.1980	VI ZR 106/79			1980, 822	256
23.09.1980	VI ZR 189/79		1981, 633	1980, 1145	216, 374, 403, 429
07.10.1980	VI ZR 176/79	78, 209	1981, 628	1981, 131	231
02.12.1980	VI ZR 175/78		1981, 630	1981, 278	319, 329, 640
20.01.1981	VI ZR 202/79			1981, 481	322
27.01.1981	VI ZR 138/79			1981, 462	359, 566, 600
24.02.1981	VI ZR 168/79		1981, 1319	1981, 532	403, 429
10.03.1981	VI ZR 202/79		1981, 2002	1981, 730	31, 86, 329, 413, 508, 562
14.04.1981	VI ZR 39/80			1981, 677	389, 413, 490, 627
19.05.1981	VI ZR 220/79			1981, 752	639, 682, 692
16.06.1981	VI ZR 38/80		1981, 2513	1981, 954	222, 597
14.07.1981	VI ZR 35/79			1981, 1033	190, 590

Datum	Aktenzeichen	BGHZ	NJW	VersR	Randzahl(en)
27.10.1981	VI ZR 69/80		1982, 697	1982, 147	389, 432
03.11.1981	VI ZR 119/80		1982, 699	1982, 161	256, 566
10.11.1981	VI ZR 92/80			1982, 168	434, 648
20.04.1982	VI ZR 197/80			1982, 703	539
11.05.1982	VI ZR 171/80		1982, 2121	1982, 771	195, 397, 403, 406
21.09.1982	VI ZR 302/80	85, 212	1983, 333	1982, 1193	191, 434, 474, 508, 575, 580, 582, 588, 593, 602, 689
21.09.1982	VI ZR 130/81		1983, 340	1982, 1141	366, 594
09.11.1982	VI ZR 23/81			1983, 151	615
23.11.1982	VI ZR 222/79	85, 327	1983, 328		376, 499, 518
23.11.1982	VI ZR 177/81	85, 339	1983, 330	1983, 267	518, 520
30.11.1982	VI ZR 77/81	85, 393	1983, 1374	1983, 244	38, 40, 42, 85, 86, 95, 101, 124, 129, 133, 134, 187, 242
18.01.1983	VI ZR 114/81	86, 240	1983, 1371	1983, 396	153, 333, 340, 346, 351, 356
01.02.1983	VI ZR 104/81			1983, 443	146, 383
10.05.1983	VI ZR 173/81		1983, 2075	1983, 690	545
10.05.1983	VI ZR 270/81		1983, 2080	1983, 729	164, 204, 594
31.05.1983	VI ZR 259/81		1983, 2627	1983, 834	518, 524, 525
07.06.1983	VI ZR 171/81			1983, 735	256, 537
07.06.1983	VI ZR 284/81			1983, 983	191, 498, 502, 508, 593, 615
20.09.1983	VI ZR 35/82		1984, 661	1983, 1158	529, 530
27.09.1983	VI ZR 230/81	88, 248	1984, 655	1984, 60	187, 203, 231, 292, 295, 306, 389, 403, 406, 603
22.11.1983	VI ZR 85/82	89, 95	1984, 658	1984, 186	333, 340, 346, 354, 633
10.01.1984	VI ZR 297/81	89, 250	1984, 1820	1984, 264	64, 68, 69, 71
10.01.1984	VI ZR 122/82		1984, 1408	1984, 354	512, 684

Datum	Aktenzeichen	BGHZ	NJW	VersR	Randzahl(en)
10.01.1984	VI ZR 158/82	89, 263	1984, 1400	1984, 356	14, 19, 38, 40, 43, 86, 97, 102, 124, 129, 133, 151, 187, 234, 268, 269, 278, 383, 566
19.01.1984	III ZR 172/82	1985, 677	1984, 460		252
24.01.1984	VI ZR 203/82		1984, 1403	1984, 386	203, 234, 278, 284, 503, 566
07.02.1984	VI ZR 174/82	90, 103	1984, 1397	1984, 465	389, 391, 413, 420, 423, 476, 483, 621
07.02.1984	VI ZR 188/82	90, 96	1984, 1395	1984, 468	492
28.02.1984	VI ZR 70/82		1984, 1807	1984, 538	374, 375, 389, 434, 467, 474, 483, 618
28.02.1984	VI ZR 106/82		1984, 1810	1984, 470	212, 403, 406, 408, 411
03.04.1984	VI ZR 195/82		1984, 2629	1984, 582	389, 420, 429, 700
17.04.1984	VI ZR 220/82		1984, 1823	1984, 661	666, 667
19.06.1984	VI ZR 76/83		1984, 2625	1984, 864	325
02.10.1984	VI ZR 311/82		1985, 674	1984, 1171	499, 518, 520, 521
23.10.1984	VI ZR 24/83		1985, 676	1985, 60	429, 491
27.11.1984	VI ZR 43/83		1985, 671	1984, 240	351, 356, 358
18.12.1984	VI ZR 23/83			1985, 338	188, 209
08.01.1985	VI ZR 15/83		1985, 1399	1985, 361	389. 442, 474, 476, 620, 652, 701, 705
29.01.1985	VI ZR 69/83			1985, 343	304, 594
13.02.1985	IVb ZR 72/83	94, 1	1985, 1394	1985, 545	15, 16, 18
26.02.1985	VI ZR 124/83		1985, 2192	1985, 639	389, 483
19.03.1985	VI ZR 227/83		1985, 2193	1985, 736	395
23.04.1985	VI ZR 207/83		1985, 2194	1985, 740	501, 506, 529, 542

Datum	Aktenzeichen	BGHZ	NJW	VersR	Randzahl(en)
07.05.1985	VI ZR 224/83		1985, 2193	1985, 782	231, 294, 295, 302, 306, 504, 508, 603, 615, 682
21.05.1985	VI ZR 235/83			1985, 839	700
28.05.1985	VI ZR 264/83			1985, 886	188, 191, 593
18.06.1985	VI ZR 234/83	95, 63	1985, 2189	1985, 1043	36, 86, 94, 109, 119, 187, 241
25.06.1985	VI ZR 270/83		1985, 2749	1985, 1068	3, 86, 109, 194, 224, 356
09.07.1985	VI ZR 244/83	95, 199	1985, 2752	1985, 965	331
09.07.1985	VI ZR 8/84			1985, 969	188, 198, 389
17.09.1985	VI ZR 12/84			1985, 1187	452
01.10.1985	VI ZR 19/84		1986, 1541	1986, 183	389, 483, 492, 626, 672, 683
08.10.1985	VI ZR 114/84	96, 98	1986, 775		253, 368
29.10.1985	VI ZR 85/84		1986, 776	1986, 295	187, 245, 612
19.11.1985	VI ZR 134/84		1986, 780	1986, 342	436
03.12.1985	VI ZR 106/84		1986, 1540	1986, 366	581, 594, 699
17.12.1985	VI ZR 178/84	96, 360	1986, 1542	1986, 465	21, 69, 116, 151, 383, 637
17.12.1985	VI ZR 192/84			1986, 467	692
14.01.1986	VI ZR 48/85	97, 14	1986, 1538	1986, 550	647
28.01.1986	VI ZR 83/85		1985, 2367	1986, 601	223, 288, 290, 363, 364
18.03.1986	VI ZR 215/84		1986, 2365	1986, 788	97, 187, 240, 269, 498, 508, 615, 700
25.03.1986	VI ZR 90/85	97, 273	1986, 2364	1986, 866	56
13.05.1986	VI ZR 142/85		1986, 2885	1986, 970	389, 700
03.06.1986	VI ZR 95/85		1986, 2886	1986, 1079	657
24.06.1986	VI ZR 21/85		1987, 705	1986, 1121	225, 378, 554, 574
24.06.1986	VI ZR 202/85		1986, 2883	1986, 1206	42, 124, 129, 133
21.10.1986	VI ZR 107/86	98, 368	1987, 500	987, 310	639
04.11.1986	VI ZR 12/86			1987, 408	371, 593

Datum	Aktenzeichen	BGHZ	NJW	VersR	Randzahl(en)
13.01.1987	VI ZR 82/86		1987, 1481	1987, 667	389, 574, 627
03.02.1987	VI ZR 56/86	99, 391	1987, 1482	1987, 1089	161, 191, 499, 501, 508, 605
10.02.1987	VI ZR 68/86		1987, 1479	1987, 686	182
10.03.1987	VI ZR 88/86		1987, 2291	1987, 770	375, 408, 442
12.03.1987	III ZR 31/86			1987, 1191	89
09.04.1987	III ZR 171/86			1987, 985	253
28.04.1987	VI ZR 171/86	100, 363	1987, 2289	1987, 990	72, 98, 123, 130
19.05.1987	VI ZR 147/86		1987, 2300	1987, 1091	501, 508, 702
19.05.1987	VI ZR 167/86		1987, 2293	1987, 1092	278
02.06.1987	VI ZR 174/86		1988, 762	1987, 1238	97, 269, 498, 501, 508, 683
30.06.1987	VI ZR 257/86	101, 215	1987, 2925	1987, 1040	118, 140, 364, 375
07.07.1987	VI ZR 146/86		1987, 2927	1988, 82	196, 222
07.07.1987	VI ZR 193/86		1987, 2923	1988, 155	174, 346, 348, 352
22.09.1987	VI ZR 238/86	102, 17	1988, 763	1988, 179	179, 195, 202, 211, 397, 405, 406, 408
27.10.1987	VI ZR 288/86	102, 106	1988, 759	1988, 272	149, 383
10.11.1987	VI ZR 39/87		1988, 1513	1988, 293	190, 191, 590, 593
22.12.1987	VI ZR 32/87		1988, 1514	1988, 493	389, 397, 406
23.02.1988	VI ZR 56/87		1988, 1516	1988, 495	195, 397, 406, 529
08.03.1988	VI ZR 201/87		1988, 1511	1988, 495	168, 367, 588
25.03.1988	2 StR 93/88	St 35, 246	1988, 2310		453, 459
26.04.1988	VI ZR 246/86		1988, 2298	1988, 723	194, 203, 298, 301, 501
31.05.1988	VI ZR 261/87		1988, 2302	1988, 914	405, 636, 668
07.06.1988	VI ZR 277/87			1988, 1031	161
28.06.1988	VI ZR 210/87		1988, 2948	1989, 145	599
28.06.1988	VI ZR 217/87		1988, 2949	1989, 80	182, 507, 580, 582, 588, 605, 614, 615

Datum	Aktenzeichen	BGHZ	NJW	VersR	Randzahl(en)
28.06.1988	VI ZR 288/87		1988, 2946	1989, 145	133, 470
20.09.1988	VI ZR 296/87	105, 189	1989, 769	1988, 1270	53, 98, 123, 130, 238
08.11.1988	VI ZR 320/87		1989, 1536	1989, 186	282, 349
29.11.1988	VI ZR 231/87			1989, 189	225
06.12.1988	VI ZR 76/88	106, 146	1989, 764	1989, 252	499, 518, 520, 521
06.12.1988	VI ZR 132/88	106, 153	1989, 1538	1989, 253	14, 19, 140, 150, 151, 195, 375, 380, 397, 399, 468
13.12.1988	VI ZR 22/88		1989, 1541	1989, 289	209, 389, 452
10.01.1989	VI ZR 25/88			1989, 378	663
24.01.1989	VI ZR 170/88		1989, 2330	1989, 512	371, 499, 500, 501, 614
14.02.1989	VI ZR 65/88	106, 391	1989, 1533	1989, 514	389, 403, 436, 495, 497
28.03.1989	VI ZR 157/88		1989, 2320	1989, 700	55, 378, 631
11.04.1989	VI ZR 293/88		1989, 2941	1989, 628	145
18.04.1989	VI ZR 221/88		1989, 2332	1989, 701	191, 371, 593
25.04.1989	VI ZR 175/88	107, 222	1989, 2318	1989, 702	194, 223, 378
09.05.1989	VI ZR 268/88		1989, 2984	1989, 758	556, 685
16.05.1989	VI ZR 251/88		1989, 2323	1989, 914	532
30.05.1989	VI ZR 200/88		1989, 2321	1989, 851	168, 176, 404, 594
20.06.1989	VI ZR 320/88		1989, 2943	1989, 1051	87, 278
06.07.1989	III ZR 79/88	108, 230	1990, 760	1989, 1050	7
03.10.1989	VI ZR 319/88		1990, 759	1989, 1296	203, 241, 278
10.10.1989	VI ZA 9/89		1990, 489		34
09.11.1989	IX ZR 269/87		1990, 761	1990, 91	23, 32
12.12.1989	VI ZR 83/89		1990, 1528	1990, 522	389, 415
13.02.1990	VI ZR 141/89				501, 508
10.04.1990	VI ZR 288/89		1990, 2808	1990, 795	532
08.05.1990	VI ZR 227/89		1992, 2355	1990, 1010	90, 284, 375, 385, 389, 423, 462, 465, 620, 705

Datum	Aktenzeichen	BGHZ	NJW	VersR	Randzahl(en)
29.05.1990	VI ZR 240/89				515
31.05.1990	IX ZR 257/89		1990, 2313		25
26.06.1990	VI ZR 289/89		1990, 2928	1990, 1238	385, 389, 429, 481, 619, 622, 707
25.09.1990	VI ZR 285/89		1991, 98	1990, 1409	203
06.11.1990	VI ZR 8/90		1991, 2349	1991, 227	391, 423
27.11.1990	VI ZR 2/90		1991, 973	1991, 115	538, 539
27.11.1990	VI ZR 30/90		1991, 748	1991, 308	191, 225, 226, 378
06.12.1990	VII ZR 126/90		1991, 974		550
11.12.1990	VI ZR 151/90		1991, 1543	1991, 315	177, 203, 481, 707
18.12.1990	VI ZR 169/90		1991, 1540	1991, 310	69, 249, 554, 566
08.01.1991	VI ZR 102/90		1991, 1541	1991, 467	161, 566, 644
29.01.1991	VI ZR 206/90	113, 297	1991, 1535	1991, 469	168, 206, 387
05.02.1991	VI ZR 108/90		1991, 2342	1991, 547	389, 452
19.02.1991	VI ZR 224/90			1991, 926	576
26.02.1991	VI ZR 344/89		1991, 1539	1991, 614	239, 278, 594
12.03.1991	VI ZR 232/90		1991, 2346	1991, 777	365, 385, 389, 421, 492, 494, 495, 497
19.03.1991	VI ZR 199/90			1991, 779	715
16.04.1991	VI ZR 176/90		1991, 2344	1991, 812	389, 483, 621
23.04.1991	VI ZR 161/90		1991, 2350	1991, 815	191, 529, 536, 593
30.04.1991	VI ZR 178/90	114, 284	1991, 1948	1991, 816	138, 256, 558, 611
08.05.1991	3 StR 467/90		1991, 2357		459
15.05.1991	VIII ZR 212/90		1991, 2958		18
25.06.1991	VI ZR 320/90		1991, 2960	1991, 1058	3, 249, 566, 574
10.07.1991	VIII ZR 296/90	115, 123	1991, 2955	1992, 234	26
30.10.1991	VIII ZR 51/91	115, 391	1992, 746	1992, 185	22
12.11.1991	VI ZR 369/90		1992, 741	1992, 237	150, 398, 620, 700
12.11.1991	VI ZR 196/91			1992, 578	614, 616
12.11.1991	VI ZR 369/90		1992, 741	1992, 237	619

Datum	Aktenzeichen	BGHZ	NJW	VersR	Randzahl(en)
26.11.1991	VI ZR 389/90		1992, 754	1992, 238	211, 385, 389, 421, 488, 575, 586, 626
27.11.1991	XII ZR 226/90	116, 184	1992, 909		15, 16, 17
03.12.1991	VI ZR 378/90	116, 200	1992, 900	1992, 437	117
03.12.1991	VI ZR 48/91		1992, 108	1992, 358	395, 451
10.12.1991	VI ZR 234/90		1992, 1459	1992, 722	661
11.12.1991	VIII ZR 4/91	116, 268	1992, 737	1992, 448	26
17.12.1991	VI ZR 40/91	116, 379	1992, 743	1992, 314	382, 389, 403
10.03.1992	VI ZR 64/91		1992, 1560	1992, 745	203, 292, 294, 296, 298, 306, 502, 559
07.04.1992	VI ZR 192/91		1992, 2351	1992, 960	385, 389, 406, 429, 431, 440, 448, 464, 481, 487, 619, 623
07.04.1992	VI ZR 224/91			1992, 831	406
16.06.1992	VI ZR 289/91	AHRS 4650/33			385, 389
30.06.1992	VI ZR 337/91		1992, 2961	1992, 1229	221, 228, 330, 370, 378
07.07.1992	VI ZR 211/91			1993, 228	389, 559, 621
14.07.1992	VI ZR 214/91		1992, 2942	1992, 1263	19, 45, 46, 49, 69, 86, 89, 150, 222, 284, 383, 593
08.12.1992	VI ZR 349/91	120, 376	1993, 784	1993, 357	53, 72, 77, 123, 135
22.12.1992	VI ZR 341/91	121, 107	1993, 779	1993, 481	29, 36, 38, 133
19.01.1993	VI ZR 60/92		1993, 1524	1993, 835	688
16.02.1993	VI ZR 300/91		1993, 2372	1993, 703	375, 400, 443, 444, 457
02.03.1993	VI ZR 104/92		1993, 2378	1993, 749	622, 684, 707
23.03.1993	VI ZR 26/92		1993, 2375	1993, 836	500, 503, 507, 614
11.05.1993	VI ZR 243/92		1993, 2382	1993, 899	691
08.06.1993	VI ZR 192/92		1993, 2380	1993, 1110	699

Datum	Aktenzeichen	BGHZ	NJW	VersR	Randzahl(en)
15.06.1993	VI ZR 175/92		1993, 2989	1993, 1231	292, 294, 298, 603, 692
21.09.1993	GmS – OGB 1/93		1994, 856		117
23.09.1993	III ZR 107/92		1994, 794	1994, 50	253, 677
05.10.1993	VI ZR 237/92		1994, 797	1994, 102	222, 280, 286, 287
12.10.1993	VI ZR 235/92		1994, 803	1993, 1550	699
26.10.1993	VI ZR 155/92		1994, 801	1994, 52	191, 194, 556, 572, 582, 593, 599, 714
02.11.1993	VI ZR 245/92		1994, 793	1994, 104	389
09.11.1993	VI ZR 248/92		1994, 799	1994, 682	389, 481, 485, 500, 501
09.11.1993	VI ZR 62/93	124, 52	1994, 127	1994, 55	139, 141, 142, 143
16.11.1993	VI ZR 105/92	124, 128	1994, 788	1994, 425	53, 72, 307, 315, 333, 340, 347, 351
14.12.1993	VI ZR 67/93		1994, 1596	1994, 480	172, 686, 693
01.02.1994	VI ZR 65/93		1994, 1594	1994, 825	97, 125, 203, 554, 595
15.03.1994	VI ZR 44/93		1994, 1592		683, 691
03.05.1994	VI ZR 278/93	126, 87	1994, 1792	1994, 825	552
05.05.1994	III ZR 78/93		1994, 2415	1995, 531	7
10.05.1994	VI ZR 192/93		1994, 2419	1994, 984	684, 685, 693
14.06.1994	VI ZR 178/93		1994, 3309	1994, 1235	389, 421, 447, 487, 619
14.06.1994	VI ZR 236/93	AHRS 1815/102			190
14.06.1994	VI ZR 260/93		1994, 2414	1994, 1302	389, 467, 480, 623
28.06.1994	VI ZR 153/93	126, 297	1994, 2417	1994, 1195	11, 19, 157
07.07.1994	III ZR 52/93	126, 386	1994, 3012	1994, 1228	7
12.07.1994	VI ZR 299/93		1994, 3008	1994, 1303	203, 267, 298, 300
13.09.1994	1 StR 357/94		1995, 204		459, 460
27.09.1994	VI ZR 284/93		1995, 779	1995, 195	203, 614, 690

Datum	Aktenzeichen	BGHZ	NJW	VersR	Randzahl(en)
04.10.1994	VI ZR 205/93		1995, 778	1995, 46	191, 580, 582, 586, 590, 593
08.11.1994	VI ZR 207/93		1995, 1294	1995, 481	680
29.11.1994	VI ZR 70/95		1996, 1597	1996, 647	693
29.11.1994	VI ZR 189/93		1995, 776	1995, 659	109, 184, 529, 532, 536, 675
24.01.1995	VI ZR 60/94		1995, 1618	1995, 539	566
14.02.1995	VI ZR 272/93	129, 6	1995, 1611	1995, 706	46, 48, 98, 104, 105, 278
14.02.1995	VI ZR 106/94		1995, 1619	1995, 681	679
23.02.1995	III ZR 205/94		1995, 2412		7
28.03.1995	VI ZR 356/93		1995, 1609	1995, 964	317, 332
04.04.1995	VI ZR 95/94		1995, 2410	1995, 1055	389, 429, 440, 447, 622, 707
27.06.1995	VI ZR 32/94		1995, 2407	1995, 1099	140, 221, 312, 313, 317, 333
24.10.1995	VI ZR 13/95		1996, 788	1996, 211	658
14.11.1995	VI ZR 359/94		1996, 777	1996, 195	389, 429, 447, 492, 494, 495
21.11.1995	VI ZR 329/94		1996, 776	1996, 233	402, 415
21.11.1995	VI ZR 341/94		1996, 779	1996, 330	247, 389, 511, 606
09.01.1996	VI ZR 70/95		1996, 1597	1996, 647	203, 692
23.01.1996	VI ZR 387/94		1996, 1478	1996, 779	716
13.02.1996	VI ZR 402/94	132, 47	1996, 1589	1996, 633	511, 590, 606, 608, 688
16.04.1996	VI ZR 190/95		1996, 2429	1996, 976	46, 47, 48, 90, 100, 120, 203, 233, 595
30.04.1996	VI ZR 55/95	132, 341	1996, 2425	1996, 990	365, 366
11.06.1996	VI ZR 172/95		1996, 2428	1996, 1148	577, 586
09.07.1996	VI ZR 101/95		1996, 3073	1996, 1239	389, 486, 624
10.07.1996	IV ZR 133/95	133, 208	1996, 3074	1996, 1224	214
24.09.1996	VI ZR 303/95		1997, 794	1996, 1535	575, 582, 594, 693

Datum	Aktenzeichen	BGHZ	NJW	VersR	Randzahl(en)
01.10.1996	VI ZR 10/96		1997, 796	1997, 362	581, 582, 583, 594
29.10.1996	VI ZR 262/95		1997, 466	1997, 256	700
15.11.1996	3 StR 79/96	St 42, 301	1997, 807		459
19.11.1996	VI ZR 350/95		1997, 798	1997, 315	578, 580, 586, 676
03.12.1996	VI ZR 309/95		1997, 803	1997, 191	664, 688
17.12.1996	VI ZR 133/95		1997, 1635	1997, 449	229, 373
17.12.1996	VI ZR 50/96		1997, 802	1997, 509	659
14.01.1997	VI ZR 30/96		1997, 1637	1997, 451	401, 619
21.01.1997	VI ZR 86/96		1997, 1446	1997, 510	649, 685
30.01.1997	III ZB 110/96		1997, 1636	1997, 1552	71
04.02.1997	VI ZR 69/96		1997, 1709	1997, 601	716
25.02.1997	VI ZR 101/96			1997, 725	366
04.03.1997	VI ZR 243/95			1997, 751	366
04.03.1997	VI ZR 354/95		1997, 1638	1997, 698	317, 319, 333, 340, 342, 347
22.04.1997	VI ZR 198/96			1997, 1158	680
03.06.1997	VI ZR 71/96		1997, 2448	1997, 1111	538, 540
24.06.1997	VI ZR 94/96		1997, 3090	1997, 1357	182, 229, 373
07.10.1997	VI ZR 252/96		1998, 162	1998, 342	660
04.11.1997	VI ZR 375/96		1998, 902	1998, 124	529
11.11.1997	VI ZR 146/96		1998, 813	1998, 200	366
02.12.1997	VI ZR 386/96		1998, 818	1998, 242	578, 586
13.01.1998	VI ZR 242/96		1998, 1780	1998, 457	608, 610
27.01.1998	VI ZR 339/96		1998, 1782	1998, 585	578, 586, 588, 593
03.02.1998	VI ZR 356/96		1998, 2736	1998, 634	278, 299, 513, 529, 708
17.02.1998	VI ZR 42/97		1998, 1784	1998, 716	401, 403, 430, 447
18.02.1998	VI ZR 70/96	124, 381	1997, 1783	1997, 723	72
19.02.1998	III ZR 169/97		1998, 1778		33, 34, 36, 86, 94
17.03.1998	VI ZR 74/97		1998, 2734	1998, 766	389, 397, 440, 480, 619, 620, 622

Datum	Aktenzeichen	BGHZ	NJW	VersR	Randzahl(en)
28.04.1998	VI ZR 403/96		1998, 2735	1998, 853	688, 693
30.06.1998	VI ZR 260/97		1998, 2819	1998, 1295	545
21.07.1998	VI ZR 15/98		1998, 3417	1998, 1153	203, 360, 573
17.09.1998	III ZR 227/97		1999, 868	1999, 367	89
29.09.1998	VI ZR 268/97			1999, 190	240, 269, 474, 476, 620
06.10.1998	VI ZR 239/97			1999, 60	191, 554, 605, 608
03.11.1998	VI ZR 253/97		1999, 862	1999, 231	191, 586
26.11.1998	III ZR 223/97	140, 102	1999, 858	1999, 339	64
12.01.1999	VI ZR 77/98		1999, 1035	1999, 734	718
26.01.1999	VI ZR 374/97			1999, 862	573
26.01.1999	VI ZR 376/97	140, 309	1999, 1779	1999, 579	164, 203, 284, 286, 637
16.03.1999	VI ZR 34/98		1999, 1778	1999, 716	191, 665
08.06.1999	VI ZR 220/98		1999, 2823	1999, 1515	656
24.06.1999	VI ZR 363/97		1999, 2734	1999, 1149	529, 545
29.06.1999	VI ZR 24/98	142, 126	1999, 2731	1999, 1241	55, 57, 90
06.07.1999	VI ZR 290/98		1999, 3408	1999, 1282	6, 605, 608, 688
04.10.1999	5 StR 712/98	St 45, 219	2000, 885		453
16.11.1999	VI ZR 37/99		2000, 861	2000, 331	534, 541
08.02.2000	VI ZR 325/98		2000, 2741	2000, 1107	47, 109, 162, 285, 594
15.02.2000	VI ZR 135/99	143, 389	2000, 1782	2000, 634	87, 317, 331, 344, 346, 350
15.02.2000	VI ZR 48/99	144, 1	2000, 1784	2000, 725	185, 378, 388, 389, 421, 470, 476, 493, 620
22.02.2000	VI ZR 100/99		2000, 1788	2000, 766	450, 460, 691
09.03.2000	III ZR 356/98	144, 59	2000, 1794	2000, 856	15
14.03.2000	KZB 34/99		2000, 2749	2001, 1007	64
09.05.2000	VI ZR 173/99		2000, 3429	2000, 999	6, 14, 48, 70, 72, 146, 383
16.05.2000	VI ZR 321/98	144, 296	2000, 2737	2000, 1146	46, 47, 48, 57, 58, 91, 97, 100, 105, 106, 120, 164, 581, 584, 595

Datum	Aktenzeichen	BGHZ	NJW	VersR	Randzahl(en)
30.05.2000	VI ZR 300/99			2000, 1116	544, 552
20.06.2000	VI ZR 377/99		2000, 3425	2000, 1240	254
27.06.2000	VI ZR 201/99		2000, 3423	2000, 1282	573, 583, 719
20.07.2000	III ZR 64/99				7, 148
04.08.2000	III ZR 158/99	145, 66	2001, 892	2000, 1250	35
10.10.2000	VI ZR 10/00		2001, 77	2001, 525	692
31.10.2000	VI ZR 198/99	145, 358	2001, 885	2001, 108	529, 531, 726
16.01.2001	VI ZR 408/99		2001, 1787	2001, 783	190, 688, 693
30.01.2001	VI ZR 353/99		2001, 2798	2001, 592	492, 493, 494
07.02.2001	5 StR 474/00	St 46, 279	2001, 1802		459
13.02.2001	VI ZR 272/99		2001, 2796	2001, 722	668, 669
13.02.2001	VI ZR 34/00		2001, 1786	2001, 646	164, 203, 664
20.02.2001	VI ZR 179/00		2001, 1723	2001, 1167	545
27.03.2001	VI ZR 18/00		2001, 2791	2001, 859	578, 664, 676
08.05.2001	VI ZR 208/00			2001, 1255	545
22.05.2001	VI ZR 268/00			2002, 120	403, 474, 620, 660
29.05.2001	VI ZR 120/00		2001, 2792	2001, 1030	191, 577, 579, 586, 588, 676
19.06.2001	VI ZR 286/00		2001, 2794	2001, 1115	255, 579, 580, 586, 587, 676, 719
03.07.2001	VI ZR 418/99		2001, 2795	2001, 1116	579, 580, 586, 676
05.07.2001	III ZR 310/00	148, 233	2001, 2971		24
06.11.2001	VI ZR 38/01			2002, 192	153
04.12.2001	VI ZR 213/00	149, 236	2002, 886	2002, 233	57, 336, 340, 350
19.02.2002	VI ZR 190/01		2002, 1489	2002, 767	331
26.02.2002	VI ZR 288/00		2002, 1792	2002, 996	544
27.04.2002	VI ZR 34/03	159, 48	2004, 2011	2004, 909	575, 581
02.05.2002	III ZR 135/01		2002, 2167	2002, 1253	549
28.05.2002	VI ZR 42/01		2002, 2944	2002, 1026	282, 576, 579
13.06.2002	III ZR 186/01	151, 102	2002, 2948	2002, 1030	45
18.06.2002	VI ZR 136/01	151, 133	2002, 2636	2002, 1148	330, 332, 338, 590

Datum	Aktenzeichen	BGHZ	NJW	VersR	Randzahl(en)
03.10.2002	III ZR 60/02		2003, 209	2003, 52	35
08.10.2002	VI ZR 182/01		2003, 288	2003, 75	532
17.10.2002	III ZR 58/02		2002, 3772	2002, 1545	33
29.10.2002	VI ZR 353/01			2003, 926	659
31.10.2002	III ZR 50/02		2003, 209	2003, 52	35
09.01.2003	III ZR 217/01	153, 268	2003, 1148	2003, 732	9, 137
21.01.2003	VI ZB 51/02	153, 302	2003, 1741	2003, 794	725
17.03.2003	XII ZB 2/03	154, 205	2003, 1588	2003, 861	139, 140, 375, 453, 460, 471
18.03.2003	VI ZR 266/02		2003, 1862	2003, 858	375, 403
25.03.2003	VI ZR 131/02		2003, 2311	2003, 1441	385, 431, 433, 447, 448
08.04.2003	VI ZR 265/02		2003, 2309	2003, 1126	218, 259, 378, 440, 566
06.05.2003	VI ZR 259/02		2003, 2311	2003, 1128	164, 290, 363
20.05.2003	5 StR 66/03		2003, 2326		459
08.07.2003	VI ZR 304/02		2003, 2827	2003, 1256	190, 608
15.07.2003	VI ZR 203/02		2003, 3411	2003, 1541	333, 335, 338
23.09.2003	VI ZR 395/02			2004, 1289	639
25.11.2003	VI ZR 8/03		2004, 1452	2004, 645	101, 186, 233
27.11.2003	III ZR 37/03	157, 87	2004, 684	2004, 1005	34
08.01.2004	III ZR 373/02		2004, 680	2004, 1007	34
17.02.2004	VI ZR 429/02		2004, 1654	2004, 656	545
17.02.2004	VI ZR 39/03		2005, 288	2004, 785	718
23.03.2004	VI ZR 428/02		2004, 1871	2004, 790	220, 593, 608
27.04.2004	VI ZR 34/03	159, 48	2004, 2011	2004, 909	191, 576
08.06.2004	VI ZR 199/03	159, 244	2004, 2825	2004, 1177	639
06.07.2004	VI ZR 266/03	160, 26	2004, 3324	2004, 1180	155, 372
22.07.2004	III ZR 355/03			2005, 120	34
14.09.2004	VI ZR 186/03		2004, 3703	2005, 227	400, 443, 618
04.11.2004	III ZR 201/04			2005, 121	34
16.11.2004	VI ZR 328/03		2005, 427	2005, 228	223, 378, 576, 635
16.11.2004	VI ZR 28/04			2005, 1399	389
07.12.2004	VI ZR 212/03	161, 255	2005, 888	2005, 408	52, 107, 232
21.12.2004	VI ZR 196/03		2005, 891	2005, 411	344, 350

Datum	Aktenzeichen	BGHZ	NJW	VersR	Randzahl(en)
01.02.2005	VI ZR 174/03		2005, 1364	2005, 694	482, 622
01.03.2005	VI ZR 101/04			2005, 699	552
15.03.2005	VI ZR 289/03	162, 320	2005, 1718	2005, 834	432
15.03.2005	VI ZR 313/03		2005, 1718	2005, 836	195, 376, 380, 403, 482, 618, 623
15.03.2005	VI ZB 74/05		2005, 1896		623
05.04.2005	VI ZR 216/03		2005, 2072	2005, 942	361, 362, 444, 488, 573, 621, 627
28.04.2005	III ZR 299/04		2005, 1937	2005, 984	566
10.05.2005	VI ZR 245/04			2005, 1555	658
08.06.2005	XII ZR 177/03	163, 195	2005, 2385	2005, 1249	139, 140, 460
14.06.2005	VI ZR 179/04	163, 209	2005, 2614	2005, 1238	378, 558
14.07.2005	III ZR 391/04		2005, 2613	2006, 1366	566
13.09.2005	VI ZB 84/04	164, 94		2006, 95	725
16.09.2005	V ZR 242/04	NJW-RR 2006, 384			534
18.10.2005	VI ZR 312/04		2006, 994 (LS)	2006, 132	544
08.11.2005	VI ZR 319/04	165, 36	2006, 437	2006, 361	58
22.11.2005	VI ZR 126/04			2006, 363	148, 383
20.12.2005	VI ZR 180/04			2006, 409	73, 76, 77
31.01.2006	VI ZR 135/04		2006, 1660	2006, 702	334, 339, 340
31.01.2006	VI ZR 66/05			2006, 791	53, 56, 73, 78
14.02.2006	VI ZR 322/04			2006, 1090	721
14.03.2006	VI ZR 279/04			2006, 838	385, 389, 428, 431
16.03.2006	III ZR 217/05			2006, 933	15
23.03.2006	III ZR 223/05		2006, 1879	2006, 935	15
13.06.2006	VI ZR 323/04	168, 103	2006, 2477	2006, 1073	15, 196, 210
10.10.2006	VI ZR 74/05		2007, 217	2007, 66	389, 422, 440, 463, 469, 529
07.11.2006	VI ZR 206/05	169, 364		2007, 209	431, 463, 466, 624
14.11.2006	VI ZR 48/06		2007, 989	2007, 109	153
05.12.2006	VI ZR 228/05			2007, 414	723

Datum	Aktenzeichen	BGHZ	NJW	VersR	Randzahl(en)
21.12.2006	III ZR 117/96	170, 252		2007, 499	15
09.01.2007	VI ZR 133/06			2007, 708	715
09.01.2007	VI ZR 59/06			2007, 541	190, 591
23.01.2007	XI ZR 44/06	171, 1	2007, 1584	2007, 1090	534
01.02.2007	III ZR 126/06			2007, 950	34
13.02.2007	VI ZR 174/06			2007, 1416	566
20.03.2007	VI ZR 158/06	171, 358	2007, 1682	2007, 847	92, 203, 566
27.03.2007	VI ZR 55/05	172, 1	2007, 2767	2007, 995	217, 410, 558, 623
17.04.2007	VI ZR 108/06		2007, 2771	2007, 999	388, 410, 625
10.05.2007	III ZR 291/06	172, 190		2007, 1228	15, 36, 45
22.05.2007	VI ZR 35/06	172, 254	2007, 2774	2007, 1273	31, 196, 210, 216, 485, 623
25.09.2007	VI ZR 157/06			2007, 1697	659
16.10.2007	VI ZR 229/06			2008, 221	80, 191
08.11.2007	III ZR 54/07	174, 101		2008, 406	15
20.12.2007	III ZR 144/07	175, 76	2008, 987	2008, 493	32, 34
08.01.2008	VI ZR 118/06		2008, 1304	2008, 490	203
12.02.2008	VI ZR 221/06		2008, 1381	2008, 644	191, 554, 599
04.03.2008	VI ZR 101/07	AHRS 0465/315			13
19.03.2008	III ZR 220/07			2008, 1121	534
28.03.2008	VI ZR 57/07	GesR 2008, 361			185
06.05.2008	VI ZR 250/07			2008, 1216	665
27.05.2008	VI ZR 69/07	176, 342	2008, 2344	2008, 1668	488, 728
05.06.2008	III ZR 239/07	177, 43		2008, 1538	15
08.07.2008	VI ZR 259/06		2008, 2846	2008, 1265	58, 312, 664
14.10.2008	VI ZR 7/08			2009, 69	599, 659
18.11.2008	VI ZR 198/07		2009, 1209	2009, 257	389, 421, 706
09.12.2008	VI ZR 277/07	179, 115	2009, 993	2009, 401	7, 11, 12, 13, 67, 191
21.01.2009	VI ZR 170/08			2009, 499	696
10.03.2009	VI ZR 138/08			2009, 1405	184, 191
09.06.2009	VI ZR 138/08			2009, 1405	184, 191, 693
09.06.2009	VI ZR 261/08			2009, 1406	203, 508, 692

Datum	Aktenzeichen	BGHZ	NJW	VersR	Randzahl(en)
16.06.2009	VI ZR 157/08		2009, 2820	2009, 1267	229, 378, 564
22.09.2009	VI ZR 32/09			2010, 72	203, 692
29.09.2009	VI ZR 251/08			2010, 115	605
06.10.2009	VI ZR 24/09			2009, 1688	604
10.11.2009	VI ZR 247/08			2010, 214	534
10.11.2009	VI ZR 325/08			2010, 497	644
12.11.2009	III ZR 110/09	183, 143		2010, 630	15, 30, 31
14.01.2010	III ZR 188/09	184, 61	2010, 1200	2010, 812	15
21.01.2010	III ZR 147/09			2010, 1047	15
09.02.2010	VI ZB 59/09			2010, 1241	725
09.03.2010	VI ZR 131/09			2010, 768	11, 13
23.03.2010	VI ZR 249/08	185, 74		2010, 696	582
23.03.2010	VI ZR 327/08			2010, 971	582
11.05.2010	VI ZR 252/08			2010, 1038	15, 30, 38, 474
15.06.2010	VI ZR 204/09		2010, 2430	2010, 1183	431, 470
06.07.2010	VI ZR 177/09			2010, 1616	723
06.07.2010	VI ZR 198/09		2010, 3230	2010, 1220	385, 389, 415, 429, 622, 682, 705
19.10.2010	VI ZR 241/09		2011, 375	2011, 223	389, 415
26.10.2010	VI ZR 307/09	187, 194		2011, 264	7
04.11.2010	III ZR 323/09	187, 279		2011, 502	30, 31
30.11.2010	VI ZR 25/09			2011, 1158	668
21.12.2010	VI ZR 284/09	188, 29	2011, 1672	2011, 400	183, 194, 592
29.03.2011	VI ZR 133/10		2011, 1674	2011, 883	14, 15
21.04.2011	III ZR 114/10			2011, 1187	30
17.05.2011	VI ZR 69/10			2011, 1146	403
07.06.2011	VI ZR 87/10		2011, 2508	2011, 1148	608
19.07.2011	VI ZR 179/10			2011, 1450	403, 699
19.07.2011	VI ZR 217/10	190, 301	2011, 3584	2011, 1405	728
13.09.2011	VI ZR 144/10		2011, 3441	2011, 1400	608
20.09.2011	VI ZR 55/09		2011, 3442	2011, 1569	586, 594
20.09.2011	VI ZR 5/11			2011, 1462	697
25.10.2011	VI ZR 139/10		2012, 227	2012, 362	586
17.01.2012	VI ZR 336/10	192, 198	2012, 684	2012, 363	498

Datum	Aktenzeichen	BGHZ	NJW	VersR	Randzahl(en)
07.02.2012	VI ZR 63/11	192, 298	2012, 850	2012, 491	403, 545, 546, 627, 639
29.03.2012	GSSt 2/11	St 57, 202	2012, 2530		158
22.05.2012	VI ZR 157/11		2012, 2024	2012, 905	363, 364
19.06.2012	VI ZR 77/11		2012, 2653	2012, 1176	597
20.06.2012	XII ZB 99/12	193, 337	2012, 2967		472
27.06.2012	XII ZB 24/12	MedR 2013, 45-			473
03.07.2012	VI ZR 120/11		2012, 2808	2012, 1535	710
24.10.2012	VI ZR 396/12	GesR 2013, 50			704
22.11.2012	III ZR 150/12			2013, 718	9
20.02.2013	1 StR 320/12		2013, 1688		410
26.02.2013	VI ZR 359/11			2013, 648	526
16.04.2013	VI ZR 44/12		2014, 71	2013, 1045	638, 693
14.05.2013	VI ZR 325/11		2013, 2601	2013, 1547	713
02.07.2013	VI ZR 110/13		2014, 74	2014, 261	564, 693
07.08.2013	XII ZB 559/11		2013, 2699		460
24.09.2013	VI ZB 12/13	198, 237	2014, 3654	2014, 264	725
31.10.2013	III ZR 388/12		2014, 539		567
05.11.2013	VI ZR 527/12		2014, 688	2014, 247	203, 599
17.12.2013	VI ZR 230/12		2014, 1529	2014, 586	393
14.01.2014	VI ZR 340/13			2014, 632	649
21.01.2014	VI ZR 78/13			2014, 374	7, 88, 203, 283, 592
28.01.2014	VI ZR 143/13		2014, 1527	2014, 588	476, 620
11.03.2014	VI ZB 22/13			2014, 895	722
15.04.2014	VI ZR 382/12			2014, 879	185
20.05.2014	VI ZR 187/13			2014, 1130	717
20.05.2014	VI ZR 381/13		2014, 2190	2014, 891	146, 154
30.09.2014	VI ZR 443/13				620, 622

Bundessozialgericht

Datum	Aktenzeichen	BSGE	NJW	VersR	Randzahl(en)
19.11.1974	6 RKa 35/73				65
20.01.1982	8/8a RK 13/80	53, 62			69
22.06.1983	6 RKa 3/81	55, 144	1984, 1422	1983, 956	67
19.11.1985	6 RKa 14/83	59, 172	1986, 1574		69
23.03.1988	3/8 RK 5/87	63, 103	1989, 794		214
09.02.1989	3 RK 19/87	64, 255	1989, 2349		214
21.11.1991	3 RK 32/89	70, 20			69, 71
21.11.1991	3 RK 8/90		1992, 1584		214
08.09.1993	14 a RKa 7/92				214
16.12.1993	4 RK 5/92	73, 271			64
05.07.1995	1 RK 6/95				214
21.8.1996	3 RK 2/96				67, 68, 71
16.9.1997	1 RK 28/95	81, 54	1999, 180		63
14.03.2001	B 6 KA 54/00 R	88, 20	2002, 238		63, 167
14.03.2001	B 6 KA 36/00 R				63
16.052001	B 6 KA 87/00 R				63

Bundesarbeitsgericht

Datum	Aktenzeichen	BAGE	NJW	VersR	Randzahl(en)
27.09.1994	GS 1/89		1995, 219		117
25.09.1997	8 AZR 288/96		1998, 1819		117

Kammergericht

Datum	Aktenzeichen		NJW	VersR	Randzahl(en)
24.04.1980	20 U 95/78			1981, 681	594
31.01.1985	20 U 6205/82				238
20.05.1986	9 U 2178/85			1987, 992	80
30.04.1990	20 U 1833/89			1991, 928	576
30.01.1992	20 U 2872/88			1993, 189	195, 397
08.02.1994	9 U 1893/93			1995, 338	385, 389, 421
21.09.1999	6 U 361/98			2000, 89	146, 501
27.11.2000	20 U 7753/98			2002, 438	559, 665
20.01.2005	20 U 401/01			2006, 1366	249, 566
14.04.2008	20 U 183/06			2008, 1267	170, 306

Datum	Aktenzeichen		NJW	VersR	Randzahl(en)
08.05.2008	20 U 202/06			2008, 1649	389, 436, 438
10.06.2010	20 W 43/10	GesR 2010, 608			653
01.07.2010	20 W 23/10			2011, 402	14
17.12.2012	20 U 290/10	GesR 2013, 229			397
10.01.2013	20 U 225/10	GesR 2013, 608			516
27.06.2013	20 U 19/12		2014, 640		524
05.09.2013	20 U 80/10			2014, 205	665
02.12.2013	20 U 124/11	GesR 2014, 411			164

OLG Bamberg

Datum	Aktenzeichen		NJW	VersR	Randzahl(en)
18.10.1990	1 U 133/86			1992, 578	190
30.01.1991	8 U 21/90			1992, 831	190, 503, 590
07.05.1992	1 U 133/86			1993, 1019	190, 191, 586, 593
14.12.1992	4 U 60/92			1994, 813	29, 39, 112, 121, 612
23.04.1996	5 U 37/95				558
05.05.1997	4 U 170/96			1998, 1025	390, 440, 466, 484, 624
24.03.2003	4 U 172/02			2004, 198	429
25.04.2005	4 U 61/04			2005, 1244	501, 595
04.07.2005	4 U 126/03			2005, 1292	564
28.07.2008	4 U 115/07			2009, 259	403, 443, 465, 492
12.08.2008	4 W 38/08			2009, 1427	681
01.08.2011	4 U 38/09			2012, 725	46
05.12.2011	4 U 72/11			2012, 1440	452
14.02.2014	4 U 62/13			2014, 748	534

OLG Brandenburg

Datum	Aktenzeichen		NJW	VersR	Randzahl(en)
20.12.1995	1 W 14/95				552
13.05.1998	1 U 35/97			1999, 1110	552
10.03.1999	1 U 54/98			2000, 489	191, 203, 593
01.09.1999	1 U 3/99			2000, 1283	494
08.11.2000	1 U 6/99			2001, 1241	191, 203
14.11.2001	1 U 12/01			2002, 313	191, 594
08.04.2003	1 U 26/00			2004, 1050	94, 118, 223, 378, 582
13.11.2008	12 U 104/08			2009, 1230	389, 409 436
25.02.2010	12 U 60/09			2010, 1601	267
15.07.2010	12 U 232/09			2011, 267	403, 442
28.10.2010	12 U 30/10	MedR 2012, 673			533

OLG Braunschweig

Datum	Aktenzeichen		NJW	VersR	Randzahl(en)
09.08.1979	1 U 58/77			1980, 855	223
14.02.1984	5 U 26/82			1985, 576	253
19.12.1986	2 U 102/86			1988, 382	380
13.06.1990	3 U 23/90			1992, 91	357
10.04.1997	1 U 21/96			1998, 459	368, 589
10.03.1999	1 U 54/98			2000, 489	191, 203, 593
18.03.1999	1 U 64/98			2000, 636	559
25.03.1999	1 U 61/98			2000, 454	191
14.11.2001	1 U 12/01			2002, 313	118
07.10.2008	1 U 93/07	NJW-RR 2009, 1109			569
25.09.2013	1 U 24/12	GesR 2014, 155			418

OLG Bremen

Datum	Aktenzeichen		NJW	VersR	Randzahl(en)
16.12.1997	3 U 167/96			1998, 1240	389, 403
28.07.1998	3 U 5/98			1999, 1370	441, 445
06.04.1999	3 U 101/98			1999, 1151	378, 632

Datum	Aktenzeichen	BGHZ	NJW	VersR	Randzahl(en)
21.12.1999	3 U 42/99			2001, 340	389, 403, 440, 494
28.03.2000	3 U 41/99			2000, 1414	620
04.03.2003	3 U 65/02			2004, 911	410
22.10.2009	5 U 25/09	MedR 2010, 566			568
12.01.2012	5 W 36/11	NJW-RR 2012, 637			681

OLG Celle

Datum	Aktenzeichen		NJW	VersR	Randzahl(en)
07.01.1980	1 U 17/79				224
02.12.1980	1 U 17/80		1982, 1335	1982, 371	666
02.03.1981	1 U 22/80		1982, 706	1982, 46	418
15.06.1981	1 U 34/80			1991, 1184	388, 389, 466
16.08.1982	1 U 7/82			1984, 444	454
16.05.1983	1 U 53/82			1984, 90	246
09.01.1984	1 U 5/83			1985, 1047	593
10.12.1984	1 U 15/84			1986, 554	225
03.03.1986	1 U 11/85			1987, 567	491
17.07.1987	1 U 39/86			1988, 829	537
06.02.1989	1 U 36/88			1990, 50	559, 566
20.03.1989	1 U 51/88			1990, 658	488, 627
11.02.1991	1 U 71/89			1992, 749	216
27.01.1992	1 U 39/90			1993, 360	46, 58, 104, 106
17.02.1992	1 U 6/91			1993, 483	590
26.07.1993	1 U 36/92			1994, 1237	191, 593
18.12.1995	1 U 36/94			1977, 368	279, 283, 594
12.06.1996	9 U 204/95			1998, 1023	138, 161
21.10.1996	1 U 59/95			1998, 54	590, 594
28.07.1997	1 U 19/96			1999, 486	101, 128, 203, 595
11.08.1997	1 U 92/95			1998, 1419	278
26.10.1998	1 U 40/97			2000, 58	195, 454, 655
07.05.2001	1 U 15/00			2002, 1558	588

Datum	Aktenzeichen		NJW	VersR	Randzahl(en)
8.05.2001	1 U 22/00			2002, 854	194, 203, 594
18.02.2002	1 U 44/01				573
30.09.2002	1 U 7/02			2004, 384	389, 441, 467
27.02.2006	1 U 68/05			2007, 543	203, 594
02.07.2007	1 U 106/06			2008, 123	153, 415, 492
22.10.2007	1 U 24/06			2009, 500	185, 191
11.09.2008	11 U 88/08			2009, 224	15
21.07.2011	9 W 82/11	GesR 2011, 560			681
08.04.2013	1 U 49/12	GesR 2013, 407			398

OLG Dresden

Datum	Aktenzeichen		NJW	VersR	Randzahl(en)
17.05.2001	4 U 1012/99			2002, 440	397
28.02.2002	4 U 2811/00			2003, 1257	385, 389, 421, 429, 639, 715
06.06.2002	4 U 3112/01			2004, 648	609

OLG Düsseldorf

Datum	Aktenzeichen		NJW	VersR	Randzahl(en)
13.04.1978	8 U 46/73			1979, 723	191, 593
05.11.1981	8 U 268/80			1983, 878	203
25.11.1982	8 U 87/80			1984, 193	253
30.06.1983	8 U 178/80			1984, 643	188, 278, 280, 429, 467
02.02.1984	8 U 201/81			1985, 1049	418
14.06.1984	18 U 38/84			1984, 1173	253
28.06.1984	8 U 37/83			1985, 291	124, 594
31.10.1984	8 U 66/82			1985, 744	256, 566
15.11.1984	8 U 26/84			1985, 370	92, 106
28.12.1984	8 U 101/84			1986, 494	559
30.05.1985	8 U 128/82			1986, 1193	389, 530, 543
03.06.1985	8 U 137/84			1987, 412	309, 559
20.06.1985	8 U 38/83			1987, 161	389
19.08.1985	8 U 163/83			1987, 487	278

Datum	Aktenzeichen		NJW	VersR	Randzahl(en)
02.10.1985	8 U 100/83			1986, 659	244, 594, 595
10.10.1985	8 U 235/85			1986, 893	124
19.12.1985	8 U 155/84			1987, 414	207, 346
30.12.1985	8 U 198/84			1987, 489	187
11.02.1987	8 U 135/85			1988, 742	559
11.06.1987	8 U 223/85			1989, 190	594
31.07.1987	8 U 142/85			1989, 191	278
17.03.1988	8 U 167/86			1989, 192	599
30.06.1988	8 U 214/86			1989, 705	559
20.10.1988	8 U 261/87			1989, 290	389
12.10.1989	8 U 60/88			1990, 852	438
11.01.1990	8 U 218/87			1990, 1277	249, 271
05.07.1990	8 U 270/88			1991, 1136	558
12.07.1990	8 U 128/89			1992, 493	74, 77, 317
12.07.1990	8 U 235/88			1991, 1138	298, 302, 501
20.12.1990	8 U 110/89			1991, 1176	216, 510
20.12.1990	8 U 206/89			1992, 751	309, 397, 559
31.01.1991	8 U 119/88			1992, 494	183
14.02.1991	8 U 42/90			1992, 317	221, 317
21.03.1991	8 U 55/89			1991, 1412	267, 300
02.05.1991	8 U 243/89			1992, 1230	559
11.07.1991	8 U 20/90			1992, 1096	188
19.09.1991	8 U 27/90			1992, 1132	188
09.07.1992	8 U 196/90			1993, 883	19
01.04.1993	8 U 260/91			1993, 885	278
08.07.1993	8 U 302/91			1994, 218	403
16.09.1993	8 U 16/92			1994, 352	295
07.10.1993	8 U 18/92			1994, 603	293
01.12.1994	8 U 141/93			1995, 1317	400
14.07.1994	8 U 109/90			1996, 377	415
14.07.1994	8 U 48/93			1995, 1498	153, 317
27.04.1995	8 U 68/93			1996, 755	204
27.07.1995	8 U 139/94			1996, 711	318, 343
21.09.1995	8 U 43/94			1997, 1235	278, 378
19.02.1996	8 U 39/96		1997, 2457	1998, 103	415

Datum	Aktenzeichen		NJW	VersR	Randzahl(en)
07.03.1996	8 U 93/95			1996, 1240	488, 559
21.03.1996	8 U 153/95			1997, 620	389
23.05.1996	8 U 98/94			1997, 1358	203, 248, 290
13.06.1996	8 U 94/95			1997, 240	203
13.06.1996	8 U 98/95			1997, 748	508
21.11.1996	8 U 166/95			1998, 55	188, 194, 590, 594
19.12.1996	8 U 39/96			1998, 103	560
19.12.1996	8 U 86/96		1997, 2457	1998, 364	400
15.05.1997	8 U 115/96			1998, 1155	191
12.06.1997	8 U 143/96			1998, 1242	559
10.07.1997	8 U 80/96		1998, 3420	1998, 1377	124
13.10.1997	8 U 102/96			1999, 61	426
20.11.1997	8 U 69/96			1999, 232	19, 42, 151
12.03.1998	8 U 49/97			1999, 450	203
23.04.1998	8 U 126/97			1999, 1152	198
23.04.1998	8 U 171/97			1999, 496	23
18.06.1998	8 U 157/97			1999, 1371	543
18.06.1998	8 U 161/97			1999, 1371	436
17.12.1998	8 U 139/97			2000, 456	258, 389
17.12.1998	8 U 170/97			2000, 457	195, 203, 397, 548
06.05.1999	8 U 185/97			2000, 853	203, 223, 582, 594
11.11.1999	8 U 184/98		2001, 900	2001, 374	426, 501, 510
25.11.1999	8 U 126/98			2001, 460	203, 267, 295, 594
15.06.2000	8 U 99/99			2000, 1019	185, 203, 594, 596
17.08.2000	8 U 217/98			2000, 1515	195
21.09.2000	8 U 12/00			2002, 441	249
28.09.2000	8 U 114/99			2002, 856	194, 203, 593
19.10.2000	8 U 116/99			2001, 1380	203
19.10.2000	8 U 183/99			2002, 1151	278
02.11.2000	8 U 125/99			2001, 647	191, 203
16.11.2000	8 U 101/99			2002, 611	229, 375

Datum	Aktenzeichen		NJW	VersR	Randzahl(en)
14.12.2000	8 U 5/00			2001, 1117	327, 328, 378, 559, 708
10.01.2002	8 U 49/01			2003, 114	203, 594
21.03.2002	8 U 117/01			2004, 386	217, 410
10.10.2002	8 U 13/02			2004, 912	442
30.01.2003	8 U 49/02			2005, 654	203, 594
30.01.2003	8 U 62/02			2005, 694	527
30.01.2003	8 U 159/01			2004, 792	563
13.02.2003	8 U 41/02			2005, 230	191, 299, 510
06.03.2003	8 U 22/02			2003, 1310	191, 378, 501, 508, 594
06.03.2003	8 U 105/02			2004, 1563	164, 194
20.03.2003	8 U 18/02			2003, 1579	389, 391, 426
10.04.2003	I-8 U 38/02			2004, 117	191, 593
25.04.2003	I-8 U 53/02			2004, 515	229, 564
08.04.2004	I-8 U 96/03			2005, 1737	14, 639
23.05.2005	I-8 U 82/04			2006, 977	249
21.07.2005	I-8 U 33/05			2006, 841	191
26.04.2007	I-8 U 37/05			2008, 534	48, 203, 267
13.12.2007	I-8 U 19/07			2009, 546	389, 437
21.02.2008	I-8 U 82/06			2009, 403	99, 278, 279
12.06.2008	I-8 U 129/07	MedR 2009, 285			99, 278, 299
15.07.2010	5 Sa 46/10	MedR 2011, 40			728
17.01.2012	24 U 78/11	NJW-RR 2012, 716			570

OLG Frankfurt/M.

Datum	Aktenzeichen		NJW	VersR	Randzahl(en)
10.02.1981	22 U 213/79		1981, 1322		456
22.09.1981	22 U 110/80			1983, 349	188
22.04.1982	1 U 203/81			1983, 879	310
05.06.1986	1 U 225/84			1987, 1118	209, 503
30.10.1986	1 U 196/86			1988, 57	389, 483
30.04.1987	1 U 172/81		1988, 1522 (LS)	1988, 1032 (red. LS)	485

Datum	Aktenzeichen		NJW	VersR	Randzahl(en)
18.02.1988	12 U 82/87			1989, 254	389
11.04.1989	14 U 102/87			1990, 659	191, 593
21.09.1989	1 U 12/88			1991, 185	180
06.04.1990	24 U 18/89			1991, 929	106, 121
14.03.1991	1 U 218/89			1992, 578	190, 616
12.03.1992	1 U 123/88			1993, 579	530
06.10.1992	8 U 26/92			1993, 1271	253
19.05.1993	13 U 16/92			1994, 942	19, 152
19.05.1993	13 U 138/92			1994, 986	628
27.05.1993	1 U 179/89			1994, 1474	594
15.03.1994	8 U 158/93			1995, 785	594
29.11.1994	8 U 146/93			1996, 584	594
03.03.1995	24 U 311/93			1996, 101	248
07.05.1996	8 U 5/96			1997, 1358	190, 192
06.05.2013	19 U 163/12	GesR 2013, 415			254
08.11.2013	25 U 79/12	GesR 2014, 230			410
22.07.1997	8 U 92/97			1998, 1378	196, 204, 208, 415
28.10.1997	8 U 80/97			1998, 1282	87, 546
07.04.1998	8 U 206/97			1999, 758	440
15.07.1998	20 W 224/98		1998, 2747		460
13.10.1998	8 U 70/98			1999, 1544	378
30.03.1999	8 U 219/98			2000, 853	191, 546, 590
08.07.1999	8 U 67/99		2000, 875	2000, 320	524
14.01.2003	8 U 135/01			2004, 1053	204, 403
23.09.2004	8 U 67/04			2006, 81	527
04.11.2008	8 U 158/08	GesR 2009, 196			701
23.12.2008	8 U 146/06	NJW-RR 2009, 1103			534
12.01.2009	8 W 78/08	GesR 2009, 502			681
02.07.2010	8 W 28/10	GesR 2010, 545			681

OLG Hamburg

Datum	Aktenzeichen		NJW	VersR	Randzahl(en)
23.01.1978	8 U 25/76				471
26.06.1987	1 U 49/86			1989, 147	309
19.08.1988	1 U 33/88			1989, 1295	483
23.12.1988	1 U 63/88			1989, 1296	227
05.04.1991	1 U 19/90			1992, 1405	530, 594
27.02.1998	1 U 131/97			1999, 316	389, 494
27.11.1998	1 U 182/97			2000, 190	396, 488, 626

OLG Hamm

Datum	Aktenzeichen		NJW	VersR	Randzahl(en)
29.11.1977	9 U 23/77			1979, 826	191, 593
07.02.1979	3 U 26/76			1980, 585	566
01.10.1979	3 U 90/79			1980, 1030	256
19.12.1979	13 U 268/78			1981, 686	389
19.03.1980	3 U 247/79				246
05.11.1980	3 U 67/80			1983, 564	203
26.11.1980	3 U 84/80			1983, 43	253
27.04.1981	3 U 307/81				295
04.11.1981	3 U 104/81			1983, 565	406
25.11.1981	3 U 142/81				521
27.01.1982	3 U 199/81				278
08.03.1982	3 U 130/81			1983, 957	467
28.06.1982	3 U 27/82			1983, 885	594
29.09.1982	3 U 288/80				381, 389
15.11.1982	3 U 149/82			1984, 91	222
25.01.1984	3 U 20/83			1985, 577	389
22.02.1984	3 U 222/83			1985, 1072	491
04.04.1984	3 U 247/82			1985, 598	389
30.05.1984	3 U 320/83			1986, 171	253
25.11.1984	3 U 20/83			1985, 577	129
19.12.1984	3 U 70/84			1986, 477	381, 389
29.05.1985	3 U 176/84			1987, 106	92
03.02.1986	3 U 123/85			1987, 509	389
04.05.1987	3 U 323/86			1988, 807	558

Datum	Aktenzeichen		NJW	VersR	Randzahl(en)
16.09.1987	3 U 303/86			1988, 1133	389, 429
16.11.1987	3 U 221/85			1989, 255	397, 593
07.12.1987	3 U 330/85			1989, 292	593
13.01.1988	3 U 338/86			1989, 293	203, 594
24.02.1988	3 U 124/87			1989, 480	559
06.07.1988	3 U 326/87			1989, 807	389
21.11.1988	3 U 74/88			1989, 1263	290
30.01.1989	3 U 28/88			1990, 52	195, 397
06.03.1989	3 U 201/88			1990, 660	191
29.05.1989	3 U 419/88			1990, 1120	191, 593
05.06.1989	3 U 351/88			1990, 855	385, 389, 425
18.09.1989	3 U 233/88			1991, 228	49, 121, 203
16.10.1989	3 U 440/88			1990, 1240	253
21.02.1990	3 U 429/88			1991, 585	220, 594, 600
26.03.1990	3 U 421/88			1991, 667	389, 467
07.05.1990	3 U 185/89			1991, 1026	253
17.09.1990	3 U 196/89			1992, 752 (LS)	191, 593
17.09.1990	3 U 338/89			1992, 833	389
05.11.1990	3 U 179/87			1992, 610	290, 363, 389
10.12.1990	3 U 39/90			1992, 834	195, 403
22.04.1991	3 U 129/85			1992, 876	356
28.10.1991	3 U 198/90			1992, 1473	431
20.01.1992	3 U 58/91			1993, 102	385, 389, 403, 421
05.02.1992	3 U 3/91			1993, 484	309
16.09.1992	3 U 283/91			1994, 729	575, 595
30.09.1992	3 U 13/92			1993, 1273	324
14.10.1992	3 U 94/92			1993, 1399	385
01.02.1993	3 U 65/92			1994, 730	594
24.02.1993	3 U 74/92			1994, 1967	580, 599
03.03.1993	3 U 269/92			1994, 815	461
22.03.1993	3 U 182/92			1995, 661	620
28.07.1993	3 U 257/92			1994, 1476	204
29.11.1993	3 U 228/92			1995, 341	594

Datum	Aktenzeichen		NJW	VersR	Randzahl(en)
01.12.1993	3 U 24/93			1995, 47	389
08.12.1993	3 U 80/93			1995, 709	488
16.03.1994	3 U 149/93			1994, 1304	559
09.05.1994	3 U 186/93			1995, 967	678
19.09.1994	3 U 289/92			1996, 197	582
21.09.1994	3 U 290/93			1996, 197	494
28.11.1994	3 U 80/94			1996, 332	662
22.02.1995	3 U 197/94			1995, 1440	440
08.03.1995	3 U 235/93			1996, 892	593, 594
15.05.1995	3 U 287/93			1996, 756	593, 594, 610
07.06.1995	3 U 248/94			1996, 1371	582, 597
22.04.1996	3 U 95/95			1997, 1359	203
12.06.1996	20 U 220/95			1997, 1342	193
24.06.1996	3 U 179/94			1997, 1403	375, 380, 400, 594
20.11.1996	3 U 31/96			1998, 104	190, 191, 267, 300, 590
16.12.1996	3 U 62/96			1998, 323	281
23.04.1997	3 U 10/96			1999, 488	594
28.04.1997	3 U 153/96			1998, 982	190
28.04.1997	3 U 239/96			1997, 1360	18
18.06.1997	3 U 173/96			1998, 1243	203, 558, 566
03.11.1997	5 U 137/97			1999, 100	203
26.11.1997	3 U 229/96			1999, 365	389 421
15.12.1997	3 U 50/97			1999, 452	161, 421
19.01.1998	3 U 162/97			1998, 1548	403, 436
04.02.1998	3 U 143/97			1999, 622	191, 593
25.02.1998	5 U 157/97			1998, 1511	203
27.04.1998	3 U 164/97			1999, 845	161, 191
20.05.1998	3 U 139/97			2000, 323	191, 559
26.08.1998	3 U 201/97			2000, 325	245
11.01.1999	3 U 131/98			2000, 1373	185, 596
27.01.1999	3 U 127/97		1999, 1787	1999, 1111	140, 312, 320, 328, 566
17.02.1999	3 U 41/98			2000, 101	190

Datum	Aktenzeichen		NJW	VersR	Randzahl(en)
26.04.1999	3 U 207/98		1999, 3421	2000, 767	397
20.10.1999	3 U 158/98			2001, 247	397, 559
06.12.1999	3 U 86/99			2001, 593	203, 594
17.01.2000	3 U 106/99			2001, 723	198
19.01.2000	3 U 14/99			2001, 189	203, 209
26.01.2000	3 U 100/99			2001, 249	654
15.03.2000	3 U 1/99			2001, 65	203
15.03.2000	3 U 171/99		2000, 3437	2000, 1509	181, 202, 204, 211
05.06.2000	3 U 233/99			2001, 1157	278
14.06.2000	3 U 244/99			2001, 461	191, 403
14.06.2000	3 U 202/99			2002, 98	191, 287
23.08.2000	3 U 229/99			2002, 315	192, 594
11.09.2000	3 U 109/99			2002, 192	431
06.02.2001	3 U 238/00			2003, 116	191, 593
28.02.2001	3 U 17/00			2002, 613	190, 678
19.03.2001	3 U 193/00				562, 564
02.04.2001	3 U 160/00			2002, 578	192, 590
09.05.2001	3 U 250/99			2002, 857	185, 431
05.09.2001	3 U 229/00		2002, 2649	2002, 1153	331, 335
24.10.2001	3 U 123/00			2003, 1132	191, 594
12.12.2001	3 U 119/00				563
06.02.2002	3 U 64/01			2003, 374	129, 203
06.02.2002	3 U 238//00			2003, 116	191
06.03.2002	3 U 134/01			2003, 1580	335
24.04.2002	3 U 8/01			2003, 1312	564
06.05.2002	3 U 31/01			2004, 516	594
06.11.2002	3 U 50/02			2004, 1321	582
29.01.2003	3 U 91/92			2005, 412	501, 563
21.05.2003	3 U 122/02			2004, 386	198, 203, 594
14.07.2003	3 U 128/02			2005, 837	630
07.07.2004	3 U 264/03			2005, 942	198
26.01.1005	3 U 161/04			2006, 842	517, 616
18.04.2005	3 U 259/04		MedR 2006, 649		559, 628

Datum	Aktenzeichen		NJW	VersR	Randzahl(en)
15.08.2005	3 W 22/05	MedR 2006, 43			727
16.01.2006	3 U 207/02			2006, 353	52, 232, 267
01.02.2006	3 U 182/05			2007, 1525	94
15.03.2006	3 U 131/05			2007, 1129	363, 383, 600
29.03.2006	3 U 263/05			2006, 1511	426
20.01.2010	1 W 85/09	MedR 2010, 640			681
17.02.2010	3 W 4/10	GesR 2010, 254			725
12.05.2010	3 U 134/09			2011, 625	403, 474, 493, 620
29.09.2010	3 U 169/09			2011, 758	389, 415
02.03.2011	3 U 92/10			2012, 493	191, 591
30.05.2011	3 U 205/10			2011, 1451	426
06.02.2013	14 U 7/12		2013, 1167		144
11.03.2013	3 U 162/12	GesR 2013, 409			190
21.05.2013	26 U 140/12	GesR 2013, 475			283
29.07.2013	3 U 26/13	GesR 2014, 21			190
12.08.2013	3 U 57/13	MedR 2014, 103			630
17.12.2013	26 U 54/13	GesR 2014, 234			403
21.02.2014	26 U 28/13	GesR 2014, 492			191
17.08.2011	32 W 15/11	GesR 2012, 46			681

OLG Jena

Datum	Aktenzeichen		NJW	VersR	Randzahl(en)
24.02.1999	4 U 1245/98			2000, 637	190, 565
23.05.2007	4 U 437/05			2008, 401	89, 203, 285
03.09.2009	4 W 373/09	GesR 2009, 613			681

Datum	Aktenzeichen		NJW	VersR	Randzahl(en)
31.05.2011	4 U 635/10	MedR 2012, 266			678
05.06.2012	4 U 488/11	GesR 2012, 500			249

OLG Karlsruhe

Datum	Aktenzeichen		NJW	VersR	Randzahl(en)
30.01.1980	7 U 28/79				593
17.06.1986	13 U 117/84			1987, 1147	375
15.10.1986	13 U 129/84			1987, 1247	225
25.01.1989	7 U 155/87			1990, 53	77, 82, 209, 685
10.10.1990	7 U 12/89			1991, 1177	293, 298
03.03.1993	7 U 180/91			1994, 860	483
08.09.1993	7 U 41/91			1994, 604	203
23.03.1994	7 U 193/92			1996, 62	160
06.04.1994	13 U 46/93			1996, 463	594
02.08.1995	13 U 44/94			1997, 241	385
07.08.1996	7 U 251/93				593, 631
19.03.1997	13 U 42/96			1998, 718	438, 466
08.10.1997	7 U 61/96		1998, 1800		620
11.03.1998	7 U 214/96			2000, 229	203, 593
18.03.1998	13 U 75/97			1999, 718	350
15.07.1999	12 U 288/98			2000, 365	15
07.06.2000	13 U 78/98			2001, 860	487
16.05.2001	7 U 46/99			2003, 116	46, 48
20.06.2001	13 U 70/00			2002, 1426	150
11.01.2002	13 W 178/01			2003, 374	725
11.09.2002	7 U 102/01			2004, 244	217, 410, 594
23.04.2004	7 U 1/03			2005, 1246	191, 593
13.10.2004	7 U 122/03			2005, 1587	101
08.12.2004	7 U 163/03				718
22.12.2004	7 U 4/03			2006, 515	492
24.06.2005	7 W 28/05	GesR 2005, 555			646
12.10.2005	7 U 132/04		2006, 1442		639
01.02.2006	13 U 134/04			2006, 936	153

Datum	Aktenzeichen		NJW	VersR	Randzahl(en)
11.08.2006	14 U 45/04			2007, 245	14
21.05.2008	7 U 158/07			2009, 831	203, 599
07.04.2010	7 U 114/09	GesR 2010, 367			698
14.09.2012	13 W 93/12				681
19.09.2012	13 W 90/12	GesR 2013, 50			712
31.07.2013	7 U 91/12	GesR 2013, 662			195
29.01.2014	7 U 163/12	GesR 2012, 682		2014, 710	463
09.04.2014	7 U 124/12	GesR 2014, 494			436

OLG Koblenz

Datum	Aktenzeichen		NJW	VersR	Randzahl(en)
24.01.1980	5 U 1033/78			1981, 754	359
24.06.1982	5 U 570/79			1984, 371	329
17.10.1986	10 U 784/84			1988, 41	191, 593
22.09.1987	3 U 1632/86			1988, 1135	483
28.01.1988	5 U 1261/85			1989, 196	140
09.05.1989	3 U 1621/89			1990, 489	389, 483
13.06.1990	5 U 860/88			1991, 1376	298
12.06.1991	1 U 1851/89			1992, 963	389, 483
03.03.1993	7 U 180/91			1994, 860	389
20.01.1995	8 U 695/90			1996, 855	161
14.06.1995	5 W 228/95			1996, 1277	532
28.06.1995	7 U 520/94		1990, 1600	1996, 1507	593
02.08.1995	13 U 44/94			1997, 241	467
30.04.1997	5 U 262/96			1998, 897	649
11.07.1997	10 U 15/97			1998, 1256	215
26.06.1997	5 U 1825/96		1998, 3425	1998, 1283	29, 38
31.07.1998	10 U 629/97			1999, 1420	245
02.12.1998	1 U 1826/97			2000, 230	204, 397, 406
02.03.1999	3 U 328/97		1999, 3419	1999, 759	140, 397, 402, 415

Datum	Aktenzeichen		NJW	VersR	Randzahl(en)
24.08.1999	3 U 1078/95		2000, 3435	2001, 111	196, 378
26.07.2000	1 U 1606/98			2001, 897	48, 98, 105, 106
17.04.2001	3 U 1158/96				529
21.06.2001	5 U 1788/00			2003, 253	627
29.11.2001	5 U 1382/00			2003, 1313	40, 391, 429, 442, 463
05.06.2003	5 U 219/03				716
07.08.2003	5 U 1284/02			2004, 246	620
15.01.2004	5 U 1145/03			2004, 1323	87, 499, 594
01.04.2004	5 U 44/03			2004, 1564	385, 389, 406
13.05.2004	5 U 41/03			2005, 118	389, 483
05.07.2004	12 U 572/97		2005, 1200	2005, 1738	203, 593, 594
17.02.2005	5 U 349/04			2005, 655	132
03.03.2005	5 U 12/05			2005, 1400	153
14.04.2005	5 U 1610/04			2006, 123	361, 573
20.07.2005	5 U 47/06			2007, 1698	278
20.10.2005	5 U 1330/04			2006, 704	190
24.10.2005	5 W 656/05			2006, 1140	711
13.07.2006	5 U 290/06		2006, 2928	2007, 796	191, 375, 456, 621
20.07.2006	5 U 47/06			2007, 1698	203
20.07.2006	5 U 180/06			2007, 651	403
27.07.2006	5 U 212/05			2007, 544	501, 616
31.08.2006	5 U 588/06			2006, 1547	191, 590
12.10.2006	5 U 456/06			2007, 111	203, 403
30.11.2006	5 U 209/06			2007, 1565	191, 590
30.11.2006	5 U 784/06			2007, 396	593, 594, 608
03.05.2007	5 U 567/05			2008, 222	203, 403
24.05.2007	5 U 1735/06			2008, 355	185
14.06.2007	5 U 1370/06			2008, 492	190
20.07.2007	5 U 880/07			2008, 123	284, 642
30.08.2007	5 U 625/07			2008, 780	431
20.09.2007	5 U 899/07			2008, 646	582
18.10.2007	5 U 1523/06			2008, 404	378

Datum	Aktenzeichen		NJW	VersR	Randzahl(en)
22.10.2007	5 U 1288/07			2008, 690	161, 431, 476, 618
10.01.2008	5 U 1508/07			2008, 923	203
21.02.2008	5 U 1309/07		2008, 1679	2008, 538	15
03.03.2008	5 U 1343/07			2008, 1217	253
10.04.2008	5 U 1440/06			2008, 980	203, 280, 378
24.04.2008	5 U 1236/07			2008, 1071	290
28.05.2008	5 U 280/08			2009, 365	253, 375
12.06.2008	5 U 1630/07			2008, 1651	190, 400, 559
12.06.2008	5 U 1198/07			2009, 70	389, 508
30.10.2008	5 U 576/07			2009, 833	150, 203
11.12.2008	5 U 685/08	MedR 2011, 46			589
15.01.2009	5 U 674/08			2010, 1040	631
05.02.2009	5 U 854/08			2010, 356	48, 594
12.02.2009	5 U 927/06			2009, 1077	203, 508
26.02.2009	5 U 1212/07			2010, 1452	203, 588, 594
09.04.2009	5 U 621/08			2010, 770	403, 618
07.05.2009	5 U 478/09			2010, 1184	191, 590
18.06.2009	5 U 319/09			2009, 1542	14
24.07.2009	5 U 510/09	MedR 2011, 820			701
22.10.2009	5 U 662/08		2010, 1759	2010, 629	436, 566
29.10.2009	5 U 55/09			2010, 480	203, 594, 631
06.01.2010	5 U 949/09			2010, 908	397
25.03.2010	5 U 1514/07			2011, 403	534
09.04.2010	5 U 154/10			2011, 79	7, 135
10.06.2010	5 U 1461/08			2011, 1149	403
21.07.2010	5 U 761/10			2011, 225	225, 631
08.11.2010	5 U 601/10			2011, 759	548
10.03.2011	5 U 1281/10			2011, 1268	203, 594
07.04.2011	5 U 1190/10			2012, 238	421
25.08.2011	5 U 670/10			2013, 111	203, 582
29.08.2011	5 U 481/11			2012, 446	15
01.09.2011	5 U 862/11			2012, 728	15

Datum	Aktenzeichen		NJW	VersR	Randzahl(en)
01.12.2011	5 U 95/10	MedR 2013, 439			586, 593
27.12.2011	5 U 698/11	GesR 2013, 52			191
30.01.2012	5 U 857/11			2012, 1041	183
15.02.2012	5 U 1011/11			2012, 1317	681
19.03.2012	5 U 1260/11			2013, 462	418
03.04.2012	5 U 1497/11			2012, 1444	616
20.06.2012	5 U 1450/11			2012, 1304	403
22.08.2012	5 U 496/12			2013, 61	389
26.09.2012	5 U 783/12	MedR 2013, 443			592
16.10.2012	5 U 931/12			2013, 1400	10
28.11.2012	5 U 420/12			2013, 1446	389
19.12.2012	5 U 710/12			2013, 236	403
02.01.2013	5 U 693/12	GesR 2013, 159			249
24.01.2013	4 W 645/12	MedR 2013, 379			681
19.02.2013	5 U 1428/12	GesR 2013, 733-			566
26.02.2013	5 U 1474/12			2014, 251	493
27.02.2013	5 U 76/13			2014, 711	279
12.04.2013	5 U 4/13			2014, 207	511
08.05.2013	5 U 1536/11			2014, 1005	620
21.08.2013	5 U 256/13			2014, 883	704
09.10.2013	5 U 746/13	GesR 2013, 664			470

OLG Köln

Datum	Aktenzeichen		NJW	VersR	Randzahl(en)
24.11.1983	7 U 63/82			1984, 1078	253
18.03.1985	7 U 219/83			1987, 187	312
19.12.1985	7 W 49/85			1985, 791	645
18.12.1986	7 U 160/86			1988, 140	566
22.01.1987	7 U 307/86			1988, 384	389, 483
26.03.1987	7 U 320/86			1988, 744	543

Datum	Aktenzeichen		NJW	VersR	Randzahl(en)
19.10.1987	7 U 131/86			1988, 1274	501
09.11.1988	27 U 77/88			1989, 372	28
19.12.1988	7 U 158/87			1989, 632	389
19.04.1989	27 U 61/88			1990, 663	483
20.04.1989	7 U 20/88			1990, 856	195, 507, 512
21.06.1989	27 U 156/88			1990, 1240	249, 566
20.09.1989	27 U 158/88			1990, 1242	283
04.10.1989	27 U 110/89			1991, 339	65
29.11.1989	27 U 111/89			1991, 311	203
28.03.1990	27 U 125/89			1991, 669	586
02.04.1990	27 U 140/88			1991, 695	203
06.06.1990	27 U 12/90			1991, 1288	590
04.07.1990	27 U 86/89			1992, 452	187, 306
13.11.1990	3 U 1197/85			1992, 752	282
10.04.1991	27 U 35/90			1992, 1231	55, 378, 508
12.06.1991	27 U 25/90			1992, 1003	191, 593
30.10.1991	27 U 86/91			1992, 1517	249
04.12.1991	27 U 23/90			1993, 190	191
11.12.1991	27 U 58/91			1993, 361	188
05.01.1992	27 U 42/89			1992, 1005	191
09.03.1992	27 U 110/91			1993, 441	17
18.03.1992	27 U 178/89			1992, 1518	389
25.03.1992	27 U 113/91			1992, 1233	389
02.12.1992	27 U 103/91			1993, 1487	270
02.12.1992	27 U 74/92			1993, 1529	593
28.04.1993	27 U 144/92			1994, 987	290, 363
19.05.1993	27 U 1/93			1994, 107	18
14.07.1993	27 U 13/93			1993, 1157	267, 281, 300
15.11.1993	27 U 231/92			1994, 1424	501, 616
22.12.1993	27 U 3/93			1994, 1425	251
10.03.1994	5 U 21/94			1995, 513	129
21.03.1994				1996, 464	161
14.11.1994	12 U 1830/93			1996, 908	681
21.11.1994	5 U 175/94			1995, 1235	161
26.01.1995	5 U 40/94			1996, 586	400

Datum	Aktenzeichen		NJW	VersR	Randzahl(en)
29.06.1995	5 U 288/94			1996, 1413	483
28.09.1995	5 U 174/94			1996, 856	225, 595
18.12.1995	5 U 183/94			1997, 366	594
22.05.1996	5 U 154/94			1997, 1280	709
21.08.1996	5 U 286/94			1997, 1404	102, 120, 203, 217, 234, 595
25.09.1996	5 U 63/96			1997, 1491 (LS)	389
27.11.1996	5 U 150/96			1998, 106	362
04.12.1996	5 U 68/96			1998, 243	195, 397, 406
16.12.1996	5 U 256/94			1997, 1102	191, 229, 367, 370
17.02.1997	5 U 112/96			1997, 1534	382, 389, 480
12.03.1997	5 U 55/94			1998, 767	161
11.06.1997	5 U 15/96			1998, 1156 (LS)	375, 400
23.07.1997	5 U 44/97			1998, 244	191, 203, 594
21.08.1997	5 W 58/97			1998, 1510	229
15.09.1997	5 U 43/96			1998, 1510	389
22.10.1997	5 U 80/97			1999, 96	194
03.11.1997	5 U 98/97		1998, 3422	1999, 98	351, 416, 483
26.11.1997	5 U 90/97			1999, 624	253
26.11.1997	5 U 226/96			1999, 366	191
25.02.1998	5 U 144/97			1998, 1026	559
25.02.1998	5 U 157/97			1998, 1511	203, 594
22.04.1998	5 U 12/96			1999, 303	593
22.04.1998	5 U 144/96			1999, 491	16
22.04.1998	5 U 232/96			1999, 374	389, 483
05.05.1998	13 U 208/97			1998, 1249	362
19.08.1998	5 U 103/97			1999, 968	171
30.09.1998	5 U 122/97			1999, 1498	403
25.11.1998	5 U 132/98			2000, 103	198, 559
09.12.1998	5 U 147/97			2000, 361	394, 423, 429
21.12.1998	5 U 121/98			2000, 493	389, 402, 410
21.12.1998	5 U 165/97			2000, 492	375
03.02.1999	5 U 118/98			1999, 1371	195, 375, 543

Datum	Aktenzeichen		NJW	VersR	Randzahl(en)
28.04.1999	5 U 15/99			2000, 974	203, 566
16.06.1999	5 U 160/97			2000, 1150	80, 245, 378
16.06.1999	5 U 24/99			2000, 1509	403
04.08.1999	5 U 9/98			2001, 66	630
04.08.1999	5 U 19/99			2000, 767	203, 378
20.12.2000	5 U 234/98			2002, 42	191
23.01.2002	5 U 85/01			2003, 860	191
30.01.2002	5 U 106/01			2003, 1444	203
13.02.2002	5 U 95/01			2004, 1459	191, 594
05.06.2002	5 U 226/01			2004, 794	192
07.08.2002	5 W 98/02			2003, 375	725
11.09.2002	5 U 230/00			2004, 1055	203
23.10.2002	5 U 4/02			2004, 1181	136, 403, 464
30.11.2002	5 U 106/01			2003, 1444	203, 566
12.03.2003	5 U 52/02			2003, 795	389
23.03.2005	5 U 144/04			2005, 1589	383
28.05.2003	5 U 77/01			2004, 247	204, 609
01.06.2005	5 U 91/03			2006, 124	403
20.07.2005	5 U 200/04			2005, 174	190
25.04.2007	4 U 180/05			2008, 1072	389, 483
14.04.2008	5 U 135/07			2009, 261	391
21.04.2008	5 U 116/07			2009, 405	383
28.04.2008	5 U 192/07			2009, 1119	395, 483
26.05.2008	5 U 175/07			2009, 1543	365
16.06.2008	5 U 238/07	NJW-RR 2009, 569			728
25.08.2008	5 U 243/07			2009, 785	418
25.08.2008	5 U 243/07			2009, 362	35
03.09.2008	5 U 51/08			2009, 1670	280, 453, 465
06.10.2008	5 U 84/08			2009, 834	421
29.10.2008	5 U 88/08			2009, 1269	389, 397, 406
01.12.2008	5 U 86/08			2009, 982	453, 491
21.12.2008	5 W 58/08			2009, 1287	681
18.02.2009	5 U 101/07			2010, 117	359, 582
21.12.2009	5 U 52/09			2010, 1606	15, 426, 429

Datum	Aktenzeichen		NJW	VersR	Randzahl(en)
13.01.2010	5 U 41/09			2010, 1454	48
25.01.2010	5 W 39/09			2011, 884	14
10.02.2010	5 U 120/09			2011, 226	389, 410
08.03.2010	5 U 116/09			2011, 1452	279
17.03.2010	5 U 51/09			2011, 81	280, 401, 465
05.05.2010	5 W 10/10	MedR 2011, 290			568
16.09.2010	5 W 30/10			2011, 674	153
22.09.2010	5 U 211/08			2011, 760	203, 378
20.07.2011	5 U 206/07			2012, 109	191, 582, 593
08.11.2010	5 U 31/10			2011, 1011	161, 406
12.01.2011	5 U 37/10			2012. 1565	431
25.05.2011	5 U 174/08			2012, 239	203, 403
18.07.2011	5 U 56/11			2012, 494	436
21.09.2011	5 U 11/11			2012, 1305	593
21.09.2011	5 U 188/10			2012, 1445	403
04.10.2011	5 U 184/10			2012, 863	442
23.11.2011	5 W 40/11	GesR 2012, 172			681
04.04.2012	5 U 99/11	GesR 2012, 507			397
18.04.2012	5 U 172/11	MedR 2013, 47			627
20.04.2012	5 U 215/11	MedR 2013, 446			529
30.04.2012	5 U 246/11	GesR 2012, 684			441
06.06.2012	5 U 28/10			2013, 237	558, 631
13.06.2012	5 U 18/11			2013, 1447	203
27.06.2012	5 U 38/10			2013, 113	203, 586
01.08.2012	5 U 234/11	GesR 2013, 411			488
08.08.2012	5 U 52/10			2013, 907	359
27.08.2012	5 U 52/12	MedR 2014, 28			15
13.11.2012	5 U 69/12			2013, 463	566, 620

Datum	Aktenzeichen		NJW	VersR	Randzahl(en)
19.11.2012	5 U 114/12			2013, 1177	410
19.11.2012	5 U 102/12	MedR 2013, 532			190
25.02.2013	5 U 152/12	MedR 2014, 399			566
26.06.2013	5 U 8/13			2014, 633	559
07.08.2013	5 U 92/12			2014, 106	573
25.09.2013	5 U 7/13			2014, 1005	590
13.11.2013	5 U 74/13			2014, 751	440

OLG München

Datum	Aktenzeichen		NJW	VersR	Randzahl(en)
07.02.1979	3 U 1789/76			1980, 7	454
01.04.1980	25 U 2804/79				216
28.10.1981	20 U 1959/80			1983, 930	389
28.07.1983	1 U 1459/83		1984, 1412		418
25.09.1986	24 U 329/85			1988, 523	346, 348, 378
19.02.1987	24 U 179/86			1988, 746	359
26.04.1989	27 U 68/88			1991, 471	168, 387
18.01.1990	1 U 3574/89			1991, 190	475, 514
15.02.1990	1 U 2016/87			1991, 586	121, 203, 594
05.04.1990	1 U 5542/89			1990, 1398	389
18.04.1991	1 U 6202/90			1992, 834	483
06.06.1991	24 U 590/89			1992, 964	593
14.11.1991	1 U 5850/90			1993, 103	195
12.12.1991	1 U 3075/91			1993, 362	195, 512
06.02.1992	1 U 4654/91			1992, 1407	530
11.06.1992	1 U 2395/90				278
26.11.1992	1 U 6976/91			1993, 1488	438, 483
17.06.1993	1 U 6626/92			1993, 1400	267, 300
06.08.1993	24 U 645/90			1994, 1345	380, 443
30.09.1993	24 U 566/90			1993, 1529	403, 426
27.01.1994	1 U 2040/93			1994, 1113	270
05.05.1994	1 U 6456/91			1994, 1240	593
23.06.1994	1 U 7286/93			1995, 95	389

Datum	Aktenzeichen		NJW	VersR	Randzahl(en)
14.07.1994	24 U 571/92			1996, 379	224
27.10.1994	24 U 364/89			1996, 63	529, 536, 549, 594
30.03.1995	1 U 3458/94			1996, 102	389, 483
10.05.1995	3 U 6367/94			1997, 314	559
09.11.1995	1 U 4325/94			1997, 452	195, 397, 488
25.04.1996	24 U 742/95			1997, 1281	395
20.06.1996	1 U 4529/95			1997, 977	40, 97, 99, 102, 233, 271, 508, 595
24.10.1996	24 U 124/96		1997, 1642	1997, 1491	203, 250, 716
06.11.1996	1 U 2733/96			1998, 195	204
09.11.1996	1 U 4325/94				488
23.01.1997	24 U 804/93			1997, 577	290, 594
13.02.1997	1 U 2506/96			1998, 588	204
01.04.1999	1 U 2676/95			2000, 767	203, 378
10.01.2002	1 U 2373/01			2002, 985	161, 566
14.02.2002	1 U 3495/01			2002, 717	308, 385, 438, 443
11.04.2002	24 U 442/99			2003, 600	161
30.09.2004	1 U 3940/03			2006, 705	530
16.01.2006	1 W 2713/06			2007, 1130	523
01.02.2006	1 U 4756/05	MedR 2006, 596			647
06.04.2006	1 U 4142/05		2006, 1883		81, 585
10.08.2006	1 U 2438/06	MedR 2007, 361			608
21.09.2006	1 U 2161/06			2007, 797	101, 595
27.10.2006	1 W 2277/06	MedR 2007, 359			681
09.10.2008	1 U 2500/08			2009, 982	524
23.10.2008	1 U 2046/08			2009, 503	378
12.03.2009	1 U 2709/07			2009, 1408	191
08.07.2010	1 U 4550/08			2012, 111	203, 501, 508
25.03.2011	1 U 4594/08			2011, 885	560, 566

Datum	Aktenzeichen		NJW	VersR	Randzahl(en)
16.02.2012	1 U 4433/11	juris			703
31.05.2012	1 U 3884/11	MedR 2013, 604			423
06.06.2013	1 U 319/13	GesR 2013, 618			566
08.08.2013	1 U 4124/12	GesR 2013, 665			203
22.08.2013	1 U 3971/12	GesR 2013, 620			566

OLG Naumburg

Datum	Aktenzeichen		NJW	VersR	Randzahl(en)
29.04.1997	9 U 266/96			1998, 983	280, 288
26.05.1998	11 U 2100/97			1999, 1244	350
12.12.2000	1 U 72/00			2001, 341	153
18.12.2003	1 W 7/03				678
05.04.2004	1 U 105/03			2004, 1460	164
14.09.2004	1 U 97/03			2005, 1401	87, 203, 278
06.06.2005	1 U 7/05			2006, 979	195, 397
04.10.2007	1 U 11/07			2008, 224	453
20.12.2007	1 U 95/06			2008, 442	403
28.02.2008	1 U 53/07			2008, 1494	397
13.03.2008	1 U 83/07			2008, 1073	190, 204, 502
14.08.2008	1 U 8/08	MedR 2009, 292			375, 588
25.06.2009	1 U 27/09			2010, 73	191
20.08.2009	1 U 86/08			2010, 216	594
12.11.2009	1 U 59/09		2010, 1758	2010, 1185	421
13.11.2009	10 W 64/09	GesR 2010, 203			681
17.12.2009	1 U 41/09			2010, 1041	192, 253, 568
12.01.2010	1 U 77/09	GesR 2010, 318			665
04.11.2010	5 W 1771/10	MedR 2011, 666			681

Datum	Aktenzeichen		NJW	VersR	Randzahl(en)
26.01.2012	1 U 45/11	GesR 2012, 762			517
06.06.2012	1 W 25/12	GesR 2013, 56			646
12.07.2012	1 U 43/12	GesR 2013, 58			566
26.11.2012	1 W 62/12	GesR 2013, 228			646
20.12.2012	1 U 120/11	MedR 2014, 320			493
09.11.2010	1 U 44/10			2011, 1014	425, 704
15.11.2011	1 U 31/11	GesR 2012, 310			563
15.03.2012	1 U 83/11			2012, 1568	403
12.06.2012	1 U 119/11	MedR 2013, 302			566
27.02.2013	1 U 145/12	GesR 2013, 624			639
06.06.2013	1 U 108/12			2014, 70	403
22.08.2013	1 U 118/11			2014, 591	455

OLG Nürnberg

Datum	Aktenzeichen		NJW	VersR	Randzahl(en)
16.09.1986	3 U 2021/84			1988, 299	375
09.04.1991	3 U 2178/90			1992, 754	389, 462
12.11.1991	3 U 2562/91			1993, 104	190
08.03.1994	3 U 2842/91			1995, 1057	191, 224
28.06.1995	4 U 3943/94			1996, 1372	385, 421, 439
02.08.1995	13 U 44/94			1997, 241	385
14.12.1998	5 U 2597/98			1999, 1545	191
27.05.2002	5 U 4225/00			2003, 1444	412
15.02.2008	5 U 103/06			2009, 71	403, 421, 625
25.07.2008	5 U 124/08			2009, 786	419
06.10.2008	5 W 790/08	MedR 2009, 413			681
14.11.2008	5 U 1148/08		2009, 1757	2009, 547	332
12.12.2008	5 U 953/04			2009, 1079	191

OLG Oldenburg

Datum	Aktenzeichen		NJW	VersR	Randzahl(en)
11.06.1982	6 U 6/82			1983, 888	203, 406
04.11.1983	6 U 75/83			1985, 274	389
20.01.1984	6 U 178/79			1986, 69	389
14.02.1986	6 U 144/85			1987, 1022	140
07.03.1986	6 U 224/85			1987, 390	559
16.01.1987	6 U 3/86			1988, 408	389
04.05.1988	3 U 89/87			1989, 402	182, 212
01.06.1988	3 U 56/88			1989, 481	191
12.10.1988	3 U 86/88			1989, 1300	44, 94
31.05.1989	3 U 65/88			1990, 742	355, 389
30.01.1990	5 U 72/89			1991, 229	195, 668
15.05.1990	5 U 114/89			1991, 1177	568, 191, 594
15.05.1990	5 U 152/89			1991, 1242	389
29.05.1990	5 U 163/89			1991, 1243	605
15.06.1990	5 U 43/89			1991, 1139	594
26.06.1990	5 U 23/90			1991, 1027	614
24.07.1990	5 U 149/89			1992, 453	594
18.12.1990	5 U 82/90			1991, 1141	590
03.12.1991	5 U 25/91			1993, 753	594
28.01.1992	5 U 85/91			1993, 362	400
18.02.1992	5 U 44/90			1993, 580	389
27.10.1992	5 U 63/92			1993, 1235	574, 594
03.03.1993	5 W 20/93			1993, 1357	222
06.04.1993	5 U 193/92			1994, 178	593
20.04.1993	5 U 2/93			1994, 54	559
08.06.1993	5 U 14/93			1994, 180	293
15.06.1993	5 U 10/93			1994, 221	441, 449
27.07.1993	5 U 49/93			1995, 49	171, 188
26.10.1993	5 U 70/93			1994, 1348	309, 327, 378
23.11.1993	5 U 111/93			1994, 1325	451
15.03.1994	5 U 115/93			1995, 786	389, 559
29.03.1994	5 U 132/93			1994, 1241	593
12.04.1994	5 U 109/93			1994, 1478	223

Datum	Aktenzeichen		NJW	VersR	Randzahl(en)
02.08.1994	5 U 64/94			1995, 1194	566
20.09.1994	5 U 34/94			1995, 218	594
08.11.1994	5 U 96/94			1995, 1237	594
25.04.1995	5 U 186/94			1996, 1111	51, 389, 450
17.10.1995	5 U 65/95			1997, 192	626
24.10.1995	5 U 78/95			1997, 317	191
07.11.1995	5 U 94/95				715
21.11.1995	5 U 92/95			1997, 318	680
16.01.1996	5 U 17/95			1997, 1236	104, 106, 203, 278, 594
06.02.1996	5 U 113/95			1997, 491	410
20.02.1996	5 U 146/95				590
19.03.1996	5 U 164/95			1997, 117	253
09.04.1996	5 U 158/95			1997, 749	595
21.05.1996	5 U 7/96			1997, 193	225, 312
25.06.1996	5 U 170/95			1997, 978	389, 397, 466
01.10.1996	5 U 88/96		1997, 1642	1997, 1493	389
12.11.1996	5 U 60/96			1997, 1535	403
14.01.1997	5 U 139/95			1997, 1405	191, 194, 203, 593
18.02.1997	5 U 176/96			1998, 57	190, 379
18.03.1997	5 U 82/95			1997, 720	191, 194, 223
18.03.1997	5 U 3/96			1998, 636	660
25.03.1997	5 U 184/96			1998, 769	446
25.03.1997	5 U 186/96			1998, 854	426, 705
27.05.1997	5 U 187/96			1998, 1110	223, 363
27.05.1997	5 U 3/97			1998, 1156	485, 639
14.10.1997	5 U 45/97			1998, 1381	641
14.10.1997	5 U 98/97			1999, 63	203, 574
28.10.1997	5 U 191/96			1999, 1284	203, 594
25.11.1997	5 U 71/91			1999, 319	503
25.11.1997	5 U 66/97			1999, 318	191, 593, 610
25.11.1997	5 U 64/97			1999, 317	599
02.12.1997	5 U 79/97			1998, 595	203
23.12.1997	5 U 75/97			1999, 452	280

Datum	Aktenzeichen		NJW	VersR	Randzahl(en)
10.03.1998	5 U 2/98			1999, 367	543
24.03.1998	5 U 111/97			1999, 761	161
17.06.1998	5 U 21/97			1998, 1285	124, 389, 397, 494
04.08.1998	5 U 66/98			1999, 1422	389, 394, 465, 483
03.11.1998	5 U 67/98			2000, 59	327
12.01.1999	5 U 154/98			1999, 848	639
16.02.1999	5 U 133/98			2000, 61	397
02.03.1999	5 U 176/98			1999, 1499	191, 375
16.03.1999	5 U 194/98			2000, 191	161, 195, 304, 375, 397
30.03.1999	5 U 167/98			2000, 232	483
20.04.1999	5 U 188/98			1999, 1423	583, 593, 608
11.05.1999	5 U 14/99			2000, 976	549
10.08.2001	6 U 41/01			2002, 1385	253
14.08.2001	5 U 36/01			2002, 1028	273
30.05.2000	5 U 218/99			2001, 1381	426
03.12.2002	5 U 100/00			2003, 1544	236, 572, 595
30.03.2005	5 U 66/03			2006, 517	397
11.05.2005	5 U 163/04	MedR 2008, 295			418
23.08.2006	5 U 31/06			2007, 1277	548
28.02.2007	5 U 147/05			2007, 1567	203
04.07.2007	5 U 31/05			2007, 1699	203
13.11.2007	5 W 133/07	GesR 2008, 163			681
14.11.2007	5 U 61/07			2008, 1652	407
30.01.2008	5 U 92/06			2008, 691	500
06.02.2008	5 U 30/07			2008, 924	203
27.02.2008	5 U 22/07			2008, 781	14
25.06.2008	5 U 10/08			2008, 1496	389
29.06.2008	5 U 27/08			2010, 231	14
23.07.2008	5 U 28/08	MedR 2011, 163			616
12.12.2008	5 W 91/08			2009, 1120	566

Datum	Aktenzeichen		NJW	VersR	Randzahl(en)
27.05.2009	5 U 43/08			2010, 1221	431, 442
10.03.2010	5 U 141/09			2010, 772	160
30.06.2010	5 U 15/10			2010, 1654	11
23.09.2010	5 U 111/10			2011, 1269	218, 566
08.11.2010	5 U 89/10			2011, 1401	46, 233
14.12.2011	5 U 183/11		2012, 1597	2012, 764	32

OLG Rostock

Datum	Aktenzeichen		NJW	VersR	Randzahl(en)
21.12.2012	5 U 170/11			2013, 465	203, 590

OLG Saarbrücken

Datum	Aktenzeichen		NJW	VersR	Randzahl(en)
10.06.1987	1 U 97/85			1988, 831	328
10.06.1987	1 U 103/85			1988, 916	500
30.05.1990	1 U 69/89			1991, 1289	205, 558
13.06.1990	1 U 145/86			1992, 52	176, 406
07.08.1991	1 U 202/90			1992, 1359	191
21.07.1999	1 U 9261/98-168			2000, 1241	590
12.07.2000	1 U 1082/99-263			2002, 193	720
27.02.2002	5 U 804/98-71			2002, 1015	216

OLG Schleswig

Datum	Aktenzeichen		NJW	VersR	Randzahl(en)
24.04.1985	4 U 84/82			1987, 419	309
14.02.1988	4 U 87/86			1989, 1301	195
12.07.1989	4 U 120/88			1990, 1121	203
27.02.1991	1 U 98/90			1992, 756	621
24.02.1993	4 U 18/91			1994, 310	588
13.01.1995	4 U 243/86			1996, 634	389, 637
26.06.1996	4 U 143/94			1997, 831	161
04.12.1996	4 U 146/95				594
07.05.1997	1 U 771/96		1998, 828		18
12.01.2001	4 U 71/97			2000, 1544	397
08.06.2001	4 U 28/00			2001, 1516	501, 564
06.06.2003	4 U 70/02				566

Datum	Aktenzeichen		NJW	VersR	Randzahl(en)
01.08.2008	4 U 52/08	NJW-RR 2009, 727			727
25.01.2012	4 U 103/10	GesR 2012, 312			723

OLG Stuttgart

Datum	Aktenzeichen		NJW	VersR	Randzahl(en)
21.06.1978	1 U 42/77			1979, 849	491
28.11.1979	1 U 41/79			1981, 641	521
28.05.1980	1 U 38/79			1983, 278	389, 479
17.12.1985	12 U 9/85			1987, 515	375, 389
30.05.1986	14 U 9/85			1987, 421	593
25.08.1987	10 U 228/85			1988, 832	389, 429
17.12.1987	14 U 21/88			1988, 137	559
24.01.1988	14 U 8/87			1989, 199	203
14.04.1988	14 U 16/87			1988, 695	433
19.05.1988	14 U 34/87			1989, 519	397
17.12.1988	12 U 9/85			1987, 515	471
14.01.1989	14 U 8/87			1989, 199	203, 594
23.03.1989	14 U 41/87			1990, 858	253, 298, 368, 588
20.07.1989	14 U 21/88			1990, 385	203, 559, 594
08.02.1990	14 U 19/89			1991, 229	640, 670
15.03.1990	14 U 38/87			1992, 55	94, 114, 614
10.05.1990	14 U 56/89			1991, 1141	31, 399
21.06.1990	14 U 3/90			1991, 21	593
17.12.1990	14 W 5/90			1991, 1027	711
26.09.1991	14 U 8/91			1992, 1361	191
06.02.1992	14 U 1/91			1992, 1134	203, 594
23.04.1992	14 U 26/91			1993, 608	559
20.08.1992	14 U 3/92			1993, 1358	203, 270
03.12.1992	14 U 12/92			1994, 731	253
21.01.1993	14 U 34/91			1994, 313	191, 593, 605
04.02.1993	14 U 51/92			1994, 106	194, 203, 593
24.06.1993	14 U 1/93			1994, 1068	188
23.09.1993	14 U 59/92			1994, 1306	359, 586

Datum	Aktenzeichen		NJW	VersR	Randzahl(en)
23.12.1993	14 U 29/93			1994, 1476	134
01.12.1994	14 U 48/93			1995, 1353	203, 225, 243
13.01.1995	4 U 243/86			1996, 634	620
18.05.1995	14 U 59/94			1996, 979	631
04.04.1996	14 U 42/95			1997, 700	588
31.10.1996	14 U 52/95				530, 590
14.11.1996	14 U 6/96			1997, 1537	429
20.02.1997	14 U 44/96			1998, 637	389
15.05.1997	14 U 21/96			1998, 1111	385, 389, 421, 429, 440, 483
29.07.1997	14 U 20/96			1998, 1550	191, 501, 608
23.09.1997	14 U 71/96			1999, 582	195, 501, 510
09.01.1998	14 U 15/97			1999, 1017	203, 594
03.02.1998	14 U 40/96			1999, 627	582
10.11.1998	14 U 34/98			1999, 1018	203, 558
17.11.1998	14 U 69/97			1999, 1500	161, 436, 483, 559
02.02.1999	14 U 4/98			2000, 362	191
23.09.1997	14 U 71/96			1999, 582	195, 501, 510, 593
02.02.1999	14 U 4/98			2000, 362	191, 593
13.04.1999	14 U 17/98			2000, 1108	46, 182, 203, 247
27.07.1999	14 U 3/99			2000, 1545	191
24.08.1999	14 U 11/99			2001, 190	610
30.05.2000	14 U 71/99			2001, 766	203, 594, 610
20.06.2000	14 U 73/98			2002, 98	57, 280, 287
19.09.2000	14 U 65/99			2002, 235	46, 48, 102, 128, 239
30.11.2000	7 U 154/00			2001, 491	35
17.04.2001	14 U 74/00			2002, 1286	403
08.01.2002	14 U 70/01			2002, 1428	440
17.01.2002	2 U 147/01	MedR 2002, 411			24
09.04.2002	14 U 90/01			2003, 462	15, 383, 389, 426
09.04.2002	1(14) U 84/01			2002, 1563	378, 383
16.04.2002	1/14 U 71/01			2003, 992	216, 389

Datum	Aktenzeichen		NJW	VersR	Randzahl(en)
04.06.2002	14 U 86/01			2003, 253	203, 594, 599
11.06.2002	14 U 83/01			2003, 376	362, 573
11.07.2006	1 U 3/06			2007, 548	249
29.05.2007	1 U 28/07			2007, 1417	58, 191, 397
20.05.2008	1 U 122/07			2008, 927	378
31.08.2009	1 W 33/09			2010, 909	346
19.01.2010	1 W 5/10			2010, 499	681
16.11.2010	1 U 124/09			2011, 534	470
08.01.2013	1 U 87/12			2013, 583	383

OLG Zweibrücken

Datum	Aktenzeichen		NJW	VersR	Randzahl(en)
08.05.1985	4 U 191/81			1987, 108	389
16.01.1996	5 U 45/94			1997, 1103	273, 508
18.02.1997	5 U 46/95			1997, 1009	317
18.02.1997	5 U 3/96			1997, 833	267, 300
13.05.1997	5 U 7/95			1997, 1281	559
21.10.1997	5 U 56/95			1998, 1286	529, 538
10.02.1998	5 U 65/89			1998, 590	194, 203
03.03.1998	5 U 57/96			1998, 1114	639, 692
12.05.1998	5 U 35/96			1999, 719	203, 501, 510, 606
20.10.1998	5 U 50/97			2000, 728	267, 300, 639
12.01.1999	5 U 30/96			1999, 1546	453
22.06.1999	5 U 32/98			2000, 605	190, 653
04.01.2000	14 U 31/98			2001, 1500	594
22.02.2000	5 U 25/99			2000, 892	483
12.09.2000	5 U 5/00			2002, 317	161
31.01.2013	5 U 43/11		MedR 2014, 29		620

LG Aurich

Datum	Aktenzeichen		NJW	VersR	Randzahl(en)
16.03.1984	6 O 58/84		1986, 792	1986, 558	645

LG Berlin

Datum	Aktenzeichen		NJW	VersR	Randzahl(en)
10.01.2013	6 O 34/08	MedR 2014, 324			360, 573

LG Bielefeld

Datum	Aktenzeichen		NJW	VersR	Randzahl(en)
08.05.1998	4 O 512/96			1999, 1245	590

LG Bremen

Datum	Aktenzeichen		NJW	VersR	Randzahl(en)
20.12.2001	6 O 2653/00			2003, 1581	559

LG Dortmund

Datum	Aktenzeichen		NJW	VersR	Randzahl(en)
03.02.1987	17 O 23/86			1988, 606	645
06.10.1999	17 O 110/98	AHRS 5100/116			432

LG Duisburg

Datum	Aktenzeichen		NJW	VersR	Randzahl(en)
25.01.2006	3 O 167/05	MedR 2006, 433			530

LG Essen

Datum	Aktenzeichen		NJW	VersR	Randzahl(en)
12.09.2012	1 O 247/11	MedR 2013, 183			90
01.10.2012.	1 O 154/11	MedR 2013, 112			431

LG Hannover

Datum	Aktenzeichen		NJW	VersR	Randzahl(en)
04.04.2001	3 OH 36/01-057			2001, 1099	725

LG Koblenz

Datum	Aktenzeichen		NJW	VersR	Randzahl(en)
03.12.1993	13 O 14/92			1994, 1349	210

LG München I

Datum	Aktenzeichen		NJW	VersR	Randzahl(en)
28.05.2003	9 O 14993/99			2000, 649	593
31.7.2013	9 O 25313/11			2013, 1314	427

LG Nürnberg-Fürth

Datum	Aktenzeichen		NJW	VersR	Randzahl(en)
27.11.1997	4 O 3782/97			1998, 461	560

LG Regensburg

Datum	Aktenzeichen		NJW	VersR	Randzahl(en)
21.03.2013	4 O 1943/12	MedR 2014, 255			630

LG Wiesbaden

Datum	Aktenzeichen		NJW	VersR	Randzahl(en)
08.03.2012	9 O 66/11			2013, 910	383
20.6.2013	9 O 294/10			2014, 377	620

Stichwortverzeichnis